JN431435

SOCIAL SERVICES

사회서비스 개론

김윤수

publishing and culture
피앤씨미디어

머리말

2007년 사회서비스 전자바우처사업이 시행되면서 여러 가지 사회서비스 프로그램들이 생성되기 시작하였다. 당시 사회서비스라는 용어도 낯설었지만 바우처라는 용어는 더욱 생소하여 학계나 현장에서 사회서비스라는 용어에 대한 범주와 정의를 설명함에 있어서 의견을 다르게 가져갔다. 사회서비스는 기존 복지프로그램들 중에서 돌봄에 관련된 서비스를 중심으로 시작하여 작은 범주의 복지서비스들이 돌봄과 결합하여 여행돌봄, 학습돌봄, 상담돌봄, 건강돌봄 등 다양한 콘텐츠의 서비스들과 결합하는 형태로 표준화되어갔다.

한편에서는 바우처라는 제도는 구시대적 유산이고 실패한 정책을 왜 도입하느냐! 복지영역에 왜 시장판을 만들려고 하느냐! 등 비판적 의견이 제시되었지만 복지전달체계의 투명화와 효율화를 목표로 하여 제도화의 첫 삽을 떴다. 이제 어느덧 강산도 변하는 10년도 넘게 훌쩍 흘렀다. 무턱대고 정책수립시 전자바우처의 정착을 위해 일을 했던 과정을 되새겨보며 고민과 노력 속에서의 흔적을 정리할 필요가 있었다.

이 책은 이러한 점을 착안하여 사회서비스란 무엇인가에 대하여는 학계나 정책현장에서 고민하였던 쟁점에 대하여 세미나 또는 학술대회에서 논의하였던 이슈를 토대로 하여 사회서비스가 포함될 수 있는 광범위한 영역을 제시하였다. 사회서비스에 대한 콘텐츠가 정리되었다면 사회서비스관련 체계에서는 프로그램들을 운용하고 사용하는 참여자들이 존재한다. 사회서비스라는 활동영역 안에서 서비스를 제공하는 사람, 서비스를 이용하는 클라이언트가 있으며, 거시적인 시각에서 사회서비스 플랫폼 안에서 사업을 조망하고 관장하는 정책관리자들이 사회서비스에 대한 효과를 담당하고 있다. 제도 참여자들 사이에는 상호간 커다란 규범을 지키고 있으며, 사람들간 이해관계와 거래

형태, 문제해결 프로세스가 존재한다.

사회서비스 정책자는 다분히 좋은 서비스를 이용자에게 제공하고자 노력한다. 다만 서비스를 확대하여 제공하는 가운데 좋은 일자리도 함께 고민하여야 한다. 어떻게 하면 좋은 서비스를 제공할 수 있을까? 어떻게 하면 괜찮은 일자리로 만들어 질까? 서비스를 제공하시는 분들에 대한 산업분류를 구분해 가는 가운데 업무의 단위와 서비스 수준을 점검해 볼 수 있다. 산업분류에서 사회서비스는 어느 수준까지 공공영역에서 담당해야 하는 것이며 민간과 연계할 수 있는 영역을 살펴봄으로써 서비스 범주를 가늠할 수 있다. 공공부문은 재정적 지원과 사업관리를 통하여 제공인력의 처우와 좋은 품질의 서비스를 제공하도록 유도하여야 한다. 또한 서비스를 활성화하기 위해서는 각종 인프라를 지원함으로써 좀 더 우수한 서비스를 만들어가도록 유도하는 것도 중요한 일이다. 사회서비스는 민간과 공공이 함께 만들어가야 하는 준정부영역의 활동영역이기 때문이다.

다양한 이해관계자가 첨예하게 이익을 추구할 때 다양한 니즈를 적시에 반영하는 서비스전달체계가 요구된다. 기존 공급자 중심의 복지전달체계는 이용자의 다양한 요구를 적시에 반영하기가 어려운 한계를 지닌다. 이때 등장한 전달체계가 바로 바우처방식이었으며, 기존 종이바우처 보다 좀 더 신속하고 투명한 전자결제방식의 카드바우처를 도입하게 되었다. 전자바우처를 운영할 때 결제의 흐름과 이해관계자의 행위를 살펴봄으로써 바우처가 기존방식과 달리 활용되고 있음을 보여주고 있었다. 전자바우처를 제도화하는 과정에서 나타나는 참여자 간의 권리와 의무를 법제화하며 향후 관리방식에서 점검해 봐야 할 기준들을 이 글에서는 기술하고자 하였다.

이 책이 출간하도록 도움을 주신 박노일 대표님께 감사의 말씀을 전한다.

2021. 6.
저 자

차 례

제 4 장 사회서비스 제공인력

제 5 장 사회서비스 제공기관

제 6 장 사회서비스 품질관리

제 7 장 사회서비스 전달체계

제 1 장

사회서비스 특성

제1장 사회서비스 특성

제1절 사회서비스 트렌드

1. 사회트렌드와 정부지출

1) 기초복지보다 진일보한 사회서비스(모든 국민이 함께 누리는 복지혜택)

사회복지서비스는 이미 역사적으로 합의된 개념으로 일반인들에게 익숙하지만, 사회서비스는 2013년 사회보장기본법 개정에서 규정하여 도입되었으며 비교적 포괄적인 범위로 명확한 정의가 어려웠다. 사회서비스를 규정하는 나라마다 상황이 다르게 인식되고 있기 때문이다. 사회서비스는 '개인 또는 사회 전체의 복리 증진 및 삶의 질 제고를 위해 사회적으로 제공하는 서비스'로 폭넓게 정의된다. 예를 들면 사회복지(보육, 아동·장애인·노인 돌봄), 보건의료(간병, 간호), 교육(방과 후 활동, 특수 교육), 문화(도서관·박물관·미술관 등 문화 체험), 환경(환경, 시설안전) 등을 포함하고 있다. 사회서비스와 복지서비스의 차이는 대상, 기능, 성격, 공급 주체에서 찾을 수가 있다. 사회서비스는 전통적인 복지서비스와 달리 서비스 대상을 확대하여 중산층까지 포괄하고 있으며 서비스의 질적인 측면을 중요시 여긴다. 서비스 공급주체를 영리기관까지 포함하여 보다 폭넓게 하고 있다.

표 1-1 사회복지서비스와 사회서비스 비교

구 분	사회복지서비스	사회서비스
대 상	취약계층	중산층까지 포괄
기 능	기본적인 의식주 제공	삶의 질 제고
성 격	안정성이 중요	안정성보다는 서비스의 질이 중요
공급주체	국가가 직접 또는 국가가 직접 재정을 지원하는 복지기관	영리, 비영리, 또는 국공립기관

2) 새로운 사회적 위험 등 환경변화에 대한 전략적 대응

우리나라는 저출산·고령화 등 인구구조의 변화, 핵가족화 등 가족구조의 변화, 청년실업 확대, 여성의 경제활동 참여가 늘어나고 있다. 기존의 질병·사고·장애·실업·노령 등 전통적인 사회적 위험 해소를 위한 복지서비스 제공과는 다른 사회적 대응이 필요하였다. 더욱이 사회경제 전반의 경쟁 가속에 따른 양극화가 심화되고 확산되는 과정은 상대적으로 취약계층이 증가하여 사회서비스를 점차 확대될 수밖에 없었다.

그림 1-1 인구구조 변화

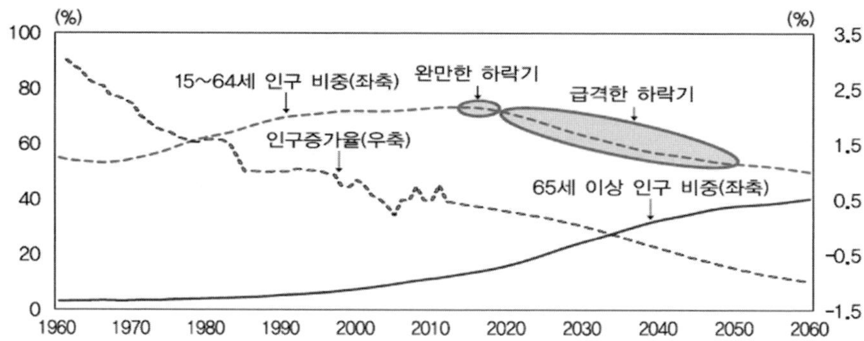

자료: 통계청 장래인구추계(2011. 12).

그림 1-2 여성의 경제활동 참여 증가

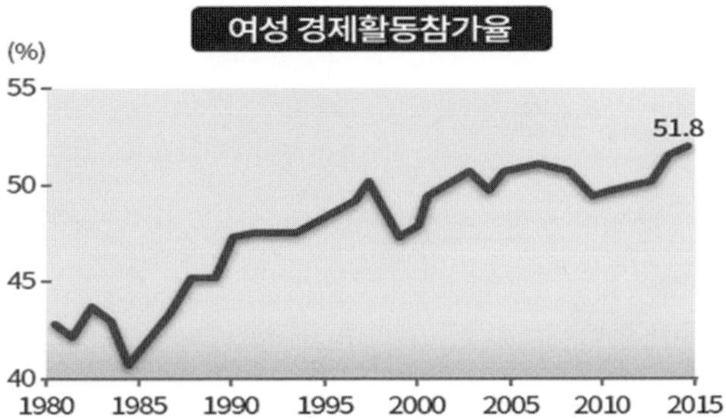

자료: 통계청.

이제 단순한 취약계층 보호에서 벗어나 인적자본 형성을 위해 집중투자하여 지식기반 경제로의 전환, 소득 양극화, 근로 빈곤층(working poor)으로 대표되는 신 빈곤층의 확산을 줄여나가야만 한다. 여성의 경제활동 참가율을 보면 1984년에는 33.4%, 1994년에는 45.6%, 2015년에는 51.8%로 지속적으로 증가하고 있다. 다른 경제활동 영역보다 사회서비스 분야가 여성의 경제활동에 많은 일자리를 제공하고 있었다.

3) 사회서비스 확충을 위한 선진국의 노력

대부분의 OECD국가들의 경우 평균적으로 1인당 GDP가 5천에서 1만 달러에 이르는 동안 GDP 대비 공공사회서비스지출의 비율은 5%에서 17%수준, 2만 달러수준에 이르면 20% 정도로 높아졌다. 우리나라의 경우, 1990년에서 2003년 기간 동안 1인당 GDP는 8천 달러에서 1만 9천 달러로 상승하였으나, 공공지출은 OECD 평균에 비해 훨씬 낮은 3.0%에서 5.7%로 소폭 확대하는 데 그쳤다. 2016년 OECD 30개국 평균이 약 21% 수준이나, 우리나라는 10.4%로 절반 수준에 머무르고 있다. 우리나라는 정부의 사회복지지출이 OECD 국가와 비교해 낮은 수준으로 사회서비스 인프라 지원을 위한 적극적 재정투자가 부족하였다.

그림 1-3 GDP 대비 공공사회지출 비중 국제비교 추이

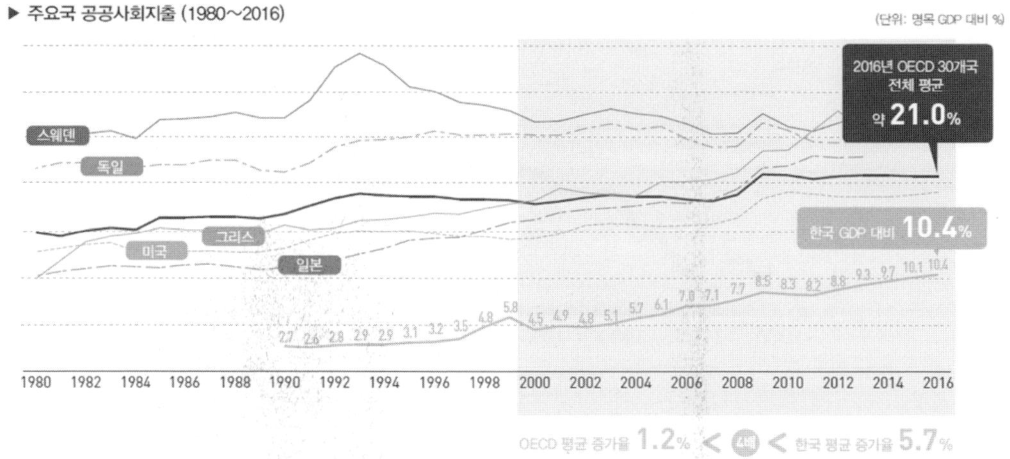

자료: OECD Social Expenditure Database(SOCX).
주: EU 평균은 OECD 내 EU 국가 평균.

그림 1-4 GDP 대비 공공지출비율 비교

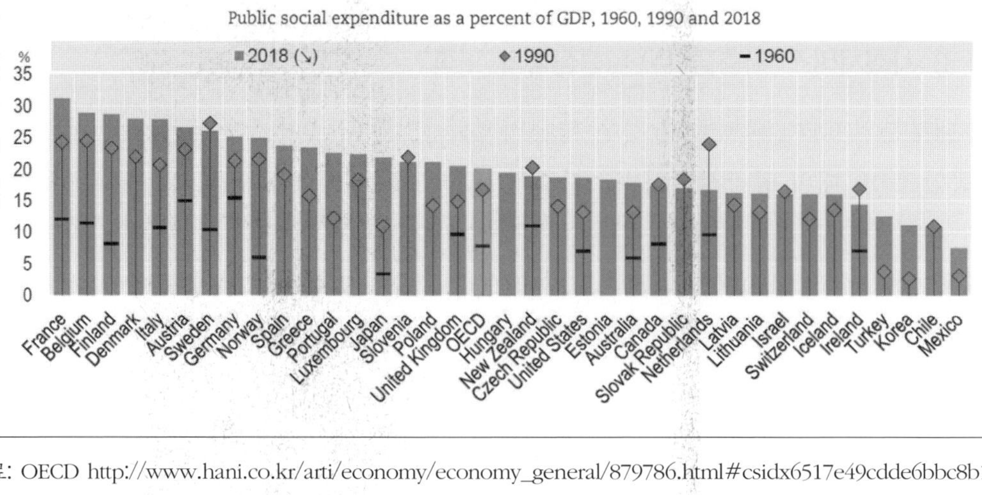

자료: OECD http://www.hani.co.kr/arti/economy/economy_general/879786.html#csidx6517e49cdde6bbc8b1d4fca8b71a1b6

우리나라의 사회복지지출 비중은 11.1%로 OECD 국가 가운데서 칠레(10.9%, 2016년 기준)와 멕시코(7.5%, 2017년 기준)에 이어 세 번째로 낮다. OECD 국가들의 사회서비스 관리운영 방향은 공공사회지출 증가와 더불어 관리 효율성을 높이며 권한 배분을 강화하고 있었다. 스웨덴은 1990년대 들어 인구의 고령화, 여성의 경제활동 참가 확대 등의 내부적 환경변화와 EU 창설과 같은 외부적 환경변화에 대응하기 위해 주로 지방정부가 현장중심적 사회서비스 제공을 담당하여 사회변화에 대응하였다. 독일은 1990년 중반 이후 운영의 효율성을 높이기 위해 사회복지시스템에 경쟁구조를 만들었다. 영리기관이 사회서비스 공급분야에 참여하게 하여 보조금방식의 기존 공급기관들의 관리체계를 변화시켰다. 일본은 개호보험제도 도입을 통한 보험방식으로 재정을 운영하였으며, 사회서비스 공급체계의 민간부문의 역할을 확대하였다. 미국은 1980년대 들어 연방정부에서 주정부로 권한을 이양하여 사회서비스 개발과 재정지원을 확대하였다. 사회적 돌봄서비스와 같은 대인서비스의 비중을 확대하고, 인력구성의 역량을 향상시키기 위해 교육훈련을 강화하였다.

그림 1-5 경제 성장국면에 따른 사회서비스 세출의 진전

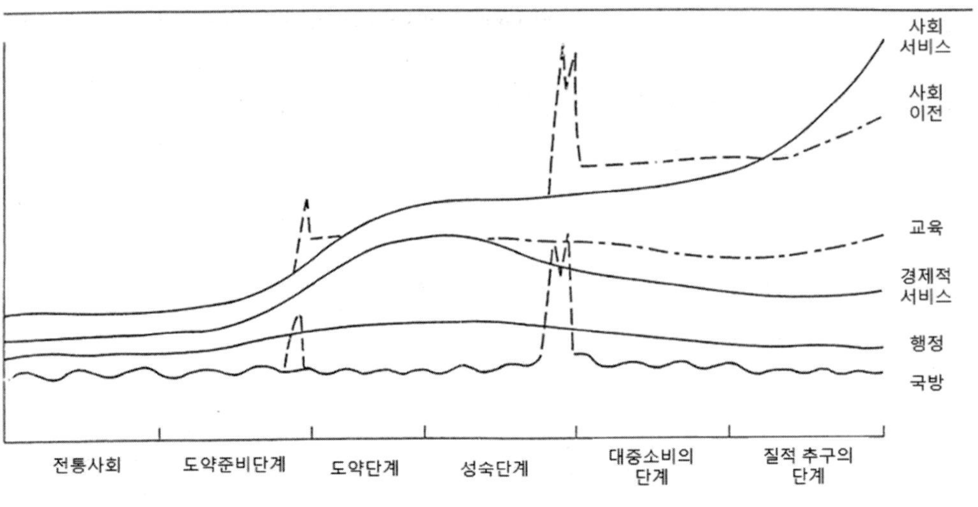

자료: Jurgen Kohl, *The Functional Structure of Public Expenditures: Long-term Changes*, p.212, 1983.

2. 일자리정책

사회서비스 산업은 일자리 창출의 블루오션(Blue Ocean)으로 불리우고 있다. 사회서비스가 가지는 대인(對人)서비스로서의 특성은 서비스 확충 과정에서 다수의 제공인력을 필요로 하며, 이는 양질의 일자리 창출로 연결될 수 있다. 특히 전 산업에 걸친 '고용없는 성장(jobless growth)'이 심화되고 있음에도 불구하고, 사회서비스 분야는 일자리 창출에서 그 역할이 두드러진다. 2000년과 2008년에 걸쳐 총 242만 개의 일자리 증가가 있었는데, 이 중 44.6%에 해당하는 108만 개의 일자리를 사회서비스 분야가 만들어 냈다. 글로벌 경제위기가 심각했던 2009년에만 해도 사회서비스는 약 39만 5천 개의 사회적 일자리를 제공했다.

최근의 사회서비스업 성장세에도 불구하고, 전체 일자리에서 차지하는 사회서비스 일자리의 비중은 외국에 비교해 볼 때 크게 낮은 수준임을 알 수 있다. 한국이 14.7% 수준인데 비해, 미국과 일본의 경우 전체 일자리 중 26.3%와 17.4%를 사회서비스가 차지하고 있다. 그중에서도 보건·사회복지업의 비중은 선진국 수준에 비해 크게 뒤떨어져 있다. 미국과 일본의 보건·사회복지업의 비중은 12.5%와 9.4%이지만 한국은 3.6%에 불과한 실정이다.

사회서비스 투자는 이용자의 단순한 복지 확충에 그치는 것이 아니라 중층적 효과를 통해 경제의 선순환 구조를 창출한다. 특히, 여성에게 적합한 일자리를 제공하고 일과 가정이 양립할 수 있도록 지원함으로서 여성의 경제활동 참가율을 높이고 출산율 제고에 기여하고자 하였다. 예를 들면 보육사업은 아동에게는 양질의 서비스를 제공하는 가운데 보육교사에게는 일자리를 제공하고 아동의 어머니는 경제활동에 참여하여 사회경력을 지속적으로 쌓을 수 있게 도와준다.

표 1-2 사회서비스 투자의 파급효과

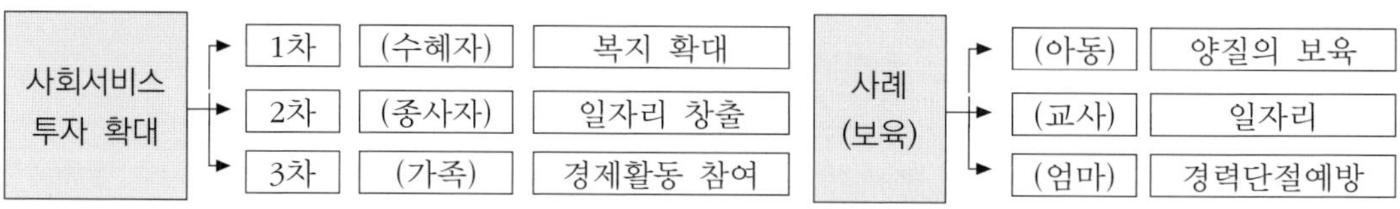

그림 1-6 돌봄서비스 인력의 성별, 연령별 분포

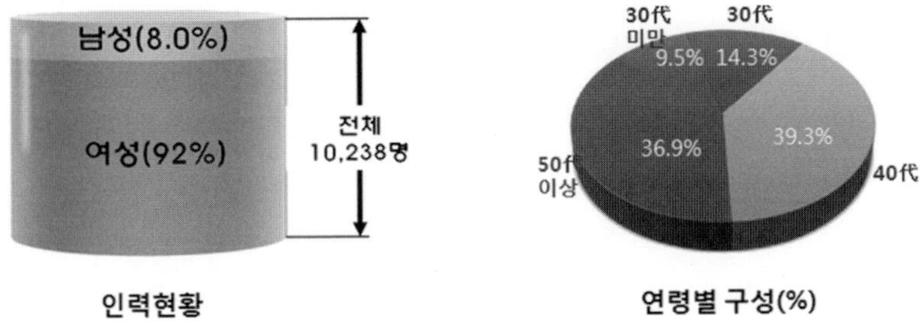

사회서비스 확대는 복지 확충과 더불어 신규 고용창출을 제공하고 있다. 경력단절 여성에게 돌봄, 방문간호, 지역사회서비스 등 다양한 일자리를 지원하고 있다. 특히 돌봄서비스 경우 제공자 10,238명 중 여성 92%, 40세 이상 76.2%로 여성이나 고령자 등 취업 취약계층에 적절한 일자리를 제공하고 있음을 보여주고 있다.

2003년 노동부는 취약계층에게 임시일자리를 제공하던 공공근로사업의 연장선에서보다 안정적인 일자리를 제공하기 위한 시도로서 '사회적 일자리' 사업을 최초로 시행하였다. 이어 2007년에는 사회서비스의 확충과 일자리 창출을 연계하는 보다 넓은 개념의 '사회서비스 일자리' 사업으로 그 외연을 확장했다. 2009년에는 보건복지가족부를 총괄부처로 하여 관련 사업을 운영하였다. 총 1.56조원의 정부예산을 투입하여 16.6만 개의 일자리 창출을 목표로 보건복지가족부, 노동부, 문화관광부 등 8개 부·처·청에서 46개 사업을 추진하였다. 2009년 글로벌 경제위기 때에도 정부가 추경예산을 통하여 여성, 중고령자, 청년, 빈곤층 등 4대 취업 애로계층을 대상으로 일자리를 마련하였다. 돌봄사업분야의 사회서비스 종사자는 중·고령 여성 비율은 80,3%에 이르며, 지역사회서비스 청년사업단사업의 종사자는 20~30대의 비중은 83%에 이르렀다. 보육 분야에서도 맞춤형 서비스 확대를 통해 2009년에는 20.7만 개의 일자리로 매년 1.3만~2.1만여 개의 일자리가 만들어져 왔다. 아동을 위한 방과 후 돌봄서비스는 제도화를 거쳐 2009년까지 총 1.8만 개의 일자리를 만들어 냈다. 지방정부가 중심이 되어 추진하는 지역사회서비스는 지역의 특성과 수요에 부합하는 사회서비스 제공을 통하여 2009년에 1.3만 개의 일자리를 만들어 냈는데, 지역 대학을 중심으로 한 청년사업단은 192개 사업단에 5,282

명의 청년일자리를 보충하였다.

저소득층이 중심이 된 자활공동체의 경우 참여자 중 수급자만 인건비로 6개월 한시적으로 지원하고 있었다. 2008년에 28억원의 지원금액으로 종사자 6,400명이 운영되었다. 2009년에는 2천여 개의 추가적 일자리를 통해 총 8천 4백 개가량의 일자리를 제공하였다.

노인장기요양보험은 2008년에 도입된 이래 약 10만 개의 새로운 일자리가 만들어졌다. 2009년에는 노인장기요양보험제도의 인프라가 구축되어 급여대상자가 증가하는 과정에서 일자리가 늘어났다. 총 9천 개의 일자리가 만들어졌는데, 노인장기요양보험의 인프라 확충 과정에서 요양보호사와 장기요양기관 종사자가 8천 2백 명, 행정업무를 위한 장기요양관리요원으로 8백 명의 신규 고용이 있었다.

1) 저평가된 일자리寶庫 사회서비스

경제발전 수준의 차이를 고려하여 1인당 GDP가 유사한 시점을 기준으로 보건·사회분야 일자리 비중을 선진국과 비교해 보아도, 선진국에 비해 그 비중이 현저히 낮음을 알 수 있다. 2010년 한국보건사회연구원의 조사에 의하면, 1인당 GDP가 2.6만 달러일 때 각국의 사회지출(social expenditure)에서 고용비중은 한국(2007) 8.07%, 일본(2002) 18.7%, 미국(1994) 13.9%, 독일(2001) 27.7%, 영국(2000) 19.7%, 스웨덴(2000) 29.4%로 나타났다. 반면 보건과 사회복지분야의 고용비중은 한국은 3.18%, 일본은 7.14%, 미국은 9.23%, 독일 9.17%, 영국 10.47%, 스웨덴은 16.44%로 나타났다.

표 1-3 1인당 GDP 26,000달러 시기의 보건·사회복지분야 고용비율 비교

(단위: 구매력평가(PPP) 기준 $, %)

국 가	한 국	일 본	미 국	독 일	영 국	스웨덴
해당연도	2007	2002	1994	2001	2000	2000
GDP	26,574	26,805	26,686	26,859	26,074	27,761
고용비율	3.18	7.14	9.23	9.17	10.47	16.44

자료: 한국보건사회연구원, 2010.

그림 1-7 보건·사회복지분야 일자리 비중과 총인구부양비(%), GDP대비 현물지출비율(%), 여성경제활동참가율(%)

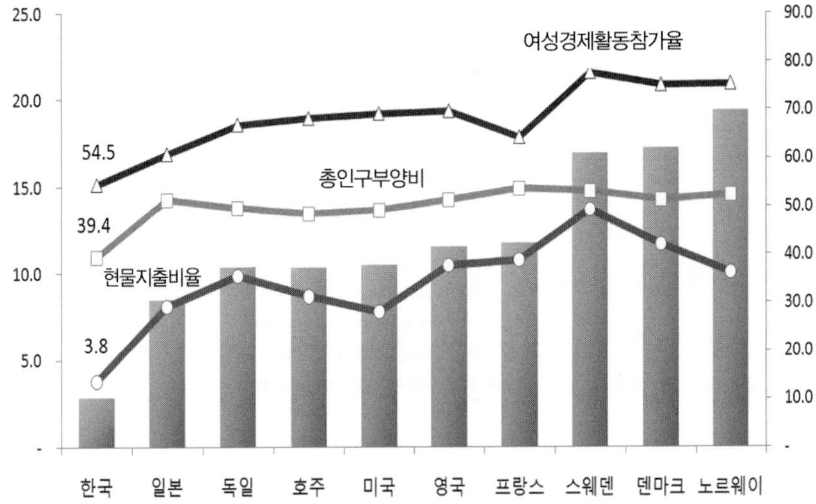

보건·사회복지분야 일자리 비중은 총인구부양비, GDP대비 사회지출 중 현물지출비율, 여성경제활동참가율의 밀접한 관련이 있는데, 한 국가의 복지수요인 총 인구부양비, 현물지출비율에 따라 보건·사회복지분야의 일자리의 규모가 달라지며, 이는 특히 여성의 경제활동참가율을 높이는 촉매가 될 수 있다.

현재 우리나라의 경제규모, 총인구부양비 등을 고려할 경우, 2007년 기준으로 보건·사회복지분야의 적정 일자리 비중은 전체 일자리의 약 6% 수준이 되어야 할 것으로 보인다(한국보건사회연구원, 2010). 현재 규모의 약 2배 이상 성장할 가능성이 있다. 사회서비스는 지속적인 경제성장을 위해서 지원해야 하는데, 특히 보건과 사회복지업의 경우 최근 5년간 40.4%를 성장하면서 타 분야에 비해 두드러진 성장세를 보여주었다(한국은행). 이 업종은 금융보험업과 함께 10년 전에 비해 산업별 국내총생산 성장률이 가장 크게 상승한 업종으로 평가된다. 우리나라 사회서비스 고용 비중을 선진국 수준으로 높이기 위해서는 보육, 돌봄, 간병 등 현물 서비스 중심 투자를 통해 이루어졌다. 보건과 사회복지분야 일자리를 전략적으로 육성하여 IT, 제조업 등의 고용창출력이 감소분을 보완할 수 있었다. 사회서비스업은 다른 산업에 비해 비경제활동인구로부터의 유입이 많은 반면, 타 산업으로부터의 유입은 적은 편이었다. 사회서비스업의 성장은 타 산

그림 1-8 산업간 고용유발계수 비교

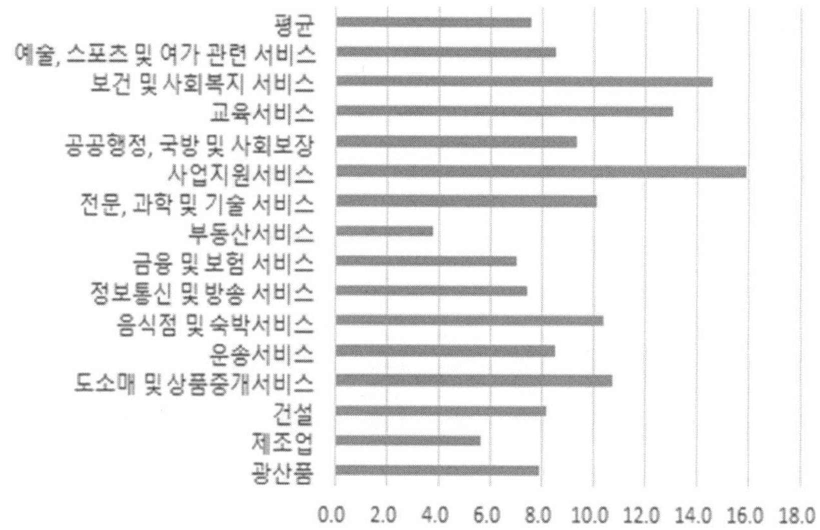

주: 상품별 취업(고용)유발계수: 특정 상품에 대한 최종수요가 1단위(10억원)가 발생할 경우 해당 상품을 포함한 모든 상품에서 직·간접적으로 유발되는 취업자(피용자) 수, 한국은행(2020).

업에 대한 교란효과를 최소화하면서도 실업 상황의 개선에 큰 효과를 가질 수 있다(한국노동연구원, 2009. 12).

특히, 사회복지분야는 취업유발계수가 높아 고용창출에 효과적이다. 취업유발계수는 10억원의 수요가 발생 시 직·간접적으로 유발되는 취업자 수를 의미한다. 2007년의 산업별 취업유발계수를 비교해보면 전 산업의 평균이 13.9(명/10억원)이며 제조업이 9.2(명/10억원)인 반면, 사회복지분야는 32.7(명/10억원)로 월등히 높은 고용유발효과를 가지고 있다. 사회서비스 분야는 일자리 창출의 기대가 큰 분야인 것이다. 사회서비스업은 10억원 투입시 증가하는 취업자 수를 나타내는 취업유발계수가 제조업 평균 9.2명을 크게 웃도는 32.7명을 나타내어 자체 고용창출효과가 큰 부문이라 할 수 있다. 특히 여성 등 저소득층 고용취약계층에게 적합한 일자리일 뿐 아니라 자영업자, 청년실업, 유휴인력을 활용하여 일자리를 제공하고 있다.

표 1-4 산업간 고용과 취업유발계수 비교

상 품	고용유발계수	취업유발계수
광산품	7.9	9.5
제조업	5.6	7.8
건 설	8.2	11.0
도소매 및 상품중개 서비스	10.8	17.5
운송서비스	8.5	14.3
음식점 및 숙박 서비스	10.4	20.5
정보통신 및 방송 서비스	7.4	9.1
금융 및 보험 서비스	7.0	8.1
부동산서비스	3.7	5.3
전문, 과학 및 기술 서비스	10.1	12.3
사업지원서비스	15.9	17.9
공공행정, 국방 및 사회보장	9.4	10.1
교육서비스	13.1	16.9
보건 및 사회복지 서비스	14.6	16.7
예술, 스포츠 및 여가 관련 서비스	8.5	13.7
평 균	**7.6**	**11.0**

최근 전 산업에서 고용없는 성장으로 취업유발계수가 전반적으로 하락하고 있는 가운데 보건복지분야는 취업유발계수가 지속적으로 상승하고 있었다. 국내의 사회서비스업 및 보건복지 분야는 선진국에 비해 취업비중이 현저히 낮아 시장일자리 창출의 잠재력이 클 것으로 전망된다. 전체 산업의 평균 취업유발계수는 17년기준으로 11.0명이며, 2010년 13.8명이었다. 보건사회복지서비스업 취업유발계수 16.7으로 상위 7위에 해당된다(일자리위원회 통계).[1] 최근 5년간 취업자가 계속 감소 추세로 사회서비스 일자리 확충이 없었으면 고용부진이 더욱 심화되었을 것이라고 예측된다.

---

1) 일자리위원회 https://dashboard.jobs.go.kr/index/detail?pg_id=PDCT020101&data2=DCT020101&ct_type=run. 2020. 2. 13.

3. 우리나라 사회서비스 현 수준

정부는 2007년부터 노인돌봄, 장애인활동보조, 산모신생아도우미 등 생애주기별 돌봄서비스를 중산층까지 포괄하여 보편적 사회서비스로 확대하여 제공하였다. 지역의 특수성을 고려하여 지역사회서비스투자사업을 시행하여 300여 개의 개별 서비스를 개발하여 수행하고 있다. 위의 사업들은 바우처 방식으로 배정된 예산 범위 내에서 서비스 수요만큼 예산이 사용되므로, 기관보조금 지원방식보다 재정관리에 있어서 효율적이었다. 서비스 이용자에게 서비스 이용권을 부여하고 자기부담분 납부를 통해 소극적 복지수급자에서 서비스 구매자·능동적 참여주체로 변화시켰다는 평가를 받기도 하였다.

특히 전자식으로 운영되는 전자바우처 방식은 이용요금에 대한 지불과 정산업무를 전산화하여 지방자치단체의 행정처리 업무를 줄이고 전자결제 정보를 통해 실제 사용내역 및 예산 흐름을 투명하고 신속하게 사업관리 파악이 가능하였다. 바우처제도 도입으로 시장에서 서비스 구매가 이루어짐에 따라 사회서비스 시장이 형성되었으며, 사회서비스 바우처 사업은 지속적으로 증가하고 있다. 사회서비스바우처 사업은 2009년 1조7천억원, 168만 명 대상 사업이 2013년 3조7천억원, 231만 명으로 확대할 예정이며 이와 함께 보육바우처 사업의 경우에는 2009년 9월 현재 3조에 규모로 80만 명 정도가 이용하고 있다.

사회서비스는 2013년 사회보장기본법 개정으로 보건, 복지, 고용, 환경, 문화 등 다양한 분야에서 삶의 질 향상을 지원하는 서비스로 확대하여 국가와 지방자치단체 및 민간부문의 도움이 필요한 모든 국민에게 제공하는 서비스이다. 국민의 인간다운 생활보장과 삶의 질 향상을 목적으로 복지, 보건의료, 노동, 교육, 주거, 문화, 환경 등의 분야에서 상담, 재활, 돌봄, 정보제공, 시설이용, 역량개발, 사회참여 지원서비스를 제공하고 있다. 2017년 현재 18개 중앙부처·청에서 269개 사업의 15조7,144억원 규모로 실시되고 있다. 소관부처는 복지부 88개 사업(32%), 여가부(45개, 17%), 고용부(38개, 14%) 순이며, 예산은 복지부(6.8조, 44%), 교육부(3.9조, 25%), 고용부(2.3조, 15%) 순이다.

표 1-5 범부처 사회서비스사업 현황

(단위: 개, %, 억원)

구 분	계	복지부	여가부	고용부	문체부	보훈처	교육부	농림부	기 타
사업수	269	88	45	38	17	16	13	10	42
비 율	(100.0)	(32.0)	(16.7)	(14.1)	(6.3)	(6.0)	(4.8)	(3.7)	(16.3)
예산(2017)	157,144	68,735	5,247	23,497	3,237	6,583	39,630	5,676	4,541
비 율	(100.0)	(43.7)	(3.3)	(15.0)	(2.1)	(4.2)	(25.2)	(3.6)	(2.9)

* 범부처 사회서비스사업 현황조사(2018. 4~6월) 결과

생애주기별로 살펴보면 전 생애주기 대상 돌봄사업이 103개(38%)로 가장 많으며, 성인 73개(27%), 아동·청소년 59개(22%), 노인 23개(9%), 영유아 11개(4%) 순이다. 기능 측면에서는 신체건강 분야 사업이 45개(17%)로 가장 많으며, 안전 및 권익보장, 고용(각 41개, 15%), 문화·여가(26개, 10%) 순이다. 2017년 행정안전부의 지방재정연감(2017)을 분석한 결과 지역 자체 사회서비스 사업 예산은 24.7조원으로 지자체 총 예산(164.9조원)의 15%, 총 자체사업 예산의 40.9%에 해당되었다. 2000년 이후 집중 투자로 보육과 요양 등에 사회서비스와 일자리를 확충하였으나, 국제비교 시 여전히 낮은 투자수준이다. 국내 보건서비스와 복지서비스의 종사자 비율 6.8%, OECD 평균 10.5%(2015)에 해당된다. 제공기관 인력 등 서비스 공급기반의 양적 성장에도 불구 민간 위주 시장형성 전략으로 책임성과 신뢰도가 부족하여 시장에서의 품질관리와 공공성을 높이는 방향으로 설계하여야 한다.

OECD에서 사회서비스 범위를 설정할 때 고령자·유족·장애인·가족에게 건강·실업·주거 영역의 현물급여(OECD SOCX)가 주를 이룬다. 현재 사회서비스 분야별로 돌봄·건강·교육·주거·문화 등을 포괄하고 있으나, 분절적 정책으로 사업별로 지역별에 따른 사각지대와 지역격차와 서비스 중복제공이 존재하고 있다. 이용자의 생애주기별로 전달체계가 각각 이루어져 틈새가 벌어진 상황이고 서비스를 제공하는 공공과 민간 부문간 격차가 존재하고 있다. 서울과 도서지역 등 지역간 격차는 현저하게 나타나고 있는 상황이다. 중앙정부에서 모든 사회서비스 정책을 관할하는 것이 아니라 이용자를 현장에서 접촉하는 지역 주도의 사회서비스 체계가 요구되며, 이용자의 욕구에 맞추어

사회변화에 대응하여야 하며, 새로운 사회 신기술 등을 활용하여 서비스 혁신에 나아가야 한다. 분절적으로 제공되고 있는 부처 간 관할 서비스 정책관리가 협업을 통해 사업 간 전달체계의 통합성을 제고하여야 하는데, 이를 위해서는 서비스 분야별로 최저기준을 설정하며, 최일선에 있는 이용자와 제공자에게 필요한 시군구 단위 통계가 제공되어야 한다(보건복지부, 2018).

제2절 우리나라 사회서비스 제도변화

1. 사회복지서비스 시기구분

사회복지서비스 정책변화에 대한 커다란 시기 구분을 한다면, 박병현(2007)은 한국 사회복지제도의 시기구분을 구호행정기(1950년대), 60년대 체제기(1960~1987년대), 생산적 복지기(1990~2007년대)로 3개 영역으로 나누었다. 첫째 시기는 해방 후 미 군정기부터 1950년대에 이르는 기간으로 외국의 원조와 밀접한 관련이 있어 구호행정기라 하였다. 다음은 공공부조에 의존했던 시기로 1960년대 초반 군사정권기부터 1997년 문민정부까지의 체제기를 의미한다. 세 번째 시기는 생산적 복지기로 명명하여 1997년 외환위기 이후 혹은 국민의 정부 출범 이후를 의미하였다. 반면, 김상균(2011)은 사회복지제도를 두 개의 시기로 크게 나누어 사회복지제도 도입시대와 복지국가 진입시대로 양분하였다. 첫 번째 사회복지제도 도입시대는 현대식 제도도입기와 제도확대기로 세부로 나누고 두 번째인 복지국가 진입시대는 생산적 복지시대, 참여복지시대와 능동적 복지시대로 세부 구분하였다. 박경돈·이재원(2009)은 1980년대 이후부터 한국의 사회복지는 3단계 과정으로 구분하였다 1단계 사회복지는 국민연금과 건강보험을 중심으로 전문기관과 재원의 결합하는 시기이다. 2단계 사회복지는 90년대 말 IMF 외환위기 이후 상대적으로 빈곤의 개념이 제도화된 사회안전망을 구축하는 시점으로 국민생활보장법, 국고보조금 재원마련과 지방자치단체의 행정관리기능의 위임한 시기이다. 3단계로는 신사회위기인 저출산고령화와 근로빈곤과 소득양극화의 사회경제적 맥락이 이어져 오고 있는 시기로 구분하고 있다.

본문에서는 사회서비스정책을 중심으로 3가지 시기로 나누어 살펴보았는데, 1기는 김영삼 정부 이전까지 민간주도 기초복지서비스 시기로 보고, 2기는 김대중－노무현으로 이어지는 정부로 사회서비스 도입준비 시기로 보았다. 3기는 이명박－박근혜 정부로 사회서비스 효율적 관리시기로 분석하였다. 제1기 구분에서 살펴보면 사회복지서비스 공급주체는 대부분 민간에서 이루어졌다. 사회복지에 대한 국가역할은 최소한에 그쳐 경제개발 논리에 우선하였으며, 민간전달체계에서 사회복지서비스가 제공되었다. 이 정부에서는 민주화라는 정치적 요구와 시민사회 활성화에 대한 변화의 시대적 맥락이 연결되어 나타났다. 이 시기에는 국민연금 실시(1988), 전국민의료보험(1989), 각종 사회복지서비스 관련 법률 제정과 개정(1989~1992)의 제도적 장치들이 나타나 복지국가를 태동시켰다는 평가도 있었지만(김태성·성경륭, 1991), 사회복지제도에서 공공부문의 역할이 경제개발 중심의 사회였다.

제2기는 사회서비스 도입시기는 1987년 이후로 경제발전과 복지발전을 동등하게 국가비전으로 선정한 시기였다. 당시 우리나라의 공공사회복지 지출은 경제위기 직전인 1996년만 해도 GDP 대비 3.6%에 불과하였으나 1999년에는 6.3%로 두 배 가까이 증가하였다(OECD, 2007). 2003년 7월 사회복지사업법 개정으로 지역사회복지협의체가 2005년 7월 출범하고 사회복지사무소 시범사업을 실시하였다. 또한 보육비 지원체계를 개편하며, 장애인 활동보조서비스와 노인장기요양서비스(노인장기요양보험법 제정, 2007. 3)를 도입하였다.

제3기는 사회서비스관리 효율기는 확대 진행되어온 사회복지제도를 정비하고 제공시설 및 제공인력들을 효과적으로 운용하기 위한 노력이 진행되었다. 이 정부에서는 핵심전략을 평생복지, 맞춤형복지, 서민의 주거복지, 일을 통한 복지 등으로 효율적 관리정책을 제시하였다(대한민국정부, 2008: 52~57). 이전 정부가 진행한 복지예산 확대기조는 지속되고 있었으며, 복지예산이 86.3조원(전체 309.6조원)으로 역대 최고비율(27.9%)이며, 다양한 사회서비스가 확대 실시하였다(김상균 외, 2011: 212). 다른 시기보다도 이 시기에서는 희망복지 전달체계수립(2008), 전자바우처사업 확대(2008), 0~5세 아동 양육비 지급(2008), 사회복지통합망개통(2009), 사회서비스관리원과 보건복지정보개발원 통합(2011) 등 전달체계 효율화에 역점을 두었다.

2. 공공부조식 잔여복지시기

소외계층을 위주로 한 공공부조영역은 사회위험과 건전성이 위협받을 때마다 지적되던 부문이며 좀 더 확장하여 사회가 지원해야 한다는 주장이 지속적으로 나타났다. 선경제 후복지를 외치던 60~80년대까지 사회서비스라는 용어조차도 언급되지 않았고 사회복지를 좀 더 확장해서 제공해야 한다는 소극적 의미로만 논의되었다. 이 시기 이전 사회서비스 영역은 '전 근대적 상황'이었다. 공공분야는 사회서비스 분야에 대하여 재정을 보조 이외에는 별다른 역할을 하지 않았으며, 민간부문의 서비스 제공은 국가적인 서비스 틀(national service framework)보다는 각 부문 서비스를 관장하는 지침수준에 준거해서 서비스가 전달되었다(김용득, 2008: 6).

공공부조식의 서비스 제공시기에는 사회의 다양한 이해관계를 대표하지 못하였다. 1980년대 중반에 노동정치가 활성화되었음에도 불구하고 이는 노동조합의 민주화 정도였고 복지문제는 부차적인 이슈였다. 특히 공공부문의 복지는 지극히 취약하다는 특징을 가지고 있다(박병현 외, 2007: 52). 보건의료, 교육, 주택 등 생활문제에서의 재화 및 서비스 공급을 대부분 민간부문에 맡겨왔다. 이로 인해 서비스제공기관은 민간시장적 원리에 의하여 이해관계를 구축해 왔고 공공부문은 공급자와 수요자 간의 이해관계에 지렛대 역할을 하지 못하였다.

먼저 공공부문의 경우는 공적전달체계의 개편과 관련하여 시범보건복지사무소를 운영하였으나, 채택되지 않았기 때문에 공공부조 전달체계 이외의 공적인 사회서비스 전달체계를 구축한 바가 없다. 사회서비스의 대부분은 민간사회복지법인이나 종교법인에 위탁하여 보조금을 지급하고, 행정적으로 통제하는 것이 공공부문의 역할이었다. 1990년대 후반 민간보조의 예산이 증가함에 따라 사회복지시설평가제도 도입과 이사회의 책임성 강화를 위한 법률개정 수준이었다. 전기 보수정부 이전의 우리나라 공공부문의 사회서비스의 체계적인 관리를 위한 어떤 기제도 보유하지 못하고 있었다. 1990년대 초반과 중반에는 민간부문에서 정부보조금의 보조비율이 80~100%에 이르게 되었다. 민간사회복지시설은 자율적으로 서비스 이용자를 선별하였으며, 시설의 서비스 제공자격에 대하여 검증받는 절차도 도입되지 않았다(김용득, 2008: 7).

3. 사회서비스 도입준비 시기

2000년 이후 저출산·고령화 문제, 만성적 장기실업 현상이 사회적 이슈로 제기되면서 수요계층에서 새로운 종류의 사회서비스를 요구하고 있었다. 당시 저출산·고령화에 대한 사회적 위기 인식이 확산되었고 아울러 고용없는 성장, 양극화, 근로 빈곤 문제가 본격적으로 제기되었다(김연명, 2007; 이재원, 2007). 한국의 공공사회부분에 대한 지출은 2001년 GDP대비 6.1%로 OECD 가운데 최하위로 나타나고 있으며, 사회서비스 지출의 수준도 0.3%로 최하위권에 속하고 있다. 유럽 등 복지선진국에서는 보육, 교육, 주거, 의료, 고용 등 생활의 주요한 영역에서 전국민을 대상으로 공공 사회서비스를 제공하고 있다. 이에 비해 우리나라는 공공부문에서 담당하는 사회서비스 영역이 제한되어 있고, 대상도 취약계층에 집중되어 있다(대통령자문 정책기획위원회, 2006: 245). 지속적으로 사회복지제도에서는 복지서비스 확충을 요구하고 있었다. 이것은 일부 소외계층만이 해당되는 것이 아니라 일반 모두가 참여하는 보편적 복지로 요구하게 되는 상황을 의미하였다.

한국의 사회서비스 제도형성은 IMF위기와 사회중산층의 몰락과 같은 시대적 변화에 따른 정부의 사회정책 확대에 기인한다. 그러나 제도 형성당시 기초인프라의 부족과 사회적 공감대 형성이 부족하여 활성화가 어려운 시기였다. 사회서비스를 형성하고자 하는 전 부문의 공공기관은 각 분야의 사회서비스를 활성화하기에 이르렀고 정책적 기획은 기획예산처에서 사업의 실시는 취약계층을 보호하는 보건복지부 중심으로 각 프로그램이 실시되었다.

2006년도부터 사회서비스 정책의 구상이 본격화되어(이재원, 2008: 213), 바우처 사업이 검토되었는데 보건복지부에서는 사회서비스 정책의 기조로 보편성, 수요자 중심, 분권화, 산업화, 투명성 등과 같은 정책가치를 삼았다. 추진 당시 국회속기록에서 새로운 사업에 대한 정책당국자의 추진의지를 담고 있었다(262회 제1차보건복지위원회 회의록, 26~28쪽). 그에 대한 구체적 사업은 노인돌보미, 장애인활동보조, 산모신생아도우미, 지역사회서비스투자사업 등을 2007년 시작하였다. 하지만 2007년도 정기국회 예산심의 과정에서도 지자체의 사업개발능력과 재원배분방식에 대한 우려가 제기되기도 하였다.

2006년 9월 보건복지부 사회서비스혁신단 설치를 시작으로 하여, 국내 최초로 사회서비스 전자바우처 사업을 시작하면서 서비스 비용의 지불·정산 등을 담당하여 노인·장애인·산모 등에 대한 돌봄서비스, 보육서비스, 산전진찰 등 연간 220만 명의 서비스 이용자를 대상으로 서비스 비용 약 2조2천억원을 지불과 정산업무를 처리해 왔다. 시장방식에 의한 바우처 사업은 서비스 확대공급을 매우 빠른 속도로 진행시켰다. 사회서비스 전반에 비영리기관뿐 아니라 영리기관 등 민간기관들이 서비스 제공에 대거 참여하면서 서비스 제공자간 '경쟁(competition)'이 심화되었다. 서비스 이용자들은 시장에서 여러 서비스를 직접 선택(choics)하여 구매하는 등 시장 메커니즘이 활발히 작동되었다. 이 같은 제도변화에는 노인장기요양보험제도를 전국적으로 실시하는 것과 바우처 사업 운영방식이 제도를 활성화하는데 큰 몫을 하였다(전영호·정영순, 2010).

최근 우리나라에서의 사회서비스 관련연구를 살펴보면, 연구범위와 대상이 제한적으로 노인장기요양보험제도에 연구가 이루어졌다. 이 제도는 노인을 중심으로 한 사회서비스를 확대, 발전시키고 있고 다른 분야에도 영향을 끼치는 등 매우 중요한 제도로 발전하고 있다고 분석되고 있다(전영호·정영순, 2010: 261). 한국의 사회서비스제도는 사회복지분야에서 지속적으로 확대하기 보다는 1990년대 후반 금융위기 등을 극복하기 위한 모색으로 급격하게 추진하게 된 정책이다. 사회서비스는 일단 사회복지서비스정책과 같이 이용자에게 서비스를 제공하게 된 이후에는 지속적으로 제공해야 하는 경로의존성을 지닌 정책이다. 복지부문의 사업들은 경로의존적 성격을 가지고 있는 것은 복지서비스를 이용하는 계층이 줄어들지 않고 지속적으로 받고 있었다.

4. 사회서비스 효율적 관리시기

1997년 IMF 경제위기 이후 분배구조가 약화되고 고용불안정으로 더욱 심각하게 나타났다. 1990년대 후반 이후 복지문제가 중요한 문제로 부상하였지만 이념적으로나 현실적으로 취약성으로 인해 세계화 흐름과 맞물려 사회적 분배문제가 나타났다(박병현 외, 2007: 52). 참여정부 들어 사회서비스 예산이 증가하였지만 인프라 구축을 위한 시설기반 투자가 우선하면서, 서비스 수준을 높이기 위한 예산은 상대적으로 소폭 증가하는데 그쳤다. 결과적으로 국민이 체감하는 복지수준은 기대수준에 비해 매우 낮을 수밖에 없었다. 2006년 8월 정부가 발표한 '함께가는 희망한국 VISION 2030'에서는 50대 핵심과제의 선제적 투자영역으로서 보육서비스 확대, 장애인 복지 종합대책 수립추진, 주거복지 확충, 노인수발보험제도 도입 등 사회서비스를 강화할 대책을 담고 있다. 그러나 아직은 이를 위한 예산투입이나 제도적 기반마련은 더딘 실정이었다(대통령자문 정책기획위원회, 2006: 248).

활성화되지 않은 지역공동체와 자원봉사 활동 등으로 다양한 서비스를 공급받는 것이 어려울 뿐만 아니라 서비스 대부분을 봉사와 헌신에 의존하는 형편이다. 이러한 사회적 필요의 증가에도 불구하고 관련 예산의 증액에 대해 비판적인 담론이 우세한 실정이어서 감세 주장이 그 한 유형이라고 할 수 있다(대통령자문 정책기획위원회, 2006: 245). 가장 큰 원인은 예산의 부족 등으로 상당수가 사회서비스가 저소득자와 빈곤계층에만 중점을 두고 있었기 때문이다.

바우처에 우호적이지 않았던 전통 사회복지 분야의 학계에서는 전자바우처 사업에 대해 적지 않은 우려와 비판이 있었다(김종해, 2007). 무엇보다 기초적인 사회안전망도 아직 부실한 가운데 보편적 사회서비스 정책을 추진하면서 사회복지 영역에 시장주의를 적용하는 것에 대한 비판이었다. 더욱이 바우처 제도가 정착될 수 있는 완전 경쟁시장 구조가 형성되지 않았다는 지적이 많았다(박정호, 2007). 기초생활보장이나 사회안전망 사업과 비교하여 전통적인 사회복지정책의 관점에서 전자바우처의 사업 특성을 분석하면 당연히 제기될 수 있는 비판들이었다. 보건복지부가 추진하고 있었던 사회기반투자와 보편적 사회서비스 정책에 대한 이해가 충분하지는 않았다. 특히 바우처제도는 신고전학파의 경쟁시장 구조는 일종의 이상형적 모델이며 현실에서 반드시 교과서와 같은 모델로 실현되는 것과는 구분되는데 여기서 학제간에 학문적 해석의 차이가 있었다(이재원, 2008: 230).

사회서비스시장에서 나타나는 정책참여자의 행동을 살펴볼 필요가 있다. 예를 들면 영국의 사회서비스 시장은 불안정하여 서비스 제공기관 간의 경쟁 심화와 충분하지 않은 사회서비스 예산 등으로 인해 서비스 제공기관이 문을 닫거나 서비스 제공인력의 안정적인 고용이 힘들어지는 등 어려움이 가중되고 있다(Wistow and Hardy, 1999; Socurfield, 2006a; Drakeford, 2006). 서비스 기관의 어려움은 결국 서비스 제공인력의 인건비, 훈련 및 교육비 등에 영향을 미치고, 나아가서는 서비스 질에 부정적인 영향을 끼칠 것으로 우려하였다(Wistow and Hardy, 1999). 지역마다 그 양상은 다양하지만 서비스 제공기관들이 비용을 감축하기 위해서 인건비를 줄여서 서비스 제공인력들이 감소하였다(Matosevic et al., 2000; Drakeford, 2006). 이는 유사시장의 성공요건인 다수의 서비스 구매자(Le Grand and Bartlett, 2003)가 존재하지 않았기 때문이다. 우리나라에서도 사회서비스 시장이 유

표 1-1 사회서비스 제도변화 요인과 결과

구 분		잔여적 복지시기 (~1997 이전)	사회서비스 도입시기		사회서비스 효율적 관리시기(2008. 2~) 능동적 복지
			(1998~2003) 생산적 복지	(2003~2008) 참여복지	
외재요인	정치권력	유신-전두환-노태우 정부-김영삼 정부	김대중 정부	노무현 정부	이명박 정부
	정책기조	산업화, 선경제, 후복지, 세계화, 지방화, 지방자치 선거실시	작은 정부 신공공관리	보편적 복지서비스 국고보조개선안 마련 지방분권화	실용주의 정책, 노인·장애인 장기요양확대, 사회서비스확대
	경제적 환경	오일쇼크, 경제안정우선, UR타결, WTO출범, OECD가입	IMF 체제 양극화심화	취약계층의 증가 고용 및 소득 불안정	금융위기
	사회적 환경	민주화투쟁, 복지예산부족, 복지정책평가낙제점	정경유착 탈피, 가족구조의 변화 여성의 사회진출확대	저출산, 고령화 만성적인 실업 일과 가정의 양립곤란	보수세력 확대 복지요구 증대 4대강등 건설사업확대
내재요인	관리기구	공적부문 미비	사회서비스향상기획단, 사회복지전담공무원 (7천2백 명 확대)	중앙·지방·민간간 역합분담체계 모호 관리원설립	복지정보기관 통합
	공급자	민간부문 위주	자활/민간 및 지역사회 자원참여 부진 시설 및 전문인력 부족	지역복지인프라 확충 지역서비스 체계 미흡	공급주체의 세분화 제공기관장과 서비스제공자간 분리
	이용자	노동운동증대, 민주화운동격화 시민단체등장	생활보호대상자 35~150만 명 위주	한계계층 제한적 서비스 욕구중심의 통합적 정책	이용자의 수요확대 이용자 선택권확보
제도변화	제도화	생활보호법제정(61) 재해구호법제정(62) 의료보호도입(77) 사회복지사업법(70) 심신장애자(81) 아동(61) 노인(81) 모자(89) 영유아(91)	사회복지공동모금회법 (1998) 국민기초생활보장법 (1999) 법적최저생계비	사회적기업육성법(2007) 지역복지협의체(2005) 활동보조서비스(2007) 사회복지지방이양(2005)	사회서비스 이용권관리법(2011) 2008년 노인요양제도
	재원구성	일부 국가보조	국가보조금 논의확대	국고보조금 확대 사회서비스예산 확대 보육비 개편	본인부담금확대
	제도변화 유형		지진형/패치워	유성형/패치워	지구온난화형/패치워
	의도한 결과/ 의도하지 않은 결과	사회안전망 유지 /복지수준 미미	경제와 복지의 균형 /복지수준 미미	보편적, 지방분권 /제한적 서비스	통합적, 맞춤형정책 /개인프라이버시보호

사시장과 같은 모형이라기보다 정부에서 보조하는 재정사업의 유형으로 나타나 향후 예산지출 부재시 시장이 사라질 가능성이 농후하였다.

의료를 포함한 사회서비스 분야의 공공성을 강화하는 가장 좋은 방법은 정부의 재정부담과 책임성을 획기적으로 높이고, 이를 통해 서비스 제공자의 혼합에서 민간공급자에 대한 효과적인 통제와 관리를 할 수 있도록 하는 것이다. 정부실패와 시장실패를 최소화하는 최적의 정책조합을 구사해야 한다(이상희, 2010: 442). 서비스 제공기관들은 독점적인 위치를 유지하려 하고 인력들의 잦은 타 서비스 기관으로 이동과 떠남은 서비스 제공의 안정적인 제공 및 질 이슈와 함께 서비스의 반응성(responsive) 측면에서도 여러 과제를 낳고 있다(Carey, 2008; Drakeford, 2006; Walness, 2006). 우리나라에서도 아직 발생하고 있지는 않지만 서비스의 질적 제고를 위해서 제공인력의 보수수준 및 근무여건이 미약하면 인력의 이탈가능성이 많다. 향후 제공기관 간 또는 제공기관 내의 제공인력의 근무환경을 제고하여야 질적 개선을 유지할 수 있을 것이다.

5. 한국 사회서비스 제도 변화방향

2003년에 출범한 노무현 정부의 복지정책은 저소득층 위주의 복지정책에서 탈피해 모든 국민을 대상으로 하고, 소득보장 위주에서 의료·보육·주거·환경·문화 등 의식주 전반의 생활서비스 보장으로 복지정책의 범위를 확대하는 복지의 보편화를 추구하였다. 이러한 점에서 사회복지서비스용어는 보편적 수준의 사회서비스로 명명하고 기존의 저소득층 위주의 서비스는 공공부조의 성격을 가진다고 볼 수 있다. 참여정부는 기초생활수급자와 의료급여수급자를 확대하는 등 기초보장의 확대를 추진하였고 장애수당 대상자를 확대하거나 노인일자리를 확대하고 빈곤아동에 대한 지원을 확대하는 등 사회서비스 개선에도 노력하였다(김상균 외, 2010).

하지만 사회서비스 도입은 새로운 제도로 창출된 것이 아닌 기존 사회복지제도에서 대상과 서비스의 범주를 일부 소외계층에서 보편적인 수준으로 확대하고자 한 것이다. 즉 사회서비스는 사회복지서비스에서 규정하는 범위에서 확대된 개념이라 볼 수 있다. 사회적 돌봄이라는 영역이 좀 더 확장된 의미로 역사적 제도주의 관점에서 새로운 제도의 형성이 아닌 제도의 변화로 볼 수 있다. 사회서비스는 대상과 서비스 구성에 있어서 보편성을 추구하며, 사회복지제도 변화는 돌봄이라는 기본적 측면에서는 경로의

존적인 모습이 나타났다. 다만 새로운 서비스이용자의 확대나 신규사회서비스의 발굴 정책은 패치워크(조각보) 형상이었다. 사회서비스 정책은 기존의 사회복지서비스에서 좀 더 확장된 개념이라고 볼 수 있다.

한국 사회서비스 제도 도입경로가 설정되고 강화되는 단계별 특징을 살펴보았다. 결론적으로 본 논문에서는 사회서비스 제도변화에 대한 분석을 토대로 향후에 일어날 가능성이 있는 사회서비스 관련 쟁점들을 미리 살펴봄으로써 한국 사회서비스 정책의 미래를 살펴볼 필요가 있다. 앞으로 사회서비스 정책과 관련해서 진행될 쟁점은 크게 이용자의 수요적 측면과 공급자의 분할 측면을 구분할 수 있다. 먼저 이용자의 니즈가 다양하게 요구되는데 이용자의 정치적 이해관계의 수준에 따라 사회에서 요구하는 이용자의 행동양식이 다양하게 변화할 것이다. 장애인 사업은 장애인의 서비스요구에 따라 규모가 변함을 볼 수 있었다. 하지만 개인별 보조금 정책의 일환이라고 볼 수 있는 사회서비스 바우처사업이 대단위 운용하고 있는 정보시스템에서 개인정보 누출과 같은 커다란 사고가 발생할 경우 사회서비스의 정책수단으로 운용하는 경로를 전환시키는 계기가 될 수도 있을 것이다.

반면 공급자의 측면에서 서비스 제공기관장과 서비스 실무제공 주체 간의 이해관계 문제가 중요한 사회적 갈등요인이 될 것으로 예상된다. 특히 이용자와 제공인력간의 담합과 같은 부정이용의 행태가 나타나면 제공기관장의 책임 논란이 공론화되었다. 이처럼 한국의 사회서비스 정책은 앞으로 다양한 국내외 쟁점의 등장과 더불어 심각한 전환점을 맞이할 수 있을 것이다. 이런 전환점에서 한국의 사회서비스제도의 경로의존적 형태는 더욱 고착화될 수도 있고, 아니면 경로를 이탈하는 계기가 될 수도 있을 것이다. 앞으로 한국이 어떤 경로를 걷게 되느냐가 국내외적 맥락에서 한국 사회가 사회서비스에 대한 공론화를 통해서 어떤 길을 선택하느냐에 따라 달라질 것이다. 우리나라 사회서비스 정책의 미래는 정부와 사회서비스 제공기관 및 이용자의 손에 달렸다고 할 수 있다.

제 2 장

사회서비스 범주

제2장 사회서비스 범주

제1절 사회서비스 영역 구분

1. 외국에서의 사회서비스

사회서비스의 의미를 명백하게 정의하기가 쉽지 않다. 서비스 이용자와 서비스 제공자가 사적 계약에 의해서 이루어지기보다 공공부문의 재정지원을 통하여 가격을 조정하여 거래한다. 어느 개인이 소속된 지역과 국가에서 사회서비스를 어느 범주까지 사회에서 개인에게 제공할 것인가에 대한 선택의 문제이다. 어떤 나라에서는 서비스에 대한 제공뿐만 아니라 현금지원까지 포함하고 있다. 금전을 제공하면 제공된 급여로 서비스를 구매할 수 있기 때문에 결과적으로 정부에서 제공하는 서비스로 볼 수 있다. 다른 나라에서는 사회서비스는 현물서비스로 보이는 것에 국한하고 현금과 급여서비스는 별도의 용도로 구분하고 있다. 돌봄서비스가 사회서비스를 대표하는 핵심영역으로 자리잡고 있으며 돌봄의 성격상 서비스 내용을 어디까지 제공할 것인가는 지역과 나라에 따라 다르게 설정하고 있다(Munday, 2007: 31~32).

영국에서 넓은 의미로는 '사회서비스', 협의로는 '대인사회서비스'의 용어를 사용하고 있다. 사회서비스는 소득보장, 보건, 고용, 주거, 교육 등을 포함하는 광의의 사회정책 영역이다. 대인사회서비스(personal social services)는 지방정부·민간·비영리·자원단체를 통해 제공되는 광범위한 지원과 보호 서비스가 있다. 예를 들면 가정방문보호, 시설보호, 요양보호, 주·단기보호, 사례관리, 정보제공·조언·상담, 장애인에 대한 훈련·

지원·고용지원서비스를 의미한다.

최근에는 사회적 돌봄(social care) 개념이 일반화하여 사용되고 있다. 북유럽에서는 돌봄 기능을 강조하여 '사회적 돌봄서비스' 용어를 사용하고 있다. 사회적 돌봄서비스(social care services)는 개인이 장애나 질병 등으로 인해 부자유스러움에도 불구하고 자립하여 일상생활을 할 수 있도록 지원하는 것으로, 기존 여성이 제공하던 가정내 돌봄노동을 사회화한다는 측면에 비중이 크다. 이에는 조언, 지지, 격려, 돌봄, 치료, 경제적 지원, 경제적 자문, 가족범죄 관련 상담 등 정서적 내용과 현물·현금 제공 관련 제반 서비스를 포함한다. 미국에서는 사회서비스를 협의의 "사회복지부문 서비스" 영역으로 인식하고 있다. 영국의 대인 사회서비스의 범위와 유사하다. 여기에는 입양, 위탁보호, 아동보호, 재가서비스, 성인보호, 시설보호, 고용지원, 직업소개, 교통이동지원서비스, 건강, 알코올중독 서비스 등 의료서비스, 가정관리, 법률, 가사서비스 및 주거개선 등 생활지원서비스를 포함하고 있다. 각 나라마다 선호하는 단어에는 '사회서비스(social services)', '사회적 돌봄(social care services)', '대인 사회서비스(personal social services)' 등과 같이 다르지만, 대체적으로 대인사회서비스라는 용어를 광범위하게 사용되고 있으나(Council of Europe, 2007), 사회서비스의 범위를 명확하게 설정하고 정의하는 것에 대한 논란은 현재까지도 지속되고 있다 .

국제 표준산업분류(ISIC)에서 '사회서비스' 산업을 독립적으로 분류하지 않고 산업분류방식 중 서비스업에 주목하여, 세부적인 서비스산업분류를 시도한다. 표준산업분류는 비슷한 제품이나 서비스를 생산하는 주체를 하나의 그룹으로 묶는 체계로서 서비스통계를 수집하여 발간하는데 기준을 제공하였다. 대표적인 것이 UN의 국제표준산업분류(ISIC: International Standard Industrial Classification)이며, 한국은 한국표준산업분류(KSIC), 일본은 일본표준산업분류(JSIC) 등 각국은 이에 기초하여 국가별 표준산업분류체계 구성하고 있다. UN의 국제표준산업분류에서는 사회서비스를 '건강 및 사회사업 활동(Human Health and Social Work Activities)' 대분류 내에 ① 건강서비스(human health activities), ② 시설보호서비스(residential care activities), ③ 비거주 사회사업 서비스(social work without accommodation)로 규정하고 있다.

표 2-1 UN 국제표준산업분류 내 사회서비스 관련 산업분류 체계

UN 국제표준산업분류 Rev. 4 Q Human Health And Social Work Activities	
86	Human health activities
861	Hospital activities
8610	Hospital activities
862	Medical and dental practice activities
8620	Medical and dental practice activities
869	Other human health activities
8690	Other human health activities
87	Residential care activities
871	Residential nursing care facilities
8710	Residential nursing care facilities
872	Residential care activities for mental retardation, mental health and substance abuse
8720	Residential care activities for mental retardation, mental health and substance abuse
873	Residential care activities for the elderly and disabled
8730	Residential care activities for the elderly and disabled
879	Other residential care activities
8790	Other residential care activities
88	Social work activities without accommodation
881	Social work activities without accommodation for the elderly and disabled
8810	Social work activities without accommodation for the elderly and disabled
889	Other social work activities without accommodation
8890	Other social work activities without accommodation

서비스산업의 재분류에 대한 시도 중 사회서비스의 산업적 범위를 설정하고 있는 연구로는 Browning & Singleman(1978)이 대표적이다(이진면 외, 2008). 서비스에 의해 제공되는 경제적 기능, 시장, 서비스의 제공주체 3가지 기준을 혼합적으로 적용하여 서비스를 공급자서비스, 유통서비스, 개인서비스 및 사회서비스로 구분, 중간투입서비스의 개발, 삶의 질 제고에 대한 서비스의 기여, 가사서비스의 시장화(marketization) 등의 측면에서 중요한 추세의 파악이 가능하다는 점에서 유용성을 인정할 수 있다(Riddle, 1986). Elfring(1988)은 이를 발전시켜 16개의 세부 서비스산업으로 재분류, 사회서비스의 범위를 공공행정서비스, 보건서비스, 교육서비스, 기타 사회서비스를 포함하였다. 또한

OECD(2000)는 Browning & Singleman의 분류체계에 입각하여 서비스 고용을 분석하고, 이러한 체계에 따라 분포된 서비스 고용은 고용조건의 파악에 중요한 시사점이 있다고 주장하였다.

표 2-2 Browning & Singleman과 Elfring의 서비스산업 분류

산업 구분	Browning & Singleman	Elfring
공급자서비스 (producer service)	• 은행, 신용 및 기타 금융서비스 • 보험 • 부동산 • 엔지니어링 및 건축서비스 • 회계 및 장부 정리 • 법률서비스 • 기타 사업서비스	• 사업 및 전문직 서비스 • 금융서비스 • 보험서비스 • 부동산서비스
유통서비스 (distributive service)	• 운수 및 보관 • 통신 • 도매 • 소매(요식업 제외)	• 소매 • 도매 • 운수서비스 • 통신
개인서비스 (personal service)	• 가사서비스 • 호텔 및 숙박 • 음식업 • 수리서비스 • 세탁업 • 이발 및 미용 • 엔터테인먼트 및 여가서비스 • 기타 개인서비스	• 호텔, 바, 레스토랑 • 여가, 오락, 문화서비스 • 가사서비스 • 기타 개인서비스
사회서비스 (social service)	• 의료 및 건강 서비스 • 병원 • 교육 • 복지 및 종교 서비스 • 비영리법인 • 우편서비스 • 정부 • 기타 전문직 및 사회서비스	• 정부서비스 • 건강서비스 • 교육서비스 • 기타 사회서비스

자료: 이진면 외(2008)에서 재인용.

표 2-3 외국에서의 사회서비스 분류

- ■ (UN) "건강 및 사회사업 활동" 대분류
  - • 건강서비스
  - • 시설보호서비스
  - • 비거주 사회사업서비스
- ■ 미국
  - • 표준산업분류(1997년 이전): "사회서비스"를 독립 산업군으로 설정
    - – 개인·가족서비스업
    - – 직업훈련·재취업서비스업
    - – 아동보육서비스업
    - – 시설보호
    - – 기타사회서비스업
    - * 보건의료, 교육, 문화예술 포함하지 않음
  - • 북미산업분류체계(1998년 이후 : "보건서비스 및 공공부조" 대분류 내
    - – 통원건강관리서비스
    - – 병원서비스
    - – 요양 및 시설보호서비스
    - – 공공부조
- ■ (EU) 유럽표준산업분류: "건강 및 사회사업 활동" 대분류 내
  - • 병원 및 의료시설에서 전문의료인에 의해 제공되는 의료서비스
  - • 비전문의료인에 의한 시설보호서비스
  - • 사회복지서비스
- ■ (일본) 표준산업분류: "의료·건강돌봄 및 복지" 대분류 내
  - • 의료 및 기타 건강서비스
  - • 공중보건 및 위생
  - • 사회보험 및 사회복지

미국과 영국에서 공동발행한 「사회복지사전」에서도, "사회서비스 또는 대인사회서비스는 개인의 건강, 삶의 질, 자립생활 향상을 돕기 위한 일련의 휴먼 서비스 활동을 의미하며, 일반적으로 주간보호, 상담, 직업훈련, 가정위탁, 시설보호, 재가복지, 재활, 보호작업장 등을 포함"하는 사회복지부문을 주요 범위로 하고 있다.[1] 우리 정부가 추진, "사회서비스 일자리"로 포함된 일자리 중 약 65% 이상이 사회복지부문이며, 나머지

1) 20th Edition of the Encyclopedia of Social Work, 미국 National Association of Social Workers 와 영국 Oxford University Press 공동발행.

는 문화, 환경 부문 일자리의 순이다.

2. 한국의 사회서비스 개념·범위 규정

2000년대 중반 이후 사회투자정책을 배경으로 하여 한국에서는 사회복지를 보다 광의의 사회정책영역으로 확대하는 '사회서비스'의 개념과 범위에 대한 논의가 촉발되었다. 현재, 사회서비스에 대한 법률적 정의는 사회적기업육성법,[2] 사회서비스 이용권 관리법안,[3] 사회보장기본법에서 규정되었으며, 정부의 공식 보고에서 최초 언급된 사회서비스의 개념은 2006년 기획예산처가 주도한 '부처합동보고'인 「사회서비스 확충전략」 자료에 포함되었다.

표 2-4 관련 법률 사회서비스 개념 비교

사회서비스 확충전략 (기획예산처, 2006)	"사회서비스"란 개인·사회 전체의 복지 증진 및 삶의 질 향상을 위해 사회적으로 제공하는 서비스 • 사회복지서비스: 보육, 아동·장애인·노인 보호 등 • 보건의료서비스: 간병, 간호 등 • 교육서비스: 방과후활동, 특수교육 등 • 문화·예술서비스: 도서관·박물관 운영 등
사회적기업육성법 (2007)	"사회서비스"라 함은 교육·보건·사회복지·환경 및 문화 분야의 서비스 그 밖에 이에 준하는 서비스로서, 대통령령이 정하는 분야의 서비스(보육서비스, 예술·관광 및 운동 서비스, 산림 보전 및 관리 서비스, 간병 및 가사 지원 서비스, 문화재 보존 또는 활용 관련 서비스, 청소 등 사업시설 관리 서비스, 「직업안정법」 제2조의2 제9호에 따른 고용서비스)를 의미
사회서비스 이용 및 이용권 관리에 관한 법률(2012)	"사회서비스"란 「사회복지사업법」 제2조 제4호에 따른 사회복지서비스, 「보건의료기본법」 제3조 제2호에 따른 보건의료서비스, 그 밖에 이에 준하는 서비스로서 대통령령으로 정하는 서비스를 의미
사회보장기본법 제3조4(2012)	"사회서비스"란 국가·지방자치단체 및 민간부문의 도움이 필요한 모든 국민에게 복지, 보건의료, 교육, 고용, 주거, 문화, 환경 등의 분야에서 인간다운 생활을 보장하고 상담, 재활, 돌봄, 정보의 제공, 관련 시설의 이용, 역량 개발, 사회참여 지원 등을 통하여 국민의 삶의 질이 향상되도록 지원하는 제도를 말한다.

2) 2007년 12월 제정.
3) 2009. 7. 15 국회제출, 2010년 2월 소위 심사, 2012년 제정.

18대 국회 보건복지가족위원회의 「사회서비스 이용권관리법안」 검토보고(2010. 2)에 따르면, 사회서비스의 범위에 대하여 다음과 같이 의견 제시하였다. 보건복지가족부 소관인 「사회복지사업법」에 따른 사회복지서비스와 「보건의료기본법」에 따른 보건의료서비스로 사회서비스의 범위를 제한함으로써 정부 부처간 충돌을 피하고, 이 법에 따른 사회서비스에 대한 관리와 감독의 책임이 최종적으로는 보건복지가족부 장관에게 부여되었다. 이에 대하여 문화체육관광부는 "사회서비스" 대신 "사회복지서비스"라는 용어를 사용할 것을 제안한 바 있으나, 「사회복지사업법」에서 정의 규정을 두고 이미 통용되고 있는 "사회복지서비스" 용어를 사용하는 경우 보건의료서비스 등을 포괄하기 어렵다는 점에서 "사회서비스"라는 용어를 사용할 필요가 있을 것으로 보이고, 그 범위를 제2조 제1호와 같이 사회복지서비스와 보건의료서비스로 제한할 필요가 있을 것으로 보였다. 다만, 장기적인 측면에서는 동 법률안이 공공분야의 서비스를 바우처를 통하여 제공하는 타 부처 사업(교육, 주택, 관광, 체육 등)에 활용될 가능성이 큰 것으로 보이고, 이 경우 소관부처에 관계없이 동 법률을 적용하도록 하는 것이 법 집행의 일관성과 입법 경제성을 제고할 수 있을 것으로 보았다. 사회보장기본법과 사회복지사업법에서 '사회복지서비스'에 대한 정의로서, "국가와 지방자치단체와 민간에 의해 제공되는 상담, 재활, 직업소개 및 지도, 사회복지시설 이용과 관련된 개별적, 전문적 서비스"로 규정하고 있다.

사회복지, 보건의료, 교육, 문화·예술, 환경을 포괄하는 이러한 정의는 "광의"의 개념으로서, 상대적으로 돌봄(care)을 중심으로 한 사회복지부문의 서비스는, 의료, 교육, 문화·예술, 환경 부문에 비해 수요 증가가 크고 제도 성장이 뚜렷하여, 많은 선진국에서 80년대 이후 사회서비스의 핵심적인 영역으로 부상하였다. 외국의 경우, 문화·예술, 환경은 사회서비스 영역으로 포함하지 않으며, 사회복지를 중심으로 "보건의료", "교육"을 넓은 사회서비스 영역으로 볼 수 있으나, 이 중 핵심적인 사회서비스 영역은 사회복지부문이다. 2013년 개정된 사회보장기본법의 제2조의4에서 '사회서비스'란 국가·지방자치단체 및 민간부문의 도움이 필요한 모든 국민에게 복지, 보건의료, 교육, 고용, 주거, 문화, 환경 등의 분야에서 인간다운 생활을 보장하고 상담, 재활, 돌봄, 정보의 제공, 관련 시설의 이용, 역량 개발, 사회참여 지원 등을 통하여 국민의 삶의 질이 향상되도록 지원하는 제도라고 규정하였다.

산업분류로 볼 때, 김혜원 외(2006)의 연구에서는 사회서비스의 범위를 한국의 표준산업분류(제8차 개념)를 기준으로, N. 공공행정, 국방 및 사회보장행정, O. 교육서비스업, P. 보건 및 사회복지사업 전체와 R. 기타 공공, 수리 및 개인서비스업 중 일부의 서비스업을 포함하여 구분하였다. 이진면 외(2008)의 연구에서는 O. 공공행정·국방 및 사회보장, P. 교육서비스업, Q. 보건업 및 사회복지서비스사업 전체와 S. 협회 및 단체, 수리 및 기타 개인서비스업, R. 예술, 스포츠 및 여가관련 서비스업, J. 출판, 영상, 방송통신 및 정보서비스업, K. 금융 및 보험업, L. 부동산업 및 임대업 중 일부를 포함하였다. 최현수 외(2019)의 연구에서는 기존 이진면 외(2008) 연구에서 설정한 범위 이외에 H 운수 및 창고업, I 숙박 및 음식점업, J 정보통신업, K 금융 및 보험업, M 전문, 과학 및 기술 서비스업의 일부 분야가 추가되었으나, L. 부동산업 및 임대업은 배제되었다. 사회서비스의 범주가 확대되고 개인서비스의 범주가 지역사회에서 소외계층을 대상으로 서비스를 보장하는 영역으로 확대되는 경향이 있다.

표 2-5 국내 사회서비스의 산업적 범위 비교

한국표준산업분류 9차개정 대분류	김혜원 외 (2006)		이진면 외(2008)		최현수 외(2019)	
	포괄 정도	소(세,세세) 분류	포괄 정도	소(세,세세) 분류	포괄 정도	소(세,세세) 분류
H. 운수 및 창고업					△	택배업, 늘찬 배달업, 기타 육상 운송지원 서비스업
I. 숙박 및 음식점업					△	기타 일반 및 생활 숙박시설 운영업
J. 정보통신업					△	교과서 및 학습 서적 출판업, 기타 인쇄물 출판업, 공영 우편업
K. 금융 및 보험업	×	–	△	사회보장보험업(건강보험업, 산업재해 및 기타 사회보장보험업), 연금업	△	사회보장보험업(건강보험업, 산업재해 및 기타 사회보장보험업), 개인공제업, 사업공제업, 연금업, 그 외 기타 금융 지원 서비스업, 기타 보험 및 연금관련 서비스업

L. 부동산업 및 임대업	×	–	△	서적임대업, 스포츠 및 레크레이션 용품 임대업	×	–
M. 전문, 과학 및 기술 서비스업					△	의학 및 약학 연구개발업, 기타 인문 및 사회과학 연구개발업
N. 사업시설 및 사업지원서비스업	×	–	△	인력알선업, 인력공급업	△	사업시설 유지·관리 서비스업, 건축물 일반 청소업, 산업설비, 운송장비 및 공공장소 청소업, 인력알선업, 인력공급업, 소독, 구충 및 방제 서비스업, 조경 관리 및 유지 서비스업
O. 공공행정, 국방 및 사회보장행정	○	전체 산업	△	교육, 보건복지, 노동, 문화관광, 기타 사회서비스, 사회보장행정	○	전체 산업
P. 교육서비스업	○	전체 산업	△	특수학교, 유아교육기관, 사회교육시설	○	전체 산업
Q. 보건업 및 사회복지서비스업	○	전체 산업	○	전체산업	○	전체 산업
R. 예술, 스포츠 및 여가관련 서비스업	×	–	△	도서관·기록보존소·독서실, 박물관·사적지관리운영업, 식물원·동물원·자연공원, 기타운동시설운영업, 체육공원·유사공원 운영업	△	도서관·기록보존소, 박물관·사적지관리, 식물원·동물원·자연공원, 기타운동시설, 체육공원·유사공원, 스포츠 클럽, 그 외 기타 스포츠 서비스업, 유원지 및 테마파크, 실내 경기장, 실외 경기장 운영업
S. 협회 및 단체, 수리 및 기타 개인서비스업	△	개인간병인 및 유사 서비스업	△	개인 간병인 및 유사서비스업	△	개인 간병인 및 유사서비스업, 이용업, 두발 미용업, 피부 미용업, 기타 미용업, 욕탕업, 마사지업, 체형 등 기타 신체 관리 서비스업, 산업용, 가정용 세탁업, 세탁물 공급업, 장례식장 및 장의관련 서비스업, 화장터 운영, 묘지 분양 및 관리업, 예식장업, 결혼 상담 및 준비 서비스업, 애완 동물 장묘 및 보호 서비스업

주: ○는 산업 전체, △는 산업 중 일부, ×는 전체 산업을 제외함 것을 의미함.

2008년 '사회복지서비스산업실태조사'에서 사회서비스 범위를 사회복지와 복지와 관련있는 방문간호, 돌봄 등 보건의료, 정규교과과정이 아닌 특수교육, 사회교육 부문을 범위로 설정하였다.[4] 이 보고서에서는 사회복지－보건의료－교육을 핵심 범위로 하는 사회서비스 영역 중 산업발전 가능성이 크고 관련 실태 파악과 자료(data)구축이 미진한 사회복지 부문을 우선 선정하여, '사회복지서비스'산업 실태를 파악하였다. 사회복지서비스는 "개인의 건강, 삶의 질, 자립생활, 지역사회의 사회적기능 향상을 돕기 위한 활동"으로서, 주거보호, 요양·돌봄서비스, 일상생활·정서지원, 보육·보호, 교육·여가·문화, 고용지원, 재활·자립생활지원 등 다양한 목적 및 유형의 "인적 활동"을 중심으로 한 무형의 서비스를 특징으로 하여, 매우 넓은 범위의 영리·비영리 사업체가 사회서비스 관련 사업을 수행하였다.

위의 논의를 바탕으로 사회서비스는 사회적 소외되고 불우한 사람들에게 사회가 적극적으로 환경을 개선하는데 사용된다. 사회정책에 관한 프로그램을 촉진하고 개발하는데 혁신적이고 직접적인 용역서비스가 요구되고 이에 따라 사회적 관심이 급격히 증가하고 있었기 때문이다(허남순 외 역, 2007: 153). 사회서비스는 휴먼서비스로 개개인에게 직접 대면하여 서비스를 제공한다. 이를 통해 개인의 행동이나 속성 혹은 사회적 지위를 발전시키거나 변화시킴으로써 그 개인의 안녕을 유지하거나 증진시키는 것에 기여한다(강인 외, 2007: 162). 국가와 지방자치단체 및 민간부문의 도움을 필요로 하는 모든 국민에게 상담, 재활, 직업소개 및 지도, 사회복지시설 이용 등을 제공하여 정상적인 사회생활을 가능하도록 지원하는 것이 사회서비스제도이다. 노인, 장애인, 아동, 청소년, 여성, 가족 등을 대상으로 각 서비스를 제공하는 대인적 서비스라 할 수 있다. 노인에게는 노령수당지급, 노인의 일자리지원, 노인공동작업장, 건강대책, 여가문제, 의료보장 등이 있다. 장애인에게는 사회복귀와 자활을 위하여 의료재활서비스, 교육재활서비스 등이 있다. 아동에게는 아동복지를 위한 시설서비스, 보호서비스 등이 있으며, 여성서비스에는 저소득모자세대에 대한 생활보호, 윤락여성에 대한 자립갱생대책, 미혼모 예방 및 보호대책 등을 들 수 있다.

4) 보건복지가족부·한국보건사회연구원, 2009.

3. 사회서비스 유형 분류

사회서비스는 크게 돌봄서비스와 비돌봄서비스로 양분하여 구분할 수 있다. 정부가 공공성을 강화하기 위해 정부의 재정을 적극적으로 투입하여 삶의 질을 개선하는 사업이 돌봄 사업으로 사회서비스의 핵심이다. 비돌봄서비스는 돌봄을 둘러싼 생활환경, 평생교육, 여가문화, 고용연계 등과 같이 돌봄서비스와 연계되어 사회적 약자를 지원하는 서비스가 해당된다. 중앙정부에서 제공하는 지원서비스는 300여 개에 해당되고 기초지방자치단체에서 제공하는 정부지원서비스는 명칭으로만 구분한다면 일만여 개를 상회하고 있다. 이러한 서비스는 돌봄, 상담, 사회참여, 정보제공, 사례관리 등의 서비스 중에서 돌봄이 90%에 해당된다. 어찌보면 보육서비스는 아동을 대상으로 교육과 돌봄이 결합된 형태이다. 이후에도 돌봄과 치료가 결합된 형태, 돌봄과 문화가 결합된 형태, 돌봄과 고용이 결합된 형태의 서비스가 만들어질 가능성이 높아진다.

그림 2-1 돌봄서비스와 비돌봄서비스의 결합형태

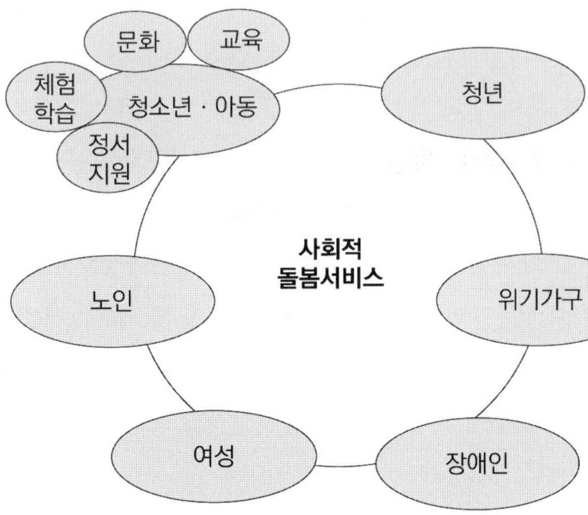

돌봄서비스는 이용자에게 관심을 가지고 보살피는 것으로 가정방문서비스, 주간단기보호서비스, 상담서비스로 구성될 수 있다. 보건의료서비스는 건강관리서비스, 의료·

간호서비스, 환경·소독서비스로 구분하였다. 이때 건강은 정신적으로나 육체적으로 아무 탈이 없고 튼튼한 상태를 의미하며 환경은 생활하는 주위의 상태를 청결하게 유지하는 것을 의미한다. 발달장애가 있는 가족구성원을 둔 가족에게 가족의 역기능을 방지하고 완화하기 위하여 종종 특별한 서비스가 제공된다. 신체장애가 있는 아이는 그 아이의 상황에 대해 부모가 적대적으로 반응하거나 특수한 발달상의 필요를 적절하게 충족시켜주지 못해 위험에 처할 수 있다(허남순 외 역, 2007: 346). 사이먼 등(Simon, McNeil, Franklin & Coopeman, 1991)은 다섯 가지 심리교육 치료모델을 검토하고, 연구결과를 언급하고, 임상적 결과를 언급하였다. 이 때 주간보호(day care)프로그램과 지역사회에 기초한 심리사회적 재활프로그램은 정신장애인과 가족에게 중요한 서비스라고 규정하고 있다(Peterson, Patrick & Rissmeyer, 1990). 심각한 질병에 있거나 허약한 노인들은 정서적으로 부담스럽고 육체적으로 소모적인 광범위한 보살핌이 필요하다. 외출이 불가능한 사람에게 식사를 배달해주는 방문간호사(visiting nurse)와 도시락배달서비스(meal on wheels)는 노약자와 장애자가 독립적으로 살아가는데 도움을 준다. 가사지원서비스(homemaker service)는 쇼핑, 청소, 균형있는 식사준비, 가계관리, 빨래, 이런 기술을 이용자에게 가르치는 것도 포함될 수 있다.

교육서비스는 지식과 기술 따위를 가르치며 인격을 길러 주는 것으로 이에는 일반적인 교양교육과 전문적 분야의 교육서비스로 구분할 수 있다. 고용서비스는 생계를 유지하기 위하여 자신의 적성과 능력에 따라 일정 기간 동안 계속하여 종사하도록 일을 구하는 것으로 이에는 직업을 알선하고 상담하는 것과 직업과 관련된 훈련과 교육을 포함할 수 있다. 여가·문화서비스는 사회적 소외계층을 대상으로 의식주 기본생활 외 여가와 문화를 향유할 수 있는 인간적인 삶을 영위하도록 하는 서비스가 해당될 수 있다. 지역적 요소를 고려할 때 사회서비스가 부족한 농촌 지역에서는 자연적 조력자와 협력이 절실하다. 이 조력자들은 지역사회복지사, 식료품상인, 이발사, 보험판매원, 목사, 시민운동가, 학교선생님, 보건소간호사, 지역공무원 등이 있다. 컨클린(Conklin, 1980)은 시골공동체에서 이러한 조력자가 얼마나 유용한가에 대하여 지적하였다. 코헨과 아들러(Cohen & Adler, 1986)는 도시거주자와 사회적 관계망을 연결하는 역할에 대하여 언급하였다. 이 외에 인프라서비스는 사업에 대한 지원을 의미하는 것으로 홍보와 네트워킹을 통해 프로그램에 대한 이해를 널리 알리고 그 사업을 연계하도록 하고 있다.

표 2-6 지역사회자원 유형

욕 구	자 원
소득보장	공공부조; 노령, 유족, 장애, 건강보험; 실업보험; 산재보험; 교회복지프로그램; 푸드스탬프
주 거	노인, 저소득, 노숙자를 위한 특별한 주거프로그램; 주거조사 프로그램, YMCA, YWCA, 이동주거
의료보호	무료병원, 지방의 공사적 의료센터, 예비역병원, 노인의료보험, 방문간호사업, 요양소, 재활프로그램, 가정의료사업
아동서비스	주간보호센터, 아동보호클리닉, 아동복지국, 쉼터, 아동서비스국, 교회프로그램, 해드스타트 프로그램, 입양기관, 학교사회복지, 특수교육 및 발달지체 프로그램, 아동치료센터, 장애아동서비스
직업교육, 재활	일자리서비스, 공공직업훈련 프로그램, 예비역서비스, 일자리법인, 정신적으로 무능한 사람들을 위한 수용시설
정신건강보호	정신건강센터, 정신병원, 약물남용센터, 민간 사회복지사들
법적서비스	법서비스국, 사적옹호자, 변호사, 미국시민자유연맹
부부·가족치료	가족서비스센터, 가족서비스영역, 목사, 교회에 다니는 서비스, 민간 사회복지사들, 정신건강센터
청년서비스	YMCA, YWCA. 공·사적 여가프로그램, 지방의 청년서비스 프로그램, 시설치료 프로그램, 청년그룹홈, 소년법정, 청소년 공공프로그램
여 가	공·사적 여가프로그램 및 센터, 상급시민센터, 예술 및 수공예 프로그램
교 통	여행자 원조국, 지방정부 프로그램, 자원봉사자

자료: 허남순 외 역(2007), 153.

사회서비스 제공내용을 살펴보면 대표적인 예를 들면 의료, 교육, 음식, 주택, 에너지, 직업훈련, 상담 등을 들 수 있으며(양정하 외, 2004: 143; 김학만 외, 2005: 76). 의료, 교육, 복지 등으로 구성하기도 한다(강인 외, 2007: 162). 사회서비스의 분류는 학자들과 개개의 법률들에 의해 기능별, 대상별, 서비스제공 유형별, 내용별 다양하게 구분되기도 한다. '사회복지사업법'은 상담, 재활, 직업소개 및 지도, 사회복지시설서비스를 사회복지서비스로 구분하였다. '사회적기업육성법'은 교육, 보건, 사회복지, 환경, 문화의 5가지로 구분한다. 사회서비스의 제공서비스를 대표적으로 의식주, 보건의료, 고용훈련, 여가문화, 환경, 상담 및 교육, 인프라서비스로 구분할 수 있었다. 사회서비스는 국가와 지방자치단체 및 민간부문의 도움을 필요로 하는 모든 국민에게 여러 가지 서비스를

표 2-7 사회서비스 분류 유형

구 분	분류 예시
사회적기업육성법	교육, 보건, 사회복지, 문화, 환경분야, 기타
한국산업분류	교육, 의료보건, 사회복지, 문화/관광, 환경, 기타
사회서비스향상기획단	인적자원개발, 공공보건의료, 돌봄노동, 생활환경,
강선경(2007)	교육, 보건의료, 사회복지, 문화예술, 환경
강혜규(2007)	교육, 보건의료, 돌봄, 기초적 의식 및 주거보장, 고용
허남순 역(2007)	소득보장, 주거, 의료보호, 아동서비스, 직업교육 및 재활, 정신건강보호, 법적서비스, 부부 및 가족치료, 청년서비스, 여가, 교통
강인 외(2007)	상담, 재활, 사회복지시설 이용, 직업소개 및 지도 등
스웨덴 사회서비스법	간호보호서비스, 장애자서비스, 개인 및 가족보호서비스
정경희 외(2006)	아동복지, 노인복지, 장애인복지, 여성복지, 모부자가정복지, 범주별 사회복지서비스
유홍준(2005)	영업판매직, 개인서비스직, 가사서비스직, 보호업무서비스직으로 구분
사회보장기본법(2012)	상담, 재활, 돌봄, 정보의 제공, 관련 시설의 이용, 역량 개발, 사회참여 지원

제공하여 정상적인 사회생활을 가능하도록 지원하는 것이 사회서비스 제도이다.

대인적 사회서비스는 지원서비스과 상담지원 두 경우로 <표 2-8>과 같이 서비스의 조합이 나타날 수 있다. 이 서비스들을 조합하여 연계시키는, 시스템구축, 재원마련, 제도정비 등 인프라를 구축하는 서비스도 포함할 수 있다.

표 2-8 사회서비스 분류방향

분 야	자활/재활(신체)	상담(정신)
기초생활(돌봄)	생활개선(의식주)	생활상담(금융법률 등)
보건의료	건강증진	정신건강상담
교 육	평생교육	진로상담
노 동	직업훈련	직업알선
환 경	환경개선	
여가문화	여가문화 활용	
인프라지원	시설, 재원, 제도, 시스템, 연계	

사회서비스는 대인적 서비스라는 특성을 가지고 있으므로 신체적, 정신적인 면으로 나누어 고려할 수 있다. 이러한 요소를 연계시키는 법-시스템구축, 자원연계와 같은 인프라서비스도 함께 고려되어야만 서비스들이 적실하게 이용자에게 전달될 수 있다. 이러한 서비스의 내용은 신체적 발달과 관련된 돌봄, 보건의료, 고용, 여가, 환경여건이 있고 정신적 측면에서는 상담과 알선을 조합하여 위의 표와 같이 대표적인 11개의 분류로 재설정할 수 있다. 이 유형 분류에 의하면 의식주 등 생활수준 개선, 의식주에 관한 상담, 의식주에 필요한 정규교과과정 교육, 건강의 증진, 건강상담 및 교육, 직업의 선택 및 상담, 직업훈련, 여가문화, 환경 그리고 사회서비스에 대한 인프라를 구축하는 네트워크 분야로 구분할 수 있었다. 여가문화와 환경과 같이 구분하기에 특성이 명확하지않는 부문들은 한 묶음으로 조성하였다.

제2절 돌봄 사회서비스 영역

1. 돌봄 사회서비스 지원

사회복지서비스 프로그램에는 가정복지, 아동 및 청소년복지, 장애인복지, 노인복지, 여성복지, 모부자복지, 교정복지, 정신보건복지, 사회복지의 포괄적 기본업무 등이 있다(최성재·남기민, 2007: 114). 대상별로 복지서비스를 구분하거나 교정 또는 정신보건 등 서비스 내용에 따라 분류된다. 돌봄 영역은 삶의 유지와 안전을 위하여 의식주 등 기초적인 생활을 지원하는 서비스이다. 돌봄서비스를 담당하고 있는 중앙정부는 보건복지부, 여성가족부, 행정안전부, 문화관광체육부, 고용노동부, 교육부, 법무부 등이 주로 관여하고 있다. 생활유지와 안전 관련한 대부분의 사업들은 보건복지부와 여성가족부에서 가정방문서비스, 주간단기보호서비스, 양육비지원, 사회문화 적응지원, 시설지원 등을 제공하고 있다.

1) 돌봄 서비스 제공 흐름

돌봄은 '신체적 정신적 장애에 의해 일상생활을 영위하는데 지장이 있는 사람의 신변을 원조'하는 것을 의미한다. 과거의 돌봄은 가족에 의해 수행되어 오던 기능이었지만 오늘날에는 일상생활을 영위하는 데 장애가 있는 사람들에 대한 사회적 서비스로 전문화되고 있다. 돌봄은 종래의 수발이나 간병과는 달리 그 사람의 생활 전체에 관심을 가지고 그 사람의 사회적 기능과 사회관계와의 관련하여 가능한 한 자립의 달성을 목표로 한 일련의 신체적·심리적·사회적 원조라고 할 수 있다. 다음은 중앙정부의 돌봄서비스 지원 내용과 정책추진 계획을 대상별로 살펴보았다.

① 영유아대상

영유아를 위한 돌봄을 강화하기 위해 '가정방문'과 '시설보육'을 동시에 강화하고자 하여 산모신생아와 아이돌봄을 확대하였다. 재가서비스의 대표사업인 '산모·신생아 건강관리는 대상자를 2018년에 8만 명에서 2022년에는 11.7만 명으로 확대하고 서비스를 제공하는 산모신생아 건강관리사를 2018년에 1.4만 명인 것을 2022년도에는 1.8만 명으로 확대할 계획이다. 아이돌봄사업의 경우에는 대상자를 2018년도에 14만 명에서 2022년에는 18만 명으로 확대하고 아이돌보미는 2018년에 2.1만 명인 것을 2022년도에 2.3만 명을 증대하여 4.4만 명의 일자리로 계획하였다.

어린이집 경우 22년까지 국공립어린이집의 경우 매년 450개소를 확대하기로 하였으며, 거점형 공공직장어린이집은 2018년 3개소에서 2019년에 10개소로 증가하고 시간제보육반의 경우 2022년까지 매년 40개반을 확충하였다. 어린이집 운영을 위한 인력을 확대하였는데 어린이집 교직원은 2017년 41,393명에서 2022년 69,338명으로, 직장어린이집의 경우 교직원을 2017년 8,889명에서 2022년 19,014명으로, 시간제보육반 담임교사는 2018년 401명에서 2022년 627명으로 늘린다. 공동육아나눔터가 미설치된 지역은 6세 이하 아동 밀집지역 중심으로 2018년 113개에서 2019년 160개로 확충하고 종사자 310명을 충원하였다.

② 아동대상

'온종일 돌봄체계'에서 이용 아동을 2018년 33만 명 수준에서 2022년에는 53만 명으로 확대하고자 하였다. 이를 위해 학교에서 돌봄서비스를 제공하는 것에서 초등돌봄교실 이용학생 7만 명, 교실 지역사회 개방·지자체 협업 등을 통한 돌봄은 3만 명으로 하여 전체 10만 명이 추가적으로 서비스를 이용하고 있다. 돌봄의 이용대상자를 저학년 위주에서 고학년까지 확대하고 운영시간도 부모가 퇴근할 때 까지 단계적으로 늘리기로 하였다. '마을돌봄'은 도서관과 주민센터 등의 시설을 활용하여 9만 명의 아동을 돌보는 사업이었는데 추가적으로 지역아동센터 일반아동까지 이용을 확대하여 1만 명을 더하여 10만 명을 지원하도록 하였다. '다함께 돌봄센터'는 2022년까지 전국 150여 개소에서 5,316명의 인력이 서비스를 제공할 계획이다. '지역아동센터'의 아동복지교사는 2018년 3,500명에서 2022년 3,965명으로 확대하고, '청소년 방과후 아카데미'의 인력 또한 2018년 750명에서 2022년 1,350명으로 확충할 계획이다.

③ 노인대상

노인돌봄에서는 장기요양보험을 중심으로 돌봄서비스를 확대하고, 치매관리를 강화하고자 한다. 장기요양에서 장기요양보험 보장성을 강화하기 위해 적용대상 노인을 2018년 8%에서 2022년 9.6%로 확대하고, 재가장기요양서비스의 이용률을 2018년 69%에서 2022년에 75%로 올리고자 하였다. 장기요양 수급자 증가 등으로 요양보호사는 2022년까지 총 16.5만 명 추가적으로 증원하여 2017년 36.4만 명에서 2022년 53.1만 명으로 확대된다. 공립요양시설은 2017년 101개소에서 2022년 261개소로, 공립 주야간보호시설은 2017년 94개소에서 2022년 278개소로 확대되며 '종합 재가돌봄센터'는 2025년까지 시·군·구별 1개소를 설치할 예정이다. 치매분야에서는 치매안심센터를 통한 65세 이상 치매노인 관리를 강화하기 위해 2022년까지 전체 치매노인의 60% 수준인 55만 명을 목표로 하였다. 이를 위해 치매전담형 요양시설·주야간보호 인력을 2022년까지 10,232명 확충할 계획이다. '노인돌봄 기본서비스'의 제공인력도 2018년 9,600명에서 2019년 16,300명으로 확대하고 '노인 돌봄 종합서비스'는 제공인력을 2018년 20,682명에서 2019년 26,664명으로 확대되었다.

④ 장애인

사회환경변화에 따라 장애인활동지원서비스와 발달장애서비스에 대한 돌봄지원을 강화하기로 하였다. 중앙정부는 22년에 발달장애 사업을 위해 통합어린이집 60개소를 신설하고 방과후돌봄바우처와 주간활동서비스를 신설하였다. 장애인활동지원서비스의 이용자 규모를 2017년 6.6만 명에서 2022년 9.8만 명으로 3.2만 명을 확대하며 서비스 제공인력인 활동보조인도 2018년 56,552명에서 2019년 70,435명으로 확충하였다. 2022년에는 발달장애인을 위한 통합어린이집 60개소를 신설하고, 2019년에 방과후 돌봄바우처도 4천 명을 신규 지원하고 주간활동서비스도 2,500명을 새로이 지원하기로 하였다.

⑤ 환 자

장기입원자에 대한 가사·간병지원과 호스피스 지원을 확대하는데, 장기입원중인 의료급여 수급자의 규모는 2021년까지 12,430명으로 확대할 계획이다. 가사간병은 기존에 12개월 동안 월 24시간을 지원하였으나 신규지원대상에게는 지역사회에 빨리 정착하도록 월 40시간을 3개월 동안 지원하다. 호스피스 전문기관, 권역별 호스피스센터 등 인프라를 확대하고 서비스 유형을 외래형, 지역사회연계형 등 다양화하여 호스피스 이용률을 높일 필요가 있다. 암환자 등 말기환자에게 제공하였던 가정형 호스피스 시범사업은 본사업으로 추진하였다.[5)]

⑥ 가족지원대상

치매노인이나 장애인을 돌보는 가족구성원이 스트레스를 많이 가지고 있어 2017년 이후 간병살인과 자살 사건이 14건에 이른다.[6)] 이들의 평균 간병기간은 3.4년에 이른다. 24시간 방문요양서비스에서 치매가족 휴가제는 1～2등급 치매노인 중 망상 등 특이증상자만 대상으로 하였으나 1～2등급 모든 치매노인으로 확대하였다. 2022년까지 장애아동 가족양육지원을 연간 500명까지 지원할 계획이며, 발달장애인 가족 휴식지원서비스를 2017년 8,586명에서 2022년에는 2만 명에게 지원할 계획이다.

⑦ 법률지원사업

치매노인과 발달장애인에게는 공공후견과 재산권 보호와 상속 등에 대한 법률지원이 필요하다. 2018년부터 치매노인 대상 공공후견제를 실시하였다. 발달장애인을 대상하는 공공후견과 법률지원을 2018년에 400명이었던 것을 2022년까지 1,000명으로 확대할 계획이다.

2) 양육비용지원 서비스

아동 등 양육을 위한 비용지원서비스를 시행하고 있는데, 일반아동은 물론 장애아동도 포함되어 있다. 보건복지부에서는 '보육료 지원사업', '양육사업', '장애아동 보육료'와 '장애아동 양육보조금'을 지원은 물론 입양과 위탁가정에 대한 양육사업도 복지부

---

5) 2016. 3~2019. 12까지 실시된 33개 기관 대상.
6) 치매 7명, 뇌질환 4명, 척추장애·정신지체·류머티즘 각 1건.

에서는 진행하고 있다. 양육비를 지원하는 사업에는 '만 5세아 무상 보육료지원', '저소득층 차등 보육료지원', '두 자녀 이상 보육료지원', '지방보육정보센터운영', '육아지원보육프로그램제공', '보육프로그램개발', '장애아 무상보육료지원', '장애아동 입양양육보조금지원', '장애아동 부양수당', '입양아동양육수당지원', '가정위탁아동 상해보험료', '중앙가정위탁 지원센터운영지원', '가정위탁활성화 프로그램운영' 사업이 있다.

보건복지부에서는 장애인에게 '장애수당', '대여자금 이차보전 및 보험료', '장애인자립 자금융자 이차보전', '장애인자립 자금융자', '장애인 차량LPG 세금인상분 지원'을 지원하였다. 노인에게 '경로연금'을 지급하고, 사할린 한인에게 생계비를 지원하고 있다. '입양수수료 지원'사업도 있다.

여성가족부에서는 '결혼이민자 가족지원', '결혼이민자가족 지원센터운영 지원', '종합가족지원 서비스제공', '자녀양육비 이행지원서비스', '이혼 및 미혼한 부모가족 소송지원비', '기본보조금 지원', '일본군위안부 피해자 생활안정', '생활안정지원금' 사업이 있다.

3) 기관운영 등 시설지원서비스

노인과 장애인 등 사회적 취약계층에게 돌봄서비스를 제공하는 기관들이 있으며, 이 시설들에 대한 지원을 보건복지부 중심으로 제공하고 있다. 보건복지부는 대상과 사업내용에 따라 '중앙노인보호전문기관 운영지원', '지방노인보호전문기관 운영지원', '노인복지 민간단체지원', '노인자원봉사 활성화지원', '노인자원봉사단 지원', '노인생활시설 기능보강', '노인그룹홈 신축지원', '소규모 다기능시설 신축지원', '재가지원센터 기능보강',[7] '노인실비입소 이용료지원',[8] '농어촌 재가노인복지 시설확충', '한국 장애인복지진흥회 지원', '장애인단체 지원', '장애인 모니터링센터 지원', '취약 여성가구주 사례관리사업'이 있다. 여성가족부에서는 한부모가족을 대상으로 생활안정지원하는 사업에서 '프로그램운영－사례관리자교육', '개별가구 사례관리'를 지원하고 있으며, '지방건강가정지원센터 운영지원', '맞춤형 가족지원서비스제공'을 수행하고 있다.

---

7) 주간, 단기, 방문간호 등 재가서비스를 수행할 수 있는 지원센터 신축.
8) 차상위 요양보호노인의 실비입소 이용료 지원.

2. 재가돌봄서비스

가정을 방문하여 제공하는 돌봄서비스는 주로 보건복지부와 여성가족부에서 주관하고 있는데, 보건복지부에서는 산모, 신생아, 노인, 아동들을 대상으로 관리하며, 여성부에서는 아동을 대상으로 하는 아이돌보미 사업을 주관하고 있다. 보건복지부의 노인을 대상으로 '노인돌봄종합'과 '노인돌봄기본' 사업이 있다. 기본사업은 독거노인에게 안부와 건강을 확인하거나 돌봄서비스 제공하고 있으며 '독거노인 도우미파견사업' 사업을 실시하고 있다. 건강보험공단에서 실시하고 있는 노인요양보험도 대표적인 재가서비스이다. 여성과 아동을 대상으로 '산모·신생아 도우미', '환아관리' 사업을 시행하고 있다. 여성가족부에서는 여성과 아동을 대상으로 '아이돌보미' 사업을 시행하고 있다.

방문서비스는 주로 노인과 장애인을 대상자로 하며, 가정방문사업은 노인종합복지관, 종합사회복지관, 장애인종합복지관, 보건소 등에서 바우처 형식으로 제공되고 있다. 재가방문서비스는 가사, 이미용, 이동 동행, 간병, 정서지원 서비스를 지원한다. 급식서비스는 주로 무료급식과 도시락 밑반찬 서비스사업이 있다. '중증 장애인활동보조서비스'와 '노인돌봄사업'은 가사, 이동·동행도움, 간병, 정서도움 서비스를 제공하고 있다.

표 2-9 지방정부의 돌봄서비스

구 분	사업내용
방 문 서비스	경로당활성화사업, 산모·신생아도우미, 노인돌봄사업, 재가복지사업, 중증장애인활동보조서비스, 복리후생사업, 주간보호사업, 지역사회보호사업, 지역사회재활사업, 임신출산육아지원사업, 홈케어서비스, 재가장기요양, 아이돌보미
급 식	복리후생사업, 문화복지사업, 작은어울림지원사업, 재가복지사업, 지역사회보호사업
주간·단기보호	임신출산육아지원사업, 재가복지사업, 피해여성을 위한 활동

표 2-10 지방정부의 노인대상 가정방문서비스

사업명	사업주관	사업내용
가정봉사원파견	노인종합 복지관	무의탁 국민기초생활보장수급대상 노인을 대상으로 가사, 정서, 보건의료, 각종사회서비스, 조손세대관리
홈케어센터		가정에서 보호가 힘겨운 분과 전문서비스를 필요로 하는 재가장애인, 재가어르신을 대상으로 통합적이고 체계적인 보호와 관리를 통해 의뢰 가정과 수혜자에게 전문복지서비스를 제공함
재가복지사업	장애인 종합복지관	신체적, 경제적인 어려움을 지닌 재가여성장애인과 홀몸어르신을 대상으로 사례관리사업, 자립생활지원, 경제지원, 정서지원, 간호지원, 지역자원활용 및 관계망구축
재가복지실천 서비스	종합 사회복지관	지역내 요보호 어르신을 대상으로 가사서비스, 간병서비스, 위생관리 서비스, 정서직지원서비스, 결연지원서비스, 의료서비스 등 지원
노인돌봄	복지부	소득기준은 가구소득이 전국평균소득 170% 이하 그리고 건강기준은 치매, 중풍, 노환 등으로 거동이 불편한 노인을 대상으로 식사도움, 세면도움, 옷 갈아입히기, 구강관리, 화장실 이용 도움, 취사, 청소, 세탁, 생활 필수품 구매, 외출동행 등

장애인을 대상으로 하는 가정방문사업은 장애인종합복지관, 바우처 등에서 제공되고 있다. 장애인대상가정방문서비스는 복지부의 중증장애인활동보조와 재가복지사업이 있으며, 간호지원과 이미용서비스는 재가복지사업에서 지원하나 중증장애인활동보조는 가사지원과 활동보조서비스를 주로 제공한다.

표 2-11 지방정부의 장애인 대상 가정방문서비스

사업명	사업주관	사업내용
가정봉사활동	장애인종합 복지관	재가 장애인을 대상으로 이미용서비스, 방과후 학습지도, 부식지원 등 봉사자가 필요한 사업에 배치되어 활동
중증장애인 활동보조	복지부	장애 1급 장애인을 대상으로 장애유형 구분없이 지원하되, 시·도별 등록률을 감안하여 사업량 배정하여 가사지원, 일상생활 및 사회활동 등 포괄적 제공
재가복지사업	장애인종합 복지관	신체적, 경제적인 어려움을 지닌 재가 여성장애인과 홀몸 어르신을 대상으로 사례관리사업, 자립생활지원, 경제지원, 정서지원, 간호지원, 지역자원활용 및 관계망 구축

여성을 대상으로 하는 가정방문은 장애인종합복지관과 보건소 그리고 산모신생아 지원사업의 제공기관에서 서비스를 제공하고 있으며 아동·청소년을 대상으로 하는 아이돌보미서비스[9]가 제공되고 있다.

표 2-12 지방정부의 여성 대상 가정방문서비스

사업명	사업주관	사업내용
여성장애인전문도우미 파견 사업	장애인 종합복지관	여성 장애인을 대상으로 산전, 사후, 육아 도우미 파견
산모·신생아 건강관리사업	복지부	도시근로자 월평균소득 60% 이하 출산가정 (첫째아 포함 전체 출산가정)을 대상으로 산모의 산후 건강관리 및 신생아 관리를 위한 가정방문 도우미 서비스

3. 주간·단기보호와 생활안정지원 서비스

돌봄서비스 중 낮에만 또는 짧은 기간 동안 서비스를 제공하는 주간보호 또는 단기보호서비스가 있다. 이 서비스의 명칭들은 주간서비스(day service), 주간보호(day care), 주간치료(day treatement), 주간홈(day home), 주간병원(day hospital) 등 다양하게 불린다. 주간서비스는 단기간 내에 여러 유형의 보건, 의료, 재활, 사회복지서비스를 제공한다.

단기보호서비스에는 숙식과 생필품 지원, 각종 상담과 사회적응훈련 프로그램들이 포함되어 있다. 단기보호서비스를 맡아서 자립생활을 유도하도록 지원하는 서비스가 있는가 하면 낮에만 돌봐주는 주간서비스도 포함되기도 한다. 여성가족부에서는 '모부자시설 기능보강', '모부자 복지단체지원', '외국인 피해여성보호', '신변보호·의료법률지원', '귀국지원', '가정폭력·성폭력방지 및 피해자보호', '보호시설 운영지원사업'이 있다. 여성을 대상으로 하는 주간·단기보호 서비스는 서울모자의집, 장애인종합복지관에서 제공하고 있다. 서울모자의 집은 피해여성을 위한 서비스를 제공하고, 장애인 종합복지관에서는 장애인을 대상으로 서비스를 제공한다. 주간·단기보호 서비스는 서울모자의 집, 노인종합복지관, 장애인종합복지관에서 제공하고 있다.

9) 아이돌보미 서비스는 일시적이고 긴급할 때 아이를 돌봐주는 찾아가는 보육서비스로 현재 서울에서는 서초구, 동작구, 용산구, 서대문구 등 4곳에서 실시하고 있음. 신청 자격은 65세 이하 여성으로 자치구 건강가정지원센터에 신청함.

표 2-13 지방정부 주간·단기보호 서비스

구 분	사업내용
피해여성을 위한 활동	가정폭력피해여성에게 무료숙식과 생필품, 의류, 주거공간 등 제공함
성인사업 중 햇살터(주간보호)	만 18세 이상의 여성중증장애인에게 자립생활계획 및 개별화계획, 지역사회 적응훈련 프로그램, 취미여가프로그램, 야외나들이서비스

표 2-14 지방정부의 생활안정지원 서비스

구 분	사업내용
현금지원	결연후원사업, 경로연금지급, 노인교통수당지급, 어르신사업(생복), 자립지원 프로그램, 작은어울림지원사업, 장애아동부양수당, 장애수당지급, 지역사회 보호사업(결연후원사업), 지역사회자원개발사업, 지역사회조직사업, 후원제도
물품지원·대여	결연후원사업, 어르신사업, 임신출산육아지원사업, 지역사회보호사업, 후원사업
세금우대	교육세면제, 상속세공제소득세공제, 자동차특별소비세면제
요금할인	고속도로통행료할인, 공영경로우대(철도), 공영주차장의주차요금감면, 교통요금 할인, 민영경로우대, 이동통신요금할인, 자동차LPG연료사업허용, 자동차구입시 도시철도채권면제, 장애인전기요금감면, 전화요금할인, 초고속인터넷요금할인, TV수신료할인

4. 생활상담서비스

생활상담서비스에는 일반상담, 진로상담, 법률상담 등이 이루어지고 있으며 노인, 장애인, 여성, 아동을 대상으로 종합복지관, 모자기관, 아동발달센터 등 여러 기관에서 이루어지고 있다. 노인을 대상으로 하는 상담은 노인종합복지관과 보건소에서 이루어지며, 보건소에서는 '치매상담신고센터'를 운영하는데 치매담당자가 전화 또는 내방하여 상담한다. 노인종합복지관에서는 상담홍보사업을 65세 이상 복지관 이용 노인을 대상으로 심리상담, 법률상담, 기타상담, 세무상담, 알콜예방상담, 성상담 서비스를 제공한다.

표 2-15 지방정부의 생활상담 서비스

구 분	사업내용
일반상담 (생활고충상담)	상담홍보사업, 주간보호사업, 경로당활성화사업, 희망의집사업, 가족기능강화사업, 개별 및 집단상담 프로그램제도, 상담, 상담지원사업, 서울가정상담소, 센터이미지 제고사업, 업그레이드 지원사업, 입퇴소 관리사업, 재가복지사업,[10] 푸른꿈지기 지원사업, 피해여성을 위한 활동, 피해아동을 위한 활동, 부모역량 강화사업, 성인사업, 여성긴급전화1366, 유·아동사업
법률상담	가족기능강화사업, 상담홍보사업, 피해여성을 위한 활동
진로상담	가족기능강화사업, 드림플러스, 업그레이드지원사업, 푸른꿈지기지원사업
사례관리 (정규상담)	사랑울타리지원사업, 상담지원사업, 어르신사업, 작은어울림지원사업, 지역사회보호사업

장애인종합복지관에서는 모든 장애인과 장애인가족을 대상으로 '전화상담', '초기면접', '개별상담'을 운용한다. 만 20~65세 미만 여성 장애인을 대상으로 특화하여 '전문상담', '개별가족상담', '집단상담'과 함께 '여성장애인 자조모임'을 운용한다. '가정폭력 피해여성'을 대상으로 '개별상담', '집단상담', '인터넷상담', 가정폭력 피해여성들의 '자조모임'을 운용한다.

표 2-16 지방정부의 아동 상담서비스

사업명	주관기관	사업내용
아동발달센터	종합 사회복지관	지역내 아동 및 언어, 정서, 심리적 문제를 가진 아동을 대상으로 전문검사 및 치료상담사업: 초기상담, Full전문심리상담, 언어능력전문검사 서비스 제공
푸른꿈지기지원 사업	종합 사회복지관	지역내 청소년을 대상으로 개인의 심리적인 문제 또는 생활문제(친구관계, 부모님과의 갈등, 학업부진, 비행)

10) 재가복지사업은 모든 장애인과 장애인가족을 대상으로 전화상담, 초기면접, 개별상담서비스를 제공함.

드림플러스 아동발달 지원센터	종합 사회복지관	• 주의가 산만하고 과잉행동을 보이는 아동 • 발달상의 문제로 어려움을 겪고 있는 아동 • 또래 관계에 어려움을 겪고 있는 아동 • 틱 증상이 나타나는 아동 • 인지 및 학습능력이 떨어지는 아동 • 가족관계 내에서 어려움을 가진 아동 • 우울하거나 불안한 아동 • 분리 불안아동 • 공격성이 심하거나 물건을 훔치는 아동 • 언어발달이 늦거나 조음, 말더듬 등의 문제가 있는 아동을 대상으로 Full 전문심리검사 – 아동용검사: KED－WISCⅢ, BGT, HTP, KFD, CAT, SCT, SMS – 부모용검사: MMPI, SCT
희망사다리 가족상담 지원센터	종합 사회복지관	아동, 청소년 중 정서 및 심리적으로 불안정한 과잉행동 아동을 대상으로 상담, 인성검사, 진로검사, 아동대상집단프로그램실시. 이는 정서 및 심리적인 불안정으로 또래관계가 어려운 아동들과의 집단상담을 통해 가정 내 갈등 및 문제해결
탈북자 지원사업	종합 사회복지관	14～22세 탈북청소년 및 검정고시를 준비하는 탈북자를 대상으로 진로, 가족, 법률, 심리 등 전문무료상담
아동전문 상담서비스	서울모자의 집	가정폭력피해 아동을 대상으로 개별상담, 집단상담, 인성 및 성격검사, 심리치료연계
개별 및 집단상담 프로그램지도	종합 사회복지관	입소 아동 및 입소아동 중 가출, 도별 등 시설 및 학교생활 부적응 아동을 대상으로 초기상담, 문제아동상담, 집단상담프로그램 지도(성교육, 금연교육, 약물예발교실, 분노조절, 신뢰성형성프로그램) 실시
유/아동사업	장애인 종합복지관	심리, 신체적 장애로 인해 부적응행동을 갖는 아동을 대상으로 미술치료(다양한 미술 창작과정을 통해 심리적인 어려움과 불편감을 표현, 해소함으로써 정서적인 안정과 자존감 향상 등을 도움) 실시
가족보건사업	보건소	관내 주민, 청소년을 대상으로 전화상담, 내방상담방식으로 성상담교실 운영

제3절 보건의료서비스

1. 건강증진서비스

중앙부처의 건강증진서비스 제공측면에서는 건강관리, 의료간호, 청결, 의료비지원, 시설지원사업으로 나누어질 수 있다. 보건복지부에서 주로 담당하지만 여성가족부, 교육부, 고용노동부에서도 담당한다. 건강관리 서비스는 고용노동부의 '산업재해예방', '건강진단'사업이 있다. 보건복지부에서는 '노인건강증진 허브보건소운영', '방문운동 프로그램운영', '노인건강 장수체조보급', '치매예방 및 등록관리', '저소득 임산부·영유아 건강검진', '보건소 여성과 어린이 건강증진', '모자건강증진 프로그램운영', '임산부 및 영유아 보충영양', '선천성대사 이상검사' 사업을 추진하고 있다.

의료간호 서비스 중 노인을 대상으로 한 사회서비스 의료부문의 제공에 있어서 치료 집단은 은퇴 후 적응, 알츠하이머 병과 같은 질병에 대처하는 방법, 알코올이나 약물문제, 우울증이나 정서적 어려움 등을 다루는데 적합하다(찰스자르트스, 2006: 358). 이러한 관점에서 '노인건강 장수체조 보급사업', '치매예방 및 등록관리사업', '노인안검진 및 개안수술', '찾아가는 이동 노인건강복지관', '의치보철' 그리고 '노인스케일링사업', '보건소 방문보건사업'이 사회서비스로 제공할 필요가 있다.

중앙부처의 의료간호 서비스는 보건복지부가 담당하며 '노인안검진 및 개안수술', '경로당 등 찾아가는 이동노인 건강복지관', '피임사후관리', '신생아 난청조기진단사업', '보건소방문보건사업', '금연클리닉운영', '약물서비스제공', '치아홈메우기', '농어촌지역 및 도시 저소득층 1,2학년, 의치보철·노인스케일링',[11] '취학전 아동실명예방', '자가시력검진', '약시추후관리', '수술비지원', '불임부부지원', '지역사회 중심재활사업', '보건소 중심 재활서비스제공' 등이 있다. 복지부에서 시행하는 의료간호 사업 대상자는 노인과 아동을 대상으로 하는 사업이 가장 많았으며, 다음으로 장애인과 여성으로 나타났다.

복지부와 여성부는 불우한 환경이거나 사회적 약자인 여성, 장애인 그리고 아동을 대상으로 의료비를 지원하고 있었다. 복지부는 '장애인의료비지원', '장애인등록진단비', '장애인 재활보조기구 교부', '미숙아 및 선천성이상아 의료비지원', '암환자 의료비지원', '저소득층 소아·아동 암환자지원'이 있었다. 여성가족부는 '가정폭력·성폭력 방지

11) 만 70세 이상 기초생활수급권자.

및 피해자보호', '의료비지원', '일본군위안부피해자 생활안정 사업'이 있다. 복지부에서는 주로 장애인에 대하여는 등록진단과 의료비 그리고 재활보조기구를 지원하고 아동에 대하여는 미숙아 및 아동 암환자에게 지원하고 있다. 여성부에서는 가정폭력과 성폭력의 피해자에게 의료비를 지원하고 일본인 위안부에게는 생활안정 측면에서 의료비를 지원하고 있다.

이외에 복지부에서는 시설지원서비스로 '노인치매병원확충', '노인보건의료센터건립', '재활병원건립', '장애인의료재활시설 기능보강', '구강보건실설치',[12] '어린이병원건립 및 기능강화' 사업이 있다. 중앙부처의 시설지원서비스는 노인, 장애인, 여성, 아동 등 각 분야의 재활과 예방적 보건의료시설에 지원하는 사업이었다. 의료서비스에는 건강검진, 내방형 예방 및 진료서비스, 방문형 의료서비스, 발달장애와 같은 아동을 위한 놀이치료, 장애인을 위한 물리치료와 재활서비스 등을 제공하고 있다.

표 2-17 지방정부의 의료서비스

구 분	사업내용
건강검진	가족보건사업, 희망의집사업, 기능회복사업, 소아비만관리, 어르신사업(생복), 장애인재활사업, 지역사회재활사업, u－헬스케어
예방치료·운동	가족기능강화사업, 건강생활실천, 경로당활성화사업, 관절염관리사업, 문화복지사업, 사회교육사업, 사회재활사업, 사회체육프로그램, 사회체육교육사업, 아동비만관리, 지역사회보호사업
진료 및 치료	경로당활성화사업, 구강보건사업, 기능회복사업, 여성긴급전화1366, 의료재활사업, 재가복지사업, 진료(내과, 치과, 한방, 임산부), 피해아동을 위한 활동, 피해여성을 위한 활동
방문 및 순회 진료	경로당활성화사업, 기능회복사업, 방문건강관리(방문 u－헬스케어, 건강지킴이 순회진료), 어르신사업, 재가복지사업, 재가암환자관리, 척추측만증검진, 통합 만성질환예방관리
특수치료(놀이치료)	드림플러스, 상담지원사업, 아동발달지원센터, 의료재활사업, 인지발달 프로그램지도, 장애아동무상치료, 전문검사 및 치료상담사업, 특별프로그램
물리치료	기능회복사업, 장애아동 무상치료, 장애인재활사업, 주간보호사업, 지역사회 보호사업(의료지원체계구축사업), 어르신사업, 의료재활사업
재활서비스	사회재활사업, 장애청소년 일상생활훈련, 직업재활사업, 홈케어서비스

12) 보건소, 구강보건센터, 초등학교, 특수학교를 대상으로 함.

표 2-18 지방정부의 의료비 지원서비스

구 분	사업내용
의료비지원	장애인의료비지원, 의료비지원(희귀, 난치성질환, 미숙아, 선천성이상아, B형 간염, 수직간염, 선청성대사이상검사, 불임부부 지원, 가정간호의료비지원)
보장구지원	재활보조기구무료교부, 장애인재활사업, 보장구무료지원 및 수리센터운영

현금지원의 경우 장애인, 희귀성 질환자, 난치성질환자, 미숙아 및 선천성이상아, B형 감염자 수직간염자, 선천성대사이상자 검진, 불임부부와 가정간호에 대한 의료비를 지원하고 있다. 의료비 대신 현물을 지원하는 보장구 지원사업에 있어서 어르신 사업, 상담지원사업, 재활보조기구, 장애인재활사업과 보장구 무료지원 및 수리센터운영을 하고 있다. 대상자 의료비 및 보장구 지원사업은 장애인과 아동의 취약계층을 중심으로 구청, 보건소, 장애인종합복지관에서 제공되고 있다.

다음은 중앙정부의 건강증진서비스 내용과 정책추진 계획을 살펴보았다. 산모건강을 위해 고위험 임산부를 판별하고 등록하여 관리하는 모바일 시스템을 구축하였다. 권역모자의료센터를 2018년 16개에서 2020년 20개로 확대하였다. 특히 분만 취약지에는 의료인력 100명을 신규로 2022년까지 늘리며, 2019년부터 아동건강을 위해 어린이 공공전문진료센터를 지정하고 확대하며, 소아전문응급의료센터를 2018년 3개소에서 2022년에 13개소로 확충하며, 소아전문응급의료 등 응급의료전문인력을 2018년 2,044명에서 2022년 2,380명으로 확충할 계획이다.

장애인에게 건강주치의제 도입(2018년 시범, 2020년 본사업), 건강검진기관을 2018년 10개에서 2022년에 100개로 확대하고 2022년까지 지역장애인보건의료센터를 새로 19개 지정하여 확대한다. 2022년까지 장애인의 재활을 위해 권역별 공공 어린이 재활병원 3개소와 재활센터 6개소를 신설한다. 2018년도에 6개소였던 권역재활병원을 2022년에 9개소로 확충한다.

2017년도에 1,557명이었던 방문건강관리 인력의 역량을 강화시키고 2018년 414명이었던 결핵관리 전담요원을 2019년에 517명으로 확충한다. 2018년도에 66개였던 지역공동체 중심의 지역 밀착형 건강관리를 위해 건강생활지원센터를 단계적으로 확충하여 기초자치단체당 1개소로 목표량을 계획하였다. 주민참여형 건강관리, 만성질환 예방관리 등 지역공동체 건강관리 기능 강화하기 위해 예방접종을 국가가 지원하기로 하였다. 2018년도에 1,323만 명이었지만 2022년에는 1,711만 명에게 인플루엔자 예방접종의 국가지원을 중고생과 임신부까지 지원을 확대하기로 하였다.

간호와 간병을 통합하여 서비스할 수 있는 병상을 2017년 2.6만 개에서 2022년 10만 개로 확대하며, 2022년까지 간호사·간호조무사·간병인력 등 28,700명을 신규로 확충한다. 지역책임 의료기관을 위해 공공병원을 신축하거나 기능을 보강하며, 70개 중진료권 지역에 민간병원을 활용하여 지역책임 의료기관으로 지정하고 육성하였다.

2. 정신건강

단기적인 건강증진 외에 중·장기적인 측면에서의 건강관련 상담 서비스를 시행하고 있다. 보건복지부에서는 아동·청소년을 대상으로 한 정신보건 사업을 실시하고 있으며, '금연과 관련한 상담 전화'와 '클리닉'을 운용하고 있다. 정신건강을 위한 '생명존중 정신건강 증신사업'을 시행 중이며, 바람직한 정신문화조성과 자살방지를 위한 '사이버 자살상담 서비스'를 시행하고 있다. 중앙 부처의 건강상담 서비스는 '아동·청소년 정신보건사업', '아동·청소년 정신보건사업센터 운영지원', '금연상담전화', '금연교육', '금연클리닉운영', '절주운동', '절주학교운영 등 절주교육', '생명존중 정신건강 증진사업', '사이버 자살상담 서비스 등 정신문화 조성'을 보건복지부에서 주관하고 있다.

지방정부의 건강증진서비스를 살펴볼 때, 건강의료서비스에는 건강검진－예방치료서비스 그리고 대상자 의료비지원과 시설에 대한 관리운영비 지원이 있다. 보건소 외에도 종합사회복지관, 장애인복지관, 노인복지관 등에서 서비스를 제공하고 있다.

표 2-19 지방정부의 건강관리서비스

사업명	주관기관	사업내용
사회교육사업	노인 종합복지관	복지관 이용 어르신을 대상으로 체조교실(건강교실, Mix체조, 맷돌체조), 운동교실(스트레칭, 요가, 댄스스포츠)을 서비스
기능회복사업	노인 종합복지관	복지관 이용 어르신을 대상으로 혈압, 혈당체크 질환예방 및 건강정보제공하여 간호사정 서비스제공. 당뇨자조모임, 청력검사, 결핵검사

어르신사업 중 재가복지사업	장애인 종합복지관	거동이 불편한 재가 중증장애인, 홀몸 어르신을 대상으로 보건양호 사업실시: 간호(응급처치 및 구급약품제공, 건강사정, 신체검사, 건강상담)
사회체육·교육사업	종합 사회복지관	복지관 이용 회원을 대상으로 조기건강교실 어머니 건강교실, 효도수영교실 실시
문화복지사업	종합 사회복지관	지역 내 노인을 대상으로 효나눔축제 (수지침, 발마사지) 실시
건강생활 실천사업	보건소	• 고혈압, 당뇨 운동교실: 질환으로 치료 중인 만 60세 미만 구민 • 비만운동교실: 만 55세 미만 BMI 25 이상인 구민 • 요통체조교실: 만 65세 미만 구민 • 성인병예방 운동교실: 고혈압, 당뇨운동교실, 비만운동교실, 요통체조교실 운영 – 찾아가는 9988 실버운동교실 사업은 해당경로당에서 9988 체육(스트레칭, 근력운동, 에어로빅스체조), 건강무용(민속무용, 강강술래), 레크레이션(고령자에 맞는 노래, 게임 등) 실시

지방정부에서 건강을 위한 상담서비스는 가족보건사업과 금연클리닉을 실시하고 있다. 노인을 대상으로 하는 치매관리 사업과 경로당 활성화 사업을 통하여 상담서비스를 제공하고 있다.

표 2-20 지방정부의 건강상담 서비스

구 분	사업내용
의료상담	가족보건사업(성상담 교실), 금연클리닉, 아동발달지원센터, 전문검사 및 치료상담사업, 치매관리사업, 경로당활성화사업, 기능회복사업, 주간보호사업[13]

다음은 중앙정부의 정신건강 내용과 정책추진 계획을 살펴보았다. 정신건강 측면에서 아동과 청소년에게 학교 상담교사를 2019년 484명 증원하여 배치하였다. 상담교사는 게임과 인터넷을 과의존하는 대상자를 조기에 선별하여 '정신건강복지센터'와 '스마트 쉼 센터' 등에 연계하여 서비스를 받을 수 있도록 하였다. 추가적으로 전국 초·중·고등학교당 1인의 사회복지사 또는 교육 복지사를 의무적으로 배치하였다. 미국, 영국, 독일 등 해외 53개국에서는 제도를 마련하여 법적 근거에 따라 사회복지사를 학교에

13) 복지관 이용 어르신을 대상으로 건강상담(건강검진, 건강한 노후도모)서비스.

배치하고 있다. 2020년에는 기존 40~70세 대상에서 20대와 30대를 추가하여 청년들에게 국가건강검진 우울증 검사와 음주 생활습관조사를 확대하였다.

2019년에 '정신건강복지센터', '보건소', '치매안심센터' 등에서는 노인들을 위해 적정한 수면관리, '화병' 관리 등의 노인 특화 정신건강 프로그램을 개발하여 제공하였다. 자살 고위험군 발굴을 위한 게이트키퍼 100만명 양성하고, 2018년 52개소에서 2022년 63개소로 자살시도자에 대한 응급실 사례관리를 강화하였다. 서비스 비수혜자의 사망률은 14.6%인 반면, 수혜자는 5.9%로 나타나, 자살시도자가 상담서비스를 받으면 사망률일 급격히 줄어들었다.

'중독관리통합지원센터'는 중독자에 대한 사전 선별과 치료 그리고 회복·사후관리 지원하기 위한 기관이며, 이 기관이 2018년 50개소였는데, 2022년까지 105개소로 확장할 계획이다. 2019년에는 '알코올중독자 병원기반 사례관리 모형'을 개발하였다. 도박중독 예방·치유인력 76명을 신규로 확충하고 중독전문 정신건강재활시설 확충, 사회복자 상담가 양성하고 활동을 지원하였으며, 가족 대상 지원프로그램을 실시하였다. 도박중독자의 사회복귀와 직업재활을 목적으로 하는 재활사업이 2019년에 추진되었다. 2022년까지 '기초정신건강복지센터'를 227개소에서 242개소로 확대할 계획이며 기초 정신건강복지센터는 정신질환자를 대상으로 단기훈련형 주거서비스를 제공하는 "중간집(Halfway House)"이라 할 수 있다. 정신건강복지센터에서는 사례관리 전담인력을 2018년 975명에서 2022년 2,550명으로 확대하였다.

3. 생활체육

중앙정부의 생활체육 내용과 정책추진 계획으로, 생활체육을 활성화하기 위해서 유아, 아동, 직장인, 노년층, 장애인을 대상으로 이용자의 특성에 따라 각종 제도를 지원하고 있다. 유아에게는 기초자치단체의 '체육회'를 통한 어린이집·유치원의 방과 후에 스포츠활동을 지원하는 체육지도자를 육성하고 있었는데, 2019년의 경우 400명을 육성하였다.

아동층에는 초등학생을 대상으로 유휴 교실 활용하고 체육지도자 파견을 통한 스포츠교실 시범사업을 추진 중에 있다. 2020년부터 취약계층의 아동·청소년에게 스포츠강좌이용권을 신청자에게 100% 지원하고 추가적으로 지원기간을 연장하고 지원금액을 증액하고 있다. 2018년에는 신청자 54,036명 중 49,562명을 지원하였다, 지원기간은 8~9개월이며, 월 8만원 금액을 지원하고 있다. 직장인에게는 직장인 스포츠클럽을 지원하고 지역체육회 중심 직장인 스포츠클럽 리그 활성화하도록 지원하고 있다. 1개의 시군구(읍면동)당 1개 스포츠클럽 운영하기 위해 2018년에 76개였던 것을 2022년에 186개로 확대하고자 하였다.

노년층에게는 건강검진 결과를 바탕으로 국민체육센터 등에서 맞춤형 체력관리 및 운동프로그램 설계 서비스 실시하고 있다. 생활체육지도자를 2018년 2,600명에서 2022년 3,000명으로 확대하여 고령자에게 신체활동 지원을 용이하게 하였다. 장애인 5,100명을 대상으로 2019년 스포츠강좌이용권을 지원하였고, 장애유형별로 특화된 '생활체육교실'을 2017년 622개에서 2022년 1,300개로 확대하며 2022년까지 장애인생활체육지도자를 1,200명 확충하며, 특수학교·학급·복지관 등에 찾아가는 지도자를 확대할 계획이다.

인프라측면에서 2022년까지 생활밀착형인 국민체육센터 60개소와 근린형 체육관 80개소를 공급할 계획이다. 주민 접근성과 지역특성을 고려한 생활권형 실내(복합)체육시설을 제공하고 도보로 접근 가능한 장소에는 근린공원, 유휴공간 등 소규모 다목적 실내체육관을 조성할 계획이었다. 시·군·구 단위 생활밀착형 장애인체육시설 150개소 신규로 건립하고 기존 공공체육시설 장애인편의시설 확충하도록 하고 있다.

제4절 일 배움 서비스

1. 고용훈련 분야

고용훈련 분야는 고용노동부가 주관이 되어 사회적 일자리를 창출하고 있으나, 정부나 기업에 의한 일자리 창출이 아닌 제3영역에서도 창출되고 있었다. 저출산·고령화에 따른 시대적 변화에 따라 노동력 보전을 위한 여성과 고령자에 대한 고용 확대가 요구되는데, 특히 여성, 노인, 실업자를 대상으로 정부지원, NPO/NGO 참여, 기업의 사회공헌이 필요하다. 하지만 과거 우리의 사회적 개념의 일자리는 공공근로의 개념으로 제기되었고 생계 보호를 위한 임시적 해결책으로만 여겨져 왔다.

표 2-21 사회적 일자리사업과 지역사회서비스투자사업

구 분	사회적 일자리창출사업	지역사회서비스투자사업
소관부처	노동부	보건복지부
사업수행주체	직접수행(사업수행은 비영리단체)	직접수행(사업수행은 지방자치단체)
재 원	일반회계	일반회계
서비스 수혜대상	사회서비스의 공익성에 따라 고령자, 장애인 등 저소득층에 주로 서비스가 제공될 예정이나 일반국민도 수혜대상이 될 수 있음	전국민(기초수급자나 차상위계층에 한정하지 않음)
자격요건	고용지원센터에 구직등록 한 근로자 중 알선을 받아 승인 후 취업	전국민(주로 취약계층)
사업목적	새로운 분야의 사회서비스를 공급하고 지역중심의 사회서비스 전달체계 구축을 목적으로 함	중앙정부 주도형 서비스 제공방식에서 벗어나, 지자체가 지역특성과 주민의 욕구를 반영하여 지역실정에 맞는 사회서비스를 주도적으로 개발 집행할 수 있도록 지원
사업추진방식	사회서비스 수급실태 분석과 중앙행정기관 지자체 일반 국민으로부터 공모를 통해 공모형 사업으로 수행할 사회서비스 분야 결정	지역별 특성과 서비스 수요를 반영한 사업을 개발하기 위해 지자체를 대상으로 사회투자 영역별로 사업을 공모하고, 심사를 거쳐 지원대상사업 선정

고용노동부는 '사회적 일자리창출'과 보건복지부는 '지역사회서비스투자사업'을 수행하고 있었다. 두 사업은 새로운 분야의 사회서비스 제공 및 지역중심 공급자 중심의 사회서비스 전달체계 구축이 목적이며 실질적으로 장애인, 고령자 등 주로 취약계층을 대상자로 선정하고 있다.

아동·청소년에게 초·중등 진로교육 집중학기제, 중학교 자유학기제 등 활용한 진로와 직업교육을 지원하고 있다. 청년에게는 '대학일자리센터'의 상담인력을 2018년 479명에서 2022년 569명으로 확대하여 강화하고, 온오프라인 청년센터 활성화를 위해 2022년까지 운영인력을 89명 신규로 확충한다. 구직자와 재직자에게는 내일배움카드인 직업훈련비지원의 대상을 고용보험 피보험자로 한정하였으나 고용보험 미적용자까지 확대하였다. 대학이 외부 시설을 활용하여 성인 후 학습자에게 학습을 실시하는 '찾아가는 후학습'을 활성화한다.

여성에게는 여성새로일하기센터를 통한 여성특화사업이기도 하지만 IT와 콘텐츠 그리고 디자인 등 고부가가치 직종 등에 대하여 직업교육훈련을 실시하였다. 여성에게 재취업 역량개발을 지원하고 강화하였다. '새로일하기센터'의 취업설계사를 2018년 901명에서 2022년 1,139명으로 확충할 계획이다.

장애인에게는 현장중심 중증장애인의 취업과 근로지원을 확대하고, 발달장애인 직업교육과 훈련을 강화하였다. 취업지원에서 훈련–취업 연계 중증장애인 지원고용사업 대상자를 2018년 2,500명에서 2022년 5,000명으로 확대하고, 지역 맞춤형 취업지원사업을 2019년 9,600명을 확대하여 동료 상담·자조 모임 활동을 통해 구직 포기 장애인에 대한 취업의욕 고취할 필요가 있다. 장애인의 직무수행 보조를 위한 근로지원인을 2018년 1,200명에서 2019년 3,000명으로 확대하였다. 발달장애인에게 발달장애인 훈련센터를 2018년 6개에서 2019년 13개소로 확장하였다. 맞춤훈련과정도 2018년 300명에서 2022년 2,000명으로 확대하고 '장애인 직업능력개발원'을 광역단위 5개소에서 추가적으로 신설하였다.

실업자에 대한 직업교육 서비스는 주로 고용노동부에서 관장하고 있으나, 외국인, 여성, 장애인, 노인 등 사회적 약자계층은 주무 부처에서 개별적으로 서비스를 제공하고 있다. 고용노동부에서는 '직업적응훈련', '자활훈련', '새터민직업훈련', '지역실업자직업훈련', '신규실업자직업훈련', '영세자영업자 능력개발지원', '사이버교육훈련'(정보화, 어학, 직무교육), '농어민지역 실업자직업훈련'(농특회계), '여성가장 실업자직업훈련'을 제공하고 있다. 이외에 여성가족부는 '여성인력 개발활성화지원'(여성인력개발센터지원), '지역여성 인적자원개발 활성화지원'을 제공하며 보건복지부에서 '한국노인인력개발원지원'사업을 시행하고 있다.

노인과 장애인을 대상으로 직업훈련 및 직업교육사업을 운영하고 있다. 노인들의 취업알선을 위하여 '고령자취업알선센터', '노인종합복지관', '희망의집'에서 관리하며, 장애인을 대상으로 '장애인종합복지관'에서 관장하고 있다. 장애인을 대상으로 하는 직업훈련은 장애인종합복지관이 주를 이루며 공동작업장에서는 여성장애인을 대상으로 이루어진다. 장애인종합복지관에서는 장애청소년을 대상으로 전환기 훈련이 이루어지고, 여성장애인을 대상으로 작업활동 시설을 제공하였다. 여성을 대상으로 하는 직업훈련은 여성장애인을 대상으로 하는 장애인종합복지관과 여성지도자육성을 위한 직업훈련 및 교육을 하는 (재)서울여성이 있다. 아동·청소년을 대상으로 하는 직업훈련은 정신지체 발달장애 청소년을 대상으로 하는 장애인종합복지관에서 제공하는 '청소년 전환기 훈련'을 들 수 있다.

표 2-22 지방정부의 여성장애인 고용·훈련 서비스

구 분	사업내용
장애인 종합복지관	미취업 여성장애인을 대상으로 공동작업장에서 작업활동 직업기술훈련, 사회적응훈련 등이 이루어짐 만 18~35세까지의 정신지체 및 발달장애여성장애인을 대상으로 하는 작업활동 시설은 직업훈련, 작업활동 등을 통하여 장애인의 기초생활능력과 전반적인 작업 기능을 강화시켜 장애인의 자활·자립을 도모

지방정부에서는 직업교육을 좀더 세분화하여 전문교육, 특수교육, IT교육의 세 가지로 분류할 수 있다.

표 2-23 지방정부의 직업교육 서비스

구 분	사업내용
일반교육	경로당활성화사업, 취업알선사업, 청소년사업(생복), 성인사업(생복), 지역사회운동사업, 피해여성을 위한 활동, 직업재활사업, 여성지도자 육성
전문교육	경로당 임원리더십 개발프로그램(특화사업), 여성지도자 육성, 성인사업(생복), 교육프로그램
특수교육	사회교육프로그램, 교육재활사업
IT 교육	사회교육사업, 사회교육프로그램, 사회체육교육사업, 피해여성을 위한 활동, 피해아동을 위한 활동, 정보화교육사업, 교육프로그램, 장애인 전산교육장 확대운영

2. 자립의욕 고취

고용훈련 대상자에게 자립의욕을 고취시키는 사업은 노동부, 보건복지부, 여성부에서 주로 관장하고 있다. 노동부에서는 고용평등에 대한 상담과 건전한 직장문화 캠페인 등과 같은 고용에 관한 의식전환 서비스를 진행한다. 반면 복지부와 여성부는 장애인과 피해 여성과 같이 사회적 약자에 대한 자립의욕을 고취하도록 지원하는 서비스가 대부분이다. 중앙부처의 자립의욕 고취서비스를 살펴보면, 고용노동부에서 '고용평등 상담실', '남녀고용평등', '건전한 직장문화 조성', 'TV캠페인 홍보', '고용평등지원'을 제공하고 보건복지부에서는 '시설퇴소아동자립지원', '중증장애인 자립생활지원 시범사업', '지역별 중증장애인 자립생활 단체지원'을 제공하였다. 여성가족부에서는 '저소득 모부자가정 보증보험료 지원', '자립지원을 위한 복지자금 융자사업', '저소득 모부자가정 이차보전', '복지자금 이용자 이자부담경감', '성매매방지 및 피해여성 보호자립·자활지원', '여성장애인 역량강화 프로그램운영', '여성장애인 전문컨설턴트지정'을 운영하고 있다.

고용진흥과 자립의욕 고취사업 중 '장애인자립 자금대여사업'은 복지부가 주관기관으로 저소득 가구의 장애인 가구주 또는 가구주의 배우자인 장애인을 대상으로 대출을 가능하게 하였다. 고용진흥과 자립의욕고취사업 중 '모부자 가정복지 자금대여 지원'사업은 여성부가 주관기관으로 저소득 모·부자가정으로 근로능력 및 자활의지가 뚜렷하고 전망이고 현실성있는 사업계획을 제시하는 자 및 전세자금 대출 희망자를 대상으로 정부 재정투융자 특별회계자금을 지원한다.

3. 취업알선 서비스

실업자에 대한 직업알선 서비스는 주로 노동부에서 관장하고 있으나, 외국인, 여성, 장애인, 노인 등 사회적 약자계층은 주무 부처에서 개별적으로 서비스를 제공하고 있다. 취업알선 분야에서는 교육부·고용노동부·여성가족부·보건복지부에서 관여하고 있다. 교육부에서 주로 학교와 직장과의 연계를 위한 사업으로 중학교에서 직업 세계로의 원활한 이행 촉진, 고교단계 직업교육체제 혁신지원을 제공하였다. 고용노동부에서는 '사회적 일자리 창출'을 위한 사업과 외국인들의 취업 관리로 '청소년 직장체험 프로그램', '자활구인개척', '사회적 일자리 창출', '외국인 취업자관리' 사업을 관장하였다. 여성가족부에서는 여성일자리 창출을 위한 '여성일자리 창출지원'사업이 있다. 보건복지부에서는 노인일자리와 장애인 위주로 '장애인복지 일자리사업', '시각장애인 안마센터 지원', '장애인 생산품 판매시설지원', '장애인 직업재활 시설기능 보강', '장애인 주민자치센터 도우미', '노인일자리 운영지원', '노인일자리 지원', '대한노인회 취업지원 센터'

를 주관하고 있다.

기초자치단체에서는 고용·훈련 서비스에는 고용진흥과 자립의욕 고취사업과 직업훈련 및 취업알선 사업이 있다. 자립의식을 고취하기 위하여 자금을 대여하는 기관은 주로 읍면동 사무소와 시군구에서 운영하고 있다. 직업훈련 및 취업알선 서비스는 노인종합복지관, 장애인종합복지관, 고령자취업알선센터, 서울모자의집, 평화모자원에서 제공하며, 노인종합복지관 내의 고령자취업알선센터와 장애인종합복지관이 주를 이룬다. 지방정부의 고용관련 서비스는 취업상담 및 알선, 직업훈련 및 교육, 그리고 자립의식을 고취하기 위한 사업으로 구분될 수 있다.

표 2-24 지방정부의 직업알선 및 선택 서비스

구 분	사업내용
취업상담 및 알선	직업재활사업, 취업알선사업, 공동작업장, 희망의집사업, 노인일자리사업, 성인사업, 가족지원프로그램, 직업재활사업
자립의욕고취	장애인자립자금대여, 모부자가정 복지자금 대여지원

4. 교육·지원 서비스

중앙부처의 교과교육서비스 제공사업을 살펴보면 대상자에 대한 교육비의 직접적인 지원사업과 교육서비스의 제공사업으로 크게 양분할 수 있다.

1) 교육서비스 제공

장애인교육 관련해서 교육부, 문화체육관광부, 보건복지부 등에서 담당하고 있다. 교육부는 장애학생에 대한 통합교육과 교육복지 기반을 조성하는데 초점을 맞추고 있으며, 문화체육관광부는 장애 체육인을 전문적으로 육성하고 있다. 보건복지부에서는 여성과 장애인에 대한 장애인 대상교육을 실시하였다. 중앙부처들은 장애인에 대한 직접 교육보다 교육에 대한 여건이나 체육교육을 지원하고 있었다. 교육부의 '장애학생 통합교육 기반구축', '장애인교육 복지기반조성'을 실시하였으며, 문광부는 '장애인 전문체육 육성'을 실시하였다. 보건복지부는 장애에 대한 직접 교육을 담당하여 '여성장애인 교육사업'을 시행하였다.

여성에게 사회적 교육서비스를 제공하는 부처는 교육부, 여성가족부, 보건복지부, 고용노동부 등이며 교육부는 여성들의 교육진흥을 위한 사업들이며, 보건복지부는 여성의 건강관련 교육서비스를 특화하여 진행하고 있다. 여성가족부는 '남녀평등'과 '성희롱 예방'과 관련된 부분을 교육하고 있으며 고용노동부에서는 '직장내 성희롱'과 '직장문화'에 관련된 사업을 진행하고 있다. 즉 교육부의 '여성 교육정책 개발진흥'사업, 복지부는 '제왕절개 분만감소 교육·홍보', '청소년성교육', '에이즈 및 성병관리', '에이즈 예방교육·홍보'사업이며, 여성부는 '부적절한 인공 임신 중절 예방', '여성인적자원 개발시스템 구축', '지역여성 인적자원개발 활성화', '여성관련 국제회의', 'AFEC개도국 여성 IT 교육훈련', '남녀평등의식확산', '성매매예방 및 교육', '성희롱 예방체계강화 교육자료 제작 및 배포'를 실시하며, 노동부는 '건전한 직장문화조성', '직장내 성희롱 예방교육'을 시행하였다.

아동 청소년을 대상으로 하는 '방과후 교육서비스'에 대하여는 교육부의 '방과후 학교지원 사업'과 보건복지부의 '방과후 활동지원 사업'은 지역아동센터와 수능공부방운영을 통하여 시행하고 있다. 다문화에 대한 교육서비스는 교육부와 보건복지부에서 주

표 2-25 지방정부의 교육서비스

구 분	사업내용
기초교육	사회체육교육사업, 문화복지사업, 피해여성을 위한 활동, 지역사회 재활사업, 사회성 및 정서발달 프로그램지도, 교육프로그램
교양교육	사회교육사업, 경로당활성화사업, 지역사회 보호사업(꿈이있는방과후교실), 사회교육프로그램, 사회체육교육사업, 문화복지사업, 피해여성을 위한 활동, 지역사회재활사업, 사회성 및 정서발달 프로그램지도, 교육프로그램, 특별프로그램
건강교육	사회교육사업, 경로당활성화사업, 임신출산육아지원사업, 의료재활사업
예방교육	가족기능강화사업(청소년복지사업), 푸른꿈지기지원사업, 교육예방활동, 지역사회재활사업, 개별집단상담프로그램지도, 미혼모 예방 청소년교육
부모교육	부모역량강화사업, 가족지원프로그램, 상담지원사업, 사회재활사업, 교육재활사업, 의료재활사업
방문교육	여성장애인자녀양육지원사업, 작은어울림지원사업, 교육프로그램
방과후 교육	가족기능강화사업(탈북자지원사업), 지역사회보호사업(꿈이있는방과후교실), 방과후교실, 피해아동을 위한 활동, 아동청소년프로그램, 재가복지사업

로 담당하고 있는데 보건복지부는 결혼이민자인 여성을 대상으로 '국제결혼 건전화 및 결혼이민자 정착지원' 교육을 진행하며, 교육부는 재외동포에 대한 교육 지원과 자녀를 대상으로 '재외동포교육 운영지원', '재외동포 한민족 정체성 확립', '다문화가정 자녀교육 지원'을 하고 있다. 교육서비스 직접적으로 제공하는 서비스에는 한글, 외국어 등의 기초교육, 예체능 위주의 교양교육, 특수교육, 건강교육, 부모교육, IT 교육, 예방교육, 방문교육, 방과후 교육을 실시하고 있다.

서비스 교육기관을 살펴보면 기초자치단체를 포함하여 노인종합복지관, 종합사회복지관, 장애인종합복지관, 아동발달지원센터, 시설관리공단 등이 있다. 노인을 대상으로 하는 교육서비스는 주로 경로당과 복지관을 이용하는 사람에게 지원하며 교육내용은 주로 교양과 한글 등 교육에 해당되며 전문강사들이 담당하고 있다. 장애인들을 대상으로는 장애인복지관에서 담당하며, 사회 및 의료에 관한 재활사업을 주 내용으로 하고 있다. 여성에 대한 교육서비스는 장애인종합복지관, 아동발달지원센터 등의 기관에서 담당하고 있으며 주요 교육내용은 일반 교양교육과 피해상담에 관련된 사항들이다. 아동과 청소년에 대한 교육은 여러 분야에서 광범위하게 분포되고 있는데 특히 이 사업들은 기초교육, 예체능 위주의 교양교육, 건강교육, IT 교육, 예방교육 및 방과후 교육 등 이에 해당한다. 방과후 교육의 대상자는 14~22세의 초등학교 학생 중 하교 후에 보호가 필요한 맞벌이 및 저소득 가정에 해당되는 사람과 탈북청소년과 검정고시를 준비하는 탈북자다. 교육 내용은 아동개별상담, 부모상담, 학습지도, 숙제지도, 급간식 제공, 사회체육, 미술, 종이접기, 요리교실 등의 특별활동과 집단활동, 문화체험, 행사프로그램, 입학, 졸업, 생일잔치, 문화체험학습, 어린이날, 민속고유행사, 캠프, 부모간담회로 구성되어 있다.

2) 평생학습 교육

평생교육에 관련된 서비스는 교육부, 문화관광체육부, 고용노동부, 보건복지부, 여성가족부, 행정안전부 등에서 관장하고 있다. 교육부에서는 평생교육을 위한 인프라를 구축하고 인터넷을 통한 사이버 교육의 전반적인 운영을 관장하였다. 고용노동부와 문화체육관광부, 보건복지부는 직업훈련, 문화, 건강복지 등 특화된 영역에서 평생교육에 대한 콘텐츠를 담당하고 있다. 행정안전부에서는 주민자치센터사업으로 진행하고 교육부에서는 평생학습도시사업으로 수행하고 있다. 행정안전부에선 지역문제 해결을 위한 시민교육에 치중하고 교육부에서는 학교교육 외의 교육을 수행하고 있다. 다만, 예산의 이중성, 행정관리의 이중적 지원이 될 가능성이 있다고 지적하기도 하였다(유근진, 2005).

평생학습에 대한 중앙정부의 정책을 살펴보면, 중장년, 고령자, 장애인, 저소득층 등 대상으로 하여 평생학습을 추진하고 있다. 실직·은퇴 등 생애전환기에 있어서 중년과 장년들의 자존감을 회복하고 사회에서 재출발 의욕을 고취하고자 하였다. 2020년에 이를 위한 진로탄력성 프로그램을 개발하고 보급하였다. 진로탄력성 프로그램은 진로 장벽 해결을 위해 요구되는 자기효능감과 정서조절능력 등에 심리적 인지적 역량과 정서 안정감 회복을 지원하는 상담 프로그램이다.

표 2-26 주민자치센터와 평생학습도시 사업비교

구 분	주민자치센터 사업	평생학습도시 사업
소관부처	행정자치부	교육부
사업목적	지역문제는 지역 스스로 해결할 수 있는 지역 공동체 형성이 주목적이나 시민교육 기능에 치중	학교 교육을 제외한 모든 형태의 조직적인 교육활동을 통해 국민 평생교육
기 능	시민교육	국민교육

고령자와 노년층에게는 건강·여가·대인관계 등 분야에 대한 '찾아가는 노후준비교육'의 활성을 위해 교육인원을 2016년도 40만 명에서 20만 명으로 확대하여 2020년에는 60만 명 수준으로 교육하였다. 국민연금공단 지역노후준비지원센터 교육인력을 2016년 63명에서 2020년 700명으로 확대하였는데, 재무·건강·여가·대인관계·경력관리·주거 등 7개 교육 분야별로 100명 규모로 설계하였다.

장애인에게는 장애인 평생교육 프로그램을 확대하고자 하였는데, 2018년 650개에서 2022년 1,130개로 다양화하였다. 2019년에는 장애인의 장애유형을 고려하여 맞춤형 학력인정 프로그램을 개발하였다. 장애인 대학생의 전문 도우미를 확대 배치하고자 수화통역사·점역사·속기사 등을 배치하였다. 2017년 140명에서 2022년 200명으로 확대하였다.

저소득층에게 지원되는 '평생교육바우처'를 단계적으로 대상을 확대하고 방송고등학교 재학생에 대한 수업료와 입학금을 지원하였다. 2022년에는 지역아동센터 등 취약계층 소프트웨어 교육을 지원하기 위해 1,500명의 신규인력을 채용하였다.

다문화·비문해자 등 대상 문해 교육 지원조건은 최소 학습자 수가 10명 이상이어야 하거나 기관당 30명 이상이어야 하였다. 이런 최소 학습자의 수를 완화하려 5명 이상으로 기관당 10명 이상으로 조건을 완화하여 문해 교육을 내실화하였다.

인프라형성을 위해 주민센터와 연계하여 평생학습센터 설치를 지속적으로 확대하고, 지역 내 도서관, 생활문화센터, 청소년복지관, 노인복지관, 고용복지플러스센터 등 지역사회시설을 주민학습 공간으로 확보하였다.

3) 교육비 지원서비스

교육대상자에게 교육비를 직접적으로 지원하는 경우를 살펴보면, 여성부, 복지부, 교육부, 노동부 등 여러 부처에서 동시다발적으로 이루어지고 있다. 다만 교육프로그램과 교육대상자의 특성에 따라 부처의 사업이 다르다. 교육부의 장애아 교육지원사업은 장애인에 대하여 무상 특수교육과 장애학생 본인의 학교생활 지원하는 것이다. 장애인의 고등교육 기회를 확대하고 장애인의 학습권을 보장하고 교육복지를 증진하기 위한 목적이다. 이에 반하여 보건복지부의 장애인 자녀학비지원사업은 장애인 부모에게 자녀의 입학금, 학용품비, 부교재 및 교과서 대금을 지원하고 있으며, 이와 아울러 아동을 부양하기 위한 수당을 지급하고 있다. 중앙부처의 교육비 지원서비스를 살펴보면 노동부는 '진폐근로자 교육비지원'이 있으며, 여성부는 '저소득 모부자지원'이 있고 복지부에서는 장애인과 아동복지교사 교육비지원사업이 있다. 교육부는 '장애아 교육지원', '유아지원', '전문대학 Work Study 프로그램운영' 사업이 있다.

교육부의 '전문대학 Work Study 프로그램'은 가정형편이 곤란한 전문대학생에 대하여 근로경험 기회를 제공하고 근로에 대하여 장학금 지급운영하는 사업이다. 사회적 일자리인 아동복지교사지원사업은 총 196억원의 예산으로 빈곤·결손 아동의 수요에 맞는 아동복지교사 2,700명 지원하는 것이다. 교육부의 '유아교육 지원'사업은 저소득층을 대상으로 유아교육 기회를 확대하고 학부모의 유아교육비 부담을 완화하여 교육복지를 구현하고자 한다. 이때 만 5세아 무상교육비 지원(152천 명, 50%)하며, 만 3·4세아 교육비를 지원(168천 명, 50%)하고 있다. 여성부의 '저소득 모부자 가정지원' 사업은 저소득 모부자가정의 자녀학비 및 아동양육비를 지원하여 아동의 건전한 육성과 가정의 생활안정을 도모하고자 한다. 사업 시행주체는 여성부와 지자체가 공동으로 하며 지자체에게 보조금(서울 50%, 지방 80%)을 형성하여 진행한다. 아동의 양육비와 고등학생의 수업료와 입학금을 지원하며, 고등학생 23,930명과 아동 30,478명을 대상자로 하였다.

교육비 지원서비스는 교육대상자에게 교육비를 직접적으로 지원하는 경우를 살펴보면, 여성부, 보건복지부, 교육부 등이 있다. 보건복지부의 장애아동 부양수당사업의 경우 대상자는 국민기초생활보장 수급자로서 18세 미만 1급 재가장애아동의 보호자로 하고 있다. 만약 학교에 재학 중인 경우 20세 이하까지 해당되며, 반면 교육부에서 위탁한 자녀교육비 지원사업은 1~3급 장애인 중·고생 혹은 1~3급 장애인가구의 중·고생자녀가 이에 해당된다. 이 사업들은 교육부와 보건복지부에서 시행하는 사업을 위탁받아 수행하고 있다. 1~3급 장애인 본인명의 또는 장애인과 주민등록표상 생계를 같이 하는 배우자, 직계존비속, 직계비속의 배우자, 형제, 자매 중 1인과 공동명의로 등록한 승용자동차 1대에 대해서는 교육세를 면세하고 있다. 영유아보육법 제6조에 의한 보육시설을 대상으로 하여 국민기초수급권자와 모자 부자가정 및 가구당 월평균 소득이 일정 수준 미만의 저소득 계층의 영유아를 보육하는 시설에 대하여 보육료를 지원하고 있다. 보육법 장애등급 구분없이 장애아동과 만 5세 무상교육은 가구원수별 소득인정 기준액에 적합한 아동을 대상으로 사업을 시행하고 있다. 여성부의 모부자 가장 지원사업은 18세 미만(학생은 20세 미만)의 아동을 양육하는 편모 또는 편부가정으로서 가구원수별 소득인정액 기준을 충족하는 세대에 한하여 중고생입학금을 전액 지원하고 교통비와 학용품비를 지원하고 있다.

제5절 문화와 여가를 위한 서비스

1. 여가문화서비스

문화체육관광부 등 중앙부처의 여가문화서비스는 사회적으로 소외계층에 속하는 가족을 대상으로 가족문화를 조성하기 위한 사업이 대부분이다. 이 사업들은 문화체육관광부와 여성부의 관할사업으로 나뉘어지며, 주로 문화체육관광부에서 관장한다. 문화체육관광부에서는 주로 지역과 지방문화의 활성 및 진흥 분야와 소외계층에 대한 지원으로 크게 양분된다. 특히 외국 이주민에 대한 문화체험을 늘여가고 있다.

중앙부처의 여가문화 서비스를 살펴보면, 문화체육관광부에서 '지방문화 진흥지원', '지역문화예술 활성화', '민속예술 축제지원'(지자체), '한국문화체험 주간행사', '어린이전용 복합문화 공간조성', '건전여가 문화활성화', '특수소외계층 문화권 신장', '소외계층 여가문화 활성화', '함께누리 지원사업', '온누리안(혼혈인) 이주민 다문화체험 지원'을 추진하고 있다. 여성가족부에서는 '가족문화 조성사업', '다양한 가족위한 여가 및 문화활동 지원'을 시행하고 있다.

여가문화서비스는 모든 대상자가 해당되는 경우가 많았으며, 주로 문화체육관광부와 여성부에서 사업을 운영하고 있다. 여성부의 사업은 주로 가족의 문화를 중시하여 가정의 회복을 위한 목적이 강하다. 반면, 문화체육관광부에서 추진하는 사업은 소외계층, 어린이, 온누리안 등과 같은 일부 사회적 약자를 위주로 하는 여가를 보조하고 있다. 한국문화 및 민족예술, 지방문화 등의 지원사업이 대부분인데 이는 생활 속에서 많은 사람들이 관심을 보여주는 대중문화와는 달리 공적요소가 강조되는 문화에 집중하는 경향이 있다.

지방정부의 여가문화서비스는 취미여가프로그램, 문화체험 테마캠프, 문화행사, 문화

표 2-27 지방정부의 여가문화서비스

구 분	사업내용
취미·여가 프로그램	가족기능강화사업, 가족지원프로그램, 경로당활성화사업, 공동작업장, 문화복지사업, 사랑의 울타리 지원사업, 사회교육사업, 사회성 및 정서발달 프로그램지도, 사회재활사업, 사회체육교육사업, 아동청소년프로그램, 어르신교육프로그램, 작은어울림지원사업, 지역사회보호사업, 지역사회재활사업, 청소년사업, 푸른 꿈지기 지원사업, 피해여성을 위한 활동, 피해아동을 위한 활동, 희망의집 사업
문화체험 테마캠프	가족기능강화사업, 가족지원프로그램, 사회재활사업, 아동청소년프로그램, 사회성 및 정서발달 프로그램지도, 인지발달프로그램지도, 지역사회보호사업, 청소년사업, 피해아동을 위한 활동
문화행사	기획홍보사업, 문화복지사업, 사회성 및 정서발달 프로그램 지도, 지역사회재활사업
문화이용 요금할인	공영 경로우대, 장애인 공공시설 요금감면, 장애인 공연장 관람료 할인

이용 요금할인 등의 형태로 운영되고 있다. 여가문화프로그램은 아동, 청소년, 여성 및 노인, 장애인 등을 대상으로 운동, 스포츠, 취미생활을 지원하거나 문화유적지를 체험할 수 있는 기회를 주고 있다. 공연에 참석하여 문화생활을 접할 수 있는 기회를 마련하고 있다. 다만 문화이용시 요금을 할인해 주는 사업은 주로 장애인과 노인에 한정되었다.

중앙정부는 문화 소외계층에게 문화향유기회를 제공하기 위해 비용과 문화예술교육 확대할 계획이다. 문화누리카드 지원금은 2018년에 연간 7만원에서 2021년에 10만원을 인상하여 비용을 지원하고 문화예술교육에서는 '꿈의 오케스트라'를 통한 소외아동 음악교육, 군병원·소년원학교·성폭력피해자 보호시설 등에 대한 문화예술교육 확대할 계획이다. '꿈의 오케스트라'는 베네수엘라 시스테마' 모델, 오케스트라의 상호학습을 통해 협동심 등 청소년의 바른 성장 유도하는 것이다. 인프라 지원을 위해 2017년 32개소에서 2022년 65개소로 작은 영화관을 확대할 것이다. 2018년도에 16개인 것을 시·군·구 당 작은도서관 1개 이상 설치하여 2019년 243개로 등 지역 문화인프라 확충하며, 노후도서관을 북카페형 공간 등으로 리모델링할 계획이다.

여가서비스는 직장인 노인, 장애인, 취약계층, 산모 등을 대상으로 치유와 휴식을 제공해 주고 있다. 직장인에게 근로자와 기업이 조성한 적립금에 정부가 추가 지원, 국내여행경비 지원하는 '근로자 휴가지원제도'가 있다. 근로자 휴가지원서비스의 참여기업과 근로자의 이용의 확대를 위해 2018년에는 2만 명에서 2019년 8만 명으로 확대하였다. 노인과 장애인에게는 연령과 신체 제약에 관계없이 여가활동에 참여할 수 있는 지역 차원의 '여가동행서비스'를 계획하고 있다. 예를 들면 프랑스에서는 노인과 장애인 등이 공연 관람할 때 동행하고 다시 집으로 데려다주는 '오늘밤 외출합니다(Ce Soir je sors)' 서비스 실시하고 있는데 2012년에 6.7만 명이 이용하고 있다.

산림을 활용하여 여행, 치유, 휴식 등 다양한 문화와 여가서비스를 제공하는 것으로 '숲 태교', '산림교육', '산림복지단지'를 계획하고 있다. '숲 태교'에는 임신부의 장기체류를 위하여 '숲 태교 마을'을 시범적으로 조성하고 2019년에 임신부부 연간 2,000쌍을 대상으로 1박 2일 숲 태교 체험을 추진하였다. '산림교육'은 유아를 대상으로 하는 숲 체험원, 산림교육센터를 설립하고 2022년에 해당지역에 유아 숲 지도사 699명과 숲 해설사 687명을 확충한다. 취약계층에게 '산림복지서비스 이용권'을 제공하는 것으로 점차 지원대상을 확대하고자 2018년에는 2만5천 명에서 2019년에는 3만5천 명으로 확대하였다. 현재 기초수급자와 장애수당과 장애아동수당 수급자를 대상으로 하지만 확대하면 장애인연금 수급자와 한부모가족 보호 대상자 등 법정 차상위 계층까지 확대할 수 있다. '산림복지단지'는 이용자별로 다양한 체험과 휴양·치유 활동을 종합적으로 제공하기 위한 산림복지단지 모델을 연구하여 개발하였다.

2. 환 경

환경서비스는 대기, 위생처리, 상하수도 및 폐기물관리, 자연보존 등의 관련된 내용으로 구성되어 보건위생과 많은 관련이 있다. 사회서비스의 특징인 대인적 서비스라기 보다는 시설서비스 요소가 강하다. 환경서비스는 대기, 상하수도 및 폐기물관리, 야생동물 및 자연보존 등의 서비스를 의미하며 폐기물관리·환경보존·환경규제·상하수도 관련 서비스가 있다. 환경서비스는 사회서비스 분야에서는 주로 청소 및 소독서비스, 세탁서비스 등이 있다. 특히 사업시설 유지관리 서비스는 이용자의 시설 관리 및 다양한 서비스를 지원하기 위한 서비스로 경비, 청소, 우편물선별, 세탁, 점검 및 유지수리 등의 관련 서비스를 함께 제공하기도 한다. 다만 시설유지관리를 위하여 운영 요원을 파견하기도 하지만 이용자의 본질적인 생활 활동을 책임지거나 관계하지 않는다.

건물 및 기타 사업장 청소서비스는 소독 및 구충서비스와 건축물 일반청소서비스가 있다. 소독 및 구충서비스는 건물, 가구 및 기기를 소독 및 구충하는 서비스이며, 건축물 일반 청소서비스는 주거용, 상업용 또는 산업용 건물의 내부 및 창문을 청소하는 서비스이다. 세탁서비스는 노약자와 일반 대중을 대상으로 모피제품, 의복 및 기타 직물제품을 세탁, 크리닝, 다림질하는 서비스로서 세탁과 연관적으로 이루어지는 의복과 기타 직물의 수선은 물론 경미한 개조도 포함된다. 가정용 세탁서비스는 일반대중을 대상으로 각종 세탁물을 수집 및 세탁하는 서비스이다. 세탁물 공급서비스는 개인, 상업 및 산업사용자와의 계약에 의하여 타월, 냅킨, 식탁보, 가운, 기저귀 및 기타 린넨제품, 작업복, 보호복, 안전장갑, 청정실용 의복 등을 반복적으로 세탁·공급하는 서비스이다.

중앙부처의 환경서비스는 교육부의 '깨끗한 학교만들기', 복지부의 '농어촌장애인주택개조사업'이 있다. 교육부와 복지부에서 생활환경을 쾌적하게 유지하기 위하여 학교 주변의 환경을 청소하고 농어촌 장애인에게는 주택을 개조하도록 지원하고 있다. 지방정부 차원에서의 환경서비스 사업은 노인종합복지관, 사회복지관이 제공하는 청소와 방역서비스와 구청에서 제공하는 '사랑의 집 고쳐주기 사업'이 있다. 노인을 대상으로 하는 청소방역서비스는 노인종합복지관에서 제공하고 있으며 아동·청소년을 대상으로 하는 청소방역서비스는 사회복지관에서 제공하고 있다. 학생자원봉사자를 활용하여 매월 말 경로당 내외부를 청소한다. 경로당 내 방석, 이불 등을 수거하여 분기별 1회 정기적으로 실시한다. 사회복지관에서는 아동·청소년을 대상으로 재활용품을 이용하거나 원내 환경미화관리를 자원봉사자들이 실시하여 깨끗한 지역사회 만들기 봉사활동을 실시하고 있다. 장애인을 대상으로 하는 주거환경 서비스는 시·군·구청에서 제공하고 있다. 여성장애인 자녀양육지원 사업으로 장애인종합복지관에서는 여성장애인을 대상으로 청소세탁, 세탁물 정리 등 주거환경을 정리한다. 근로자 활동 후견기관은 근로능력은 있으나 저소득층 대상으로 도배, 장판 등 간단한 집수리를 실시하고 있으며, 종합사회복지관은 저소득 가정의 부적합한 주거환경에 대한 내외기관 지원연계를 통해 안정된 주거환경을 제공해 주고 있다.

표 2-28 지방정부의 환경서비스

사업명	주관기관	사업내용
경로당 활성화사업	노인복지관	환경미화, 세탁서비스
자치회 절제회운영	사회복지관	재활용품이용 및 원내 환경미화관리, 지역사회 깔끔이봉사활동
여성장애인 자녀양육 지원사업	장애인종합 복지관	청소, 세탁, 세탁물정리, 다리미질, 가전제품사용 등 주거환경 정리
자활사업단	자활 후견기관	집수리사업단: 도배, 장판, 간단한 집수리(저소득층)
지역사회 보호사업	종합사회복지관	저소득 가정의 부적합한 주거환경에 대한 내외기관 자원연계를 통한 안정된 주거환경 지원

2020년까지 아동들을 대상으로 초등학교·특수학교·유치원 전체에 공기정화장치 설치하여 430㎡ 미만 소규모 어린이집 매년 100개소의 실내공기질을 측정하고 분석하여 컨설팅할 것이다. 성인을 대상으로 사회취약계층 활동공간 환경성 질환 예방서비스

인력을 34명에서 2022년 74명으로 확충할 계획이다. 노인요양시설, 경로당 등에 대한 공기정화장치 설치 지원 확대하고, 독거노인 등 대상으로 '찾아가는 환경성 질환 케어 서비스'를 실시한다. 라돈 취약가구 대상 저감 컨설팅, 알람기 보급 확대 및 석면으로 인한 암환자 돌봄, 힐링 프로그램 운영 등 위해 요인 관리 서비스 강화할 계획이다. 인프라지원을 위해 대기정체 해소를 위한 바람길숲 10개소, 미세먼지저감숲(60ha) 등 조성하여 향후 1인당 생활권도시림 면적을 2018년 9.91㎡에서 2022년 12㎡로 확대한다.

제6절 인프라서비스(안내 및 네트워크)

중앙부처의 인프라서비스는 홍보 및 행사지원 그리고 타 관리기관과의 연계와 같은 지원서비스로 구성할 수 있는데, 보건복지부, 문화체육관광부, 여성가족부, 교육부, 고용노동부 등 모든 부처에서 관할하고 있다.

1. 연계협력 서비스

각 사업에 대한 의사결정을 위하여 필요한 각종 정보의 수집·처리·전달·저장을 합리적으로 하기 위해서는 연계협력이 필요하다. 정책 및 사업정보가 의사결정에 도움이 되기 위해서는 정확성·신속성·적시성·대량성 등의 조건이 충족되어야 한다. 정보수집의 시스템이 완비되어야 하고 정보의 처리·전달·저장의 각 시스템과 유기적으로 결합되어야 한다.

중앙부처의 연계협력 서비스를 살펴보면, 교육부에서는 대학생 국내외 봉사활동 지원하며, 여성부에서는 '세계 한민족여성 네트워크', '세계각지역 한민족여성 연대강화 정보교류', '중앙보육 정보센터운영', '보육정보센터간 협력 및 조정', '한국보육시설 연합회', '정보교류 및 상호협조 증진', '보육행정 시스템구축', '보육 통합정보 서비스개발' 등의 사업을 주관하고 있다. 복지부에서는 임신·출산·육아관련 종합정보를 제공하며, '장애인 등록판정 체계개선 연수'를 지원하며, 문화관광체육부에서 권역별 '지역문화 통합지원 센터구축(지자체)', '민족문화원형 발굴 및 정체성 정립'을 추진하였다. 중앙부처에서는 사업 및 조직간 정보연계와 아울러 정보제공을 시행하고 있다. 이러한 연계협력 서비스는 사업간 업무협조를 통하여 사업성과를 극대화시킬 수 있다.

2. 행사지원 서비스

행사지원 서비스에 광고대행사는 광고를 창작하여 계획하고, 제작하여서 매체를 이용해 게재 또는 방송하며, 요금지불의 책임도 지게 된다. 주요한 조직부문은 ① 광고주와 연락을 유지하는 어카운트 서비스(account service), ② 창작을 주로 하는 크리에이티브(creative), ③ 갖가지 조사를 하는 조사부문, ④ 매체 및 그 밖에 경리·인사 등을 다루는 부문으로 나누어진다. 선진국의 광고는 대부분이 광고대행사를 통해 이루어지고 있다. 광고대행사의 효시는 미국의 V.B. 파머가 1840년대에 보스턴, 뉴욕, 필라델피아에 사무소를 두고, 주로 신문과 잡지의 지면을 도매로 사서 광고주들에게 분할하여 매각하는 스페이스 브로커였다.

중앙부처의 행사지원 서비스를 살펴보면, 문화관광부에서는 '고려인 강제이주 70주년 기념행사지원', '민속예술 축제지원(제주)'이 있으며, 보건복지부에서는 '임산부의날 행사', '노인의날 행사', '노인건강축제', '어린이날 행사지원'이 있다. 문광부에서는 노인부터 아동까지 대상으로 하는 행사를 시행하고 있는 반면 복지부에서는 특정 대상에 한정된 행사를 시행하고 있다.

3. 홍보 서비스

홍보 서비스는 기업·단체 또는 관공서 등의 조직체가 커뮤니케이션 활동을 통하여 스스로의 생각이나 계획·활동·업적 등을 널리 알리는 활동이다. 목적은 각 조직체에 관한 소비자나, 지역주민 또는 일반의 인식이나 이해 또는 신뢰감을 높이고 합리적이고 민주적인 기초 위에 양자의 관계를 원활히 하려는 데 있다. '비즈코디네이터'가 되면 비즈니스에서 '리셉션코디네이터', '상담코디네이터', '서비스코디네이터', '기획코디네이터' 등으로 세분화되어 일한다. 예를 들면, '병원코디네이터'는 '병원서비스 매니저'라고도 한다. 병원의 중간 관리자로서, 환자들의 의료 서비스 욕구를 충족시키기 위해 병원에서 해야 할 일을 기획·관리·개선 업무를 담당하는 사람을 말한다. 의료서비스 전문가로서 병원의 분위기를 밝게 연출하고, 차별화된 서비스를 제공함으로써 병원 이미지를 홍보하여 환자가 편한 마음으로 병원을 찾을 수 있도록 한다. 최근 의료시장 개방과 병원의 체인화 추세로 병원 간의 경쟁이 치열해지면서 의료계에 고객 중심의 서비스 개념이 확산되어 병원코디네이터의 필요성이 더욱 커졌다. 현재 활동하고 있는 병원코디네이터에 대한 통계자료는 없으나, 2001년의 의약분업으로 병원 간의 경쟁이 가속화되고 병원경영의 차별화 전략 도입으로 그들에 대한 수요는 계속 증가할 것으로 보인다.

중앙부처의 홍보 서비스는 여성부에서는 '보육·가족 및 여성정책 국민의식개선', '여성관련 정책제도 안내 및 홍보'를 추진하며, 교육부에서는 '외국인 유학생 유치사업', '학교폭력예방 및 대책지원'을 추진한다. 문화관광부에서는 '문화예술 해외 홍보 및 교류', '양성평등 문화환경 조성'을 시행하며, 노동부에서는 '남녀고용평등', '건전한 직장문화 조성', 'TV캠페인홍보', '고용평등지원'을 추진하고 있다. 보건복지부에서는 '입양활성화지원', '가정위탁 홍보교육', '아동권리 및 홍보모니터링', '아동 안전사고 예방사업', '저출산대응 인구정책홍보', '건강한 출산·양육 환경조성 지원', '국제결혼 건전화 및 결혼이민자 정착지원', '저출산 고령사회 대비 국민인식 개선', '엄마젖 먹이기 홍보', '금연홍보', '생명존중 정신건강 증진사업', '자살예방 공익광고', '절주운동', '언론매체를 활용한 절주 홍보', '외모주의 인식개선 사업'을 시행하고 있다. 대부분이 유관부서의 개별업무 중심의 사업을 진행하고 있으며, 그 대상 측면에서는 문광부와 복지부가 다양한 계층을 대상으로 한 사업을 실시하고 있으며, 복지부는 유관 업무의 다양한 방면으로 홍보사업을 시행하고 있다.

지방정부의 인프라 서비스는 주로 홍보와 수요조사 등과 같은 사회서비스 사업이라 할 수 있다. 이 부문은 사회서비스를 제공하면서 자원봉사자를 모집하고 전문인력을 양성하며 직원에 대한 교육하는 것을 주로 한다. 종합사회복지관의 지역사회 조직사업 중 지역복지 발전 지원사업은 '지역복지협의회 운영', '자문운영위원회운영', 유관기관 네트워크, 개관기념 행사를 지원하고 '장애인종합복지관의 어르신사업'은 지역자원을 활용하고 관계망을 구축하여 복지네트워크와 지역자원 개발을 연계하고 있다. 종합사회복지관에서 지역사회보호사업은 지역사회 보호서비스를 연계하여 지역사회 내 요보호 대상자를 위한 지역사회 차원의 서비스를 연계한다. 지역사회운동사업은 '지역자원 네트워크사업'으로 '운영위원회', '지역자원 네트워크사업', '사회봉사자 명령집행사업'을 진행한다.

표 2-29 지방정부의 인프라서비스

구 분	서비스명
욕구조사 등 연구	기획홍보사업, 각 복지관의 홍보사업, 지역사회보호사업, 연구사업, 사랑울타리지원사업, 경로당임원리더십개발프로그램, 푸른꿈지기지원사업, 지역사회운동사업, 사회재활사업
서비스 홍보	기획홍보사업, 홍보사업, 출판 및 홍보활동, 계몽사업, 사랑의울타리지원사업, 통합만성질환예방관리, 건강생활실천(금연캠페인, 절주캠페인), 지역사회조직사업, 지역사회재활사업, 지역사회운동사업, 경로당활성화사업, 문화복지사업, 소외여성옹호활동
자원 봉사자 모집	자원봉사사업, 한마음시니어헬퍼모집, 의료나눔네트워크모집, 사랑의밥퍼사업단, 홈케어센터, 가족기능강화사업, 지역사회조직사업, 임신출산육아지원사업, 여성장애인자녀양육지원사업, 청소년사업, 지역사회자원개발사업, 푸름꿈지기지원사업, 지역사회운동사업, 재가복지사업, 기획홍보사업, 경로당활성화사업, 노인일자리사업

홍보 서비스는 기관·서비스를 홍보하는 사업과 인식개선을 위한 캠페인사업을 들 수 있다. 노인종합복지관의 '홍보사업', '경로당활성화사업', '취업알선사업'에서 홍보서비스를 제공하고 있으며, 복지관 자체의 홍보사업의 경우 지역사회 내 기관의 다양한 프로그램을 홍보함으로써 참여를 활성화시키도록 한다. 경로당 활성화사업은 프로그램의 홍보를 위하여 월별 프로그램 일정 및 활동사진, 기타 정보를 게시판에 부탁한다. 그리고 소식지제작은 1년간의 활동 및 소식 등을 전달하기 위한 소식지를 제작한다. 노인복지관에서 실버취업박람회를 연 1회 구인 업체와 구직자의 만남의 행사를 통해 사회적 관심을 유도하며 취업증대를 도모하고 있다. 장애인종합복지관에서 홍보와 계몽사업에서 '언론매체홍보', '관보·팸플릿제작', '홈페이지운영', '견학안내', '장애인식 개선학교', '장애인주간행사', '여성장애인 인식개선공모전'을 진행하고 있다.

종합사회복지관의 '사랑의 울타리', '지역사회운동', '문화복지사업'을 운영함에 있어서 '장애인인식개선프로그램',[14] '이미지조성사업',[15] 그리고 '홈지역행사'(새사랑나누기)[16]를 계획하였다. 종합사회복지관에선 지역사회조직사업으로 홍보 및 출판하는 홈페이지

14) 인근 특수학급 보유 학교 학급단위 대상 장애관련 이론교육과 체험교육 실시 및 자료집 배포를 통해 지역 내 장애인식개선 및 장애학생의 학급, 학교 적응력 향상 도모.

15) 홈페이지운영, 소식지발행, 기관홍보물배포, 게시판활용, 지역캠페인.

16) 다양한 문화적 혜택과 지역 연대감 형성을 위해 각종 지역행사를 실시하여 지역주민의 참여를 통한 지역공동체 의식 향상, 지역자원의 개발과 복지관의 역할에 대한 인식을 증대하는 사업.

운영, 복지관안내지, 게시판을 활용하고 있다. 서울 모자원에선 피해여성 인권보호활동 측면에서 소외여성 옹호활동을 하고 홍보와 출판을 병행하여 화보를 발행하고 '서울 모자의집 웹사이트'를 운영하고 있다.

표 2-30 사회서비스 확충 주요 목표치

영 역	과 제	현 재	목 표
돌봄·복지	산모·신생아 건강관리 서비스 지원대상	8만 명(2017)	11만7천 명(2019)
	국공립 어린이집 이용률	12.9%(2017)	40%(2022)
	온종일 돌봄 이용아동 (학교돌봄·마을돌봄)	33만 명(2017)	53만 명(2022)
	노인장기요양보험 보장성	65세 이상 노인 8% (59만 명)(2017)	9.6%(86만 명, 2022)
	장애인활동지원 대상	6만6천 명(2017)	9만8천 명(2022)
건 강	인플루엔자 예방접종 국가지원 대상	900만 명(2017)	1,600만 명(2025)
	국가건강검진 우울증 검사 대상	40세·50세·60세·70세(2018)	20세·30세 추가(2020)
	장애인 건강검진기관	10개소(2018)	100개소(1,742.622)
	생활체육지도자 (장애인생활체육지도자 포함)	3,177명(2018)	4,200명(2022)
	초등학교·특수학교·유치원 공기정화장치 설치	일부 기관만 설치	100% 설치(2022)
일·배움	장애인 평생교육 프로그램	650개(2018)	1,130개(2022)
	여성 새로일하기센터 취업설계사	901명(2018)	1,139명(2022)
	중증장애인 지원고용사업 지원대상	2,500명(2018)	5,000명(2022)
문화·여가	문화활동공간 이용률	64.8%(2017)	70%(2022)
	문화누리카드 지원금액	연 7만원(2018)	연 10만원(2021)
	발달장애인 예술교육	310명(2018)	480명(2022)
	근로자 휴가지원제도 지원인원	2만 명(8,684.718)	8만 명(2019)
	시군구 작은도서관	16개(2018)	243개(2019)
	극장없는 지역 작은영화관	32개소	65개소(2022)
	군장병 문화예술 지원사업 대상 부대	300개(2018)	1,100개(2022)
	산림복지서비스 이용권 지원대상	기초생활보장 수급자(2018)	법정차상위계층까지 확대(2022)

자료: 보건복지부(2018. 12), 사회서비스대책.

보건소에서는 통합만성질환자를 위하여 '내혈압·내혈당 바로알기 캠페인'을 실시하고 있다. 이는 지역사회에서 유병율이 높은 고혈압과 당뇨병의 예방, 조기발견 및 체계적인 관리를 위하여 가장 기본이 되는 혈압, 혈당 수치를 제대로 알고 건강한 생활습관을 확산시켜 지역주민의 건강한 삶을 도모하고자 한다. 건강생활을 실천하기 위하여 금연캠페인을 하는데 '금연리플렛 배포', '흡연관련 패널전시'를 하고 '절주캠페인'을 위하여는 건강한 음주 문화 정착을 위한 홍보, 홍보 패널 전시, 홍보 리플렛 배부 등이 있다.

기타 예외적인 사회서비스로 신고센터에서 미아의 정보를 축적하고 '사랑의 컴닥터'에서는 컴퓨터에 대한 무상수리를 운영하고 '장애인자동차 표지발급'하는 서비스도 제공하고 있으며 소외계층에게 '장례지원서비스'도 운영하고 있다.

제 3 장

사회서비스 이용자

제3장 사회서비스 이용자

제1절 사회서비스 욕구 변화

서비스대상에 따라 사회서비스의 욕구가 다르며, 정책적 관점에서도 중점적으로 지원해야 할 내용이 다름을 <그림 3-1>에서 알 수 있다. 아동은 인적 투자의 개념에서 향후 지원해야 할 교육과 훈련이 중심이라면 노년기에서는 '일을 통한 노후설계가 중요함'을 보여주고 있다.

그림 3-1 생애주기별 정책지원 목표

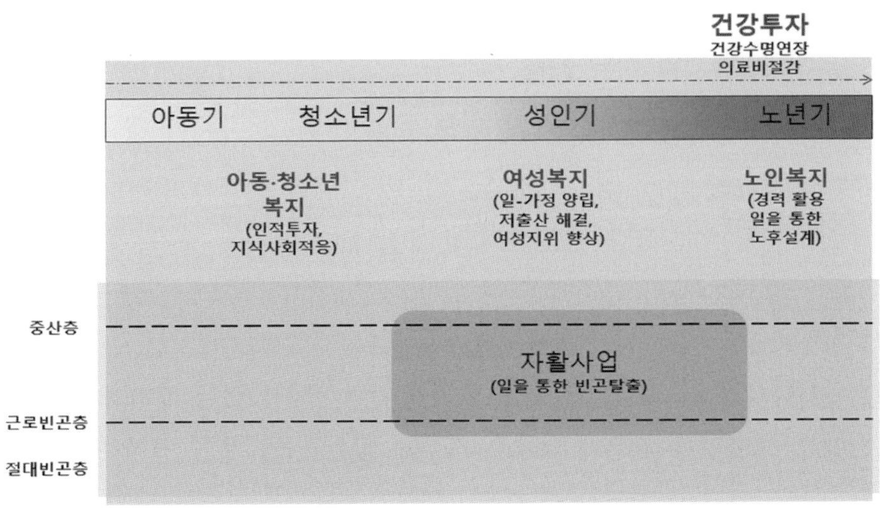

1. 사회서비스 이용 사례

1) 문제행동아동 조기개입 이용 사례

'문제행동아동 조기개입서비스'는 문제행동이 있는 비장애 어린이에게 발달치료, 심리치료, 부모교육 등을 통해 어린이들이 건강하게 성장할 수 있도록 도와주는 프로그램이다. 주로 심리검사 등을 통한 어린이 발달과 정서행동에 대한 평가를 토대로 어린이의 성향에 맞는 언어치료, 놀이치료, 심리치료, 가족치료 등을 지원한다. 한 사례를 보면, 초등학교 4학년인 ○○군은 수업시간에 갑자기 일어나서 돌아다니거나 수업과 상관없는 질문을 하는 등 문제행동을 보였다. 계속되는 산만한 행동은 학급 전체의 수업을 방해할 정도로 심각해졌지만, 사례자의 어머니는 '우리 애는 성격이 활발한 수준'일 뿐 아무 문제도 없다며 되려 반문을 하셨다. 사례자의 경우 ADHD(주의력 결핍 과잉행동 장애)가 의심되는 상황이지만 부모가 문제를 인정하지 않아 병원에서 진단이나 치료를 받아본 적이 없다. 산만한 행동이 더욱 심해지고 반 학우 전체가 ○○군을 따돌리는 상황에 이르게 되었으나 어머니의 무관심으로 ○○군은 계속 방치되었고, 이를 보다 못한 지역의 사회복지 기관은 전년도 9월부터 'ADHD 조기 개입 지원 프로그램'에 사례자를 참여시켜 미술치료를 지속적으로 실시하였다. 프로그램을 통해 사례자의 행동이 점차 개선되는 게 눈에 보이자 사례자의 어머니는 프로그램에 참여하게 된 것을 고맙게 생각하였고, 지속적인 치료가 이루어지기를 원하게 되었다.[1)]

2) 아동정서발달지원 이용 사례

'클래식음악-아동정서발달서비스'의 주 대상은 저소득층이나 한부모 가정 아이들이다. 매주 두 시간씩 악기 수업과 정서순화 프로그램을 번갈아 받는다. 악기 수업은 1대1로, 집중력 향상·정서함양·창의력 향상 등을 목표로 하는 정서순화 프로그램은 다섯 명이 함께 받으며 사회성도 키울 수 있다.

○○대학교에서 제공하는 '클래식음악-아동정서발달서비스'는 단순히 음악 실력만 키우는 게 아니라 이 과정은 부모와의 관계도 좋아지게 하는 계기가 됐다. 서비스이용자는 부모의 교육방침 때문에 학교를 다니지 않는 터라 매일 집에 있으면서 어머니

1) ADHD 이용사례('청소년 정신건강 지키기' 사회가 함께합니다. 부산일보 2010. 3. 6).

와 소소하게 싸우는 경우가 많았다. 그러나 서비스 이용자가 정서순화프로그램을 통해 스트레스가 많이 해소돼 집에서도 부모님과 싸우는 일이 줄어들었다고 스스로 평가하기도 하였다. 다른 서비스 이용자도 이 과정에 참여하면서부터 사회성이 좋아져 이전엔 단짝 친구가 한 명밖에 없었는데, 지금은 학교에 친구들이 많이 생겼다고 평가하기도 하였다.[2)]

3) 산모신생아도우미 이용 사례

산모신생아서비스는 가정을 방문하여 산모와 신생아의 건강을 관리하고 출산가정의 경제적 부담을 완화하고 있다. 또한 중년여성에게 사회적 일자리를 제공하는 사회서비스다. 정부에서는 저출산 고령화를 극복하기 위해 출산 후 모성보호와 신생아 건강관리에 대해 지원을 강화하고 있다. 이와 함께 다양한 출산지원을 위해 임신출산비용 지원도 필요하였다.

베트남에서 온 지 1년 된 산모가 아기를 출산하게 된 사례가 있었다. 이 산모는 한국어 소통이 미흡한 가운데 출산하게 되어 서비스를 제공하고 있는 도우미와 의사소통하는데 어려움이 있었다. 아주 간단한 대화만 주고받으며 가급적 몸짓으로 이야기하는 경우가 대부분이었다. 특히 산모는 남편과 22살 나이 차이가 나며, 한국에 온 지 1년여 만에 출산하여 산모는 심적으로 많이 힘들어 했다고 한다. 더욱이 짧은 한국생활로 인한 언어소통, 문화차이로 힘들어 했으며, 시어머니는 지병으로 인해 거동이 불편한 상태였다고 한다. 이런 산모의 여러 상황에서 산모신생아도우미지원서비스가 필요하였다.[3)]

또 한 사례는 중증장애인에게 대한 내용으로 부부가 함께 1급 장애인으로 출산일을 한 달 정도 남겨 놓고 바우처 산모신생아도우미를 요청했다. 부부가 중증장애인이어서 더욱 돌봐야 할 상황이 많으며, 산모의 몸과 마음을 대신해서 아기도 안아주고, 재워주고, 산모도 돌봐주고, 그렇게 시간이 지나면서 산모도 건강하게 회복되어 갔고, 아기도 무탈하게 잘 성장하였다.[4)]

이외에도 일상생활이 어려운 장애인에게 제공하는 활동보조서비스, 성장기 장애아

2) 한세대 아동정서발달지원사업 사례('배우고 즐기고' 악기연구·요리하며 밝은 심성 되찾아 (조선일보).
3) 여수지역자활센터(산모신생아제공기관) 베트남 산모사례(2010년 자체조사).
4) 해피케어 일산지사(산모신생아도우미 제공기관) 사례("당신이 있어 행복합니다" 2009).

동의 재활비용의 일부를 지원하는 장애아동재활지원 서비스, 저소득 취약계층에게 간병서비스와 가사서비스를 지원하는 가사·간병서비스, 혼자 힘으로 일상생활을 영위하기 어려운 노인에게 지원하는 노인돌보미, 부모의 야근과 출장 등으로 일시적이고 긴급하게 지원하는 아이돌보미 등의 사업들이 있다.

2. 시대적 상황에 따른 욕구 변화

2007년부터 시작된 보건복지부의 '지역사회서비스투자사업'은 새로운 사회서비스 콘텐츠 개발과 함께 지역주민의 서비스 욕구를 찾아내어 제공하는 것을 목적으로 하고 있다. 지방정부는 지역주민의 욕구와 자치단체의 특수한 상황을 고려하고 사업을 설계하여 제공하도록 하고 있다. 지역에서 개발된 서비스에는 현장체험학습, 유소년 비전형성, 치매가족 기능회복, 맞춤형 돌봄서비스, 신체건강지원, 정신건강지원, 경제활동참여, 사회참여, 조기개입, 재활치료, 성 재활, 가구소독 등 다양한 프로그램이 있다. 개발된 서비스의 제공현황을 통하여 서비스의 주요 흐름을 살펴볼 수 있고 지방정부 중심으로 운영되기에 자체역량을 강화하는 계기를 마련하기도 하였다(김용득 외, 2009).

지역사회서비스투자사업에서는 이용자, 제공기관, 제공인력, 중앙정부, 지방정부, 사회보장정보원, 지역사회서비스지원단 등 다양한 기관과 주체들이 참여하고 있다. 정부 기관보조금방식으로 운영되던 기존 사회서비스 제공기관과 비교할 때, 공모제를 통한 서비스제공기관참여, 중앙정부의 재정관리책임, 지방정부의 서비스관리책임, 지역주민의 서비스 욕구변화에서 많은 차이가 나타났다. 중앙정부의 표준화된 서비스 사업운영과 중앙집권적 통제방식으로는 효과적인 성과를 나타낼 수가 없었다. 수요자와 제공자 간의 공정한 플랫폼을 형성하고 그 플랫폼 안에서 경쟁 활동을 통해서 운영되는 것이 효과적이었다. 기존의 공급자 방식과는 달리 다양한 시장 상황에서 수평적으로 동등하게 서비스 주체들이 참여할 수 있는 새로운 사회서비스 네트워크가 구축될 수 있도록 지속적인 개선이 필요하였다.

사회서비스 이용자는 자신의 욕구와 지역사회 특성에 맞추어 보다 전문적인 서비스를 요구하고 있다. 2019년 통계청의 사회조사결과에 따르면 향후 필요하거나 늘려야 한다고 생각하는 복지서비스는 「고용(취업)지원 서비스」가 32.5%로 가장 많고, 다음은 「보건의료·건강관리 서비스(18.7%)」, 「소득지원 서비스(16.4%)」 순이었다. 2011년 조

표 3-1 2019년 향후 늘려야 할 복지서비스

(단위: %)

	계	고용(취업) 지원서비스	보건의료 건강관리 서비스	소득 지원 서비스	주거관련 서비스	안전관련 서비스	보육 및 교육 서비스	문화·여가 향유지원 서비스	기 타
2017년	100.0	33.9	19.5	16.5	10.3	8.0	7.4	4.3	0.1
2019년	100.0	32.5	18.7	16.4	11.5	8.9	6.7	5.2	0.3
13~19세	100.0	41.4	8.0	10.2	6.0	11.7	7.5	15.0	0.1
20~29세	100.0	43.7	9.6	13.4	14.2	7.2	5.5	6.3	0.1
30~39세	100.0	25.5	13.3	15.1	17.4	9.7	14.6	4.3	0.2
40~49세	100.0	31.4	18.7	15.2	11.9	9.8	8.4	4.4	0.1
50~59세	100.0	36.0	19.6	17.0	10.7	8.6	3.8	4.1	0.2
60세 이상	100.0	25.8	30.2	21.2	8.0	7.9	3.1	3.4	0.5

자료: 통계청.

사하였을 때의 보건의료 건강관리보다 고용·취업지원이 더 중요하다고 응답한 것에서 차이가 나타난다. 연령별로는 60세 이상을 제외한 전 연령대에서 고용(취업)지원서비스가 가장 많고, 60세 이상은 보건의료·건강관리 서비스가 가장 많았다.

반면 2011년 통계청에서 일반국민을 대상으로 하여 복지부문 사회조사 결과를 살펴보면, 향후 가장 필요하거나 늘려야 한다고 생각하는 복지서비스는 건강관리 및 건강증진서비스 39.2%로 가장 높았다. 다음은 취약계층 일자리지원서비스(17.7%), 노인돌봄종합서비스(16.6%) 등의 순이다. 건강관리 및 건강증진서비스는 남녀 모두 가장 필요한 서비스로 나타났으며, 남자는 취약계층 일자리지원서비스를, 여자는 노인돌봄종합서비스를 향후 우선적으로 늘려야 할 복지서비스로 생각한다. 연령별로 보면 30대는 아동양육지원 및 돌봄서비스를 가장 필요하다고 생각하는 반면, 그 외 연령층은 건강관리 및 건강증진서비스를 가장 필요하다고 응답하였다. 지역별로 도시에서는 아동양육, 임신·출산돌봄, 일자리지원이 농어촌보다 높은 반면 농어촌에서는 노인돌봄과 건강관리서비스가 도시지역보다 상대적으로 높아 지역별·성별·연령별 욕구특성이 다름을 알 수 있다. 조사의 연구범위와 대상자가 다르기에 정확한 비교는 어렵지만 2007년-2011년-2019년 조사결과에 의하면 사회환경 변화에 따라 서비스 대상자의 욕구수준이 변화함을 알 수 있다. 2007년에는 사회투자정책 방향과 맞물려 인적자원 활성화를 위한 아

표 3-2 2011년 향후 늘려야 할 복지서비스

(단위: %)

		계	건강관리 및 건강 증진서비스	아동양육 지원 및 돌봄서비스	노인돌봄 종합 서비스	취약계층 일자리 지원서비스	임신·출산지원 서비스	장애인(아동) 돌봄 및 재활서비스	가사·간병 방문 서비스	기 타
2011		100.0	39.2	16.0	16.6	17.7	5.0	3.4	1.7	0.3
지역별	도시(동부)	100.0	39.2	16.5	16.0	17.9	5.2	3.3	1.5	0.3
	농어촌(읍면부)	100.0	39.6	13.7	19.4	17.0	4.0	3.6	2.3	0.4
성별	남 자	100.0	41.2	14.4	15.6	19.4	4.1	3.6	1.5	0.3
	여 자	100.0	37.3	17.6	17.7	16.2	5.8	3.2	1.9	0.3
연령별	13~19세	100.0	39.3	12.6	11.8	20.9	7.0	6.7	1.3	0.4
	20~29세	100.0	34.7	21.1	9.4	20.2	10.4	3.4	0.6	0.2
	30~39세	100.0	31.3	35.3	8.9	13.2	7.8	2.7	0.7	0.2
	40~49세	100.0	44.1	12.2	15.5	20.3	2.5	3.5	1.7	0.2
	50~59세	100.0	45.0	8.0	17.5	21.8	2.6	3.0	1.9	0.2
	60세 이상	100.0	40.5	5.7	33.7	12.2	1.4	2.3	3.5	0.7

자료: 통계청.

동교육서비스에 대한 욕구가 가장 많은 비율을 차지하였으나, 2011년에는 개인의 건강관리에 대한 욕구가 우선순위로 선정되었으며, 2019년에는 일자리에 대한 불안 해소가 가장 우선시되었고 개인 경제활동과 관련하여 일자리지원과 직업훈련에 관한 서비스 욕구는 지속적으로 확대되었다.

3. 욕구를 반영한 사회서비스

1) 맞춤형 서비스의 필요성

사회서비스 이용자는 현재 생활을 개선하기 위해서 본인의 선호도가 반영된 서비스, 보다 전문적인 서비스, 지역사회특성을 반영한 서비스를 요구한다. 이용자들에게는 자신의 경제수준, 육체적 건강, 학력 수준 등에 따라 다양한 욕구가 나타난다. 사회서비스 이용자를 욕구에 따라 분류하여 세분화할 수 있으므로 각각의 집단으로 분할함으로써 각 집단에 적합한 서비스제공 계획을 수립할 수 있기 때문이다. 사회서비스의 고객

세분화 방향은 서비스 효과가 도달하는 범위를 하나의 경쟁이 있는 영역으로 설정되어야 하고 서로 다른 틀에 의해 대상을 분할하는 것을 의미한다(김세훈·김환철, 2006).

Tilly와 Wiener의 조사결과에 의하면 이용자 중심의 프로그램의 품질이 공급자 중심의 프로그램보다 더 높은 것으로 나타났다. 이는 제공인력들이 이용자에 대해 잘 알고, 적은 수의 이용자에게 서비스를 제공하며, 이용자와 장시간 함께 머물기 때문이다. 사회서비스의 핵심 유형인 돌봄서비스는 이용시간, 서비스 안정성, 하위 단위서비스 유형뿐만 아니라 서비스 품질이 이용자 만족도에 가장 큰 영향을 미친다. 돌봄서비스 품질은 이용자와 돌봄서비스 제공자의 상호작용(Process Quality), 제공인력의 교육수준과 유사 돌봄서비스의 구조적 특성에 의해 결정된다. 높은 품질의 상호작용을 경험한 이용자들은 인지능력, 커뮤니케이션 능력 등이 발전하기 때문이다(Fuller, Kagan, Caspary & Gauthie).

OECD(2005)의 연구결과에 의하면 영국에서는 지역사회서비스를 강화하고 지방정부로 재정을 이양하는 정책변화로 인해 지역마다 서비스 품질이 다양하게 제공되고 있다고 평가하였다. 하지만 서비스의 제공이 더 유연해지면서 지역사회서비스가 강화된 반면, 욕구가 큰 계층에게 서비스가 집중되면서 전반적으로 예방기능은 약해졌다. 영국의 사례는 서비스의 질과 공공성을 높이기 위해서는 규제의 강화, 서비스의 보편성 확대, 전달체계 간 연계의 강화, 재정분권의 재검토 필요성에 대한 시사점을 제시한다(황덕순, 2008). 사회서비스 정책분야는 지역의 정책결정 요인이 다르며 동일한 정책분야에서도 정책수단의 선택에 영향을 주는 요인이 다르다. 즉 경제적 조건들이 가시성이 높은 정책수단의 선택을 제한하고 정치적 특성들이 강제성이 높은 정책수단의 선택을 제한하고 있다(Rigby, 2007).

2) 사회서비스 인프라 지원 요소

(1) 사회서비스 이용자 계층 다양성 확보

맞춤형 사회서비스의 전달체계가 안정적으로 구축하여 운용되기 위해서는 무엇보다도 사회서비스 이용자의 다양성에 대한 사회적 인식 전환이 필요하다. 한정된 예산범위 내에서 신청자가 많을 경우 소득수준을 기준으로 우선순위를 설정하면 일부 저소득층들에게 서비스가 집중되어 의도하지는 않지만 잔여적 복지체계의 특성을 그대로 답습하게 된다. 이러한 경우 특정 소득집단에 대한 서비스 중복 논란과 차상위집단에 대한 복지사각지대 문제가 지속적으로 제기될 수 있다. 따라서 사회서비스 이용자들의 계층 다양성을 확보할 수 있는 제도적 방안들이 모색되어야 한다.

(2) 지역특성에 따른 차별화 사회서비스 제공

지역특성에 맞는 차별화된 지원체계 즉, 인적·물적 서비스 지역 인프라의 확충이 필요하다. 지역 인프라 구축은 서비스 제공을 위해 필요한 기본적인 시설, 인력, 시스템 등이다. 특히 사회서비스의 확대나 산업화의 기반이 될 수 있는 지역 내 서비스 제공을 담당할 수 있는 사회복지사 등 인적 인프라 구축이 선행되어야 할 필요성이 있다.

(3) 서비스 품질관리와 공공성 확보

사회서비스투자사업의 지역 간 다양성은 지역 간 서비스 차별로 특화할 수 있다는 장점을 가질 수 있으나, 서비스의 내용과 전달기준이 명확하지 않고 서비스의 품질이 확보되지 않으며, 지역 간 서비스의 불균형 등 여러 가지 문제점들이 있다(신창환 외 2010: 401). 사회서비스 분야는 시장실패 영역이고 정부가 시장을 인위적으로 창출하기 때문에 경쟁이 제한된 보호시장 영역에서 적정 수준에서의 경쟁 구조가 형성될 수 있는 공공의 관리기능이 설계되어야 한다. 즉 지방정부 재정력의 격차 외에 지자체의 사업개발 역량과 관심에 따라 사회서비스 공급 수준이 달라질 수 있으며 운영 방향도 달라질 수 있다. 지역사회서비스투자사업 시장의 규모, 경쟁 정도, 소비자 선택권의 보장 등이 지자체의 역량과 방침에 따라 큰 차이를 나타낼 수 있기 때문이다.

제2절 사회서비스 대상자

사회서비스를 대상별로 구분한다면 노인·장애인 등의 성인 돌봄서비스, 아동·청소년 서비스, 여성 가족서비스, 노숙인·미혼모·국제결혼이주자 등 특수취약계층 서비스를 포함할 수 있다. 이러한 대인적 사회서비스는 개인 혹은 가족의 사회적 기능이 취약한 경우 정상적으로 생활할 수 있도록 사람을 통해 직접적 도움을 주는 것이라 할 수 있다(강혜규, 2007: 38~39). 우리나라에서는 사회서비스 제공 대상이 여성인가 청소년인가에 따라서 서비스 성격이 교육인가 돌봄인가에 따라서 정책담당 주무 부처가 달라지는

표 3-3 연령별 사회서비스 제공부문

구 분	영유아	아 동	청소년	청 년	30~40	40~50	50 이상	노 인
보 육	━━	━━	━▶	◀ ■ ■	■ ■ ■ ■	▶		
교 육		◀━	━━▶					
취업/훈련				◀━━	━━	━━	━━	▶
문화/여가		◀━	━━	━━	━━	━━	━━	━━▶
돌봄/주거	◀ ■ ■	■ ■ ■	■ ■ ■	■ ■ ■	■ ■ ■	■ ■ ■	■ ■ ■	■ ■ ▶
간병/간호	◀━	━	━	━	━	━	━	━ ▶

경향이 있다. 또한, 사회서비스를 제공하는 내용에 따라서 전달체계가 영리기관인지 비영리기관인지에 따라서 서비스 질과 내용이 다르게 나타난다. 각각의 사회서비스는 그 서비스의 성격·내용·대상·기능에 따라 기획과 관리가 달리 이루어진다. <표 3-3>에서는 사회서비스를 서비스 이용자의 연령별 제공내용으로 구분하였다.

1. 노 인

1) 개념적 정의

노인에 대한 개념의 정의는 각 국가의 정치·경제·사회·문화적인 환경의 차이는 물론 국가 및 개인 간의 차이와 생물학, 사회학 등 학문적 관점에서도 차이가 있어 일률적으로 정의하기는 어렵다. 사회복지학적 관점에서 노인의 개념은 육체적, 정신적으로 그 기능 및 능력이 감퇴되어 가고 있는 노령기에 이른 사람으로 생활기능을 정상적으로 발휘할 수 없는 사람이다(남기민, 1989). 인간의 노령화 과정에서 나타나는 생리적, 육체적, 심리적, 정서적, 환경적 및 행동의 변화가 상호 작용하는 복합형태의 과정에 있는 사람이라 할 수 있다(황진수, 1990: 317). 생리적 및 신체적 기능의 퇴화와 더불어 심리적 변화가 일어나서 개인의 자기 유지기능과 사회적 역할기능이 약화되고 있는 사람이라고도 한다(장인협·최성재 2002: 47). 우리나라의 경우 노인의 개념은 사회 복지적, 행정적 측면에서 노인복지법, 국민기초생활보장법, 노인장기요양보험법 등에서 규정한 행정적인 수혜대상의 기준연령인 65세를 일반적·일률적인 현실적 노인의 기준으로 보는 것이 유력하다.

표 3-4 현행 법령상의 노인규정

법 령	내 용
노인복지법	제2조(기본이념) ① 노인은 후손의 양육과 국가 및 사회의 발전에 기여하여 온 자로서 존경받으며 건전하고 안정된 생활을 보장받는다. ② 노인은 그 능력에 따라 적당한 일에 종사하고 사회적 활동에 참여할 기회를 보장 받는다. ③ 노인은 노령에 따르는 심신의 변화를 자각하여 항상 심신의 건강을 유지하고 그 지식과 경험을 활용하여 사회의 발전에 기여하도록 노력하여야 한다.
노인장기요양보험법	제2조(정의) 이 법에서 사용하는 용어의 정의는 다음과 같다. 1. "노인 등"이란 65세 이상의 노인 또는 65세 미만의 자로서 치매·뇌혈관성 질환 등 대통령령으로 정하는 노인성 질병을 가진 자를 말한다.
고령자고용촉진법 및 동법의 시행령	제2조(정의) 이 법에서 사용하는 용어의 정의는 다음과 같다. 1. "고령자"라 함은 인구·취업자의 구성 등을 고려하여 대통령령이 정하는 연령 이상인 자를 말한다. 1의2. "준고령자"라 함은 대통령령이 정하는 연령 이상인 자로서 고령자가 아닌 자를 말한다. 제2조(고령자 및 준고령자의 정의) ①「고령자고용촉진법」(이하 "법"이라 한다) 제2조 제1호에 따른 고령자는 55세 이상인 자로 한다. ② 법 제2조 제1호의2에 따른 준고령자는 50세 이상 55세 미만인 자로 한다.

위와 같은 정의를 종합해 볼 때 노인의 개념에 대한 정의는 일률적으로 기준을 정의하기는 어렵고 궁극적으로 사회서비스 대상으로서의 노인은 "자연 연령을 기준으로 육체적·정신적·심리적·경제적·의학적인 제반 능력이 고려되고 국민적·사회적 합의에 의해 인정된 사람"으로 규정되는 것이 바람직하다(박만인, 2006).

2) 노인문제

노인문제는 노인에게 공통적인 기본적인 생존과 발전의 욕구나 문제를 노인 자신이나 가족의 노력으로 해결하지 못하는 상태이다. 즉 경제적 어려움, 건강 보호의 어려움, 역할 상실과 여가선용의 어려움, 고독과 소외 및 갈등을 느끼는 현상 등을 포함하는 현상이라 정의한다(최일섭·최성재 외, 2007: 320). 급속한 고령화 추세에 따라 향후 경제적 문제, 건강보호 문제, 여가문제, 소외와 고독문제 등 4가지로 크게 구분할 수 있다.

이러한 영역에 따라 소득보장, 의료보장, 주거보장, 사회적 서비스 보장으로 나눌 수 있다(최일섭·최성재 외, 2007: 357). 소득보장에는 '노령연금', '기초생활보장', '경로연금', '경로우대', '고용증진', '각종 세제혜택', '무료급식', '경로식당' 등이 있다. 의료보장에는 '의료보험', '의료보호', '건강진단', '노인요양시설', '노인전문병원'의 서비스가 있다. 주거보장에는 재가목적 주거보장과 수용목적의 주거보장이 있는데, 주거보장에는 '실비노인복지주택', '유료노인복지주택', '노인의 집' 등을 운영한다. 수용목적 주거는 '양로원'과 '요양원'이 있다. 사회서비스보장에는 '노인복지 상담원서비스', '노인복지회관', '경로당', '노인학교', '노인휴양시설', '가정봉사원 파견서비스', '노인 주간보호시설'. '단기보호시설' 서비스 등이 있다.

일반적으로 60세 전후한 시기의 대상자에게 고령화 사회를 위한 노인대책이 필요하며, 고령화 사회에 따른 생산인구가 줄어 노인 부양비를 상승하고 국가경제는 위축된다. 이는 고령화로 인한 노인의 지위가 약화되어 노동력이 상실되고, 정년제도로 인한 소득원이 줄어들며, 노인의 노후대책이 요구되기 때문이다. 노인의 안정적인 소비생활을 위해 퇴직 후 안정적 경제활동의 기회를 마련하고 안정적 직업의 마련이 되어야 하며, 고령 인력의 사회적 낭비요인을 감안해 퇴직연령의 연장도 고려하고 있다. 노인을 위하여 건강하게 오래 살도록 여건을 마련하는 정책이 필요하다. 현재 노인들의 여가 및 문화생활은 기대만큼 다양하거나 세련되지 못하다. 이에 여가 및 문화 측면의 노인복지 정책은 다양한 여가 프로그램과 스포츠시설을 확대하고 노인의 접근성 및 부대시설의 확충 등 편리성과 바람직한 일을 통해 경제적 어려움과 사회로 기여하는 방안을 고려하여야 한다. 노인주택 유형을 아파트와 단독, 국가 및 지자체의 실버타운 건설에 대한 논의를 통한 현실화된 정책이 필요하다.

노인에 대한 개념 정의만큼이나 사회서비스 대상으로서의 노인을 어떤 기준으로 분류할 것인가는 큰 난제이고 정치·사회·문화·경제적 측면과 개인 간의 생물학적, 사회학적 차이를 충분히 고려하여 설정할 필요가 있다. 논의의 초점을 인구의 급속한 고령화로 발생하는 심각한 문제점에 맞춰볼 때 치매노인에 대한 예방 및 간병의 문제, 장애노인에 대한 서비스 중복의 문제, 여성노인의 빈곤문제 등으로 나눠 볼 수 있다.

(1) 치매노인

2005년 5월 제출한 노인복지법 개정안에서 치매의 개념적 정의를 "퇴행성 뇌질환 또는 뇌혈관계 질환 등에 의하여 기억력, 언어능력, 지남력, 판단력 및 수행능력 등의 기능 저하를 일으켜 일상생활에 지장을 초래하는 후천적인 다발성 장애"로 규정하였다. 세계보건기구(WHO)는 "치매는 사회적 또는 직업적 기능을 방해할 정도로 심각한 지적 능력(의학적으로는 인지 기능으로 불림)의 상실을 일반적으로 의미한다"라고 규정한다. 치매유병률은 연령에 따라 증가하고, 노인인구가 증가하면 치매노인도 절대적으로 증가하는 경향이 있다(안명옥 외, 2005).

(2) 장애노인

장애노인이란 낱말의 의미로는 "장애를 가진 나이 많은 사람", 또는 "노령으로 인한 장애인"으로 사용될 수 있지만, 그 개념을 한마디로 정확하게 정의하기는 어렵다. 현재 노인과 장애인은 서로 다른 영역으로 존재하면서 각각 독자적인 정책으로 시행되고 있지만 장애노인의 경우 두 가지 모두에 해당되므로 사회복지서비스의 중복 내지 혼선의 문제가 발생한다. 결과적으로 장애노인이란 "노화와 장애를 가지고 있으면서 건강상태에 따라 손상, 활동, 참여 각각에 영향을 미치는 노인"을 장애노인이라 정의할 수 있다(이영호, 2006).

노인성 장애노인(late-life disabled elderly)은 노인이 되어서 비로소 장애를 처음으로 경험하게 되는 사람들을 말한다(한국뇌성마비복지회, 1996). 노후에 접어들면서 신체적, 심리적 쇠퇴와 변화, 사회적 가족적 지위의 추락 등의 노인문제와 동시에 장애문제에 직면하여 사회적으로 소외될 가능성이 높은 집단이다. 특히 60세 이후부터 장애 출현율이 두드러지게 높아지는 지체장애, 청각장애, 시각장애가 이에 해당한다. 노령화된 장애노인(life-long disabled elderly)은 한 평생 또는 생의 대부분을 장애인으로 노령에 이른 사람들로 노령화된 장애인 또는 장기장애인이라고도 부른다(한국뇌성마비복지회, 1996). 장애문제로 인해 오랜 기간 어려움을 겪으면서 살아가기 때문에 많은 심리적 문제를 갖고 있다. 가족과의 갈등문제는 물론 고령과 장애에 따른 소득원 상실로 인해 나타나는 경제적인 어려움 등의 문제를 지닌 채로 노후에 발생하는 노인문제가 가중됨으로써 사회적으로 고립될 가능성이 높은 집단이다. 이외 와병노인, 요보호노인 등은 일상생활 유지에 있어 타인 의존도가 높은 노인으로 분류한다. 장애를 가진 노인의 문제는 일반 장애인 문제보다 더 심각한 장애인 문제일 뿐 아니라 일반노인 문제보다도 더 심각한 노인문제이다. 결국 장애를 가진 노인의 문제는 이중적으로 어려운 생활문제(double jeopardy)로 존재한다는 데 그 특징이 있다(김형수, 1996).

(3) 여성노인

인구학적 특성의 관점에서, 우리 사회는 2017년 현재 이미 65살 인구가 총인구의 14% 이상으로 이미 '고령사회'로 진입하였고, 2030년에는 노인인구 비율이 20%에 육박하는 초고령 사회가 될 것으로 전망된다. 이 중 여성의 평균수명이 남성보다 8세 정도 긴 것으로 나타난다(통계청).[5]

여성노인의 주 수입은 대부분 자녀로부터의 보조를 받고 있으나, 일이나 직업을 통해서도 남성노인에 비해 매우 낮은 보수수준을 가진다. 연금으로 인한 소득 또한 남성노인에 비해 매우 낮아 연금혜택에서도 소외되고 있음을 보여준다. 우리나라 노동시장의 구조는 여성노동자들 대부분이 제조업, 농수산업, 영세상업과 식당업과 같이 주변적이고 경쟁적인 경제부분에 집중되어 있다(남정림, 1998). 이러한 구조의 연장선에서 경제활동을 하는 여성노인 대부분이 주변 산업에 집중되어 저소득계층을 형성하고 있는 것이 현실이다. 여성들은 미혼일 때, 가장 높은 비율을 보이다가 30~34세인 육아에 매달리게 되는 시기에 퇴직으로 인하여 국민연금 가입률이 현격하게 감소하고 있는 실정이고 이에 비해 남성은 연령이 증가할수록 가입자 비율이 점차 증가하는 것을 볼 수 있다. 연금의 일차적 기능을 생계유지를 위한 것으로 볼 때, 여성의 노후는 남성보다 훨씬 불안하다 할 수 있고 남성노인의 소득은 대부분 근로로 인하여 얻어지는 반면 여성은 주로 사적 이적, 즉 자녀로부터 제공되는 것이라는 특성이 있다. 여성이 사회에 나가기 시작할 때 불평등한 사회구조 속에서 취업기회를 박탈당하고 결혼제도에 안주하면서 임신에 따른 육아와 가사노동으로 젊은 시절을 보내다가 나이가 들어 노인이 되었을 때 일자리를 구하는 것이 쉽지 않다. 이러한 사회구조의 성차별 불평등 요인이 누적된 결과 여성노인의 빈곤이 더욱 가속화된다.

3) 노인을 위한 사회서비스

노인을 대상으로 하는 사회서비스에는 건강, 기초생계, 직업, 여가 등 다양한 분야의 서비스가 있으나 주로 여가와 건강 그리고 기초적인 의식주 해결에 대한 서비스가 주를 이루고 있다. 노인을 위한 소득보장이란 노령연금이나 공공부조를 활용하여 노인의 소득상실을 보상하는 사회복지 대책이었다. 의료보장이란 '노인전문병원', '보건소'

---

5) 2000년 7월 11일 고령화사회, 2017년 고령사회 발표, https://terms.naver.com/entry.nhn?docId=5671358&cid=42107&categoryId=42107

표 3-5 노인대상 사회서비스

대 상	서비스 내용
의식주분야	노령연금, 공공부조, 주택보장, 주택임대료보조, 공영주택 입주권 부여, 수용보호 형태의 주거보장과 노인주택, 단기보호시설, 단기보호시설
보건의료분야	노인건강진단, 노인의료비지원, 노인요양시설, 유료양로시설, 노인전문병원
직업분야	고용, 취업알선, 노인의 일자리지원, 노인공동작업장
여가분야	노인클럽, 노인사회봉사단체, 노인스포츠, 노인복지센터, 노인휴양관, 노인대학, 경로당
환경분야	경로당방역서비스, 독거노인 방역서비스
상담분야	정신건강센터
교육분야	노인교실, 노인복지센터

등이 의료보장을 위한 시설이며, '노인건강진단', '노인 의료비지원', '노인 백내장 수술비지원'을 시행한다. 주거보장은 노인을 위한 '주택보장', '주택임대료보조', '공영주택 입주권 부여', 수용보호 형태의 '주거보장'과 '노인주택'이 있다. 재가복지서비스에는 '가정봉사원 파견서비스', '식사서비스', '의료서비스', '우호방문서비스', '교통편의 서비스', '주택서비스' 등이 있다(장인협 · 이혜민 · 오정애, 2007: 269~276). 노인을 대상으로 하는 서비스에서도 노인성 질환자와 노인이면서도 장애를 가지고 있는 대상자는 포괄적인 측면에서 특성 및 적극적인 면에서 고려하여야 한다.

노인관련 서비스는 빈곤지원, 신체건강, 정신건강, 여가서비스가 있다. 빈곤관련에서는 기초연금과 노인일자리사업이 있으며, 여가관련해서는 노인복지 민간단체지원사업이 있다. 신체적인 건강 관련 사업은 '노인돌봄기본서비스', '노인돌봄종합서비스', '기타재가급여(장기요양보험복지용구)', '노인의치보철', '노인건강검진', '노인안검진 및 개안수술', '독거노인 응급안전 돌보미사업'이 있고 정신건강에서는 '노인장기요양서비스', '치매치료 관리비지원', '치매노인 조기검진사업'이 있다.

2. 아동 및 청소년

1) 아동과 청소년의 구별

(1) 아 동

아동은 일반적으로 유아기와 청소년기의 중간, 즉 6~12세 정도의 어린이를 말한다. 현행「초·중등교육법」제13조 ①항 취학의무 조항에서 만 6세~만 12세까지를 초등학교 의무교육을 받아야 할 학령아동으로 규정하고 있다. 아동기는 신체적·사회적·정서적·지적 발달의 속도가 매우 현저하므로, 이를 다시 아동전기와 아동후기로 나누기도 한다. 6~8세까지를 아동전기, 9~12세까지 아동후기로 하여 발달단계를 구분하며, 아동기의 이전을 유아기(3~5세), 아동기 이후를 청소년전기(12~14세)라고 한다.

(2) 청소년

청소년의 연령은 개별 법률마다 규정이 다르며, 청소년기본법에서는 24세 이하, 민법에서는 만 20세 미만, 아동복지법에서는 만 18세 미만으로 규정이 각기 다르다. 청소년과 관련되는 사회문제는 대개 청소년 일탈문제, 청소년 비행문제, 청소년 범죄문제, 청소년 가출문제 등으로 표현된다(최일섭·최성재 외, 2007: 110~111). 과거 미성년자보호법으로 청소년을 보호하였으나 1997년 현재 청소년보호법으로 제정되었다. 청소년을 교육, 선도, 보호, 치료의 서비스를 제공할 필요가 있는데, 청소년은 가정, 교육, 경제 수준 등을 변수로 범주화하는 것이 유용하며, 청소년들의 가정적 배경, 교육상황과 수준, 경제적 수준 등을 고려하여 적절한 서비스를 제공하여야 한다(최일섭·최성재 외, 2007: 141).

(3) 아동과 청소년의 구별

현재 법제상 아동의 연령에 대한 명확한 규정은 없으며 미성년, 청소년, 소년의 개념과 혼재되어 사용되고 있다. 이는 사회적 이슈와 운영하는 소관부처가 어디냐에 따라 법의 적용대상이 달라지기 때문이라는 견해가 유력하다.

표 3-6 법제상 아동(미성년, 청소년, 소년)의 연령대에 의한 분류

법 령	청소년기본법, 청소년복지원법, 청소년활동지원법	음반비디오및게임물에관한법률, 영화진흥법, 아동복지법, UN아동권리협약 등	청소년보호법, 청소년성보호에관한법률, 식품위생법, 공중위생법 등	민법, 소년법 등
아동연령	9세 이상~24세 이하	만 18세 미만	만 19세 미만	만 20세 미만

2) 아동 청소년을 위한 사회서비스

서비스의 기능에 의한 분류로서 카두신은 가정의 역할을 중심으로 가정에 대한 서비스 기능에 따라 지지적－보충적－대리적 서비스로 구분하였다(Kadushin, 1988: 29). 지지적 서비스(supportive service)는 부모의 능력을 지지하고 강화하여 아동의 욕구를 충족시키기 위한 것이며, 가족 내부의 역할기능이 제대로 수행될 수 있도록 원조하는 역할이다. 아동상담기관과 가족서비스기관에서 개별상담, 집단상담, 가족치료, 지역사회의 협력 서비스를 제공한다. 보충적 서비스(supplementary services)는 빈곤가정, 장애가정 등 부적절하거나 제약된 부모에게서 아동이 받아야 할 보호를 지원한다. 생활보호, 아동수당, 아동보육서비스, 홈메이커서비스 등이 가정 내에서 서비스가 이루어지고 있다. 대리적 서비스(substitute service)는 출생가정 외의 제3자가 부모의 역할을 일시적 또는 영구적으로 대리한다. 이 서비스는 아동에게 필요한 사회적·정서적·물리적 보호서비스를 입양·가정위탁·시설보호서비스 형태로 지원한다.

Zuckerman(1983)은 아동복지에서 방어선의 개념에 의해 아동복지서비스를 분류하였는데, 1차적 방어선으로서는 가정내서비스, 2차적 방어선으로는 대리가정서비스, 3차적 방어선으로는 수용가정서비스로 구분하였다. 서비스 내용에서 가정내서비스는 소득보장, 아동상담이며, 대리가정서비스는 가정위탁, 입양이 있으며, 수용시설서비스는 집단적인 생활환경을 제공하고 있다. 아동과 청소년에 대한 사회서비스는 사회생활 진입을 위한 상담 및 교육이 주를 이룬다. 각 대상에 대하여도 사회서비스가 가정적 배경, 교육상황과 수준, 경제적 수준 등을 고려하여 적절한 서비스를 제공되어야 한다.

표 3-7 Kadushin과 Zuckerman의 아동복지서비스 비교

학 자	서비스 내용	분류기준
Kadushin	지지적 서비스, 보충적 서비스, 대리적 서비스	서비스기능
Zuckerman	가정내서비스, 대리가정서비스, 수용가정서비스	방어선의 개념

표 3-8 아동·청소년의 사회서비스

대 상	서비스 내용	비 고
의식주분야	소득보충서비스, 아동수당제도, 가정봉사원파견서비스, 가정위탁서비스, 입양서비스, 시설보호(긴급피난처, 쉼터, 그룹홈, 아동양육시설)	아동양육의 비용, 시설보호 아동
건강의료분야	아동치료보호시설, 건강교육 및 상담	
직업분야	직업(진로)상담 및 교육	청소년 위주 대상
여가분야	아동청소년을 위한 현장 체험서비스	
환경분야	학대 방임아동을 위한 보호서비스	
상담분야	아동상담소, 가정상담소 지역사회복지기관에서 제공하는 상담서비스	가족해체, 정서장애, 유기, 아동학대, 가출 등
교육분야	보육서비스, 방과후교육	

일반아동을 위해 '결식아동 급식지원', '방과후 돌봄서비스', '아동인지능력 향상서비스', '저소득층 학생 교육비지원', '저소득층 학생 방과후 학교자유 수강권 지원', '초등돌봄교실', '방과후 아카데미', '든든학자금대출', '통합사례관리(드림스타트)', '시설퇴소아동 자립정착금'사업이 있다. 입양아동을 위해서는 '입양비용 지원', '입양아동 양육수당'을 지원하고 있으며, 가정위탁아동을 위해서는 가정위탁아동양육보조금을 지원하고 있다. 장애아동을 위해서는 '장애아동수당', '장애입양아동 양육보조금', '장애입양아동 의료비 지원', '장애아 방과후보육', '장애아동재활치료', '시청각장애 부모 자녀의 언어발달지원', '장애진단비 및 검사비 지원'사업이 있다.

3. 장애인

1) 장애인의 개념적 정의

장애인이란 신체의 일부에 장애가 있거나 정신적으로 결함이 있어서 일상생활이나 사회생활에 제약을 받는 사람을 의미한다. 장애인복지법에서 장애인에 대하여 '장애인은 신체적·정신적 장애로 인하여 장기간에 걸쳐 일상생활 또는 사회생활에 상당한 제약을 받는 자'라고 정의하였다. 장애를 신체적 장애와 정신적 장애를 구별하여 설명하고 있는데, 신체적 장애는 주요 외부신체기능의 장애, 내부기관의 장애 등을 의미하며,

정신적 장애는 정신지체 또는 정신적 질환으로 발생하는 장애를 말한다.

2) 장애인의 분류

장애인복지법상의 등급기준에 의한 분류(장애인복지법 시행규칙 제2조 제1항)

- 지체 장애인: 신체의 일부를 잃은 사람, 관절 장애가 있는 사람, 지체 기능 장애가 있는 사람, 신체에 변형 등의 장애가 있는 사람
- 뇌병변 장애인: 뇌성마비, 외상성 뇌손상, 뇌졸중 등 뇌의 기질적 병변에 기인한 신체적 장애로 보행 또는 일상생활 동작 등에 제한을 받는 사람

표 3-9 장애인 분류표

대분류	중분류	소분류	세분류
신체적 장애	외부 신체 기능의 장애	지체 장애	절단 장애, 관절 장애, 지체 기능 장애, 변형 등의 장애
		뇌병변 장애	중추 신경의 손상으로 인한 복합적인 장애
		시각 장애	시력 장애, 시야 결손 장애
		청각 장애	청력 장애, 평형 기능 장애
		언어 장애	언어 장애, 음성 장애, 구어 장애
		안면 장애	안면부의 추상, 함몰, 비후 등 변형으로 인한 장애
	내부 기관의 장애	신장 장애	투석 치료 중이거나 신장을 이식 받은 경우
		심장 장애	일상생활이 현저히 제한되는 심장 기능 이상
		간 장애	일상생활이 현저히 제한되는 만성·중증의 간기능 이상
		호흡기 장애	일상생활이 현저히 제한되는 만성·중증의 호흡기기능 이상
		장루·요루 장애	일상생활이 현저히 제한되는 장루·요루
		간질 장애	일상생활이 현저히 제한되는 만성·중증의 간질
정신적 장애	정신 지체		지능 지수가 70 이하인 경우
	정신 장애		정신 분열병, 분열형 정동 장애, 양극성 정동 장애, 반복성 우울 장애
	발달 장애(자폐증)		소아 자폐 등 자폐성 장애

- 시각 장애인: 크게 시력장애와 시야장애를 가지고 있는 사람
- 시야 장애인: 볼 수 있는 시야가 좁은 사람
- 청각 장애인: 청력이 손실된 사람과 평형 기능의 장애가 있는 사람
- 언어 장애인: 음성 기능 또는 언어 기능을 잃은 사람
- 정신 지체인: 정신발육이 항구적으로 지체되어 지적 능력의 발달이 불충분하거나 불완전하여 사회생활에의 적응이 현저히 곤란한 사람
- 발달 장애인: ICD−10(International Classification of Diseases, 10th Version)의 진단 기준에 의한 전반성 발달장애(자폐증)로 정상 발달의 단계가 나타나지 아니하거나 기능 및 능력장애로 일상생활을 영위하기 어려운 사람
- 정신 장애인: 정신분열병, 양극성 정동장애(조울병), 반복성 우울장애, 분열형 정동장애등의 증상이 있는 사람
- 신장 장애인: 만성 신부전증으로 장애를 받고 있거나 신장을 이식받은 사람
- 심장 장애인: 심장기능의 장애가 지속되어 정상적인 사회활동을 영위하기 어려운 사람

3) 장애인을 위한 사회서비스

장애인을 대상으로 하는 사회서비스는 장애에 대한 의료서비스, 장애인직업고용, 심리사회적 서비스, 장애인교육으로 구분할 수 있다. 한국임상사회사업학회에서는 장애인에 대한 복지서비스를 의료, 직업, 교육, 심리 및 사회서비스로 구분하였다. 장애인은 다른 서비스 대상자보다도 심리−사회적서비스가 추가되어 사회와 장애인과의 관계 개선을 강조하고 있다(한국임상사회사업학회, 2006: 276). 의료적 서비스는 여러 가지 재활 중 의학기술이 담당하는 분야를 의미한다. 직업적 서비스는 장애인의 여러 가지 욕구 중에서 직업적인 생활능력의 회복과 장애인의 직업적인 신분보장을 위한 원조를 담당하는 분야이다. 심리, 사회적 서비스는 장애인의 공통되는 심리적 조건인 사회적 열등감과 불안을 스스로 극복할 수 있도록 원조하여 주거나 장애인이 일반사회의 한 구성원이 될 수 있도록 장애인과 사회와의 관계개선을 목표로 한다. 교육서비스는 장애인의 능력을 최대한 발휘하게 함으로써 사회에 활용하도록 도움을 주는 교육제도나 기술을 의미한다. 장애인의 욕구 및 장애 정도에 따라 받을 수 있는 다양한 교육방법이 이에 해당한다.

표 3-10 장애인 사회서비스 유형

대 상	서비스 내용	비 고
의식주	장애, 건강보험, 실업보험, 산재보험, 주거프로그램, 주거조사프로그램,	
건강의료	일상활동 동작훈련, 물리치료, 작업치료, 언어치료, 보조기구에 의한 처치와 이를 통한 훈련, 의료재활서비스	생애주기에 적합한 건강관리
직 업	직업재활상담, 적성검사, 직업알선, 직업훈련 등	기업교육, 전문인력양성, 전문의료기
여 가	공·사적 여가프로그램 및 센터, 상급시민센터, 예술 및 수공예프로그램	
환 경	주거환경 개선	
심리상담	심리상담 서비스	사고예방을 위한 홍보
교 육	장애인 교육, 교육재활서비스	전문인력 양성

4. 여 성

1) 사회서비스의 대상으로서의 여성의 분류

여성문제에 대한 시각이나 이데올로기가 다양하고 국가와 시대에 따라 다르게 나타나며, 복지서비스의 범위를 어디까지로 한정할 것인가에 학자들마다 다양한 견해가 나타난다. 최근에는 심각한 저출산 고령화문제로 인하여 여성들의 출산 양육에 대한 부담을 어떻게 국가사회가 경감시켜줄 것인가가 정책적인 이슈로 대두되고 있다.

표 3-11 학자들의 여성분류 방안

학 자	분 류
김윤정 등(2001)	빈곤여성, 노동여성, 정신건강여성, 기/미혼여성, 여성노인, 장애여성, 미혼모여성, 매춘여성
김인숙 등(2000)	저소득 편모여성, 가정폭력피해여성, 성폭력피해여성, 이혼여성, 여성노인, 농촌여성
이소희 등(2001)	근로여성, 노인여성, 이혼여성, 미혼모여성, 학대받는 여성, 질환 및 장애여성
조흥식 등(2000)	노동여성, 빈곤여성, 폭력피해여성, 미/기혼여성, 정신건강여성, 성매매여성, 장애여성, 노년여성
김태진(2003)	모자가정, 이혼여성, 가정폭력피해여성, 미혼모, 윤락여성, 성폭력여성, 가출여성, 근로여성

자료: 박윤정(2003).

표 3-12 요보호여성 대상별 적용법규

대상별	적용법규
모자가정	모·부자복지법, 영유아보육법
이혼여성	모·부자복지법,
미혼모	모·부자복지법, 아동복지법, 모자보건법
윤락여성	윤락행위등방지법, 아동복지법, 청소년의 성보호에 관한 법률
가정폭력피해여성	가정폭력방지 및 피해자보호 등에 관한 법률, 가정폭력범처벌 등에 관한 법률
성폭력피해여성	성폭력범죄처벌 및 피해자보호 등에 관한 법률
가출여성	윤락행위등 방지법, 청소년의 성보호에 관한 법률, 청소년보호법
근로여성	근로기준법, 남녀고용평등법, 모성보호관련법, 사회보험 각법, 남녀차별금지 및 구제에 관한 법률
일반여성	여성발전기본법, 사회보장기본법, 사회보험 각법, 공공부조 각법, 모자보건법, 영유아보건법

사회서비스의 적용대상은 모든 여성이지만 기존의 여성복지서비스의 적용대상은 일반여성보다는 요보호여성이 우선될 수밖에 없다. 요보호여성이란 환경에 적응하지 못하거나 욕구불만을 가진 여성들로 탈선행위를 하여 특수한 보호가 필요하거나 문제 유발의 가능성이 높은 여성들로 정의할 수 있다. 요보호여성은 다시 저소득 모자가정, 미혼모, 이혼여성, 윤락여성, 가정폭력피해여성, 성폭력피해여성, 가출여성, 근로여성으로 분류할 수 있다.

2) 여성 성폭력 문제

성폭력문제가 심각한 사회문제로 제기되며, 1992년 인구 10만 명당 9.8명으로 우리나라도 미국, 스웨덴에 이어 세계 3위의 강간범죄 발생국으로 나타났다(최일섭·최성재 외, 2007). 성폭력특별법이 제정되기 이전의 성폭력 피해자를 위한 서비스는 민간 차원에서 여성단체에 의한 상담서비스 위주였다. 성폭력 피해여성에 대한 서비스는 여성 1366, 성폭력상담소, 보호시설 등이 있다. 여성성폭력관련 서비스에는 '여성1366', '성폭력상담소', '성폭력피해자 보호시설서비스' 등이 있다. '여성1366' 서비스는 보건복지부가 1998년 1월부터 긴급한 위기상황에서 문제를 진단하고 관련 기관과 연계하도록 하고 있다(보건복지부, 1999). '성폭력상담소'에서는 각종 성폭력에 대한 전화 및 면접상담,

표 3-13 여성관련 사회서비스

대 상	서비스 내용
의식주분야	저소득모자세대에 대한 생활보호, 윤락여성에 대한 자립갱생대책, 미혼모예방 및 보호대책, 성폭력피해자 보호시설
건강의료분야	방문간호사업, 요양소, 재활프로그램, 가정의료사업
직업분야	여성일자리서비스, 여성공공직업훈련프로그램, 여성일자리법인
여가분야	공·사적여가프로그램및센터, 시민센터, 예술 및 수공예프로그램
환경분야	가족서비스센터, 가족서비스영역
상담분야	정신건강센터 법서비스국, 성폭력상담
교육분야	YMCA, YWCA. 공·사적여가프로그램, 지방의 청년서비스 프로그램

직접상담을 실시한다. '성폭력피해자 보호시설'은 성폭력 피해여성들의 피난처로 가해자로부터 피해자의 안전을 보장하면서 심리적, 법률적, 의료적 지원을 시행하고 있다. 성폭력 문제의 해결을 위해서는 왜곡된 성의식의 변화, 퇴폐적 향락산업에 대한 규제, 성폭력 예방을 위한 성교육이 실시되어야 한다.

여성관련 사회서비스의 대표적인 내용에는 출산과 보육이 있는데, 출산관련 서비스에는 '표준 모자보건 수첩제작 배부', '임산부 철분제 엽산제지원', '임신부 및 영유아 영양플러스사업', '난임부부 시술비지원'사업이 있다. 보육관련 서비스에는 '보육료 유아학비 전액지원', '가정양육수당', '산모신생아도우미지원', '아이돌봄서비스'사업이 있다.

5. 청 년

1) 청년의 정의

청년에 대한 사전적 정의는 「신체적·정신적으로 한창 성장하거나 무르익은 시기에 있는 사람」으로, 최근에는 혼인 연령이 늦어지고 창업 시기를 고려하면서 30대까지 청년으로 고려하고 있다. 법률에서는 청년과 청소년을 중복되는 집단으로 보고 있으나 사회 인식에서는 청소년과 청년을 다른 개념으로 보고 있다. 청년지원 관련 법령에선 청년의 연령을 다르게 정의하고 있다.

표 3-14 현행 청년관련 법령상 청년의 범위

법령명	청년 정의	주요 내용	비 고
청년고용촉진 특별법	15~29세 (15~34세)	취업지원 및 공공기관 고용의무	동법 시행령 2조 개정(공공기관에 대해 34세로 확대) (2013. 10. 30) 동법 시행령 8조의2 신설(30~34세로 지원대상 확대) (2016. 9. 13)
고용정책 기본법	15~29세 (15~34세)	청년 고용촉진	청년고용촉진특별법 정의를 준용
조세특례 제한법	15~29세 (병역이행 시 최대 35세)	청년고용기업 세액공제	동법 시행령 23조 4항 개정(청년 정의 포함) (2010. 12. 30) 동법 시행령 23조 8항 개정(동법 27조 1항에 따른 병역을 이행한 경우 6년 한도 내에서 현재 연령에서 해당 기간을 제외한 연령 적용) (2014. 2. 21)
중소기업인력 지원특별법	15~34세	중소기업 취업촉진을 위한 고용장려금	동법 12조 1항 개정(종전 29세에서 34세로 연령 범위 확대) (2017. 1. 17)
전통시장 및 상점가육성을 위한 특별법	~39세	청년 창업	동법 시행령 6조의2 신설(청년범위를 39세까지로 정의) (2017. 5. 29)
중소기업창업 지원법	~39세	청년 창업	동법 시행령 5조의4 신설(청년창업자 범위를 39세까지로 정의) (2015. 5. 1)

자료: 임성근 외(2018). 12쪽.

「청소년기본법」에서는 청소년을 9세 이상 24세 이하의 사람으로 정하고 있으나 청년과 소년을 함께 고려한 것으로 20대 이상을 청년으로 볼 수 있으며, 「청년고용촉진특별법 시행령」은 15세 이상 29세 이하의 사람을 청년으로 보고 있다. 전통시장 및 상점가 육성을 위한 특별법과 중소기업창업지원법 등 창업 지원을 법률에서 청년의 연령은 39세까지 정하고 있으며, 공공주택 특별법 시행규칙(2016. 12. 29. 개정) 제23조의3은 청년을 19세 이상 39세 이하로 정하고 있다. 「청년고용촉진 특별법」 제2조 제1호에서는 시행령으로 정하도록 규정하고 있으며, 15세 이상 29세 이하인 사람을 청년의 나이를 정했다. 다만 「공공기관의 운영에 관한 법률」에 따른 공공기관과 「지방공기업법」에 따른 지방공기업이 청년 미취업자를 고용하는 경우에는 15세 이상 34세 이하인 사람이라고

하였다.

'청년'은 생애 최초로 독립적인 사회구성원으로서 노동시장과 주택시장에 신규로 진입하게 된다. 청년이 경제활동의 주체로서 일자리를 찾게 되어 청년정책의 중요한 의미를 가진다. 청년은 경제활동인구와 비경제활동인구로 나누어 사회적 욕구를 살펴보아야 하고 경제활동인구는 일자리와 관련된 사회적 지원이 필요하고 비경제활동인구는 노동시장으로 진입하기 위한 고용훈련 등 준비과정으로 사회적 지원이 필요하다(신윤정·정준영 외, 2015). 세부 정책과제 역시 큰 틀에서 '참여확대', '고용확대', '주거안정', '부채경감', '생활안정', '문화활성화', '권리보호' 등의 영역으로 구성할 수 있다. 2019년 현재 모든 17개 광역자치단체에서 청년기본조례를 제정하였다(김병권, 2017: 77). 17개 시도의 청년기본조례가 명시하고 있는 정책분야는 각기 표현만 조금 다르지 청년의 참여확대, 능력 개발, 고용 확대, 주거 안정, 부채 경감, 생활 안정, 문화 활성화, 권리보호 등으로 규정되어 있다.

그림 3-2 청년계층 및 청년 니트(NEET)의 구성

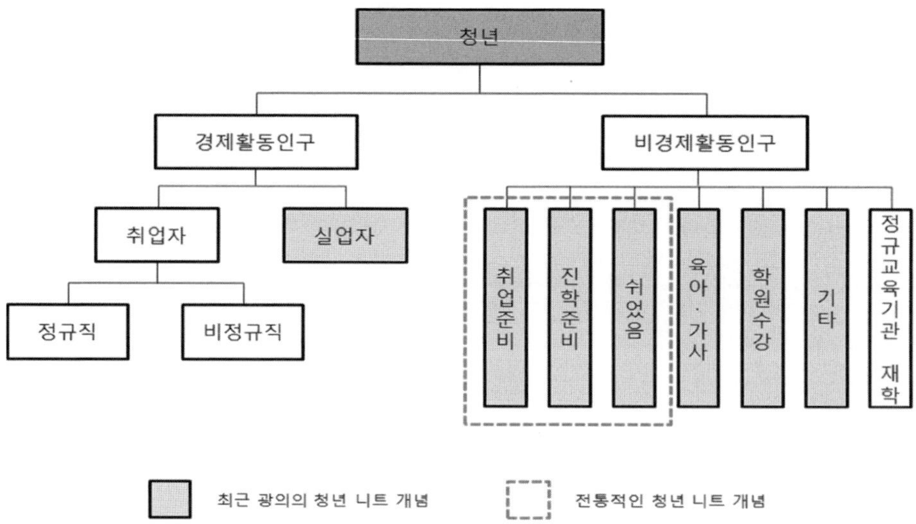

자료: 정병순·김태옥(2015), 8쪽.

2) 청년기의 특징

청년기는 생애주기모형에서 성년기의 초기에 해당하는 시기로, 신체적으로는 성장과 발달이 극에 달한 가장 건강한 시기라고 볼 수 있다. 경제적 활동을 시작하여 사회에 기여하고, 평생을 같이할 동반자를 찾고, 자녀를 출산하여 양육하는 시기이다. 청년기 건강의 위협은 주로 출산을 중심으로 사회적으로 들어나게 되기에 가정을 만드는 시기이다. 출산을 하지 않는 경우의 청년은 보건사업에서 소외되는 경향이 전통적으로 지배적이다. 특히 보건소를 통한 건강서비스에서 청년기 주민에게는 임신에서 시작하여 육아까지는 난임부부지원을 포함하여 영양제공급, 산욕기 및 육아지원까지의 다양한 프로그램이 있으나, 어디에도 결혼하지 않고, 전염성질환을 가지지 않은 청년을 위한 프로그램은 없는 실정이다.

더구나 최근 젊은이들 특히 20대의 건강상태가 급격히 나빠진 결과를 볼 수 있다. 건강보험심사평가원의 2012년부터 2016년 사이 20대에선 경추질환자가 27.7%, 척추질환자가 13.0% 증가했으며, 청년의 공황장애, 우울증, 알코올 중독증 등 정신건강질환 환자수도 심각하게 증가하였다. 특히 공황장애는 해당기간 65%나 증가한 것을 알 수 있다(의학신문, 2017년 9월 20일자). 20대 내에서도 경제활동을 하는 청년 중 비정규직 청년의 근무환경은 요통의 위험성이 2.7배 증가하고, 어깨, 팔, 목 등의 근육통의 위험성도 1.6배 높이는 요인이 되는 것이 연구결과 확인되었다(최길용·김호현, 2016).

미국의 경우에도 질환에 이환되거나 사회적으로 소수자 등 특수한 경우를 제외하고, 일반적인 청년을 대상으로 하는 건강프로그램은 사회적인 주목을 받고 있지는 못하다. 하지만 날로 늘어나는 음주, 흡연, 컴퓨터 중독 등에 관해서 10대부터의 좋은 건강습관을 가지는 것에 초점을 맞추고 있으며, 미국 질병관리본부의 청소년 및 학교보건과(DASH, Department of Adolescent and School Health)를 통해서 성교육, 상담, 홍보 등을 실행하고 있다(DASH, CDC, 2016).

청년 사회·경제실태조사에 따르면, 본인 스스로 건강하다고 인식하는 비율인 '그렇다' 응답이 90.7%로 '그렇지 않다'(1.5%)보다 매우 높게 나타났다. 정신과 치료 여부에 대해서 청년의 대부분인 99.7%가 치료를 받은 경험이 없다고 응답하였다. 심리상담을 받았는지에 대해서 청년의 대부분인 99.2%가 심리상담을 받은 적이 없다고 조사되어 주관적 건강상태에 대한 인식은 양호하였다. 건강보험심사평가원 보건의료빅데이터에 따르면 최근 일부 근골격계질환, 소화계질환, 비뇨생식계질환, 정신건강관련질환 등의 환자 수 증가율이 노년층을 제외하고 20대에서 가장 높게 나타나고 있고, 국민건강통계에 의하면 스트레스 및 우울을 경험하는 비율도 높아지고 있다.

청년의 신체건강관련 국민건강통계에 따르면 청년의 흡연율에서 20대는 2007년 27.8%에서 2017년 24.4%로, 같은 기간 30대도 32.0%에서 25.5%로 낮아진 것으로 나타나 흡연율이 점차 감소하고 있음을 알 수 있다. 하지만 19세 이상 평균치(22.3%)에 비해 20대(24.4%)와 30대(25.5%)의 흡연율이 더 높은 특성을 보이고 있다. 월간 음주율은 최근 1년 동안 한 달에 1회 이상 음주한 비율인데, 2017년을 기준으로 청년들의 음주율을 살펴보면, 20대가 70.5%, 30대가 69.0%로 나타나 조사대상 전체 평균인 62.1%보다 약 10%가량 높은 음주율을 보이고 있다. 연도별로 살펴볼 경우, 20대는 2007년 68.9%에서 2017년 70.5%로, 30대는 62.1%에서 69.0%로 각각 증가하였는데 특히 30대의 증가폭이 상대적으로 큰 것을 알 수 있다. 아침식사 결식률은 식품섭취조사의 '조사 1일 전 아침식사 결식 여부'를 이용하여 산출한 것으로, 아침식사 결식률은 20대 52.0%, 30대 37.1%로 19세 이상 평균인 29.8%보다 높음을 알 수 있다(국민건강통계, 2017).[6]

청년의 정신건강측면에서 통계조사에 의하면 '스트레스 인지율'은 평소 일상생활 중 스트레스를 많이 느끼는 비율로써, 20대의 경우 2007년 28.0%에서 2017년 37.9%로, 30대도 같은 기간 28.0%에서 36.0%로 증가하였다. 조사대상 전체의 스트레스 인지율은 2007년 27.1%에서 2017년 30.6%로 청년층의 증가율보다 낮았는데, 이를 통해 전반적으로 청년층의 스트레스가 높아지는 경향을 보인다.

우울감경험률은 1년 중 연속 2주 이상 일상생활에 지장을 줄 정도의 슬픔이나 절망감을 느낀 비율로써, 2017년 전체 연령의 우울감 경험률은 11.2%이고, 20대는 13.5%로, 30대는 9.1%로 나타나고 있다. 20대의 경우 2007년 9.7%에서 2017년 13.5%, 30대도 2007년 9.3%에서 2017년 9.1%로 높은 증가율을 보인다. 보건의료빅데이터 질병통계에서 우울증 환자 수 증가율을 살펴보면, 20대의 경우 2014년 대비 2018년 환자 수 증가율이 97.5%로 가장 높은 증가율을 보인다. 공황장애의 경우 전 연령대에서 환자 수가 증가하는 경향을 보이기는 하나, 전년 대비 증가율에 있어 20대에서의 증가율은 다른 연령대의 증가율을 압도하는 수준이다(국민건강통계, 2017).

6) 질병관리본부(2018). 2017 국민건강통계: 국민건강영양조사 제7기 2차년도(2017).

표 3-15 자살시도자 성별 분포

구 분	남 성		여 성		전 체	
	인원(명)	(%)	인원(명)	(%)	인원(명)	(%)
20대	138	21.0	297	33.3	435	28.1
30대	97	14.8	149	16.7	246	15.9
40대	114	17.4	165	18.5	279	18.0
50대	135	20.6	145	16.2	280	18.1
60대	77	11.7	69	7.7	146	9.4
70대	66	10.1	34	3.8	100	6.5
80대 이상	30	4.6	34	3.8	64	4.1
합계	657	100.0	893	100.0	1,550	100.0

자료: 보건복지부(2019), 2018 자살실태조사.

2018 자살실태조사에 따르면 자살시도자를 연령대로 살펴보았을 때 20대가 28.1%(435명)로 가장 높은 비중을 차지했으며, 성별로 살펴보면 20대 남성은 138명으로 21.0%, 20대 여성은 297명으로 33.3%를 차지하였다.

3) 청년 사회서비스 욕구

그동안 정부의 청년정책은 일자리 중심으로 접근하여 왔지만 청년문제는 취업을 넘어 건강한 삶 전체로 확대되었으며, 급변하는 환경변화에 적응할 수 있도록 사회경제적으로 지원이 요구된다(김기헌 외, 2016). 취업지원 위주의 청년정책에서 복합적인 다양한 욕구를 반영하여 청년문제를 해결해야 한다. 공식통계에 포착되지 않는 청년층인 소위 니트(NEET)들은 여러 제도로부터 배제되어 왔다(채창균, 2008).

중앙정부 또는 지방정부에서 '청년센터'를 운영하거나 운영할 경우 필요한 프로그램(15개 영역)의 욕구조사에서 '취업 및 일자리'(86.8점), '청년권익'(85.5점), '금융재정'(82.8점), '심리상담'(82.3점), '청년활동'(81.8점), '공간활용'(81.0점)의 요인들이 상대적으로 높았다(김종진 외, 2018). 청년센터 프로그램 중 서울, 경기, 특광역시 이외의 일반 광역지역 청년들은 주거(86.1점), 건강(82.1점), 사회관계망(85.1점), 사회복지(86.9점), 문화예술(82.3점), 심리상담(87점) 등에 대한 전반적인 수요도가 높게 나타났다.

표 3-16 중앙정부 및 지자체 '청년센터'의 청년지원 프로그램 필요도

	종합(계)	주거	금융 재정	취업 일자리	건강 서비스	사회 관계망	사회 복지	교육 훈련
청년지원 프로그램	79.8	78.2	82.8	86.8	78.6	76.6	79.3	79.8
	문화 예술	창업 지원	심리 상담	청년 활동	공간 사용	사회 활동	가치관	청년 권익
	76.0	68.2	82.3	81.8	81.0	79.0	81.3	85.5

주요 지역 청년센터의 공통 사업영역 중 '마음건강 지원' 사업은 '기초 상담', '전문상담', '전문상담 연계'로 구분된다. 중앙이나 지방정부에서 '청년센터'를 운영하거나 운영할 경우 필요한 상담 프로그램(7개 영역)으로는 '일과 경력'(34.5%), '건강심리'(23.3%), '금융'(13%), '주거'(11%)가 상대적으로 선호도가 높았다. 청년센터 프로그램 중 수도권과 광역시에 비해 그 외 지역 청년들은 '건강심리'(34.3%), '인간관계'(10%) 등에 있어 상대적 수요도가 높았다.

표 3-17 중앙정부 및 지자체 '청년센터' 상담 프로그램 선호도(1순위)

구 분		일과 경력	학업	금융	건강 심리	주거	취미	인간 관계	계
서울 경기	빈도	122	9	17	56	18	4	12	238
	비율	51.3%	3.8%	7.1%	23.5%	7.6%	1.7%	5.0%	100.0%
특별시 광역시	빈도	63	1	10	35	14	2	8	133
	비율	47.4%	.8%	7.5%	26.3%	10.5%	1.5%	6.0%	100.0%
그외 지역	빈도	22	3	5	24	5	4	7	70
	비율	31.4%	4.3%	7.1%	34.3%	7.1%	5.7%	10.0%	100.0%
전체	빈도	207	13	32	115	37	10	27	441
	비율	46.9%	2.9%	7.3%	26.1%	8.4%	2.3%	6.1%	100.0%

제 4 장

사회서비스 제공인력

제4장 사회서비스 제공인력

국가 또는 지역사회에서 제공하는 사회서비스는 사회적으로 최소한으로 지켜야 할 제공인력의 요건 또는 서비스 기준이 마련되어야 한다. 공적영역에서 직접 서비스를 제공하는 인력에 대하여 자격요건 등을 고려하여야 서비스 품질이 관리될 수 있다. 사회서비스 제공인력에 대한 직업을 산업분류에서 살펴보고 산업분류에 따른 자격과 자격을 유지하기 위한 교육훈련을 검토할 필요가 있다.[1)] 모든 국내직업은 한국표준산업분류에 의해 산업별로 구분되어 있으나, 사회서비스만 사회서비스라는 직업을 구분하지 않고 산업분류에서 사회서비스 기능 유무를 구별하여 사용하고 있다. 사회서비스를 특화시키기 위해서는 사회서비스의 산업분류에 대한 제도적 근거를 마련하여 직종과 직무에 대한 정의, 서비스종사자 관련 규정, 자격제 도입, 교육 훈련과정 등이 정리되어야 한다.

제1절 제공인력 의의

사회서비스 전자바우처사업 등 사회서비스 제공기관에서 서비스 제공을 담당하는 사람들을 ‘활동보조인’, ‘돌보미’, ‘요양보호사’, ‘사회복지사’, ‘간호사’, ‘치료사’ 등의 용어로 사용하고 있으나 일반적으로 ‘사회서비스 제공인력’(이하 ‘제공인력’)으로 부르고 있다.

1) 공급기관의 분류유형 80p 참조.

1. 제공인력 자격

1) 사회서비스 제공인력의 자격

사회서비스 분야에서 전문 기술을 요청하는 분야 외에 돌봄 등 일반적으로 제공인력은 학력 제한 없이 만 18세 이상 만 65세 미만의 자 중에서 소정의 연수를 거치고 신체적·정신적으로 서비스가 가능한 자로 한다. 제공인력 신청자는 신청서와 공공 및 민간 의료기관에서 발행한 최근 3개월 이내의 건강진단서를 제출하여야 한다.

2) 제공인력의 자격 제한

사업에 따라 제공인력의 자격을 제한하고 있다. 돌봄분야에 있어서 서비스대상 이용자의 그 가구원, 직계·존비속·배우자 및 형제·자매와 돌봄서비스를 제공받는 이용자 그리고 제공기관이나 교육기관에서 국고 또는 지방비로 급여를 전액 또는 급여의 1/2 이상 지원을 받는 직원은 제외하고 있다. 단, 제공인력의 예상치 못한 이유인 건강문제, 사고, 무단결근 등으로 제공기관 직원이 긴급 투입되는 경우에는 예외로 한다. 이 경우 제공기관에서 정해진 근무시간 내에는 전액 제공기관 수익으로 하되, 야간과 주말 그리고 휴일에는 해당 직원에게 수수료를 제외한 금액을 지불하여야 한다.

3) 도서 및 산간지역에 대한 특례

돌봄 서비스 대상자가 도서 및 산간지역에 거주하고, 해당 지역 서비스 제공기관의 인력으로 서비스 제공이 곤란한 경우는 서비스 대상자의 추천으로 이웃 주민을 제공인력으로 인정한다. 대상지역은 시·도에서 별도로 정한다. 이웃 주민이 서비스를 제공하는 경우 의무교육 면제하고 있다. 이때 제공기관이 자체교육으로 대체하고 있다.

4) 제공인력 등록

제공기관에서는 제공인력 모집, 교육 및 파견 등에 관하여 제공기관 운영자시스템(http://su.socialservice.or.kr)을 통해 등록 후 관리하여야 한다. 도우미 등록을 하지 않을 경우, 향후 제공될 도우미 관리 프로그램을 활용하지 못하게 되며, 도우미에 대한 상세정보가 나타나지 않아 집중 모니터링 대상이 될 수 있다.

2. 사회서비스 인적자원 유형

1) 사회서비스 직업 유형과 구분

인간은 각종 생활체계 속에서 사회환경과 관계를 맺고 살아가야 한다. 예를 들면 가족체계, 교육체계, 현물과 서비스체계, 종교체계, 직장체계, 정치체계, 사회서비스체계가 있으며, 가족, 직장, 종교, 교육은 특정한 단체 내에서 주변 사람들과 생활하며 일정 관계를 맺고 있으며 사회서비스체계와 현물서비스체계는 경제활동 등 주고 받는 거래관계를 통하여 생활의 유형이 나타난다.

<그림 4-1>과 같이 인간을 둘러싼 주변환경과의 관계를 맺을 때 특히 생활수준의 향상에 영향을 미치는 요소가 서비스체계라 할 수 있다. 현물과 서비스에서는 경제활동에서 나타나는 거래 관계라면 사회서비스는 지역사회가 지역민에게 지원관계다. 서비스 업종에서도 거래 관계에서 현물과 서비스를 거래하는 직업적인 요소로서의 서비스직은 크게 영업판매직, 개인서비스직, 가사서비스직, 보호업무서비스직으로 구분할 수 있다(유홍준, 2005: 334~339). 서비스직 종사자가 상용하는 소비자들을 우리말로는 '고객'으로 통칭하지만, 사회서비스 분야에서는 '서비스대상자', '서비스이용자', '수혜자', '기초수급자' 등으로 다양하게 표현하고 있다. 서비스 유형과 내용에 따라 사회적 관계와 고객도 다르게 표현하고 있다. 영업판매직에서 매장판매원이나 접객업소 종사자가

그림 4-1 환경 속의 인간에 관한 개념화

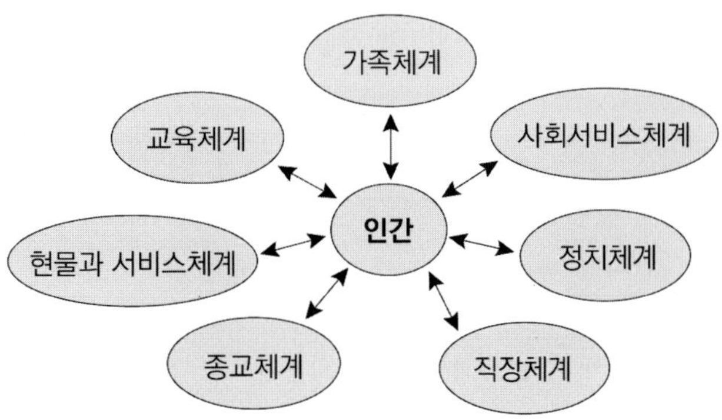

자료: 찰스자스트로 2006: 41.

상대하는 소비자는 커스터머(customer)로서의 고객이지만, 의사 변호사 도서관 사서 등이 서비스를 제공하는 소비자는 클라이언트(client)로서의 고객이다. 커스터머는 백화점과 같은 유통사업에서 판매직원을 특화시키고 서비스 제공시간을 연장하며 규모의 경제를 위한 거대 체인점으로 발전하고 있다. 개인에게 개별적으로 제공하는 개인서비스 업무에는 운전기사, 간병인, 이미용사, 안마사, 접객업소 종사원 등이 있다. 개인 고객이 대상이며 직접적인 대면 관계에서 고객에게 서비스를 제공하고 있다. 가사서비스직에는 가정에서 청소하고 음식을 준비하고 아이를 돌보는 일을 위해 정규적으로 고용되는 일의 형태이다. 가사서비스직 종사자는 중년 이상의 여성들이 대부분이며 저임금의 보수를 가지고 있는 직종이다. 보호업무 서비스직에는 사설경비직, 사설경호직 및 사법경찰관, 교도시설의 교도관 등이 포함된다. 모든 서비스직은 고객과의 직접적이고 대면적인 상호작용 속에서 서비스를 제공하는 특징을 가진다. 사회서비스 분야에서 서비스직 종사자는 직접 고객과 대면하여 사회서비스를 제공하는 공급자로서의 역할을 담당하고 있다.

2) 산업분류에 따른 사회서비스 직업

사회보장기본법상 사회서비스산업에 속하는 사업을 한국표준산업분류(KSIC, 9차)에 맞춰 대분류 8, 중분류 15, 소분류 44개로 분류하고 있다. 돌봄, 상담, 재활 등 사회서비스의 제공유형별로 구성하되, 다양한 분야의 사회서비스를 제공하는 사업체는 종합 사회서비스업으로 분류되고 있다.

표 4-1 사회서비스산업의 대분류 및 포괄범위

대분류	포괄 범위(정의)
종합 사회서비스업	돌봄·재활·상담 등 사회서비스를 포괄적으로 제공하는 복지시설·협회 등의 산업 활동
돌봄서비스업	의료 관리가 필요한 노인·장애인 요양 보호 및 단순 돌봄 대상자에 대한 가정·비거주·거주시설 보호 산업 활동
상담·재활서비스업	상담서비스와 재활을 위한 의료서비스 또는 발달재활서비스를 제공하는 산업 활동
건강지원 서비스업	재활서비스 외의 의료 등 보건서비스를 제공하는 산업 활동

교육 및 역량 개발 관련 사회서비스업	공교육을 통한 유아·청소년기의 신체·사회적 발달 지원 및 평생교육·직장교육 등을 통한 역량 개발 지원과 관련된 산업 활동
문화·체육 관련 시설 이용 지원 사회서비스업	문화·예술·체육 활동 관련 국공립예술단체, 미술관, 박물관 등 관련 단체·시설 및 문화·예술·체육 서비스와 관련된 산업 활동
사회 참여 지원 서비스업	피고용자를 파견하거나 중개·알선 등 고용지원서비스를 제공, 또는 직업재활 등을 통해 사회 참여를 지원하는 산업 활동
사회서비스 관련 행정	보건, 교육, 문화, 환경, 노동 등 사회서비스와 사회보장 관련 관리 기능을 수행하는 기관과 관련된 산업 활동

사회서비스 영역이 확대됨에 따라 사회서비스 산업 분류도 해당 영역이 확장되는 결과를 보인다. 사회서비스를 전체 또는 부분적으로 포함하는 산업에는 H 운수 및 창고업, I 숙박 및 음식점업, J 정보통신업, K 금융 및 보험업, M 전문, 과학 및 기술 서비스업, N 사업시설 관리, 사업 지원 및 임대 서비스업, O 공공 행정, 국방 및 사회보장 행정, P 교육 서비스업, Q 보건업 및 사회복지 서비스업, R 예술, 스포츠 및 여가관련 서비스업, S 협회 및 단체, 수리 및 기타 개인 서비스업이 존재한다. 사회서비스 분류에서 국방, 경찰, 소방은 국가 기본질서 유지에 해당되는 공공서비스로 제외하였다.

표 4-2 기존 사회서비스 산업 특수분류에서 추가된 사회서비스 산업 목록(56개)

코 드	항목명	코 드	항목명	코 드	항목명
49401	택배업	74220	소독, 구충 및 방제 서비스업	91191	스포츠 클럽 운영업
49402	늘찬 배달업	74300	조경관리 및 유지 서비스업	91199	그 외 기타 스포츠 서비스업
52919	기타 육상 운송지원 서비스업	84224	우편 및 통신 행정	91210	유원지 및 테마파크 운영업
55109	기타 일반 및 생활 숙박시설 운영업	85501	일반 교과학원	96111	이용업
58111	교과서 및 학습 서적 출판업	85502	방문 교육학원	96112	두발 미용업
58190	기타 인쇄물 출판업	85503	온라인 교육학원	96113	피부 미용업
61100	공영 우편업	85611	태권도 및 무술 교육기관	96119	기타 미용업

65131	건강보험업	85612	기타 스포츠 교육기관	96121	욕탕업
65139	산업 재해 및 기타 사회보장보험업	85613	레크리에이션 교육기관	96122	마사지업
65301	개인 공제업	85621	음악학원	96129	체형 등 기타 신체 관리 서비스업
65302	사업 공제업	85622	미술학원	96911	산업용 세탁업
65303	연금업	85629	기타 예술학원	96912	가정용 세탁업
66199	그 외 기타 금융 지원 서비스업	85631	외국어학원	96913	세탁물 공급업
66209	기타 보험 및 연금관련 서비스업	85632	기타 교습학원	96921	장례식장 및 장의관련 서비스업
70113	의학 및 약학 연구개발업	85661	운전학원	96922	화장터 운영, 묘지 분양 및 관리업
70209	기타 인문 및 사회과학 연구개발업	85691	컴퓨터 학원	96991	예식장업
74100	사업시설 유지·관리 서비스업	87299	그 외 기타 비거주 복지 서비스업	96994	결혼 상담 및 준비 서비스업
74211	건축물 일반 청소업	91111	실내 경기장 운영업	96995	애완 동물 장묘 및 보호 서비스업
74212	산업설비, 운송장비 및 공공장소 청소업	91112	실외 경기장 운영업		

1,196개의 세세분류 중 사회서비스 일자리에 해당하는 세세분류는 135개이며, 이 중 109개(80.7%)의 산업이 업종내 사회서비스와 비사회서비스가 혼재되어 있는 산업이며, 일자리에 전체 포함되는 산업은 26개 산업이다.

제2절 사회서비스 일자리 종류

1. 한국표준산업분류에 의한 서비스산업 유형

한국표준산업분류에서는 정부에서 지원하고 있는 사회서비스 영역을 사회복지, 보건, 교육, 문화, 개인지원, 인프라 서비스로 구분하였다. 사회복지서비스업과 보건의료서비스업처럼 대분류 전체가 사회서비스로 편입될 수도 있으나, 일부 서비스분야는 세분류가 아닌 세세분류까지 구분해 보아야만 사회서비스로의 편입 여부를 알 수 있다.

1) 사회복지서비스업

사회복지서비스업(87)은 아동, 노령자, 장애자 등과 같이 자립 능력에 제약을 받는 특정 범주 내의 사람을 보호하기 위한 각종 사회복지 서비스를 제공하는 거주 복지시설 또는 비거주 복지시설을 운영하는 산업으로 전체가 사회서비스업에 속한다.

한국산업분류에서의 사회복지서비스는 주로 시설서비스 범위 안에서 분류된다. 사회복지사업법이 사회복지시설을 관리하는 내용으로 규정되어 있기 때문이다. 이 사회복지시설에서 담당하는 서비스는 수용복지시설서비스, 기타수용복지시설, 비수용복지시설, 기타 비수용복지시설로 구분된다. 수용 복지시설서비스는 아동, 노인, 장애인, 정신질환자 및 약물남용자를 대상으로 복지시설에 수용하는 서비스이다. 즉 아동복지시설, 장애인복지시설 등과 같이 아동, 장애인, 노령자 및 자립능력에 제약을 받는 사람을 보호하기 위하여 복지서비스를 제공하는 활동이다. 노인 수용 복지시설서비스는 노인을 입소시켜 숙식, 간단한 치료 및 일상생활의 편의를 제공하는 서비스이며, 심신장애인 수용 복지시설서비스는 정신 및 신체에 이상이 있는 사람을 입소시켜 숙식 및 간단한 치료활동을 제공하는 서비스이다. 그리고 신체장애인 수용 복지시설서비스는 신체장애인에게 숙식과 장애극복 훈련을 제공하는 활동이며, 정신질환자와 약물남용자 수용복지시설서비스는 정신질환자와 약물남용자를 입소시켜 숙식 및 간단한 치료활동을 제공하는 서비스를 말한다. 기타 수용 복지시설에서는 아동 및 부녀자와 기타 수용복지시설서비스가 존재하며, 아동 및 부녀자 수용 복지시설서비스는 자립능력에 제약을 받는 아동과 부녀자를 입소시켜 숙식 등을 제공하는 서비스이다.

비수용 복지시설는 도움이 필요한 사람에게 숙식제공 이외의 다양한 사회지원 서비스를 직접 제공하는 산업활동이며, 보육 시설서비스가 대표적이며 보호자로부터 위탁을 받아 유아와 취학전 어린이를 보육하는 서비스이다. 직업 재활원에서는 신체장애자와 실업자 등에게 직업재활과 취업서비스를 제공하고 있으며 직업재활상담 서비스도 포함된다.

표 4-3 노인복지시설

<table>
<tr><th>시설형태</th><th colspan="2">시설종류</th><th>관련법령</th></tr>
<tr><td rowspan="2">노인생활시설</td><td>노인주거복지시설</td><td>양로시설, 노인 공동생활가정</td><td rowspan="2">노인복지법31조</td></tr>
<tr><td>노인의료복지시설</td><td>노인복지주택</td></tr>
<tr><td rowspan="4">노인이용시설</td><td>재가노인복지시설</td><td>방문요양, 주야간보호, 단기보호, 방문목욕, 재가노인지원, 방문간호</td><td rowspan="4">노인복지법31조</td></tr>
<tr><td>노인여가복지시설</td><td>노인복지관, 경로당, 노인교실</td></tr>
<tr><td colspan="2">노인보호전문기관</td></tr>
<tr><td colspan="2">노인일자리지원기관</td></tr>
<tr><td>복합
노인복지시설</td><td colspan="2">농어촌에 지역에 한해「노인복지법」제31조 노인 복지시설을 종합적으로 배치한 복합노인복지시설을 설치·운영 가능</td><td>「농어촌주민의 보건복지 증진을 위한 특별법」</td></tr>
</table>

거주 복지시설 운영업(871)에는 아동 복지시설, 장애인 복지시설 등과 같이 아동, 장애인, 노령자 및 자립 능력에 제약을 받는 사람을 보호하기 위하여 복지서비스를 제공하는 거주 복지시설이며 요보호자에 대한 비의료적 거주시설보호를 제공하는 산업활동이다. 노인 요양 복지시설 운영업(87111)은 노인성 질환 등으로 요양을 필요로 하는 노인을 입소시켜 숙식, 간단한 치료와 일상 생활의 편의를 제공하는 산업활동을 말한다. 여기에는 실비 노인 요양시설, 유료 노인 요양시설, 무료 노인 요양시설, 노인 전문요양시설이 포함된다. 의료적 관리가 필요한 노인과 장애인에 대한 요양 보호 및 단순 돌봄이 필요한 대상자에 대한 가정·비거주 시설보호, 아동·노인·장애인·부녀자 등 요보호자에 대한 비의료적 거주시설보호를 제공하는 산업활동으로 노인성 질환 등으로 요양을 필요로 하는 노인을 입소시켜 숙식, 간단한 치료 및 일상생활의 편의를 제공하는 유료와 무료 노인요양시설이 해당된다. 노인 양로 복지시설 운영업(87112)은 일상 생활에 지장이 없는 노인을 입소시켜 숙식 및 일상 생활의 편의를 제공하는 산업활동으로 무료 양로시설, 실비 양로시설, 유료 양로시설이 있다.

표 4-4 장애인복지시설

<table>
<tr><th>시설형태</th><th colspan="2">시설종류</th><th>관련법령</th></tr>
<tr><td rowspan="5">장애인생활시설</td><td colspan="2">장애유형별 거주시설</td><td rowspan="5">장애인복지법 31조</td></tr>
<tr><td colspan="2">중증장애인 거주시설</td></tr>
<tr><td colspan="2">장애영유아 거주시설</td></tr>
<tr><td colspan="2">장애인단기 거주시설</td></tr>
<tr><td colspan="2">장애인공동생활가정</td></tr>
<tr><td rowspan="4">장애인이용시설</td><td>지역사회재활시설</td><td>장애인복지관, 장애인주간보호시설, 장애인 체육시설, 장애인수련시설, 장애인생활이동 지원센터, 수화통역센터, 점자도서관, 점서 및 녹음서 출판시설</td><td rowspan="4">장애인복지법 58조</td></tr>
<tr><td colspan="2">장애인의료재활시설</td></tr>
<tr><td>직업재활시설</td><td>장애인보호작업장, 장애인근로사업장, 장애인 직업적응훈련시설</td></tr>
<tr><td colspan="2">장애인생산품판매시설</td></tr>
</table>

심신 장애인 거주 복지시설 운영업(8712)은 정신 및 신체에 이상이 있는 사람을 입소시켜 서비스를 제공하는 산업활동이다. 일시 또는 지속적으로 입소시켜 숙식과 간단한 치료활동, 간단한 사회참여 및 복귀 지원 등의 시설돌봄서비스를 제공하는 산업활동으로 장애유형별생활시설, 중증장애인요양시설, 장애영유아생활시설이 있다. 정신 질환자와 약물 중독자를 입소시켜 숙식과 간단한 치료를 제공하는 마약 중독자 요양시설과 정신지체아동 보호시설도 포함된다.

표 4-5 아동복지시설

<table>
<tr><th>시설형태</th><th>시설종류</th><th>관련법령</th></tr>
<tr><td rowspan="5">생활시설</td><td>아동양육시설, 공동생활가정</td><td rowspan="7">아동복지법 52조</td></tr>
<tr><td>아동일시보호시설</td></tr>
<tr><td>아동보호치료시설</td></tr>
<tr><td>자립지원시설</td></tr>
<tr><td>공동생활가정(학대피해아동쉼터로 지정된 곳에 한함)</td></tr>
<tr><td rowspan="2">이용시설</td><td>아동상담소, 아동전용시설, 가정위탁지원센터</td></tr>
<tr><td>지역아동센터, 아동보호전문기관</td></tr>
</table>

표 4-6 여성복지시설

시설형태	시설종류		관련법령
성매매피해지원시설	생활시설	일반지원시설, 청소년지원시설, 외국인 여성지원시설, 자립지원공동생활시설	성매매 방지 및 피해자보호등에 관한 법률
	이용시설	자활지원시설	
성폭력피해보호시설	생활시설	성폭력피해자보호시설	성폭력 방지 및 피해자보호등에 관한 법률
	이용시설	성폭력피해상담소	

표 4-7 청소년복지시설

시설형태	시설종류	관련법령
청소년복지시설	청소년 쉼터	청소년복지지원법
	청소년자립지원관	
	청소년치료재활센터	
	청소년회복지원시설	

표 4-8 영유아복지시설

시설형태	시설종류		관련법령
영유아이용시설	어린이집	국공립, 법인, 직장, 가정, 부모협동, 민간	영유아보육법 10조

아동 및 부녀자 거주 복지시설 운영업(87131)은 자립 능력에 제약을 받는 아동과 부녀자를 입소시켜 숙식 등을 제공하는 산업활동을 말한다. 이에는 영·유아 보호시설, 모자 보호시설, 미혼모 보호시설, 청소년 보호시설, 윤락녀 보호시설, 피해 여성 보호시설이 포함된다. 자립능력에 제약을 받는 아동과 청소년을 입소시켜 숙식과 일상생활의 편의 등의 시설돌봄서비스를 제공하는 산업활동으로 아동·청소년양육시설, 자립지원시설이 있다. 그 외 기타 거주 복지시설 운영업(87139)은 부랑인 등 자립 능력이 약화되어 보호가 필요한 사람에게 시설돌봄서비스를 제공하는 산업활동으로 노숙인자활시설, 노숙인재활시설이 해당된다.

표 4-9 가족지원서비스시설

<table>
<tr><th>시설형태</th><th colspan="2">시설종류</th><th>관련법령</th></tr>
<tr><td rowspan="2">가정폭력
보호시설</td><td>생활시설</td><td>가정폭력피해자보호시설</td><td rowspan="2">가정폭력 방지 및
피해자보호등에
관한 법률</td></tr>
<tr><td>이용시설</td><td>가정폭력상담소, 긴급전화센터</td></tr>
<tr><td rowspan="2">한부모가족
복지시설</td><td>생활시설</td><td>모자가족복지시설(기본, 공동, 자립),
부자가족복지시설(기본, 공동, 자립),
미혼모자가족복지시설(기본, 공동),
일시지원복지시설</td><td rowspan="2">한부모가족지원법</td></tr>
<tr><td>이용시설</td><td>한부모가족복지상담소</td></tr>
<tr><td>다문화가족
지원센터</td><td>이용시설</td><td>다문화가족지원센터</td><td>다문화가족지원법</td></tr>
</table>

비거주 복지시설 운영업은 도움이 필요한 사람에게 다양한 사회 지원 서비스를 직접 제공하는 비거주 복지시설로 보육시설, 직업재활원, 종합복지관, 재가요양서비스기관이 있다. 보육시설 운영업(87210)은 보호자로부터 위탁을 받아 유아 및 취학 전 어린이를 보육하는 산업활동을 말하며 국공립어린이집, 민간어린이집, 직장어린이집, 놀이방, 직장 보육시설, 탁아시설이 포함된다.

직업 재활원 운영업(87291)은 신체 장애자와 실업자 등에게 서비스를 제공하는 산업으로 직업 재활 상담서비스, 부랑자 직업재활원, 직업 재활 상담이 포함된다. 종합복지관 운영업(87292)은 사회적으로 도움이 필요한 사람에게 돌봄·상담·재활과 역량 강화를 위한 종합 복지서비스를 제공하는 산업으로 종합 사회복지관, 장애인 종합복지관이 포함된다. 돌봄·재활·상담·역량 강화 등 사회서비스를 포괄적으로 제공하고 있는 복지시설·협회 등의 산업활동으로 사회적으로 도움이 필요한 사람을 위해 돌봄·재활·상담·역량강화 등 사회서비스를 포괄적으로 제공하고 있는 복지시설 및 회원단체 등의 산업 활동이다. 방문 복지서비스 제공업(87293)은 노인장기요양보험법에 의한 방문 요양, 방문 목욕, 방문 간호, 주·야간 보호, 기타 각종 재가 복지서비스 등을 제공하는 재가 요양서비스 기관이 존재한다.

표 4-10 소외계층 사회복지시설

시설형태	시설종류		관련법령
정신 질환자	생활	정신요양시설, 사회복귀시설[정신질환자생활시설(입소생활시설), 정신질환자지역사회재활시설(공동생활가정, 단기보호시설), 중독자재활시설, 정신질환자종합시설]	「정신보건법」 제10조, 제15조 및 제16조
	이용	사회복귀시설[정신질환자지역사회재활시설(주간재활시설), 정신질환자직업재활시설, 정신질환자생산품판매시설, 정신질환자종합시설]	
노숙인 등	생활	노숙인자활시설, 노숙인재활시설, 노숙인요양시설	노숙인 등의 복지 및 자립지원에 관한 법률
	이용	노숙인종합지원센터, 노숙인일시보호시설, 노숙인급식시설, 노숙인진료시설, 쪽방상담소	
지역주민	이용	사회복지관	사회복지사업법
기타시설	복합	결핵·한센시설	사회복지사업법
	이용	지역자활센터	국민기초생활 보장법

사회복지 상담 서비스 제공업(87294)은 의료 인력이 아닌 상담사, 심리치료사 등이 심리적 부적응을 겪는 개인 또는 집단의 심리적 성숙과 사회 적응을 지원하기 위해 비의료적인 상담 복지서비스를 제공하므로 청소년 상담소, 가정 상담소, 사회복지 상담시설, 복지관련 전화 상담 서비스가 포함된다. 그 외 기타 비거주 복지 서비스업(87299)은 장애자 지원 봉사단체, 노인 지원 봉사단체, 유아 지원 봉사단체, 사회복지관, 재난 구호시설, 법률 구조기관, 무료 급식소, 입양 알선기관이 포함된다.

사회서비스 10대 영역에서는 돌봄, 보호안전, 건강, 교육, 고용, 주거, 문화, 환경 총괄 등 전체적으로 활용되고 있다. 공공기관과 비영리 기관에서 직접 서비스를 제공하고 있으나 일부 정부가 직접 제공하기도 하고 민간영리기관에서 서비스를 제공하기도 한다. 영리 민간업체가 제공할 시에는 시장형 서비스가 제공되지만 대체적으로 공공영역에서 비영리 서비스로 제공되고 있다.

2) 의료 보건서비스업

보건 및 복지서비스는 의료기관 및 위생시설 관련하여 사회 빈곤계층 및 국민의 복지행정을 수행하는 서비스를 말한다. 보건업(86)은 인간의 건강 유지를 위한 각종 질환의 예방과 치료를 위한 보건서비스를 제공하는 산업활동을 말한다. 여기에는 종합병원, 병원, 의원, 치과병원 및 치과의원, 한방병원 및 한방의원, 조산원, 앰뷸런스 서비스, 의료 실험실 서비스 등을 포함한다. 병원(8610)은 인체 질환의 예방과 치료를 위하여 입원시설을 갖추고, 의사가 입원환자 위주로 진료행위를 하는 의료기관을 말한다. 종합병원(86101)은 100인 이상의 입원시설과 일정 수준 이상의 진료 과목을 설치하고, 일반병원(86102)은 30인 이상의 입원시설을 갖추고 의사가 입원 환자 위주로 진료행위를 하는 일반병원, 외과 전문병원, 내과 전문병원, 보건의료원, 군 및 교도소 병원, 결핵병원, 한센병원, 전염병원이 해당된다. 치과병원(86103)은 치과의사가, 한방병원(86104)은 한의사가, 요양병원(86105)은 의사 또는 한의사가 30인 이상의 입원시설을 갖추고 노인성 질환자, 만성 질환자, 외과 수술 또는 상해 후 회복을 위한 환자 등 주로 장기 입원이 필요한 환자를 대상으로 진료 행위를 하는 의료기관을 말한다.

진료 및 요양을 위한 정신병원(50인 이상 병상 보유)과 일반병원 요건을 갖춘 장애인 의료 재활시설도 포함한다. 여기에는 요양병원, 정신병원, 병원급 장애인 의료 재활시설이 해당된다. 노인·(정신)장애인 등 장기입원이 필요한 사람을 대상으로 30개 이상의 요양병상을 갖추고, 주로 입원환자를 대상으로 의료 행위를 하는 의료기관으로 요양병원(의료법 제3조 제2항, 제3조의2), 정신병원(정신보건법 제3조 제3호), 의료재활시설(장애인복지법제58조 제1항 제2호 및 의료법 제3조의2)이다.

의원(8620)은 외래 환자 위주로 진료행위를 하는 의료기관으로 일반의원, 치과의원, 한의원, 방사선 진단 및 병리검사의원, 공중보건의료업이 있다. 일반의원(86201)은 전문의 또는 일반 의사가 외래 환자 위주로 진료 행위를 하는 의료기관을 말한다. 내과의원, 소아과의원, 정신과의원, 외과의원이 이에 해당된다. 치과의원(86202)은 치과의사가, 한의원(86203)은 한의사가 외래환자 위주로 진료행위를 하는 의료기관이다. 방사선 진단 및 병리 검사 의원(86204)은 의료 검사 및 진단 촬영을 포함한 진단 서비스를 제공하는 엑스레이 촬영 의원, 의료 검사 의원이 있다. 공중 보건 의료업(86300)은 관할 구역에서 일반 국민을 대상으로 각종 질병의 예방, 공중 보건, 건강 관리 및 의료 행위를 수행하는 정부기관을 말하며 보건소, 보건 지소가 해당된다.

기타 보건업(8690)은 병원 및 의원 이외에 각종 보건 의료활동을 수행하는 기관이다. 앰뷸런스 서비스업, 유사의료업, 기타보건업 등이 있는데 앰뷸런스 서비스업(86901)은 자동차, 선박 및 항공기 등으로 환자 이송과 응급 치료를 하는 산업으로 차량에는 훈련된 직원이 조작하는 응급 구조장비가 장착되어 있다. 유사 의료업(86902)은 침구, 지압 치료 등의 유사 의료 행위를 수행하는 침술원과 척추 지압 요법 치료가 해당된다. 그 외 조산원, 장기 은행, 혈액 은행, 정자 은행, 독립적인 간호사, 의무 기록 서비스, 헌혈 관리 및 서비스, 제대혈 보관 서비스가 해당된다. 기타 보건은 병·의원을 제외한 기관의 보건의료활동과 관계된 산업활동으로 조산원, 혈액은행, 앰뷸런스 서비스업이 해당된다.

심리적 부적응을 겪는 개인 또는 집단의 심리적 성숙과 사회 적응을 지원하는 상담 서비스와 정신·신체적 건강을 복원하기 위해 물리치료와 재활치료 등의 의료서비스 또는 음악치료와 미술치료 등의 기법을 활용하는 발달재활서비스를 제공하는 산업 활동이다. 의사 또는 의사의 지시하에 심리적 부적응을 겪는 개인 또는 집단의 심리적 성숙과 사회 적응을 지원하는 상담서비스와 정신·신체적 건강을 복원하기 위해 물리치료와 재활치료 등의 의료서비스를 제공하는 산업 활동이다. 정신과 의사가 심리적 부적응을 겪는 개인 또는 집단의 심리적 성숙과 사회적응을 지원하기 위해 상담서비스를 제공하는 산업활동으로 정신과 전문의에 의한 환자상담이 있다. 정신 및 신체의 기능 회복을 위해 의사 또는 의사의 지시를 받은 전문의료인력이 환자에게 의료적 재활서비스를 제공하는 산업활동으로 물리치료, 재활치료가 있다. 사회서비스 특수분류에서 상담재활 및 건강지원 서비스업으로 분류하였으며, 공공기관, 민간에서 모두 수행하고 있으며 사회서비스를 직접적으로 제공하기도 하고 지원하는 업무를 수행하기도 한다.

3) 교육 서비스업

(1) 교육기관 서비스

교육 서비스업(85)은 교육 수준에 따른 초등(학령 이전 유아 교육기관 포함), 중등 및 고등 교육 수준의 정규 교육기관, 특수학교, 외국인학교, 대안학교, 일반 교습학원, 스포츠 및 레크리에이션 등 기타 교육기관, 직원 훈련기관, 직업 및 기술 훈련학원, 성인 교육기관 및 기타 교육기관과 교육 지원 서비스업을 포함한다. 교육 서비스업에서 정의하는 교육활동은 ISCED(국제표준교육분류)에서 규정한 조직화되고 지속적인 의사 소통을 통해 배움을 가져오게 하는 것을 나타낸다. 초등 교육기관(851)은 유치원과 초등학교가 있다. 유아 교육기관(85110)은 유아를 교육하고 유아에게 알맞은 교육 환경을 제공하여 심신의 조화로운 발달을 조장하는 유치원이 있다. 초등학교(85120)는 국민생활에 필요한 기초적인 초등교육을 실시하는 초등학교 및 공민학교 등의 교육기관을 말하며 초등학교와 공민학교를 포함한다.

중등 교육기관(852)은 일반 교양, 기술 및 직업교육을 위한 중등교육을 실시하는 교육기관을 말하며 일반 중등 교육기관(8521)에는 중학교와 일반고등학교가 있으며 특성화고등학교(8522)가 있다. 고등 교육기관(853)은 전문대학, 대학 등 중등교육 교과과정을 수료한 사람에게 기술 및 직업적인 학과 교육이나 전공분야에 관해서 이론적인 면에 중점을 두어 조사·연구하게 하고 자격 및 학위를 부여하는 교육기관, 또는 대학원 등 대학과정에서 전공한 동일주제에 관해 고도의 전문화된 교과과정을 교육하는 기관으로 전문대학, 대학, 대학원이 있다. 특수 목적에 의하여 설립된 고등교육 기관도 포함한다. 예를 들면 방송통신대학, 과학기술대학, 기술대학, 경찰대학, 3군 사관학교, 간호대학, 교육대학 이에 해당된다. 특수학교, 외국인학교 및 대안학교(854)는 장애인을 교육하는 특수학교와 각종 학교 중 학력이 인정되는 외국인학교와 대안학교를 말한다.

일반 교습학원에는 일반교과학원, 방문교육학원, 온라인교육학원이 있다. 일반 교과학원(85501)은 상급학교 진학과 보습을 위한 일반 교과과정을 교육하는 입시학원, 일반교과 보습학원, 학생 대상 속셈학원(성인 대상 경영·사무 목적인 경우 85699), 예·체능 입시 전문학원이 있다. 방문 교육학원(85502)은 방문 교육, 학습지 활용 방문 교육이 포함된다. 온라인 교육학원(85503)은 강의 내용물을 제작, 보유하고 통신과 인터넷 방법으로 일반 교과 과정을 교육하는 통신 이용 교육, 인터넷 이용 교육이 포함된다.

(2) 평생교육 및 직원훈련시설 서비스

평생교육 등을 수행하는 기타교육기관 등이 있는데, 이에는 스포츠, 레크리에이션, 청소년수련시설, 예술학원, 외국어학원, 교습학원, 사회교육시설, 직원훈련기관, 기술 및 직업훈련학원, 컴퓨터학원 등이 있다. 스포츠 및 레크리에에션 기관(8561)에는 태권도, 유도, 권투, 축구교실, 야구, 체조, 수영, 요가학원, 바둑교실 등이 있다. 청소년 수련시설 운영업(85614)은 소년 교육 및 심신 수련을 위하여 체육, 문화, 오락, 레크리에이션 및 자연 체험시설 등을 함께 갖춘 수련시설을 운영하는 산업활동을 말한다. 교육서비스 제공을 위한 부대설비로써 숙박시설(야영장, 캠프장 포함)을 갖춰 이용하는 경우도 포함되며 청소년 수련원, 자연 학습원이 있다. 예술학원(8562)에는 음악학원, 피아노, 바이올린 교습학원, 실용 음악 교습학원이 있고 미술학원(85622)은 소묘(스케치, 데생 등), 수채화, 정물화 등 미술에 관한 이론과 실기 등을 교습한다. 이외 기타 예술학원(85629)은 음악 및 미술 교습 이외에 연극, 무용 등 각종 예술에 관한 이론과 실기를 교습하는 산업활동을 말하며, 무용 및 댄스학원, 연기학원, 도예학원이 있다. 외국어학원(85631)은 회화 또는 시험을 위하여 외국어 강습을 수행하는 산업활동을 말한다. 외국인을 대상으로 하는 한국어학원도 포함하며 외국어학원, 회화학원이 있다. 기타 교습학원(85632)은 취업 및 각종 전문 시험을 위한 교과를 교육하는 산업활동으로 고시학원이 있다. 사회교육시설(85640)은 국민의 평생교육을 위한 교육시설로서, 다른 곳에 분류되지 않은 산업활동을 말한다. 이에는 사회교육시설, 학교 부설 사회교육원, 시민단체 부설 사회교육원이 있다.

직원 훈련기관(85650)은 정부기관, 공공 단체, 사업체 등에서 직원의 직업훈련을 위해 설립한 훈련기관을 말한다. 이 기관에서는 직원이 아닌 사람들도 교육시킬 수 있다. 교육은 훈련시설뿐만 아니라, 교육생이 있는 시설에서도 이루어질 수 있다. 이에는 공무원 훈련원, 기업 직원훈련시설이 있다. 기술 및 직업 훈련학원(8566)에는 운전학원, 정비학원, 미용학원, 비서학원 등이 있다. 운전학원은 자동차, 중장비, 비행기, 선박 등의 운송장비에 대한 운전교습을 수행하는 산업활동이다. 기타 기술 및 직업 훈련학원에는 통신 기술학원, 자동차 정비학원, 양재학원, 미용학원, 직업 훈련원, 모형 제작학원, 체육 전문강사 교육, 비서학원이 해당된다.

교육분야에서 바우처 방식으로 정부예산을 규모를 고려해서 전체 일자리에서 비중 확인 일반교습학원과 기타교육기관을 합쳐서 고려하여 지원하고 있다. 아동과 청소년기의 역량 강화와 취업 그리고 고용 또는 직무 역량 강화를 목적으로 하는 교육서비스를 제공하는 산업활동으로 예를 들면, 경영실무교육원, 사무실무교육원, 아동발달 관련 역량개발 서비스제공업이 있다. 공교육을 통한 유아와 청소년기의 신체·사회적 발달 지원과 평생교육은 물론 직장과 직업교육 등을 통한 역량 개발 지원과 관련된 산업활동이다. 국민의 평생교육을 위한 교육시설로서 사회교육시설, 학교부설 사회교육원이 있으며, 취업과 고용을 목적으로 기타의 기술 및 직업 분야에 대하여 전문적인 직업훈련을 수행하는 직업훈련원, 전문강사교육 등이 있다.

상담사, 심리치료사 등이 심리적 부적응을 겪는 개인 또는 집단의 심리적 성숙과 사회 적응을 지원하는 상담서비스와 정신·신체적 건강을 복원하기 위해 비의료적인 음악치료·미술치료 등의 기법을 활용하는 발달재활 서비스를 제공하는 산업 활동이 있다. 의료인력이 아닌 상담사, 심리치료사 등이 비의료적으로 심리적 부적응을 겪는 개인 또는 집단의 심리적 성숙과 사회적응을 지원하기 위해 상담서비스를 제공하는 산업 활동으로 청소년상담소, 가정상담소가 있다.

의료인력이 아닌 상담사, 심리치료사 등이 개인의 정신·신체적 건강을 복원하기 위해 비의료적인 놀이·미술·음악·인지·행동 등의 기법을 활용하여 발달재활 서비스를 제공하는 산업 활동으로 아동발달센터, 언어치료센터가 있다.

사회서비스특수분류에서 교육 및 역량개발 관련 사회서비스업으로 분류하였으며, 교육 및 역량개발 관련 사회서비스는 직접적으로 서비스를 제공하는 업무이다. 교육서비스업은 정부, 공공기관, 민간에서 수행하고 있으며 사회서비스를 직접적으로 제공하기도 하고 지원하는 업무를 수행하기도 한다.

(3) 고용 상담

사업 지원 서비스업(74~76) 중에 고용 알선 및 인력공급업이 사회서비스 분야에서 일자리로 활용할 수 있다. 고용 알선 및 인력 공급업(75)은 고용주와 구직자를 대리하여 고용에 관련된 인적 사항 조사, 구인 조회 등 알선 활동을 수행하거나 자기 관리 아래 노동 인력을 확보하고 특정 인력을 사용하기를 원하는 사업자 또는 개인과 고용계약을 체결하여 인력을 제공하고 그 대가를 직접 받아 피고용자에게 자기가 직접 급료를 지불하는 형태의 인력을 공급하는 산업활동을 포함한다.

고용 알선업(75110)은 고용주 또는 고용 알선업체의 직원이 아닌 구직자를 대리하여 일자리 및 구직자 정보를 기초로 인력을 선발, 알선 및 배치하는 산업활동을 말한다. 예를 들면 '사무 인력 알선', '제조업 노동인력 알선', '개인 및 가사인력 알선', '고급인력 알선(헤드헌터)', '간호인력 알선', '직업소개소'가 해당된다. 임시 및 일용 인력 공급업(75121)은 자기 관리 아래 있는 노동자를 계약에 의하여 타인 또는 타사업체에 단기간(1년 미만) 공급하는 산업활동을 말한다. 이 노동자들은 인력 공급업체의 직원이지만 고객 사업체의 지시 및 감독을 받아 업무를 수행한다. 예를 들면 '임시 및 일용근로자 파견업', '단기인력 파견업', '단기 개인 및 가사인력 공급', '단기 간호인력 공급', '모델

공급', '단기 산업노동인력 공급', '근로자 단기파견업', '인력풀(pool) 공급 운영', '단기 사무인력 공급', '연극·영화 단역배우 공급 운영'이 이에 해당된다. 상용 인력 공급 및 인사관리 서비스업(75122)은 자기관리 아래 있는 노동자를 계약에 의하여 타인 또는 타사업체에 장기간(1년 이상) 공급하는 산업활동을 말한다. 이들 사업체는 파견 인력에 대한 인사관리 서비스를 수행할 수 있으나, 파견 인력은 고객 사업체의 지시 및 감독을 받아 업무를 수행한다. 대표적으로 '상용 근로자 파견 및 공급업'이 해당된다.

사회서비스 특수분류에서 사업지원을 돌봄, 사회참여지원 사회서비스로 분류하였으며, 사업지원서비스는 제반 여건을 지원하는 사업지원영역으로 사회서비스의 인력체계를 구축하고 지원하는 업무이다. 사업지원업은 공공기관, 학교, 비영리기관, 영리기관 등 각 분야에서 시행하고 있으며 사회서비스를 직접 제공하기도 하고 서비스 지원을 수행하고 있다. 고용주 또는 구직자를 대리하여 돌봄서비스를 제공하는 인력을 선발, 알선 및 배치하거나 자기관리 하에 있는 돌봄서비스 노동자를 계약에 의하여 타인 또는 타 사업체에 일정 기간동안 공급하는 산업활동으로 '베이비시터 파견업', '간병인 알선업'이 있으나 돌봄서비스 외 일반산업 활동에 종사하는 노동자를 알선하거나 파견하는 산업활동은 사회서비스 영역에서 제외하였다.

4) 문화 및 관광서비스업

(1) 예술 문화서비스업

예술, 스포츠 및 여가관련 서비스업(90~91)은 창작, 예술, 여가, 스포츠, 오락과 관련된 서비스업을 모두 포함한다. 공연시설 운영업(90110)은 극장, 음악당 및 기타 실연극을 공연하는 시설을 운영하면서 자체 제작한 오페라, 연극, 음악회 등을 공연하는 활동을 말하며 공연시설을 운영하면서 부수적으로 단기간 공연시설을 대관하고 수수료를 받는 경우도 포함한다. 여기에는 극장, 음악당, 연극장 운영이 해당된다. 연극단체(90121)는 실황극을 공연하는 공연단체로 음악연극 단체, 오페라 극단, 뮤지컬 극단, 코미디 극단, 인형 극단이 해당된다. 무용 및 음악단체(90122)는 현대 무용단, 국악단체, 고전 무용단, 발레단, 포크댄스단, 밴드단, 오케스트라, 탭댄스단, 재즈단이 해당된다. 기타 공연단체(90123)는 서커스단, 마술쇼단, 아이스스케이팅단이 해당된다.

예술가서비스업에는 자영예술가와 비자영예술가로 구분되는데, 자영예술가는 독립적으로 예술활동에 종사하는 예술가로 공연예술가와 비공연예술가가 있다. 공연예술가는 배우, 가수, 성악가, 무용수, 스턴트맨 등 공연에 직접 참가하여 자신의 신체를 이용한 예술 행위를 하는 독립된 공연 예술가로 탤런트, 마술가, 성우가 있다. 비공연 예술가는 독립적으로 비공연 예술활동에 종사하는 예술가로 저술가, 작가, 만화가, 프로듀서, 회화 복원가, 조각가, 디자이너(무대 및 조명), 화가, 사진감독, 영화감독, 작사가, 작곡가가 해당된다. 기타 창작 및 예술관련 서비스업(9019)은 직접 공연 행위를 수행하지 않고 공연과 관련된 서비스를 제공하는 산업활동으로 공연기획업, 공연 및 제작관련 대리업 그리고 조명장치 설치 및 운영, 연극 배경장치 운영, 음향장치 설치 및 운영, 무대 설비설치 운영, 무대 예술 운영업, 입장권 판매시설 운영을 말한다.

도서관 및 기록 보존소 운영업(90211)은 열람시설을 갖추고 도서 열람 서비스를 제공하는 도서관, 시청각실, 자료센터, 기록 보존소 등을 운영하는 산업활동을 말한다. 이 사업체는 기록물들을 인터넷 등으로 제공할 수 있다. 예를 들면 도서관(국·공·사립), 시청각실, 기록 매체 보존소, 책 기록 보존소가 해당된다. 박물관 및 사적지 관리 운영업(9022)은 일반 대중이 관람할 수 있는 미술관, 예술관, 순수 또는 응용 과학관, 일반 박물관, 고궁 및 사적지 등을 운영한다. 박물관 운영업(90221)은 일반 대중에게 미술 공예품, 조각품, 순수 과학물, 응용 과학물, 문화재 등을 진열하여 관람시키는 천문관, 과학관, 미술관, 예술품 전시관, 역사 박물관이 해당된다. 사적지 관리 운영업(90222)은 역사적인 유적지, 전적지, 사적지, 고궁 등 사적 명소를 보존·전시하는 산업활동을 말한다.

식물원 및 동물원 운영업(90231)은 일반 대중이 관람할 수 있도록 산식물 및 산동물을 일정 시설에서 보존·관리하는 활동으로 관람 목적의 수족관 운영은 포함한다. 자연공원 운영업(90232)은 자연 지역의 보존 및 전시에 종사하는 자연공원(휴양용), 휴양림 운영, 자연 보존원, 야생 생물 보존 구역 관리가 해당된다. 기타 유사 여가관련 서비스업(9029)은 달리 분류되지 않은 유사 여가관련 산업활동으로 천연 동굴 관리 운영 고씨동굴, 제주의 한림공원 같은 경우 민간 영리 단체에서 설립 운영하고 있다.

대부분 사회서비스 시설이지만, 교육기관 성격과 비슷하다. 사회서비스특수분류에서는 일부 문화·체육관련 시설 이용 지원 서비스업으로 분류하였다. 공공기관은 물론 민간영역인 비영리와 영리 기관에서 서비스를 제공하고 있다. 서비스를 직접 제공하지만 일부 지원하는 형태로 서비스로 제공되고 있다.

(2) 스포츠시설 운영업

스포츠 및 오락관련 서비스업(91) 중에서 기타 스포츠시설 운영업(9113)은 종합 스포츠시설 운영업, 체력 단련시설 운영업, 수영장, 볼링장, 당구장, 골프연습장, 그 외 스포츠시설 운영업이 해당된다. 종합 스포츠시설 운영업(91131)은 동일 장소에서 경기장, 골프장, 스키장을 제외한 두 종류 이상의 스포츠 운동시설을 복합적으로 운영하는 산업활동을 말하며 종합 체육시설, 복합 체육시설이 이에 해당된다. 체력 단련시설 운영업(91132)은 심신을 단련하는 시설인 헬스 클럽이 대표적이다. 수영장, 볼링장, 당구장, 골프연습장 운영업이 있으며, 그 외 기타 스포츠시설 운영업(91139)에는 부수적으로 강습 및 관련 장비의 임대 활동 등을 수행할 수 있으며 스쿼시장, 탁구장, 테니스장, 야구 연습장, 롤러 스케이트장, 승마 연습장, 요트장, 조정장, 카누장, 눈썰매장, 오락용이 아닌 공기총, 클레이 사격장, 게이트볼장, 국궁장, 석궁장, 실내 암벽시설, 관람석 없는 배드민턴장이 이에 해당된다. 체육과 관련된 사회적 욕구를 충족시킬 수 있는 체육공원 등의 공공시설 및 기타 공공 체육 서비스와 관련된 산업 활동으로 국가 또는 공공기관이 일반 대중이 심신 단련을 위해 이용할 수 있도록 직접 또는 위탁하여 종합 스포츠시설, 체력단련시설, 그 외 기타 스포츠시설을 운영하는 산업활동으로 국공립체력단련시설, 체련관련시설이다. 사회서비스특수분류에서는 일부 문화와 체육관련 시설 이용 지원 서비스업으로 분류하였으며, 사회서비스 10대영역에서는 건강, 교육, 문화로 규정될 수 있다. 공공기관은 물론 민간영역인 비영리와 영리 기관에서 서비스를 제공하고 있다. 서비스를 직접 제공하지만 일부 지원하는 형태로 서비스로 제공되고 있다.

(3) 여행 숙박업

여행사업(7521)은 국내외 여행자를 위하여 각종 여행관련 서비스를 제공하는 산업활동이다. 여행사업(75210)은 관광객을 대상으로 여행관련 시설 이용의 알선, 여행에 관한 안내, 계약 체결의 대리 및 기타 여행의 편의를 제공하는 산업활동을 말하며, 부수적으로 항공권, 숙박시설 이용권, 레포츠 시설 이용권 등의 판매 대리 활동을 수행할 수 있다. 여기에는 일반 여행사, 국외 여행사가 있다. 숙박업(55) 중에서 기타 일반 및 생활 숙박시설 운영업(55109)은 호텔, 여관, 휴양 콘도, 민박시설 등을 제외한 기타 일반 및 생활 숙박시설을 운영하는 산업활동을 말한다. 숙박을 위한 야영장 및 캠프장 시설을 운영하는 경우도 포함한다. 예를 들면 산장 및 방갈로 운영·호스텔 운영, 숙박용 펜션 운영, 야영장 및 캠프장 운영, 서비스드 레지던스(serviced residence) 단기 생활 숙박형 운영, 호텔, 여관, 휴양 콘도 등의 일부 객실을 분양받아 운영, 교육 목적이 아닌 청소년 수련 숙박시설 운영이 해당된다.

사회서비스특수분류에서 일반 및 생활 숙박시설 운영업을 사회서비스로 분류하지 않았으나, 청소년수련원, 복지관, 야영시설 등에서 숙박서비스를 실시하고 있다. 일반 및 생활 숙박시설 운영업서비스는 정부에서는 활용하고 있지 않으나 공공기관, 복지관 등 숙박시설서비스가 존재하고 있다. 숙박서비스를 직접 제공하기도 하고 숙박업무를 위한 전화 콜 연결, 연계, 배정 등 숙박서비스를 지원하는 업무가 나누어지고 있다. 수련원과 청소년 관련 캠핑 등이 포함될 수 있다.

5) 개인서비스업 및 기타지원업

산업표준분류에서는 위의 사회복지, 보건의료, 환경, 문화 및 관광, 교육서비스 이외에도 개별적으로 이용, 미용, 욕탕, 마사지, 장례, 가사서비스 등 다양한 개인서비스 영역이 존재한다. 이외에도 보훈, 소비자보호, 시설관리 등이 있다.

(1) 개인서비스

산업분류의 기타 개인서비스업(96)은 사회서비스특수분류에서는 미분류되었으나 사회서비스 10대영역에서는 성인돌봄, 총괄로 규정할 수 있고 일부 문화측면으로 구분될 수 있다. 민간영역인 비영리와 영리 기관에서 서비스를 제공하고 있다. 서비스를 직접 제공하거나 지원하는 형태로 서비스로 제공되고 있다.

산업분류상 기타 개인서비스업(96)은 세탁소, 이·미용실, 장의업 등이 있다. 미용, 욕탕 및 유사 서비스업에는 주로 남성 고객의 머리카락 및 수염을 깎거나 다듬고 염색하는 등의 방법으로 고객의 용모를 단정하게 하는 이용업이 있고 미용에는 두발미용과 피부미용과 손톱과 발톱의 손질 등 고객의 외모를 아름답게 꾸미는 기타 미용으로 손발톱관리가 있다. 욕탕업은 실내·외를 불문하고, 대중탕, 가족탕, 한증막, 사우나탕, 증기탕 및 온탕 등을 운영한다. 여기에는 대중목욕탕, 온천탕, 찜질방, 황토방이 해당되는데, 사회적 돌봄서비스에서 노인들을 대상으로 방문목욕서비스를 제공하기도 한다. 마사지업은 일반 대중에게 안마, 마사지 등으로 신체에 물리적 자극을 가하는 마사지업, 발 마사지업, 스포츠 마사지업이 해당되며, 맹인 안마서비스가 지역사회서비스투자사업의 한 분야로 자리 잡고 있다. 체형 등 기타 신체 관리 서비스업은 고객이 원하는 체형을 만들거나 유지하기 위하여 비의료적인 서비스를 제공하는 산업활동으로 다이어트 센터, 체중 감량 센터, 비만 관리 센터에서 서비스를 제공한다. 세탁업은 산업 및 상업 사용자 또는 일반 대중을 대상으로 모피제품, 의복 및 기타 직물제품을 세탁, 클리닝, 다림질하는 산업활동으로 세탁과 연관적으로 이루어지는 의복 및 기타 직물의 수선 및 경미한 개조 활동도 포함되는데, 드라이클리닝, 세탁물 수집 및 배달 서비스, 섬유 및 모피제품 세탁은 해당된다. 장례식장과 장의 관련 서비스업은 장례식을 준비하거나, 장례식장을 운영하는 산업활동이며, 화장터 운영, 묘지 분양 및 관리업은 묘지를 개발·분양 및 관리하거나 화장터를 운영하는 공원 묘지 분양, 화장터 운영, 묘지 관리, 납골당 운영이 있다. 사회서비스는 일반 대중보다 좁은 저소득 계층이나 사회 취약계층을 대상으로 할 때 세탁과 장례관련 업무를 수행할 때 이용된다. 공공기관은 세탁서비스나 의류 수선서비스를 지원할 수 있으며, 무연고자나 기초생활수급자를 대상으로 한 납골당, 화장터, 장례비용지원이 있다.

이외에도 개인간병 및 유사서비스업, 결혼상담 및 준비서비스업, 애완동물 장묘 및 보호서비스업 등이 있다. 개인서비스업은 사회서비스분야에서 필요로 하는 영역이나 고소득자나 개인의 욕구수준에 따라 기본적 수준이 아닌 개별 니즈에 맞춘 추가서비스가 있을 때 서비스시장에서 구매하고 있다. 맹인안마사, 강아지산책자, 반려동물케어 등 향후 돌봄 및 사회서비스용역에서 신사업 개발 시 참고할 만한 콘텐츠를 발굴할 수 있다. 개인 간병 및 유사 서비스업은 거동이 불편한 사람에게 비의료적 보조 서비스를 제공하는 산후 조리원, 간병인 등의 산업활동으로 개인 간병서비스가 포함된다. 결혼상담 및 준비서비스업은 미혼자를 대상으로 맞선 주선, 결혼 알선 및 상담을 하거나 결혼 예정자를 대상으로 예식 준비와 관련한 기획, 구매·예약 대행, 정보 제공 및 자문 등을 종합적으로 수행하는 산업활동으로 결혼 상담 및 맞선 주선업, 결혼 관련 컨설팅업, 결혼 준비, 기획, 대행업이 해당된다. 애완 동물 장묘와 보호 서비스업은 애완 동물의 훈련, 손질, 보호, 장례 등 애완 동물 관련 서비스를 제공하는 애견 훈련소, 애견 미용 서비스, 애견 호텔, 유기견 보호센터, 애완동물 장례식장이 포함된다. 그 외 기타 달리 분류되지 않은 개인 서비스업에는 구두 닦기, 대리 시장 보기, 문신 서비스, 대리 운전이 포함된다.

가구 내 고용 활동에는 요리사, 가정부, 세탁부, 보모, 유모, 개인 비서, 집사, 운전사, 정원 관리원, 가정교사 등을 고용한 가구의 활동을 의미한다. 가구에 고용되지 않고 가사서비스를 제공하는 개인 또는 경영단위는 그 주된 활동 내용에 따라 분류된다. 가정에 고용되어 아동, 노인, 장애인 및 기타 요양 및 돌봄서비스가 필요한 가구 구성원에 대해 돌봄서비스를 제공하는 가구 활동으로 간병인, 보모·유모 등 베이비시터는 포함된다. 이외에 기계·장비의 재생, 개조 및 개량 활동에 대한 수리업(96)은 컴퓨터 및 주변기기, 통신장비, 자동차 및 소비용품의 경상적인 유지·수리를 전문적으로 수행하는 서비스가 있다.

(2) 환경 서비스업

환경서비스는 대기, 상하수도 및 폐기물관리, 야생동물 및 자연보존 등의 서비스를 의미하며 폐기물관리·환경보존·환경규제·상하수도 관련 서비스가 있다. 환경서비스는 대기, 위생처리, 상하수도 및 폐기물관리, 자연보존 등의 관련서비스를 의미하며 현재 사회서비스 분야의 운영은 주로 청소 및 소독서비스, 세탁서비스 등이 있다. 특히 사업시설 유지관리 서비스는 이용자의 시설 관리 및 다양한 서비스를 지원하기 위한 서비스로 경비, 청소, 우편물선별, 세탁, 점검 및 유지수리 등의 관련 서비스를 함께 제공하기도 한다. 다만 시설유지관리를 위하여 운영요원을 파견하기도 하지만 이용자의 본질적인 생활 활동을 책임지거나 관계하지 않는다. 사회서비스특수분류에서 사업지원 및 임대업을 사회서비스로 분류하지 않았으나, 사회서비스인프라를 지원하는 측면에서 환경을 고려하고 있다. 환경서비스는 일상생활에 환경지원을 위하여 건물, 공공장소, 가구 등의 청소, 소독, 조경관리가 지원되기도 하는데, 건축물 일반청소업과 소독, 구충과 방제서비스업, 조경관리 및 유시서비스업 분야에서 지원대상과 목적에 따라 사회서비스로 지원될 수 있다.

건축물 일반 청소업은 주거용, 상업용 또는 산업용 건물의 내부 및 창문을 청소하는 산업활동으로 건물 창문 청소, 건물 외부 청소, 공중 전화시설 청소, 구내 청소 대행, 바닥 청소 및 광택 내기, 내부 벽 청소는 해당된다. 사회서비스 분야에서는 소외계층 등 사회적 약자의 주거환경을 개선시키기 위하여 주거용에 한한 건물의 내외부 청소를 지원할 수 있다. 소독, 구충 및 방제 서비스업은 건물, 가구 및 기기 등을 소독, 구충 및 방제하는 산업활동으로 건물의 해충 구제서비스, 선박의 소독과 살균서비스, 화장실 위생 소독서비스, 훈증 소독서비스가 해당된다. 어린이집과 유치원 놀이터 등의 노약자가 공공시설에서 기구를 이용하거나 활동할 때 공공자원으로 사회서비스를 제공할 수 있다. 조경관리 및 유지 서비스업은 수수료 및 계약에 의하여 건물 주위, 도로변, 정원, 공원, 운동장 등의 환경 조성에 따른 조경수, 잔디, 화초 등 각종 조경용 식물을 식재 및 유지·관리하는 산업활동으로 조경수 및 관목 보호를 위한 활동도 포함한다. 예를 들면 조경수 관리, 정원수 식재, 정원관리 대리, 조경수목 치료 서비스가 해당된다. 개인의 사유물을 관리하는 것이 아니라 공공시설과 공익을 위한 서비스를 제공할 때 비영리기관이나 자활센터와 같은 공익활동을 위한 서비스를 제공할 때 사회서비스로 운용될 수 있다. 사회서비스특수분류에서 사업지원 및 임대업(76)을 사회서비스로 분류하지 않았으나, 사회서비스인프라를 지원하는 측면에서 환경을 고려하고 있다. 사업시설 유지관리서비스는 보호안전에도 포함하였다. 시설과 환경 등 제반 여건을 지원하는 사업지원 및 임대업에서 사회서비스의 인프라를 구축하고 지원하는 업무이다. 사업지원 및 임대업은 공공기관, 학교, 비영리기관, 영리 기관 등 각 분야에서 시행하고 있으며 사회서비스를 직접 제공하기도 하고 서비스 지원을 수행하고 있다.

(3) 사업시설 관리 및 지원업

사업시설 관리 및 사업 지원업(74~76)은 사업시설 청소, 방제 등을 포함한 사업시설을 유지하고 관리하는 활동은 물론, 보안 서비스, 여행보조 서비스, 기타 사무지원 서비스 등과 같은 사업 운영과 밀접하게 관련된 지원 서비스 제공 활동이다. 사업시설 관리 및 조경 서비스업은 고객의 사업시설을 관리 또는 청소, 소독, 방제 서비스를 수행하거나 용품을 물리적, 화학적으로 세척하는 서비스업이다.

사업시설 유지·관리 서비스업은 고객의 사업시설을 유지하고 관리하는 산업활동으로서 경비, 청소, 우편물 선별, 기계장치, 통신 및 전기장치 점검·유지·수리 등의 관련 서비스를 제공한다. 사업장 내부시설(전기시설, 통신시설, 기계·장비시설, IBS(지능형빌딩시스템, Intelligent Building System)시설, 급배수 및 송풍시설, 사업시설, 소방설비 및 건물시설 등 일체의 사업시설)에 대한 관리 서비스를 함께 포함한다.

(4) 배달업

운수 및 창고업(49~52) 중에서 택배업은 대도시 지역이나 도시 간 소화물 택배 서비스를 제공하는 산업활동으로 택배 물품 수집 및 배달을 포함하는 네트워크 시스템을 형성하며, 국영 또는 공영 이외의 우편업 활동도 포함한다. 여기에는 택배 서비스, 직영·위탁 운영하는 우체국 택배 서비스가 포함된다. 늘찬 배달업은 도시 내에서 소화물을 수집 및 배달하며 지역 내 소화물 배달, 꽃 배달이 해당된다. 사회서비스특수분류에서 택배(49401)와 늘찬배달(49402)은 소화물을 수집하거나 배달하는 산업활동이며 사회서비스로 분류하지 않았으나, 복지관 또는 사회복지시설에서 어르신을 대상으로 하는 택배업무와 오토바이 택배를 실시하고 있어 사회서비스로 편성될 수 있다. 일자리에서도 민간시장의 취업과 복지기관에서의 업무가 혼용되고 있다. 택배와 늘찬배달은 정부와 공공기관에서는 활용하고 있지 않으나, 복지관 등 복지시설과 민간 소화물 택배기업이 존재하고 있다. 배달서비스를 직접제공하기도 하고 택배업무를 위한 전화상담 연결, 업무 배정 등 배달서비스를 지원하는 업무가 나누어지고 있다. 어르신들이 활동하는 실버택배도 확대되어가는 사회서비스영역이다.

사회서비스특수분류에서 기타육상 운송지원서비스업(52919)은 복지관 또는 사회복지시설에서 장애인 이송서비스를 실시하고 있어 사회서비스로 편성하였다. 일자리에서도 민간시장의 기타 육상운송지원과 복지기관에서의 업무가 혼용되고 있는 영역이다. 기타육상 운송지원서비스는 정부와 공공기관에서는 활용하고 있지 않으나 복지관 등 복지시설과 민간 운송기관이 존재하고 있다. 운송서비스를 직접 제공하기도 하고 운송업무를 위한 전화 콜 연결, 업무 배정 등 운송서비스를 지원하는 업무가 나누어지고 있다. 예를 들면 콜택시 연결 서비스와 장애인 이송서비스가 해당된다.

공영 우편업(61100)은 국가 또는 공공기관이 우편서비스 제공 의무에 따라 우편함 또는 우체국 창구시설 등을 통해 우편물을 수집 및 분배·배달하는 활동으로서 우표 판매활동과 우편물 분류 및 처리활동, 사서함 임대, 우편물 유치활동을 포함하며 대표적으로 우체국이 있다. 사회서비스특수분류에서 공영우편업을 사회서비스로 분류하지 않았으나, 우편업무는 공공기관에서 거의 대부분을 실시하고 있다. 우편업무를 위한 민원 및 연계업무가 필요하여 서비스를 직접 제공하기도 하고 서비스지원 업무도 병행하고 있다.

(5) 도배 내장공사업

건설업 중에서 전문직별 공사업(42)은 수수료 또는 계약에 의하여 토목시설 및 건물 건설과 관련한 특정 부문의 공사를 전문적으로 수행하여 취약계층의 주거환경을 개선하기 사회서비스 분야에서 활용되는 일부 영역이 존재한다. 도장, 도배 및 내장 공사업(4241)은 건물 및 구조물의 도장공사, 건물 내부의 도배·실내 장식공사 및 내장 목공사를 전문적으로 수행한다. 도장 공사업(42411)은 전문직별 건설업자가 건물, 구축물 및 구조물 등의 도장공사를 수행하여 건물 내·외부 도장공사 부식 방지용 도장공사 등이 있다. 도배, 실내 장식 및 내장 목공사업(42412)은 건물 및 구축물 벽면의 도배공사, 카펫공사, 바닥재 설치공사 등 실내 장식공사, 내장 목공사를 수행하는 산업활동으로 벽지 부착공사, 모노륨 등 바닥재 설치공사, 마루 덮개공사, 비닐장판 설치공사, 장판 설치공사, 목재 마루 깔기공사, 목세공공사, 목공물 부착공사, 벽면 목공사, 나무 및 금속 결합 실내 장식공사가 있다. 유리 및 창호 공사업(42420)은 각종 유리공사 및 창호공사를 전문적으로 수행하는 산업활동을 의미하며, 유리공사, 유리 끼우기 공사, 창문 유리 설치공사, 플라스틱 창호 설치공사, 목재 창호 설치공사, 새시 설치공사, 금속 창호 설치공사, 일반 셔터 설치공사가 포함된다. 기타 건축 마무리 공사업(4249)은 전문직별 건설업자가 건축물의 완성 또는 마무리하는 단계에서 수행하는 기타 전문 건설 산업활동으로 미자, 타일, 방수공사업(42491), 건물용 금속 공작물 설치 공사업(42492) 그리고 건축물 외부 증기청소 공사, 바닥 정리 및 청소 공사, 비금속제 건물부착 공작물(차광발, 커튼고리, 커튼 등) 설치공사가 있다. 이러한 내장공사업 중에서 저소득 취약계층을 대상으로 사회서비스를 제공할 때 공사전문가들이 참여할 수 있다.

6) 사회서비스 인프라지원

(1) 금융 및 보험업(65~66)

건강보험업(65131)은 건강보험을 운영하는 건강보험관리공단 및 민간 보험 관련 산업활동을 의미한다. 산업 재해 및 기타 사회보장보험업(65139)은 근로자의 업무와 관련된 산업 재해를 보상하기 위한 요양 및 급여 등의 산업 재해보험과 실직보험 등의 사회복지적 보험기금을 관리하고 운영하는 업무로 여기에는 실업보험, 산재보험이 해당된다. 개인 공제업(65301)은 사업체 구성원의 복지와 대여에 사용하기 위한 공제 기금을 운영하는 업무로 군인공제, 교원공제가 해당된다. 사업 공제업(65302)은 사업체 상호간의 협동 조직을 통하여 사업활동에 필요한 각종 보증과 사업자금 융자 등을 하기 위한 공제 기금을 조성하여 운영하는 업무로 건설 공제조합, 주택 공제조합이 이에 해당된다. 연금업(65303)은 가입자가 퇴직 후에 소득 보장을 받도록 현 소득의 일부를 기금으로 공제하여 관리 및 운영하는 업무로 군인연금, 교원연금, 공무원연금, 국민연금이 해당된다. 사회서비스특수분류에서 보험업과 연금공제업을 사회서비스로 분류하지 않았으나, 사회서비스 10대영역에서는 서회서비스인프라를 지원하는 서비스유형이다. 보험업과 공제업에서 사회서비스의 인프라를 구축하기 위한 각종 자금융자와 보증을 운용하기도 하고 건강 관련된 업무를 지원하고 있다. 개인공제와 사업공제는 사회서비스의 협력을 위해 기금을 조성하는 측면에서 사회서비스로 편성하였다. 현재 협동조합의 기금지원과 자금형성과 같은 역할을 수행한다.

금융 지원 서비스업(661)은 금융활동에 밀접하게 관련되거나 또는 금융활동 범주에 포함되는 금융 서비스 활동, 선물 거래 및 중개 활동으로 은행연합회와 같이 협회에서 운영하는 공공기관 성격의 연구원이 있다. 보험 및 연금관련 서비스업(6620)에는 보험 및 연금 운영과 밀접하게 관련된 손해 사정, 보험 대리, 중개 및 감정, 보험료 조정, 보험료 및 연금료 산정, 보험 자문업무 등이 있다. 금융 지원 서비스업(66199)은 신용카드 거래 및 각종 금융 거래 결제 및 처리 서비스, 은행 및 발행자를 위한 어음, 수표 교환 및 현금화 서비스, 증권 및 금융 파생상품 이외 금융자산 중개, 외국환 서비스 및 환전 서비스, 여행자 수표의 발행, 현물환 대상 환전 영업자 서비스, 대부 중개 등이 있다. 기타 보험 및 연금관련 서비스업(66209)에는 보험 및 연금 조사 보고, 보험료 및 연금료 결정 등의 서비스를 제공하는 사업체로 보험 및 연금 요율 결정, 보험 조사 보고 서비스가 해당된다. 사회서비스특수분류에서 금융지원과 보험-연금관련 서비스업을 사회서비스로 분류하지 않았으나, 서회서비스인프라를 지원하는 측면에서 총괄로 분류하였다. 보험과 연금관련 서비스업에서 사회서비스의 인프라를 구축하기 위한 각종 보험 및 연금조사, 요율결정과 관련된 사항으로 사회서비스 자원형성 업무를 지원하고 있다. 금융지원과 연금-보험지원서비스는 사회서비스의 재원을 조성하는 측면에서 사회서비스로 편성하였다. 현재 협동조합의 기금지원과 자금형성에 역할을 수행하고 있다. 각종 위원회를 관리 하는 곳으로 협회에서 운영하는 공공기관 성격의 연구원이며(예: 보험개발원) 아예 민간기관으로 설립하여 운영하고 있어 고유업무는 아니지만 큰 방향에서 공공서비스를 제공한다고 볼 수도 있다. 서비스를 직접 제공하기도 하고 서비스제공을 위한 지원 협력도 수행하고 있다.

(2) 연구개발 서비스업(70)

연구개발업(70)은 연구개발 활동은 자연과학, 공학, 인문학 및 사회과학 등을 대상으로 지식 축적을 증가하거나 이용 가능한 지식을 통해 새로운 응용 부문에 적용하기 위한 창조적이고 체계적으로 수행하는 활동으로 정의되며(Frascati manual, OECD) 기초연구, 응용연구, 실험개발 활동을 포함한다. 기초연구에는 어떤 특수한 응용이나 사용 계획 없이, 현상들이나 관찰 가능한 사실들의 근본 원리에 대한 새로운 지식을 얻기 위해 행해지는 실험적 또는 이론적 연구 활동이다. 응용연구는 새로운 지식을 얻기 위해 수행되는 독창적인 탐구이지만 주로 특정 실천 목표나 목적에 맞춰진 활동이다. 실험개발은 새로운 재료, 상품, 혹은 장치를 만들어 내거나, 새로운 공정, 체계 그리고 서비스를 설정하고 행하는 혹은 이러한 모든 것들을 본질적으로 향상시키는 연구 혹은 실제적 경험으로부터 획득해 존재하는 지식을 이용하는 체계적 작업 활동이다.

의학 및 약학 연구개발업(70113)은 인간 의학, 약학 및 보건학 분야에 관하여 연구개발을 수행하는 산업활동을 말한다. 여기에는 정신 의학 연구, 공중 보건 연구, 물리요법 연구, 암 및 기타 질환 연구, 신약 개발 연구, 기초의학 연구(해부학, 생리학, 세포학, 유전학, 약학, 약물학, 독물학, 면역학, 면역 혈액학, 임상화학, 임상 미생물학, 병리학 등), 임상의학연구(마취학, 소아·산부인과·내과·외과·치의학·신경의학, 방사선학, 치료학, 이비인후과학, 안과학 등), 보건학(위생학, 간호학, 전염병학 등)이 해당된다. 기타 인문 및 사회과학 연구개발업(70209)은 기타 인문 및 사회과학 연구개발을 수행하는 산업활동을 말한다. 그 외 다학제간 사회과학 연구개발업을 포함한다. 예를 들면 심리학, 정치학, 사회학, 문화학, 철학, 역사학, 복지학, 도시계획학, 교육학, 법학, 언어학, 군사학, 인류학, 종족학, 인구학, 인간경제사회 지리학에 대한 연구가 포함된다.

사회서비스특수분류에서 연구개발업을 사회서비스로 분류하지 않았으나, 서회서비스인프라를 지원하고 있다. 보건과 복지 등 각 분야의 연구개발업에서 사회서비스의 인프라를 구축하기 위한 각종 조사와 연구활동을 통하여 사회서비스 인프라를 구축하는 업무를 가지고 있다. 연구개발업은 공공기관, 학교, 비영리기관, 영리 기관 등 각 분야에서 활동하고 있으며 사회서비스를 직접 제공하지는 않지만 서비스 지원을 수행하고 있다.

(3) 사회보장 및 사회서비스 관리 행정업(84)

사회보장 행정은 정부가 제공하는 사회보장 계획을 위한 기금 조성 및 행정 사무를 말하며, 질병, 사고, 실직, 퇴직 및 기타 수입 결손을 유발할 수 있는 명백한 위험에 대하여 정부가 이전지출 방식으로 수행하는 사회보장 행정을 포함한다.

사회서비스 관리 행정은 국민의 복리와 관련된 보건, 교육, 문화 및 기타 사회서비스를 관리하는 기관을 말한다. 교육 행정(84211)은 교육 기금 및 정책 감사, 각급 학교에 관련된 서비스 등을 수행하므로 교육지원청, 특수교육지원청이 포함된다. 문화 및 관광 행정(84211)은 체육 행정, 종교 행정, 관광 행정, 문화재 보존 행정, 오락업 관리 행정을 포함하므로 대표적인 기관이 문화재청이 있다. 환경 행정(84213)은 폐기물 관리 행정, 환경 보존 행정, 환경 규제 행정, 상하수도 행정, 생물 다양성 및 자연 경관 보호 행정으로 폐기물관리행정, 환경보존행정, 환경규제행정, 상하수도행정을 포함하고 있다. 보건 및 복지 행정(84214)은 의료기관 및 위생시설을 관리 및 감독하고, 사회 빈곤 계층 및 국민의 복지 행정을 수행하므로 의료 행정, 복지 행정, 검역소·숙박 관리 행정, 식품 및 음식점 관리 행정을 포함한다. 이외에도 국가 보훈 행정, 소비자 보호 행정이 포함되며, 노동 행정(84211)은 실업·고용 정책 및 노동관련 일반 행정을 수행하는 기관으로 고용·노동 행정, 노동위원회, 고용센터, 고용복지플러스도 포함된다. 우편 및 통신 행정(84224)은 우편 및 전기 통신시설 등을 관리, 규제 및 허가하는 기관을 의미하는데 통신 관리 행정, 우편 관리 행정을 포함한다. 사회보장 행정(84500)은 정부의 이전 지출에 의하여 사회보장 행정 사무를 의미하며 실업보상, 가족 및 아동보호 행정, 노령자, 무능력자 등을 위한 사회보장 수급 행정, 고용안정센터 등에서 근무한다.

사회서비스특수분류에서 사회서비스관련 행정으로 분류하였으며, 사업지원서비스는 제반 여건을 지원하는 업무이다. 사업지원업은 주로 정부이지만 일부공공기관에서 수행하고 있으며 사회서비스를 지원하지만 사회보장행정에서는 직접서비스를 수행하기도 한다.

(4) 협회 및 단체, 수리 및 기타 개인 서비스업(94~96)

협회 및 단체(94)는 회원 상호간의 복리 증진과 특정 목적 실현을 위하여 조직된 기관이며 산업, 노동 및 전문가 단체 또는 조합, 연합회, 종교, 정치 및 기타 협회 및 단체를 말한다. 실업·고용 정책 및 노동관련 일반 행정을 수행하는 기관으로는 고용안정센터가 있으며, 각종 사회서비스와 사회보장 관련 관리기관과 달리 분류되지 않은 회원 단체로 돌봄서비스협회, 종합사회서비스기업 등이 있다. 사회서비스특수분류에서는 종합서비스 및 사회참여지원사업으로 분류되며, 민간영역인 비영리와 영리 기관에서 서비스를 제공하고 있다. 서비스를 지원하는 형태로 서비스로 제공되고 있다.

(5) 출판업

정보통신업(58~63) 중에서 교과서 및 학습 서적 출판업(58111)은 교과관련 학습지, 참고서 등을 출판하는 산업활동으로 교과서 출판, 학습지 출판, 참고서 출판, 국어사전 출판이 이에 해당된다. 기타 인쇄물 출판업(58190)은 기타 출판업으로서 사진, 판화 및 우편엽서, 시간표, 캘린더, 예술 복제품 및 기타 인쇄물을 발행하는 서비스업이다. 각종 마이크로 출판물의 발행도 포함되는데, 우표 발행, 축하 카드 발행, 지폐 발행, 예술 복제품 제조가 해당된다. 사회서비스특수분류에서 서적 및 기타 인쇄물 출판업을 사회서비스로 분류하지 않았으나, 학습지 또는 교과서의 출판과 각종 사업 홍보를 위한 인쇄물이 사회서비스 인프라 제공 측면에서 기여하고 있다. 비영리기관과 영리기관에서 일자리를 제공하고 있으며 출판업무를 직접적으로 수행하기도 하고 인쇄를 위한 각종 연계 및 홍보 업무가 수행하고 있어 공공과 시장에서도 서비스를 지원하고 있다.

표 4-11 사회서비스산업 특수분류 정의 및 예시

항목명	항목 정의 및 예시
1. 종합 사회서비스업	돌봄·재활·상담·역량 강화 등 사회서비스를 포괄적으로 제공하고 있는 복지시설·협회 등의 산업활동
1-1 종합사회서비스 제공업	
종합 사회서비스 제공 사회복지시설	종합사회복지관, 장애인복지관, 드림스타트센터
종합 사회서비스 제공 협회 및 단체	돌봄서비스협회, 종합 사회서비스기업 등
2. 돌봄서비스업	의료적 관리가 필요한 노인·장애인에 대한 요양 보호 및 단순 돌봄이 필요한 대상자에 대한 가정·비거주 시설보호, 아동·노인·장애인·부녀자 등 요보호자에 대한 비의료적 거주시설보호를 제공하는 산업활동
2-1 요양 및 돌봄서비스업	

노인 요양 복지시설 운영업	유·무료 노인요양시설
요양병원 운영업	요양병원(의료법 제3조 제2항, 제3조의2), 정신병원(정신보건법 제3조 제3호), 의료재활시설(장애인복지법 제58조 제1항 제2호 및 의료법 제3조의2)
개인 간병인 및 유사 서비스업	산후조리원, 개인간병인
가정 내 돌봄 서비스 제공업	간병인, 보모·유모 등 베이비시터
고용알선·인력공급을 통한 돌봄서비스 제공업	베이비시터 파견업, 간병인 알선업
보육시설 운영업	국공립어린이집, 민간어린이집, 직장어린이집
재가장기요양기관 운영업	재가장기요양기관
2-2 주거보호서비스업	
노인 양로 복지시설 운영업	양로시설, 공동생활가정, 노인복지주택
아동·청소년 거주 복지시설 운영업	아동·청소년 양육시설, 자립지원시설
한부모·가정폭력 피해자 등 거주 복지시설 운영업	성폭력피해자보호시설, 모(부)자보호시설
장애인 거주 복지시설 운영업	장애유형별 생활시설, 중증장애인요양시설, 장애영유아생활시설
그 외 거주 복지시설 운영업	노숙인자활시설, 노숙인재활시설
3. 상담·재활서비스업	심리적 부적응을 겪는 개인 또는 집단의 심리적 성숙과 사회적응을 지원하는 상담 서비스와 정신·신체적 건강을 복원하기 위해 물리치료·재활치료 등의 의료서비스 또는 음악치료·미술치료 등의 기법을 활용하는 발달재활서비스를 제공하는 산업 활동
3-1 상담·재활서비스 의료업	
상담서비스 병·의원업	정신과 전문의에 의한 환자상담
재활서비스 병·의원업	물리치료, 재활치료
3-2 상담 및 재활서비스업	
상담서비스업	청소년상담소, 가정상담소
상담 외 심리치료·발달재활서비스업	아동발달센터, 언어치료센터

4. 건강지원 서비스업	심리·정신적 지원 외 인체질환의 예방과 치료를 위한 보건서비스를 제공하는 산업활동
4-1 보건의료서비스 제공 병·의원	
병원	일반병원, 한방병원, 외과전문병원
의원	내과의원, 치과의원, 한의원
4-2 공공보건 및 기타 보건업	
공중 보건 의료업	보건소, 보건지소
그 외 기타 보건업	조산원, 혈액은행, 앰뷸런스서비스업
5. 교육 및 역량 개발 관련 사회서비스업	초등·중등·고등 정규 교육을 통한 유아·청소년기의 신체·사회적 발달 지원 및 평생교육·직장교육 등을 통한 역량 개발 지원과 관련된 산업 활동
5-1 교육 관련 서비스업	
초등 교육기관	유치원, 초등학교
중등 교육기관	중학교, 고등학교, 상업고등학교, 공업고등학교
고등 교육기관	전문대학, 대학, 대학원
특수학교, 외국인학교 및 대안학교	특수학교, 외국인학교, 대안학교
5-2 역량개발 관련 서비스업	
사회교육시설	사회교육시설, 학교부설 사회교육원
직원훈련기관	공무원 훈련원, 기업 직원훈련기관
그 외 분류안된 역량개발 관련 서비스업	경영실무교육원, 사무실무교육원, 아동발달 관련 역량개발 서비스기관
6. 문화·체육 관련 시설 이용 지원 서비스업	문화·예술·체육 활동과 관련된 사회적 욕구를 충족시킬 수 있는 서비스를 제공하는 국공립예술단체, 미술관, 박물관 등 관련 단체·시설 및 문화·예술·체육 서비스와 관련된 산업 활동
6-1 문화 관련 사회서비스업	
도서관, 사적지 및 유사 여가 관련 서비스업	국·공립도서관, 현대미술관 등
창작 및 예술관련 공공서비스업	국립관현악단, 국립음악당 등

6-2 체육 활동 관련 사회서비스업	
스포츠시설 이용 지원 서비스업	국공립 체력단련시설, 체련관
체육 공원 이용 지원 서비스업	체육공원, 시민공원
7. 사회 참여 지원 서비스업	인력을 직접 고용하여 파견 또는 중개·알선을 통해 고용지원 서비스를 제공하거나 직업재활 및 사회봉사 참여 지원 등을 통해 사회 참여를 지원하는 산업
7-1 고용지원서비스업	
인력공급 및 고용알선업	고용알선업, 헤드헌팅업체
직업재활 서비스업	부랑자 직업재활원, 직업재활 상담
직업훈련원	직업훈련원, 전문강사교육
7-2 사회봉사 등 참여지원업	
사회봉사 참여지원업	자원봉사단체
7-3 사회 참여 지원 행정	
노동 행정	고용안정센터
8. 사회서비스 관련 행정	보건, 교육, 문화, 환경, 노동 등 사회서비스와 사회보장 관련 관리 기능을 수행하는 기관과 관련된 산업 활동
8-1 사회서비스 관리 행정	
교육 행정	교육지원청, 특수교육지원청
문화 및 관광 행정	문화재청
환경 행정	폐기물 관리행정, 환경보존 행정, 환경 규제행정, 상하수도 행정
보건 및 복지 행정	의료 행정, 복지 행정, 검역소·숙박 관리 행정, 식품 및 음식점 관리행정
노동 행정	고용 센터
기타 사회서비스 관리 행정	국가보훈 행정, 소비자보호 행정
8-2 사회보장 행정	
사회보장 행정	실업보상업무, 가족 및 아동보호 보장행정

제3절 사회서비스 자격관리

사회서비스 일자리는 향후 자격증에 대하여 교육 모듈을 표준화하고 자격을 연계하며 신규 콘텐츠를 개발하도록 하고 있다. 사회서비스 분야의 민간자격증에 대한 교육관리와 자원활용 측면에서 내실화는 중요한 요소이다. 사회서비스 제공인력에 대한 직업 자격에 대한 활용성 강화를 위해서 품질관리와 자격의 전문성을 확대하여 자격 취득자에 대하여 직업 연계성을 높여야 한다. 사회서비스 분야의 민간자격에 활용성을 높이고 경쟁체제 강화를 위해서는 민간자격에 대한 질 관리가 요구되고, 사회적으로 필요한 민간자격 분야 확대를 위해 보건복지 서비스 분야와 신산업 소요인력의 능력을 개발하여야 한다. 민간자격 중 우수한 자격 종목은 국제통용 자격으로 개발하는 방안도 고민할 수 있다.

1. 국외 보건복지 직업군 비교

한국, 일본, 미국의 보건복지 분야 직업군을 비교하여 표준직업분류 내 유사 직업군 간 직업명 비교한 결과 우리나라는 직업군을 총 5단계로 분류하고 있으며 일본은 3단계, 미국은 4단계로 분류하여 <표 4-12>와 같았다. 분류체계상 일본의 소분류와 우리나라의 세분류를 비교하고 미국의 세분류와 우리나라의 세세분류를 비교할 수 있다.

표 4-12 보건복지 분야 직업분류 한미일 비교

(단위: 개)

우리나라 통계청 한국표준직업분류(2007년)					일본 총무성 일본표준직업분류(2009년)			미국노동부 표준직업분류(2010년)			
대분류	중분류	소분류	세분류	세세분류	대분류	중분류	소분류	대분류	중분류	소분류	세분류
10	52	149	426	1,206	12	74	329	23	97	463	840

표 4-13 우리나라 사회서비스 분야 직업분류

우리나라		
대분류	소분류	세분류
관리자	보건 및 사회복지 관련 관리자	보건의료 관련 관리자
		사회복지 관련 관리자
전문가 및 관련 종사자	의료진료 전문가	전문의사
		일반의사
		한의사
		치과의사
		수의사
	약사 및 한약사	약사 및 한약사
	간호사	간호사(조산사 포함)
	영양사	영양사
	치료사 및 치료기사	임상병리사
		방사선사
		치과기공사
		치과위생사
		의지 보조기 기사
		물리 및 작업치료사
		임상심리사 및 기타치료사
	보건의료 관련 종사자	응급구조사
		위생사
		안경사
		의무기록사
		간호조무사
		안마사
	사회복지 관련 종사자	사회복지사
		보육교사
		상담전문가 및 청소년 지도사
		사회단체활동가
		기타 사회복지 관련 종사원
서비스종사자	의료·복지 관련 서비스종사자	간병인
		기타 의료·복지 관련 서비스종사원
	이·미용 및 관련 서비스종사자	이용사
		미용사
		피부미용 및 체형관리사
		메이크업 아티스트 및 분장사
		애완동물 미용사
		기타 미용 관련 서비스종사원
	혼례 및 장례종사자	결혼상담원 및 웨딩플래너
		혼례종사원
		장례상담원 및 장례지도사
	주방장 및 조리사	한식 주방장 및 조리사
		중식 주방장 및 조리사
		양식 주방장 및 조리사
		일식 주방장 및 조리사
		기타 주방장 및 조리사
	음식서비스종사자	바텐더
		웨이터
		기타 음식 서비스종사원

일본의 직업분류는 우리와 거의 유사하나 개호서비스 직업군을 별도로 구분하였다. 우리나라는 요양보호사가 간병인에 포함해 구분되어 있으나 일본은 개호직원과 방문개호 종사자를 별도 직업군으로 분류하고 있다.

표 4-14 일본의 사회서비스 분야 직업분류

일 본		
대분류	중분류	소분류
전문적·기술적 직업종사자	의사, 치과의사, 수의사, 약제사	의사
		치과의사
		의사
		약제사
	보건사, 조산사, 간호사	보건사
		조산사
		간호사
	의료기술자	진료방사선기술사
		임상공학기사
		임상시험기사
		이학요법사, 작업요법사
		기능 훈련사, 언어청능사
		치과위생사
		치과기공사
	그 외 보건의료종사자	영양사
		안마마사지지압사, 침구사, 뜸사, 접골사
		기타 분류되지 않은 보건의료종사자
	사회복지 전문직업종사자	기타 분류되지 않는 보건의료종사자
		복지시설지도전문원
		보육사
		기타사회복지 전문직업종사자
서비스직업종사자	개호서비스직업종사자	개호직원(의료·복지시설 등)
		방문개호종사자
	보건의료서비스직업종사자	간호조수
		치과조수
		그외 기타 보건의료서비스직업종사자
	생활위생서비스직업종사자	이용사
		미용사
		미용서비스종사자
		욕장종사자
	음식물조리종사자	조리인
		바텐더
	그 외 서비스직업종사자	장의사, 화장작업원

미국과는 분류 기준에 차이가 있어 단순비교가 어려우나 우리나라에 비해 직업의 종류를 계층적으로 세분화한 것이 특징이었다. 예를 들면 전문가→기술전문가→기술자→조수 및 보조원과 같이 미국은 실무인력을 기술전문가 및 기술자, 기술자 및 보조원, 조수 및 보조원으로 위계적 분류하였으며, 물리치료보조원, 가정보건보조원, 간호보조원 등 분야별 의료보조 인력을 전문직업화하고 있다. 미국은 보건의료분야에서 보건의료 진단처치 전문가로 의사, 치과의사를 비롯해 간호사, 영양사 등을 포함해 분류하고 있으며 치과의사를 일반치과의사, 치열교정의사 등으로 세분하고 있다.

상담 및 심리치료 분야에서 우리나라는 임상심리사 단일체계이나 미국은 임상, 상담, 학교 심리사 등으로 세분하였으며, 상담분야도 중독 및 이상행동 상담사, 교육상담사 등 전문분야별로 구분하고 있다. 우리나라는 사회복지사로 일반화하여 구분하고 있으나 미국의 사회복지 분야는 사회복지사 역시 아동, 가족, 학교사회복지사, 건강관리사회복지사 등으로 세분화하고 있다.

표 4-15 미국의 사회서비스 분야 직업분류

미 국		
중분류	세분류	세세분류
보건의료 진단 처치전문가	의사	마취과 의사
		가정일반의
		인턴의
		산부인과 의사
		소아과 일반의
		정신과 의사
		외과 의사
		그 외 의사
	치과 의사	일반치과의사
		구강악안면외과 의사
		치열교정 의사
		보철치과 의사
		그 외 치과 의사
	의사보조사	의사보조사
	발전문의	발전문의

보건의료 진단 처치전문가	수의사	수의사
	약사	약사
	등록간호사	등록간호사
	마취간호사	마취간호사
	조산사	조산사
	실무간호사	실무간호사
	청각 전문가	청각 전문가
	각종 건강진단 및 처치실무자	각종 건강진단 및 처치실무자
	영양학자 및 영양사	영양학자 및 영양사
	척주지압요법전문가	척주지압요법전문가
보건 기술전문가 및 기술자	임상병리 기술전문가 및 기술자	임상병리 기술전문가
		임상병리 기술자
	치과위생사	치과위생사
	진단관련 기술전문가 및 기술자	심혈관 기술전문가 및 기술자
		진단의학 초음파검사 기술자
		핵의학 기술자
		자기공명 화상 기술자
		방사선 기술자
보건의료 진단 처치전문가	치료사	작업치료사
		물리치료사
		방사선치료사
		호흡요법치료사
		운동생리치료사
보건 기술전문가 및 기술자	응급의료 기술자 및 보조원	응급의료 기술자 및 보조원
	보건 실무 보조 기술전문가 및 기술자	식이요법 기술자
		약품조제 기술자
		정신의학 기술자
		호흡치료 기술자
		외과 수술 기술자
		수의학 기술 전문가 및 기술자
		안과 의학 기술자
	등록 실무 및 등록 직업 간호사	등록 실무 및 등록 직업 간호사
	의학기록 및 보건정보 기술자	의학 기록 및 보건정보 기술자
	검안사, 안경기술자	검안사, 안경기술자
	각종 보건 기술전문가 및 기술자	교정기 전문가 및 보철기사
		청각보조 전문가
		그 외 보건 기술전문가 및 보건기술자

그 외 보건 의료 실무 및 기술 관련직	직업적 보건·안전 전문가 및 기술자	직업적 보건·안전 전문가
		직업적 보건·안전 기술자
	각종 보건 실무자 및 기술 관련직	운동 트레이너
		유전 상담자
		그 외 보건의료 실무 및 기술 관련자
간호, 정신의학, 가정보건 보조원	간호, 정신의학, 가정보건 보조원	가정 보건 보조원
		정신의학 보조원
		간호 보조원
		병원 관련 잡역 종사자
작업치료 및 물리치료 조수 및 보조원	작업치료 조수 및 보조원	작업치료 조수
		작업치료 보조원
	물리치료 조수 및 보조원	물리치료 조수
		물리치료 보조원
그 외 보건의료 보조직	마사지 치료사	마사지 치료사
	각종 보건의료 보조직	치과 보조원
		의학 보조원
		의약품 준비원
		의학 기록사
		제약 보조원
		수의사 보조원 및 실험실 동물 관리인
		채혈사
		그 외 보건의료 보조원

2. 민간자격

우리나라 자격의 종류는 여러 가지로 구분될 수 있는데, 자격이 발휘하는 기능에 따라 '업무독점형 자격'과 '능력인정형 자격'으로 구분할 수 있고, 자격의 해당 분야나 성격에 따라 '전문자격'과 '직업소양자격'으로 구분할 수 있다. 자격의 관리 주체에 따라 크게 '국가자격'과 '민간자격'으로 구분된다. 우리나라의 자격체계는 <그림 4-2>와 같다.

국가자격은 국가가 법률에 따라 부여하는 자격으로서 국가기술자격법에 의한 국가기술자격과 개별 법령에 의한 기타 국가자격으로 분류되며, 민간자격은 자격기본법에 근거한 국가공인 민간자격과 순수민간자격이 있다.

그림 4-2 우리나라의 자격체계

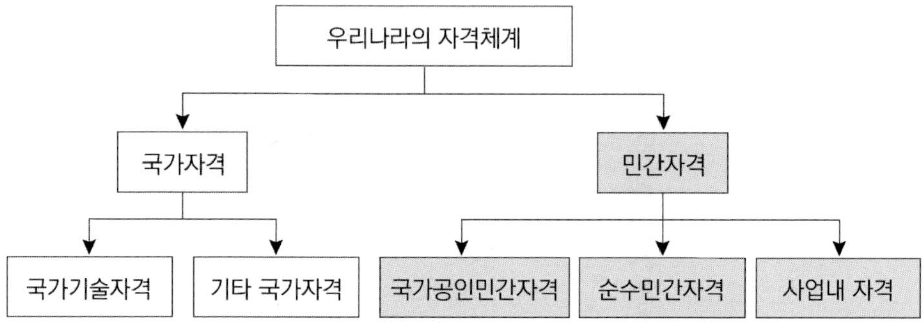

1) 민간자격증 의미

민간자격증이란, 국가기관이 아닌 민간이 발행하는 자격증을 의미한다. 자격기본법에서 자격과 관련된 주무 부처에서 심사하고 있다. 민간자격증은 공인과 비공인 자격으로 구분하는데 공인된 자격은 취업 시 국가 자격에 따른 인정을 받기도 하는데, 예를 들면 보건복지부가 주관하는 수화통역사, 점역사와 같은 자격증이다. 그러나 현재 민간자격은 지나치게 많은 종류가 있고, 과거에는 민간자격증을 공신력 있는 국가자격인양 속이거나 허위 과장 광고를 하는 등 자격증 장사를 위한 수단이 되는 문제가 사회문제가 되었고, 2014년 국정감사에서도 지나치게 많은 민간자격의 종류에 대하여 다루어지기도 했다. 2008년도에는 민간자격증의 수가 655개에 불과했으나 2008년 민간자격 활성화를 위해 심사 없이 간단한 신고 절차만으로 민간자격증 등록이 가능해진 이후, 취업난을 노리고 수많은 민간자격증이 난립하였다.

한국직업능력개발원에 의하면, 대한민국의 민간자격증의 수는 2014년 11,257개, 2020년 37,545개에 이른다(2020. 2. 25. 현재).[2] 공인 민간자격 등록제도의 본래 취지는 민간자격을 활성화해 국가 자격과 민간자격이 상호보완적인 관계를 유지하도록 한 것이다. 민간자격은 국가 자격이 제공하지 못하는 교육 훈련과정을 제공하며 새로운 산업계의 수요에 부응하는 것이었다.[3]

2) https://www.pqi.or.kr/inf/qul/infQulSitRegView.do
3) 공인 민간자격 사후관리 방안 – 한국직업능력개발원, 2002년.

민간자격 제도의 단점은 질적으로 떨어지는 수많은 민간자격증이 난립하며 미취업자들을 현혹하는 결과를 낳아, 민간자격증을 발행하는 업체는 응시료와 교재판매 등을 통한 '자격증 장사'를 사업으로 영위하였다.[4] 민간이 발행하는 자격증을 국가공인자격증처럼 속여, 이를 취득하면 취업이 쉬워질 것처럼 사기를 치거나 허위 과장 광고를 일삼는 경우가 적지 않았다.[5] 문제 해결을 위해 2013년 10월 6일 자격기본법이 개정되면서 민간자격 발급기관은 반드시 등록하여야 하며, 주무 부처의 심사도 받아야 한다. 2014년 국정감사에서도 문제로 제기되어,[6] 난립한 민간자격증의 문제에 대해서는 법무부를 비롯한 보건복지부 등 정부 기관들 역시 우려를 표하고 있다.[7][8] 2004년 보도에 따르면, 한국 사회복지사협회는 '○○복지사'라는 이름으로 민간에서 남발되는 민간자격증에 대해, "사회복지사와 유사한 '○○ 복지사'라는 명칭을 사용하여 마치 자격을 취득하면 사회복지사와 같은 공신력이 있다고 혼동"하기 쉽다. 당시 한국 사회복지사협회 회장이 언급한 '현혹되지 말아야 할' 민간자격증은 교회복지사, 케어복지사, 노인복지사 등이 있었다.[9] 이러한 자격증 남발로 인해 2000년 이후 자격기본법이 개정되어 현재는 등록하지 않고 민간자격을 발급하는 경우에는 3년 이하의 징역이나 3천만원 이하의 벌금에 처해질 수 있다.[10]

2) 공인 민간자격증

정부에서는 2000년부터 '민간자격 국가공인제도'를 도입하였다. 공인제도는 민간자격에 대해 소정의 평가 절차를 거쳐 일정한 조건을 갖추어 우수하다고 평가되는 경우 국가가 공인해 주는 것이다. 국가공인 민간자격 제도의 관리는 '한국직업능력개발원'이 담당하고 있으며, 국가공인을 받은 민간자격인지 아닌지는 민간자격정보서비스 홈페이

4) 4천여 개 민간자격증, 소비자 피해 '어떻게', 자율 규제가 문제, 민간자격증 등록 전 사전 검증 필요, 이코노미세계, 2013. 7. 17.

5) '민간자격증 사기' 평생교육원장 입건(건강전통식품 교육지도사) 뉴스1, 2014. 5. 23.

6) 1. 국감-7년간 민간자격증 18배 증가 … "전문성 의심돼", 경향신문, 2014. 10. 8.

7) 2. 당신의 자격증은 진짜인가요? 취업자 울리는 민간자격증, 법무부 블로그, 2013. 7. 15.

8) 복지부, '~복지사' 민간자격증 주의 당부, 국가자격증인 '사회복지사'와 혼동 남발, 메디컬타임즈, 2004. 1. 26.

9) 복지부, '~복지사' 민간자격증 주의 당부, 국가자격증인 '사회복지사'와 혼동 남발, 메디컬타임즈, 2004. 1. 26.

10) 2013년 10월 6일 개정된 자격기본법.

지에서 검색하여 확인할 수 있다. 공인을 받은 민간자격이 공인신청 당시의 내용과 다른 방법으로 자격을 운영하는 사례가 있는가 하면 부실한 교육과 운영 등 많은 문제가 발생해왔다. 민간자격은 전체 25,599개가 있으며, 이 중 국가공인자격은 99개(0.38%)가 있다. 민간자격이 가장 많은 부처는 교육부 7,499개(29.3%), 문화체육관광부 7,477개(29.2%), 보건복지부 3,884개(15.2%) 순이다. 민간공인자격이 많은 부처는 교육부 25개로 25.25%에 해당하고, 미래창조과학부 20개로 20.2%, 금융위원회 11개 순이다. 보건복지부의 등록된 민간자격은 3,884개이며 이 중 공인자격은 점역교역사, 병원행정사, 수화통역사 3개(0.08%)가 있다. 공인자격 운영기관의 형태는 사단법인이 34개, 주식회사와 재단법인 각각 6개이며, 학교법인이 2개이며, 기타 유형이 13개 순이다. 공인 민간자격증의 경우, 취업 시의 자격 기준으로 사용되기도 한다. 예를 들어 충남교육청에서는 학원 강사의 요건으로 전문대학 졸업 이상의 학력을 요구해왔으나, 공인자격으로 그 요건의 장벽을 낮췄다.11)

표 4-16 보건복지부 국가자격 현황

시행기관	국가 자격명
보건복지부	장례지도사, 정신보건간호사 정신보건사회복지사, 정신보건임상심리사, 장애인재활상담사, 언어재활사, 보건교육사
한국보건의료인 국가시험원	치과위생사, 치과의사, 한약사, 한약업사, 한약조제사, 한의사, 작업치료사, 전문간호사, 조산사, 치과기공사, 영양사, 요양보호사, 위생사, 응급구조사, 의무기록사, 의사, 의지·보조기 기사, 임상병리사, 간호사, 간호조무사, 물리치료사, 방사선사, 안마사, 약사, 안경사
대한의사협회	전문의
임상영양사	한국영양교육평가원
한국보육진흥원 보육인력개발국	보육교사
한국산업인력공단, 한국사회복지사협회	사회복지사

* 보건복지 분야 국가자격 36종.

11) 충남교육청 "학원 강사 학력 제한 없앤다.", 연합뉴스, 2014. 10. 25.

3) 등록된 민간자격 현황

보건의료 분야에서는 민간자격은 응급안전보호사, 병원서비스 코디네이터 등이 있으며, 복지 분야에서는 대상별 상담사(놀이, 미술, 음악 등), 지도사(부모교육 등) 형태로 존재한다. 등록 민간자격 관리운영기관은 2017년 3월 현재 전체 5,429개 중에 법인은 2,555개 개인과 기타단체는 2,874개의 기관으로 구성되어 있다.

표 4-17 등록된 민간자격 현황

2017. 3. 8.(현재)

연 도	전체등록 자격수	등록폐지 자격수	등록취소 자격수	등록 자격수	누적 자격수
2017	823	0	0	823	23,956
2016	6,153	115	0	6,038	23,133
2015	6,521	511	0	6,010	17,095
2014	6,253	924	11	5,318	11,085
2013	2,748	395	0	2,353	5,767
2012	1,453	225	0	1,228	3,414
2011	1,053	185	0	868	2,186
2010	539	79	0	460	1,318
2009	380	65	1	314	858
2008	655	111	0	544	544
총계	26,578	2,610	12	23,956	0

자료: https://www.pqi.or.kr/inf/qul/infQulSitRegView.do

(1) 보건의료 분야

① 의료분야 등록 민간자격

의료분야의 등록 민간자격은 2014년에서 2016년 사이에 컨설턴트, 행정사, 정보사, 코디네이터 등 전문적인 기술능력을 표현하는 이름으로 운용하고 있다. 이에는 '의료서비스 컨설턴트', '의료기관 행정사', '의료 행정사', '의료 정보사', '의료서비스 매니저', '국제의료서비스 코디네이터', '의료서비스 매니저', '의료서비스 디자이너', '의료기기 RA 전문가'가 있다.[12]

12) 한국의료서비스평생교육원, 사)한국의료행정실무협회, 아이비코리아(주), 한국원격교육진흥

② 건강관리분야 등록 민간자격

건강관리분야에서 2015년의 등록민간자격은 지도사, 상담사, 관리사, 진료사라는 명칭으로 운용하고 있는데 지도사에는 '노인건강 운동지도사', '건강코칭 지도사', '건강문화 지도사', '산모신생아 건강교육 지도사'가 있으며, 상담사에는 '건강정보 상담사', '자연건강 상담사', '정신건강 심리상담사'가 있으며 그 외 '실버건강 노래진료사'가 있다.[13]

(2) 복지분야

① 노인복지분야 등록 민간자격

노인복지분야에서는 2015년 노인심리상담사가 여러 기관에서 등록 민간자격을 운영하고 있다.[14] 이외에도 2014년에는 노인의 경험을 활용하거나 생활지도를 위한 '시니어라이프 플래너', '시니어라이프 코치', '시니어 라인댄스', '해피 시니어조형 지도사', '시니어 조이아트', '시니어리더 코치', '시니어코칭 전문가', '시니어전문 강사', '시니어 모델 전문강사', '시니어 한국어논술' 등의 명칭으로 등록민간자격을 운영하고 있다.[15]

② 가족보호(노인, 아동, 학생, 신변보호 등)분야 등록 민간자격

가족보호를 위한 등록민간자격에는 2014－15년 사이에 보호사, 관리사, 상담사 등이 있어 '신변보호원', '소셜안전 보호사', '가족 보호사', '어린이보호 관리사', '보호관찰 교정심리 상담사'가 있다.[16]

③ 장애인분야 등록 민간자격

장애인관련 민간등록자격에는 지도사, 상담사, 교육사, 전문가라는 명칭으로 사용

원, 한국메디컬코디네이터협회, 글로벌교육관리협회, 한국창의인재육성개발단, 메디탑서비스연구소, 에이엠티서비스(주), 의료기기정보기술지원센터.

13) 사)국제여가문화협회, 사)한국교육협회, 더좋은(주), 명지대학교, 대한노래지도사자격교육협회, 한국직업재활원(주), 아주복지문화평생교육원, 한국복지상담심리협회.

14) 한국민간자격개발원(주), 소암 한국민간자격개발인증원(주), 늘봄미술심리치료연구소, 사)한국문화예술진흥회, 한국자격심사평가원, 한국평생교육진흥원, 한국평생학습진흥원, 한국원격교육진흥원(주), 한국교육학습개발원, 한국예술심리치료협회.

15) 사)한국복지경영개발원, 사)한국가족상담교육협회, 사)대한라인댄스협회, 한국코칭심리연구소(주), (재)종이문화재단, 사)한국코칭능력개발원, 한국부부행복코칭센터, 한국지식문화경영아카데미(주), 서울공연예술센터, 국제한국어논술평가원.

16) 사)한국경호무술협회, 한라시큐리티(주), 한국지식인재원(주), 퍼스날가드서비스(주), 케이아이씨피(주), 한국복지사이버대학.

하고 있다.[17] 지도사에는 '장애아동 방문학습 지도사', '장애인예술 지도사', '장애인직무 지도사', '장애인 승마재활 지도사'가 있으며, 상담사에는 '장애인인권 상담사', '장애인 동료 상담사', 'ADHD(주의력결핍과잉행동장애) 전문상담사', '장애인가족전문 상담가'가 있다. 이외에도 '장애인 전문상담 교육사', '장애인 난타놀이 전문가'로 장애인 대상만 특화하여 민간자격을 특화하고 있다.

④ 돌봄분야 등록 민간자격

아동 돌봄과 관련하여 돌봄서비스를 지도하는 민간등록자격에는 2015~16년 사이 '돌봄지도사', '초등돌봄 지도사', '방과후돌봄 지도사', '방과후돌봄 지도사'와 같은 명칭으로 민간기관에서 자격을 관리하고 있다.[18]

제4절 신규 민간자격 검토

1. 돌봄분야

1) 치매전문관리사(Dementia Coordinator)

치매전문관리사는 의료연계, 가족지원, 지역계몽, 직원교육, 고난이도 케이스에 대한 개별 대응 등이 가능하여야 한다. 치매관리사는 요양병원, 요양원, 주간보호소, 보건소 등 치매관리 기관에서 치매환자와 치매가족을 대상으로 진료, 요양을 위한 사정(Assessment)을 하고 치매환자를 지역사회와 연계하는 등 사례관리를 하며, 서비스 내용을 조정하고 효과적인 서비스를 제공하기 위해 치매요양보호사 등 관련 인력에 대하여 교육과 훈련을 실시한다. 치매관리사는 치매 가족이나 지역에 대한 정보제공, 계몽 활동, 수급자 여부, 요양보험 신청 등 행정업무도 병행하고 있다. 정부는 급증하고 있는 치매환자들에게 양질의 서비스를 제공하기 위해 치매전문요양보호사를 훈련과 배치에

17) (사)한국지역자활센터협회, 사랑나눔 행복한 동행 평생교육원, (사)곰두리중증장애인교통복지협회, 한국상담심리교육센터, 한국웃음놀이치유협회, (사)해피패밀리, 한국심리상담교육학회, 특수아동지도사협회, 미래창의영재교육연구원.

18) 지역사회교육실천본부, 가디언엔젤스, 한국자격관리평가원, 한국아동지도사교육진흥원(주), 한국방과후교육개발원.

대하여 제도를 마련하였다(2014년 7월 치매특별등급제도 도입). 덴마크는 치매전문관리사 또는 치매코디네이터를, 일본에서는 치매전문관리사를, 미국과 영국 등에서는 치매코디네이터와 치매케어매니저 등 치매 관련 전문 인력을 요양시설에 배치하도록 하고 있다. 치매관리사는 간호사, 사회복지사 등 각 직역을 포괄하는 치매전문교육을 받아야 한다. 치매관리사는 주로 요양원, 요양병원, 보건소, 주간보호센터 등에서 근무한다. 치매관리사의 역할은 지역사회의 사례관리자, 치매서포터즈, 치매가족 및 보호자의 요구부응, 요양병원 및 요양시설 지도자이며, 개가서비스 방문간호 업무도 수행한다.

자격검증 수준은 간호사, 사회보건 개호사[19] 자격증 소지자를 대상으로 100시간 이상의 연수를 실시하며 실습과 유사한 프로젝트 활동참가도 포함된다. 국내에 권역 및 지역 치매센터 등 치매 관련 기관에서 활동하는 인력으로 간호사, 정신보건간호사, 사회복지사, 작업치료사, 물리치료사, 놀이치료사, 음악치료사, 미술치료사 등이 있으나 정부에서 지원하는 치매훈련 프로그램을 이수하여 활동하고 있으나 전문성이 높지 않다. 치매환자의 욕구를 사정하고 지역사회와 연계하는 치매코디네이터는 사실상 국내에 없다.

2012년 현재 치매노인은 53만4천여 명으로 2008년 대비 26.8%가 증가하여 향후 2025년에는 치매노인이 100만 명을 넘어설 것으로 전망된다. 급속한 고령화로 인해 치매노인이 급증하고 치매 치료, 관리 비용 증가로 사회경제적 부담이 가중됨에 따라 정부에서는 국가치매관리 종합계획을 수립하여 추진이다. 2014년 7월부터 노인장기요양보험 치매특별등급제도에서 치매요양보호사를 육성하고 전문성을 높이고자 하였다.

2) 노노케어 매니저(老老 Care Manager)

노노케어란 노인이 노인을 돌보는 복지 프로그램으로, 건강한 노인에게는 일자리를 제공하고 몸이 불편한 노인에게는 복지혜택을 주는 것을 주된 내용으로 한다. 미국의 경우 '시니어 친구'라는 프로그램을 운영하고 있는데, 60세 이상의 활동적인 노인에게 고정된 수입과 함께 다른 노인들과 우정을 쌓을 기회를 주고, 수혜자들에게는 시설에 가지 않고 집안에서 머물며 생활한다. 시니어 친구 매니저는 시니어 친구에 참여하려는 봉사자에 대한 신체적 특성, 프로그램에서 요구하는 사항의 준수 의지 등을 평가

19) 덴마크에서 사회보건개호사는 간호사와 준간호사의 중간에 위치하며 의학적 교육을 충분히 받은 인력을 말한다.

하여 분류한다. 일본은 노인들 스스로 서로 도울 수 있는 협동조합 형태로 노노케어를 운영한다.

노노케어는 '복지'를 바탕으로 하고 있는 만큼 사회복지사 자격을 갖추는 것이 필요하며, 이에 더해 노인의 특성 이해, 관련 지역자원 활용, 노노케어 프로그램 구성과 운영, 인력 관리 등에 관한 지식·기술 등이 필요하다. 민간자격은 아직 국내에 없으며 케어 매니저는 치매 노인들의 관리에서도 중요하게 대두되는 직업으로 우리나라에는 아직 없는 직업이며 전문 노노케어 매니저가 부족하고 사업의 운영이나 관리가 체계적이지 않고 서비스 수준, 일자리의 질이 높지 않은 상황이다.

대도시보다는 지방의 노인복지관, 지자체 등에서는 노인일자리사업으로 노노케어에 많은 관심을 보이고 있다. 2017년 65세 이상 노인인구 비율이 전체 인구의 14%를 넘어서며 고령사회에 진입했고 2025년에는 초고령사회(65세 이상 인구 20% 이상)로의 진입한다. 노인일자리사업은 고령자에게 일할 기회를 제공하고 사회 참여 기회를 확대하여 일할 의욕이 있는 건강한 고령자가 사회에서 소외되거나 낙오되지 않도록 하자는 맥락에서 최근에 '노노케어(老老 Care)'가 관심을 받고 있다. 노인일자리 창출이라는 경제적 효과와 더불어 동년배가 돌봄서비스를 제공하는 과정에서 정서적인 공감대를 나누는 등 노인복지서비스의 질적 향상까지 가능하다는 측면에서 노노케어가 필요할 수 있다.

3) 외국인 요양보호사(Global Carer)

외국인 요양보호사는 외국어 구사가 가능한 요양보호사로, 국내에 거주하는 외국인과 외국인 환자가 증가함에 따라 필요성이 제기되는 직업이다. 국제요양보호사는 요양보호사가 하는 업무를 수행하되, 주로 외국인을 대상으로 외국어를 구사하고 있다. 외국인요양보호사는 외국어 구사가 가능해야 한다는 점에서 국내 인력이 업무에 필요한 외국어를 배워 진출한다. 외국인 환자는 동일 언어를 사용하는 인력을 선호하기 때문에 인력중개업체에 교포나 외국인 요양보호사를 연계해달라고 요청이 있다.

요양보호사는 장기 요양수급자에게 신체적, 심리적, 정서적, 사회적 보살핌을 제공하며, 요양보호 서비스 계획에 따라 대상자의 청결 유지, 식사와 복약 보조, 배설, 운동, 정서적 지원, 환경 관리 및 일상생활 지원 업무를 수행한다. 일부 지자체에서 취업 지원 및 한국생활 적응을 목적으로 일본, 중국, 몽고, 베트남, 필리핀 등 다양한 국적의 이주여성들을 대상으로 요양보호사 교육과정을 지원하여 실제 취업으로 이어진다. 2014

년 서울 강서구에서는 결혼이주여성을 대상으로 국제간병인 과정을 개설해 20명의 국제간병인을 배출하였다. 현재 외국인 요양보호사 민간자격은 없는 상황이고 일자리는 요양보호사와 같은 수준이다. 2013년도 외국인 환자 유치 실적은 총 21만1,218명으로 전년 대비 32.5%가 증가하였고, 이 중 입원진료를 받았던 외국인 환자는 2009년 이후 연평균 50.5% 증가세를 보인다. 이들의 재원 기간은 2013년 기준 평균 12.3일이며, 입원환자 수는 2009년 이후 연평균 74.6%의 증가세를 보이고 있다. 외국인 환자유치사업 촉진을 위한 국제의료특별법을 제정해 외국인 환자 유치를 뒷받침할 계획이다. 외국인 환자 수의 증가로 외국어구사가 가능한 외국인요양보호사의 필요성이 제기되고 있다.

2. 치료사 부문

치료(Therapy)는 병이나 상처를 잘 다스려 질병, 장애, 문제를 치료, 치유, 완화하기 위해 계획된 체계적 과정과 활동이다. 핵심요소로는 진단(진찰), 처치(개입), 고침이 있다. 치료는 외부 개입이 우선되어 질병으로부터의 회복이 목적이다. 환자의 질병 또는 장애에서 출발하여 의료적인 범주에서 사용되며 구체적인 처치의 수단이나 방법과 관련된 차원에서 주로 사용된다. 의학적 관점에서는 약복용, 식이요법, 외과수술, 요양을 통한 치료가 있다. 치료는 객관적 진단과정과 인과관계 파악을 중시하는 과학적 성격으로 접근하고 있다.

1) 중독치료 전문가

'중독치료 전문가'는 마약, 알코올, 도박, 인터넷 게임 등의 분야에서 발생하는 습관성 중독행동과 중독자들이 이로 인해 발생하는 문제에서 벗어날 수 있도록 치료하는 사람이다. 내담자와 상담과정을 거쳐 재활을 위해 법적, 경제적, 의료적 쟁점을 전문가로서 자문하고 지원한다. '중독치료 전문가'는 상담 관련 전문직이기 때문에 많은 사례와 경력이 늘어날수록 역량이 강화된다. 근무환경은 내담자와 편안한 상담을 하기 때문에 업무공간이 쾌적한 편이며, 소음이 적은 상담실에서 근무한다. 업무능력은 심리치료 및 상담에 대한 기본자질과 각 분야에 대한 전문지식, 내담자를 지지하고 공감 능력, 내담자가 스스로 문제를 책임지고 해결해 가도록 하는 지원 능력, 습관성 중독에 대한 전문지식, 중독에 빠진 사람들과 주변 사람들의 역동을 이해할 수 있는 상황 대처능력이 필요하다.

자격검정 수준은 임상심리사, 상담심리사, 정신보건 사회복지사, 정신보건 간호사 등 정신건강 관련 자격증을 취득하고, 중독상담과 중독재활에 관한 임상경험이 필요하다. 특히, 임상경험은 정신병리와 관련된 지식이 필요하며 상담과 관련해서는 최소한 기본적인 상담기법을 활용할 수 있는 능력이 요구된다. 최근에는 한국심리학회 산하 중독심리학회에서 중독심리상담사와 같은 민간자격증도 있다. 한국정보화진흥원, 사행산업통합감독위원회와 같은 국가기관에서도 중독상담에 관한 교육과정을 만들어 중독상담에 관심 있는 상담가에게 도움을 주고 있다.

취업 분야는 도박, 알코올중독, 인터넷중독, 마약중독 등 다양한 중독 관련 상담기관으로 진출할 수 있는데, 일반적으로 중독 관련 상담실은 국가기관과 사업운영주체에서 운영하고 있다. 우리나라 도박중독 치료전문가의 경우 약 50명 내외이며, 알코올이나 마약, 인터넷중독 상담자는 훨씬 더 많은 편이다. 임금 수준은 상담전문가의 평균 연봉은 3천여 만원인 것으로 나타났다.[20]

습관성 중독 현상을 병으로 인식하기 시작하면서 중독에 대한 사람들의 관심이 커지고 있다. 중독상담에 대한 수요가 늘어나듯 중앙정부에서도 중독 관련 교육과 자격제도를 정비하고 있는 상황으로 일자리 역시 늘어날 것으로 보인다. 2008년 국내 인터넷 중독자의 경우 199만9,000명으로 중독률은 8.8%에 해당. 특히 청소년 중독률(14.3%)이 성인(6.3%)에 비해 두 배 이상 높다(행정안전부).

2) 언어치료사

언어치료사는 기능적, 신경학적 또는 기질적인 원인으로 인한 음성 장애를 치료한다. 호흡, 발성, 공명, 조음검사에 대해 각종 음성검사 장비를 사용하여 파악하는데, 기질적 기능적 문제라면 재활치료 계획을 수립한 후 여러 치료기법을 복합적으로 적용하여 치료한다. 근무여건은 대학병원이나 개인병원의 이비인후과 부속 언어치료실에 근무하는 경우와 복지관, 재활원, 개인 언어치료실의 경우가 일반적이다.

언어치료사는 성대 결절, 성대 폴립, 성대구증, 성대 마비, 변성발성장애, 성대 낭종, 노인성 발성 등 성대와 관련된 질병을 재활치료를 통해 정상 혹은 정상에 가깝게

20) 2009년에 조사한 한국직업정보시스템 재직자조사 결과.

회복시키는 능력이 필요하다. 치료가 종결된 후에도 일정 기간 점검하며 사후관리 진행한다. 고객이나 고객의 가족들의 감정적인 요구사항들에 대하여 심리학, 특수교육학 등의 소양도 필요하고 환자의 모델이 되기 때문에 스스로 좋은 발성습관을 가지는 것이 중요하다. 말투나 목소리에서 문제점을 발견할 수 있어야 하므로 높은 청음 능력도 필요하다.

언어치료사 자격증은 민간자격증[21]으로 의료기관과 교육기관, 사회복지관, 재활원 등에 취업할 수 있으며 언어치료센터를 개설해 운영할 수 있다. 자격검증 수준은 대학에서 개설한 언어치료학 또는 언어병리학을 전공하는 학부 또는 대학원 과정을 마쳐야 한다. 학부과정을 이수하면 2급 자격증을 취득할 수 있는 자격이 주어지고 이후 대학원 과정을 마치고 12개월간 수련 기간을 거치면 1급 자격증이 주어진다. 2급 언어치료사의 업무는 언어소통 장애의 치료, 기초진단 등을 담당하고, 1급 언어치료사는 심화된 치료와 진단, 교육과 연구를 담당한다.

지역사회에서 말더듬이나 조음장애에 대하여 적극적으로 치료를 하려는 사람들이 늘고 있고 어린이의 언어장애가 조기 발견되는 확률이 높아지면서 음성언어장애 치료에 대한 수요도 늘어나고 있다. 전문인력의 수요가 많이 증가하는 추세이지만, 대학의 관련학과 졸업생이 늘어난 데 비해 수요처는 제한적이다.

3. 치유사

치유(healing)는 건강을 회복하기 위해 심리적 안정을 제공하여 심리적, 신체적, 정신적, 사회적 문제행동과 갈등을 완화하는 과정이다. 치유에 있어서 핵심요소로는 예방, 심리적 안정, 회복, 치료 후 재발 방지를 강조한다. 치유는 치유받는 사람의 심적 강화를 우선으로 회복시키는데 전인적 상태로 회복하거나 관계를 회복시키는 자생적 변화과정을 중시한다. 치유대상자의 정서, 감정, 심리적 문제에서 출발하여 주변 사회 및 환경과의 조화와 균형이 깨진 상태를 개선하는 과정까지 나아간다. 이러한 치유 과정에는 감성적인 부분과 자기 치유력의 의미를 더 많이 내포하며 객관화될 수 있는 주관적인 감정과 정서의 다양한 활동을 포함하고 있다.

---

21) '한국언어치료전문가협회'와 '한국언어청각임상학회'에서 주관.

1) 동물매개치유사

동물매개치유사는 개, 고양이, 말, 새, 돌고래 등 도우미 동물들을 통해 몸과 마음에 상처가 있는 사람들이 동물과 상호작용을 하며 정신적·신체적·사회적 기능을 회복하고 심신의 재활 등을 할 수 있도록 돕는 일이다. 치유의 대상은 우울증, 대인관계 어려움을 느끼고 있는 사람부터 장애인, 노인, ADHD 환자까지 다양하다. 동물을 활용한 치유 과정은 '상담 → 치료계획 수립 → 진행 → 평가'의 순서로 진행된다. 치료 후 보호자와의 상담을 통해 클라이언트에게 필요하다고 판단되는 심리적 환경 구성에 대해 컨설팅하며 클라이언트가 반려동물의 분양을 원할 경우, 동물 선택해 훈련을 지원한다. 동물 관리방법에 대한 교육하고, 후보가 되는 도우미 동물을 선별해 훈련하고, 테스트를 통해 동물이 치유 현장에서 활동할 수 있게 육성한다. 도우미 동물의 건강 관리와 복지를 위해 환경을 구축하고 훈련을 통해 도우미 동물로서의 능력을 갖춘다.

근무는 동물매개치유센터, 교육기관(초·중·고, 특수학교 등), 복지관, 보육시설, 병원, 장애인생활시설 등에 진출해 일한다. 국내에 동물을 활용한 치유 프로그램을 도입하는 치료기관은 점점 늘고 있다. 의료종사자가 치료의 보조적 수단으로 활동하는 동물매개요법(Animal Assisted Therapy, AAT)이며, AAT는 의료종사자가 치료의 보조적 수단으로 활동하는데, 70%가량이 우울증, 치매 등 정신적으로 문제가 있는 사람을 대상으로 한 재활활동에 활용한다. 동물매개활동(Animal Assisted Activity, AAA)은 동물과의 교류를 통한 생활의 질적 향상을 목적으로 하며, 고령자 등을 대상으로 동물과의 교감을 통해 진행된다. 동물매개교육(Animal Assisted Education, AAE)은 유치원, 초등학교, 고아원 등에서 아이들을 대상으로 활동하고 있다.

동물매개치유사는 민간자격이며,[22] 대학의 동물 관련 학과(동물매개재활과, 애완동물과, 동물자원학과 등)를 나왔거나 사회복지학, 심리학, 특수교육학, 교육학을 전공하고 과정을 이수한 후 애니멀테라피스트가 될 수 있다. 국내 동물매개 치유활동은 관련 협회를 중심으로 활발하게 이루어지고 있으며, 동물매개 치유에 대한 효과성이 종종 언론 등을 통해 알려져 지속적인 치료 수요가 있을 것으로 보인다.

---

22) 한국동물매개치료복지협회, 한국동물매개치료연맹, 창파동물매개치료연구센터, 평택대 사회복지대학원(동물매개치료전공), 원광대학교 동물매개치료대학원, 대구미래대학교, 서울호서직업전문학교 등.

2) 마음치유사

마음치유사는 약이나 외부의 개입으로 질병을 낫게 하는 것이 치료라면, 질병에 대하여 몸 스스로 병을 이겨내고자 하는 몸 내부의 능력으로 병을 다스려 나아지고 편안한 심리적 안정을 얻게 하는 것이 치유한다. 물론 치료 자체가 치유적 기능을 통해 이루어진다는 점에서 명확한 구분이 어렵지만 외부 개입이 우선되는 경우와 내적 강화가 우선되는 경우로 방법론적인 구분은 가능하다.

치유는 삶(일상)의 역량과 기술을 가르치며, 이들은 명상, 숨쉬기, 요가 등의 대체수행 방법을 활용하며, 역증요법의 약품, 약물을 최소 사용하여 치료하는 동종요법, 척추지압, 심리치료, 마사지, 영양식 등을 포함해 다양한 활동을 연계하여 문제 해결과 전인적 성장을 지원한다. 마음치유의 23개 등록 자격에 대하여 마음관리, 마음지도의 명칭으로 운영하고 있다.

4. 상담사 부문

1) 감정노동상담사

감정노동상담사는 감정노동자를 위한 상담프로그램을 설계하고 개인상담, 집단상담 등 다양한 방식에 따라 상담을 진행한다. 필요한 경우 검사를 통해 감정노동자의 기본적 성격, 신체적·정서적·행동적 증상을 평가하고, 검사결과를 해석하며 이를 토대로 본격적인 상담한다. 감정노동자의 신체적·행동적·정서적 문제가 심각하여 약물치료 등이 필요한 경우 임상 심리치료를 받을 수 있도록 도움을 준다. 감정노동의 대표 직업으로는 항공기 객실승무원, 홍보도우미, 판촉원, 통신서비스 및 이동통신기 판매원, 고객상담원 등이 있다. 감정노동 상담사라는 별도의 직업이 존재하기보다는 오래전부터 발달해 온 정신건강 상담사(Mental Health Counselor)들이 감정노동자를 위한 상담업무까지 수행한다.

감정노동에 대한 예방 의무가 있는 유럽, 호주, 일본, 캐나다 등에서는 정신건강 상담사들이 기업체를 직접 방문하여 감정노동자에 대한 교육 훈련하고 있다. 최근 감정노동 관리사라는 민간자격증이 만들어졌고, 민간교육기관을 통해 감정노동 관리사 자격증 취득을 위한 교육이 진행된다. 민간영역의 자격증 마련이나 교육 및 훈련을 통한 인력양성을 주도하기보다는 공공 차원에서 자격과 인력양성체계를 마련하는 것이 바람직하다. 상대적으로 전문성이 높고 감정노동자의 신체적·행동적·정서적 문제를 해결한다. 미국에서는 2015년 기준 13만5,000명이 종사하고 있다.

뉴스 헤드라인을 장식한 몇몇 사건이 사회불평등 구조와 부당한 노동환경 등과 맞물리면서 '갑질'이라는 신조어가 등장할 정도로 사회적 이슈가 있다. 감정노동자에 대한 사회적 관심과 배려, 감정적 노동에 대한 정책적 지원과 예방책이 필요하다는 점에 사회적 공감대가 형성된다. 감정노동자가 다수 종사하는 기업체에서는 감정노동자의 직무 스트레스 예방 및 관리에 관한 교육을 진행한다. 우리나라의 경우 감정노동에 대한 관심은 계속 커지고 있는 데 비해 아직 감정노동자 보호에 관한 구체적 정책 마련은 미진한 상태이다. 외국과 같이 감정노동자 보호를 의무화할 경우 감정노동자에 대한 교육·상담 등이 활발해질 것으로 예상되며 감정노동 상담사의 인력수요가 증가할 것으로 보인다.

2) 직장생활상담사

직장생활상담사(Prevention Advisor/Konfliktberater)는 직장 내에서 발생하는 여러 가지 갈등과 따돌림 등에 대한 상담과 예방 교육, 심리검사 등을 수행한다. 심리검사에는 성격유형 검사, 다면 인적성 검사, 우울 검사 등이 있으며, 검사결과를 바탕으로 전문적인 상담서비스를 제공한다. 조직 내 인간관계에서 발생하는 일로 피해자와 가해자가 바뀌어 발생할 수 있고, 상하 관계가 영향을 미칠 수 있어 직원교육 프로그램을 구성하여 예방 교육도 실시하고 있다. 정신관련 상담을 제공하는 정신보건센터나 심리상담센터 등 각종 상담센터에서 회사 내 갈등 및 성인상담 프로그램을 제공하고 있다. 종업원지원제도(EAP: Employee Assistant Program)는 직장 내 음주 및 약물지원제도(AAP: Alcohol Assistant Program)로 시작하여 1970년대부터는 종업원의 정신건강, 가족문제, 금융 및 법률 자문까지 확대되었다. 삼성, 포스코, SK, 현대자동차, 한국타이어 등에서 기업 내 심리상담 제도를 운영하며, 임직원의 기업 내 스트레스 해소를 위해 전문 심리상담사를 채용하여 심리검사와 상담 프로그램을 제공한다.

3) 노인심리상담사

노인심리상담사는 노년에 사회에서 여러 가지 갈등과 문제로 인해 고통을 받는 사람들을 대상으로 정신건강이나 정서장애와 관련된 문제를 과학적 측정도구 사용하며 상담을 통해 종합적으로 진단한다. 심리학적 방법을 활용하여 노년 건강을 위한 예방 교육과 치료는 물론 웰다잉을 할 수 있도록 조력자 역할도 있다. 노인심리상담사는 노인복지시설, 요양원, 실버타운, 노인대학, 지역 마을회관, 문화센터, 병원, 개인심리상담소 등에서 근무할 수 있다. 노인심리상담사에게는 기초 상담학, 기초 노인발달학, 기초 노인인지학, 기초노인심리실습이론, 기초 노인놀이학, 응급처치법, 교수법 등의 교육이 필요하다.

5. 관리사

1) 모바일 건강관리 코치(Mobile Healthcare Coach)

모바일 건강관리메니저는 모바일기기 및 스마트폰을 통해 영양·운동·심리 3가지 분야에서의 상담업무와 교육업무가 직무로 구성된다. 주로 운동지도사, 운동처방사, 스포츠지도사, 영양사, 임상영양사, 심리학 전공자 등이 채용될 수 있다. 아직 우리나라에는 원격으로 의학적 조언을 제공할 수 없으므로 업무수행에 있어서 의학적인 지식이 많이 요구되지는 않는다. 다만 원격으로 고객과 의사를 소통해야 하므로 채용 시 건강관리를 위한 정보를 쉽게 잘 설명할 수 있는 의사소통능력 필요하다. 건강 관리를 위해 필요한 지식은 첫 직장 시작 후 교육과 훈련을 통해 습득할 수 있다. 교육과정에는 동기면담(Motivational Interview), 기본 영양, 운동, 모바일 건강관리 등의 내용으로 구성된다. 국내에 아직 정식 교육과정이나 인증기관이 없고 일부 업체가 관련 교육 프로세스를 제작하고 있다. 미국의 자격검증 수준을 살펴보면, '미국 NCCHWC(National Consortium for Credentialing Health and Wellness Coaches)'라는 기관이 건강관리 코치에 대한 자격증을 부여하고 있다. 모바일로 활동하는 건강관리 코치도 이에 포함되는 상황이며 인증받은 교육기관에서 교육을 일정 시간 이상(약 32시간) 이수한 후에 시험을 통해 최종 자격 인증을 부여하고 있다.

국내에서는 몇몇 모바일 건강관리 서비스 제공 회사에서 인력을 채용하고 있다. 미국은 모바일 건강관리 코치 규모는 2016년 하반기 기준 약 500~1,000여 명 정도 수준이다. 기존의 오프라인 피트니스 트레이너나 영양사로 근무하면서 파트타임 모바일 건강관리 코치로 일하는 것도 가능하며, 고용이 다양한 형태로 이루어질 수 있다. 향후 모바일 헬스케어 기술이 한국의 의료환경에 충분히 정착하지 못했고 스타트업 위주로 업계가 움직이다 보니 시장 규모가 작은 상황이나 지역 보건소 등에서의 활용도를 높인다면 효과적인 지역 보건정책의 수단으로 활용될 수 있다. 미국의 경우 전화나 오프라인센터를 기반으로 한 영양교육, 운동교육 등이 활발히 이루어지고 있는 등 이미 다수의 건강관리 코치가 활동하고 있다.

2) 애견산책 도우미(Dog Walker)

도그워커는 고객으로부터 의뢰받은 개를 산책시키는 업무를 진다. 고객의 집에 방문하여 개와 라포(rapport)를 형성하며 산책시킬 개의 건강, 체력, 특성 등을 파악하고 개를 산책시킬 때는 산책 경로와 소요시간 등을 고려하여 산책계획을 설정하고 의뢰인에게 보고한다. 개와 산책이 끝난 후에 산책 중의 배변 여부나 특이사항 등을 견주에게 알려준다. 산책을 나가서는 개의 산책 습관에 따라 교육이 필요할 수 있으므로 기본적인 개 훈련방법에 대한 지식도 필요하다. 산책 중 발생할 수 있는 돌발상황을 막기 위해 항상 주위를 살피며 산책해야 하고, 만약 돌발상황이 발생한다면 큰 사고를 막기 위해 상황 판단해야 한다. 산책이 끝나고 집에 돌아오면 개를 다시 깔끔한 상태로 만들어야 하므로 미용 관리에 대한 지식이 있어야 한다. 여러 마리의 개를 산책시킬 수 있는 체력도 다져야 하며, 개에 대한 다양한 지식을 쌓아야만 할 수 있는 직업이기 때문에 단순히 개와 함께 걷기만 하면 되는 것으로 쉽게 생각하지 않아야 한다.

향후 우리나라의 반려동물 시장은 1인 가구 증가와 고령화 인구의 급속한 증가로 가족 규모가 축소되면서 애완동물에 대한 수요가 증가하고 가족 구성원 감소로 고립된 생활로 인한 외로움을 위안 삼기 위해 애완동물을 기르는 사람이 늘어난다. 국내 반려동물 인구가 1천만 명을 넘어섰고 많은 회사가 반려동물사업에 참여하고 있다.

3) 병원코디네이터

병원코디네이터의 직무는 급변하는 의료환경의 변화에 대응하고 양질의 서비스를 제공하기 위해 환자와 병원 간 정보를 연계하여 서비스를 제공한다. 의료현장에서 의료와 관계된 의료상담, 의료행정, 의료진료, 의료기기 등 의료와 관련된 모든 업무 이외의 환경관리, 조직관리와 마케팅까지 담당하고 있다.

6. 신규 민간자격 콘텐츠 개발방향

신규 민간자격 개발 필요성은 정부의 일자리 창출 정책 방향에 부응하고 사회적으로 필요한 민간자격 확대를 위해 4차 산업과 보건복지 서비스 분야 소요인력의 필요한 분야를 발굴하기 위한 목적을 지닌다. 보건복지 종사자의 해당 자격에 관한 전문성을 보장할 수 있는 체계적인 교육과 자격검정을 통해 전문인재 수요변화에 대처하고 민간자격 관련분야 직업 전문교육을 위한 인력양성기반을 마련할 필요성이 있다. 민간자격 제도 운영상의 문제점은 산업현장 기술변화와 고용구조에 맞는 자격의 직무설계를 부적정하여 활용도 낮고 교육과 노동시장의 연계 차원에서 자격검정의 공정성을 저해하고 있다. 특별한 자격요건 없이 민간자격을 운영하여 기관의 영리추구에 치중하는 경향이다. 민간자격 국가공인제도에서 공인을 받는 기관이 시장을 선점하는 수단으로 인식된다.

표 4-18 민간자격의 필요성, 수행과정, 기대효과별 주요 검토사항

필요성		프로세스/과정		기대효과
정부 공약 여부		관리·운용 인프라 지원		일자리 규모(양)
공인/민간자격 유무		협회－학회－관련기관 연계		일자리 보수수준
기존 인프라현황(제도, 수준)	▶	현재 교육과정 병행	▶	자격증 생성
서비스 수요 규모		법－제도 개선사항 검토		사회적 효과
사회적 이슈(언론, 사건사고)		예산 확보 노력		교육인프라 증감

교육과정 수료 시 인센티브 지원체계 개선하고 대학(원) 학점 이수 및 민간자격 부여 기관과의 협력 강화하여 일부 민간자격증 교육과목 이수 인정 교환, 자격증 보수교육 인정체계 마련하여야 한다. 이외에도 정책변화에 따른 현장 맞춤형 직무교육을 강화하고 단기 외 장기교육과정 개발하고 기존 교육과정을 개선하여 토론 및 사례공유 등 현업 중심의 교육 정체성을 특화하여야 한다. 복지상담 및 실험실습분야에 대한 전문교육과정과 민간자격과정의 조합하고 교육과정의 적정한 조합과 설계로 인적자원을 효율적으로 활용해야 한다.

보건의료분야는 4차 산업혁명 등에 따른 보건의료분야의 IT 일자리 증가 및 ‘생명

윤리 및 안전에 관한 법률'이 시행되어 법의학적 전문지식을 갖춘 법의 간호사, 항노화 산업(Anti-aging)의 성장 추세이다. 사회복지 분야는 고령화 진전에 따라 치매는 사회문제가 심화되고 아동(성)폭력이 갈수록 증가하며 '노인장기요양보험법'(2008. 7월 시행)에 따라 요양산업의 품질관리가 필요하다. 공공관리 분야는 보건복지부, 지자체 공무원과 민간종사자들을 대상으로 하여 직무교육은 물론 공공부문의 관리역량 제고에 대한 교육을 진행해야 한다.

표 4-19 분야별 민간자격 개발영역

분 야	복 지	보 건
전문 (분야생성)	아동보호 조사관(사회복지사+) 노인 보호 가정 보호(법무교정)	법의 간호사(간호사+) 치매 전문관리사(요양보호사+) 외국인 요양보호사(요양보호사+)
상담사 (심리, 제품)	감정노동상담사 노인 심리상담사 직장 생활 상담사 (법률, 경제, 생활정보…)	건강기능 식품상담사 복지 용구 전문상담원
치료사 (조작, 수단)		중독치료사 언어치료사
치유사 (힐링, 안정)	동물매개치유사 마음치유사(예술치유)	
관리사 (지도, 매니저)	복지재정관리사 노노케어매니저 사례관리사	모바일건강관리코치(스마트헬스케어) 헬스케어 애플리케이션 개발자
지원 (돌봄, 행정)	애견산책도우미	생명윤리운영원

제 5 장

사회서비스 제공기관

제 5 장 사회서비스 제공기관

사회서비스를 제공하는 기관을 '제공기관', '보호실시기관', '사업기관', '중계기관' 등 다양한 명칭을 사용하기도 하였으나, 보통 '사회서비스 제공기관(이하 제공기관)'으로 사용하고 있다. 사회서비스를 제공하는 단체의 성격이 영리기관보다는 복지관 같은 비영리기관에서 많은 서비스를 제공하고 있다. 우리나라 비영리기관들은 다음과 같이 구분하고 있으나 사회서비스는 주로 복지단체에서 수행하고 있다.

표 5-1 우리나라 비영리단체(NPO)의 분류

목 적	구 분		주요단체
	조직/유형	활동영역/기능	
공익단체	기 관 조직형	의료/보건단체	종합병원, 정신병원, 요양원 등
		교육/연구단체	초·중·고등사립학교, 직업학교, 연구소 등
		복지/서비스단체 예술/문화단체	양로원, 보육원, 직업훈련소, 복지관, 모자보호소, 청소년수련원, 박물관, 미술관, 극장, 오케스트라, 레크리에이션단체, 문학가 집단 등
	회 원	시민단체	환경단체, 소비자단체, 여성단체, 자원봉사단체, 국제원조단체, 모금단체 등
		종교단체	기독교, 불교, 천주교 등 각종 종교단체 등
집단이익 추구단계	조 직	직능단체	상공회의소, 전국경제인연합회, 변호사협회, 의사협회 등
		친목단체	컨트리클럽, 동창회, 향우회, 화수회, 상조회 등

자료: 박상필(2005) 재인용, 엄미선 외(2016): 15쪽.

제1절 사회서비스 제공기관 관리제도

1. 지정제

1) 제공기관 지정 및 사업수행범위

사회서비스 돌봄사업 시행 초기에는 제공기관의 사업이 안정적이고 원활하게 진행될 수 있게 지역사회에서 돌봄사업을 수행하였거나 제공인력의 서비스를 제공하였던 기관을 지정하여 운영하였다. 기초자치단체인 시·군·구에서는 참여 기관의 적정 운영을 위하여 2개소 이상 복수의 제공기관을 지정하였다. 한 개 기관에서 노인돌보미, 산모신생아도우미, 중증장애인활동보조서비스, 지역사회서비스혁신사업 등 복수의 사업을 수행할 수 있도록 하였으며, 동일한 기관이 2개 이상의 복수 기초자치단체에서 사업을 수행할 수 있도록 하였다. 프로그램 사업별로 사업자를 등록할 수 있도록 하였으며, 지정제는 지정일로부터 만료일을 정하는 제도로 지정된 기관은 연간 사업평가를 통해 재지정 여부를 결정한다. 지정할 때 평가하는 요소로는 서비스제공능력, 사업운영능력, 서비스관리실태 등이 점검 사항이었다.

2007년 당시 서비스제공기관은 사회복지사업법 시행규칙에 따른 사회복지서비스 이용권에 의한 서비스를 제공하는 '보호 실시기관'이며, 동법 시행규칙 제19조의4 제3항에 의거하여 보건복지부장관, 시·도지사, 시장·군수·구청장은 사회복지서비스를 제공하는 기관이거나 단체 중에서 보건복지부장관이 정하는 기준을 갖춘 자를 이용권을 받고 보호를 실시하는 기관이거나 단체를 선정하였다. 동법 시행규칙 제19조의4 제5항에서는 보호실시기관의 운영자는 이용권을 제출한 보호대상자에 대하여 이용권의 범위에서 보호를 실시하고 있다. 보건복지부 노인돌보미사업 안내 및 중증장애인활동보조사업안내에 의해서 시·군·구에서 공모 및 심사를 거쳐 일정한 유효기간을 두고 지정하고 있다.

서비스 제공기관은 근로기준법, 노동조합 및 노동관계조정법 등이 전면적으로 적용되는 사업장이다. 제공기관의 대표는 명백하게 사용자의 위치에 있다. 제공기관의 성격에 따라 공익을 위한 비영리기관이며, 운영비 전부가 보조금에 의해 유지되는 사회복지시설이라 할지라도 제공기관장이 사용자의 위치에 있다.

근로자인 제공인력과의 관계에서는 복지부의 지침 등에서 구체적 명시 여부와 관계없이 근로기준법 및 노동 관계법을 우선 적용하고 있다. 사회복지시설의 근로기준법 위반 사례로는 지침에 명시되지 않았거나, 보조금 지원이 없다는 사유로 연장·야간·휴일근로수당 미지급하는 경우, 근로자의 성격을 지닌 시간강사, 유급봉사자 등에게 최저임금 미적용하는 사례, 취업규칙 미작성 및 미신고사례, 근로시간과 휴게시간의 미준수 및 무임금의 사례, 상시근로자 수의 잘못 적용 등의 사례를 주의하여야 한다(여명, 2007).

2) 사회서비스 제공기관 역할

(1) 사업비 관리

제공기관은 서비스를 제공한 대가로 받은 수익금을 제공인력과 전담인력에 대한 인건비, 운영비(수용비 및 수수료, 제세공과금 및 보험료 등) 등으로 사용하도록 하고 있다. 제공기관은 수익금 중 제공인력에 대한 인건비는 기준단가의 75% 이상의 범위에서 자율적으로 정하였다. 제공기관은 단말기 통신 및 유지비용으로 사용하도록 하였다.[1)]

(2) 사업운영 내실화

제공기관의 장은 당해 기관의 사업내용을 고려하여 기준을 정하고 이에 따라 필요한 조직을 갖추어야 하며, 운영과 관련된 세부사항은 관련 법과 지침 등에 의거 제공기관 운영규정을 별도로 정하여 시행한다. 제공기관의 운영에 관하여는 다른 규정에서 특별히 정한 것을 제외하고는 「사회복지사업법」의 관련 규정을 준수한다.

(3) 자료 제출 협조

제공기관은 정부와 지방자치단체에서 정한 양식에 따라 분기별 사업실적을 해당 기관에 제출한다. 사회서비스전담기관에서 제공하는 프로그램과 이용자의 편의를 위한 온라인 정보 등을 위해 필요한 자료를 입력하여 공개한다.

(4) 서비스 이용자와 제공인력과의 계약 및 관리

제공기관은 서비스 이용자와 서로 합의하에 계약을 체결한다. 계약 체결 시 서비스 인정자에 대한 「서비스제공계획」을 수립한다. 제공기관은 제공인력과 개별적으로 근로계약을 체결하여야 한다. 제공기관은 제공인력이 교육을 받은 후 서비스를 제공할 수 있도록 해야 한다. 제공기관에서 제공인력에 대한 4대 보험에 가입하고, 이용자 피해보

1) 2007년 대당 월 14,850원 및 카드수수료 1.5%를 지급.

상에 대비하여 배상책임보험을 가입한다.

(5) 지정취소 및 반납

지정취소 가능 사유로는 제공기관에 대한 사업실적 및 운영실태를 평가한 결과 서비스 제공 수준이 현저히 낮은 경우, 제공기관 지정 시 부여받은 이행조건(사업계획서 등)을 충족하지 못하는 경우, 제공기관에 대한 지도와 감독결과 사업 수행이 어렵다고 판단되는 경우, 시·도지사 또는 시·군·구청장, 보건복지부 장관의 정당한 시정 요구 등 지시 및 자료 제출 등 요청에 불응할 경우가 해당된다. 지정 제공기관에서 지정을 반납하고자 하는 경우 3개월 이전에 해당 시·도 또는 시·군·구에 제공기관 지정을 반납하여야 한다.

3) 돌봄사업 제공기관의 규모

사회서비스 바우처 사업을 운영하는 제공기관을 분석하여 보았을 때, 영리와 비영

표 5-2 사회서비스 바우처 제공기관 유형 특성

(단위: 개소, 2009~2010년)

구 분		기관수								
		총 계	돌봄 서비스					기 타		
			소 계	가사간병	노 인	산 모	장애인	소 계	장애아동	지역사회
2009년	총 계	**3,000**	**1,458**	**303**	**505**	**197**	**453**	**1,542**	**636**	**906**
	영 리	**652 (21.7%)**	**82**	2	6	70	4	**570**	231	339
	비영리	**2,346 (78.2%)**	**1,374**	300	498	127	449	**972**	405	567
	국가 및 지자체	2 (0.1%)	2		1			1		
2010년	총 계	**4,040**	**1,703**	**310**	**629**	**241**	**523**	**2,337**	**765**	**1,572**
	영 리	**1,087 (26.9%)**	**130**	3	11	111	5	**957**	341	616
	비영리	**2,951 (73.0%)**	**1,571**	306	617	130	518	**1,380**	424	956
	국가 및 지자체	2 (0.1%)	2	1	1					

자료: 보건복지부(2009, 2010) 사회서비스관련 주요통계.

리의 비율은 20 : 80수준이었으나 영리기관이 점차 늘어가고 있었다. 특히 지역사회서비스투자사업이나 산모신생아지원사업에서 확대되었다. 돌봄서비스와 같이 수익성보다 공공성을 더 강조하는 사업에 있어서 비영리 기관이 점유하고 있는 비율이 높았다.

4) 제공기관 지정제에서 등록제 변경에 따른 이슈

사회서비스 제공기관 지정제는 지자체에서 사회서비스 제공기관 공모를 통해 관할 지역 내 기관을 지정하였으며 지정된 제공기관에서만 서비스를 제공하도록 하였다. 반면, 등록제는 사회서비스 제공기관은 인력, 시설, 장비 등 등록기준을 갖춘 기관은 지자체에 제공기관으로 등록하기만 하면 사업을 운영할 수 있도록 하였다. 등록요건은 사회서비스 이용권사업 진입을 위한 사업자 등록기준은 사회서비스 영역에 적정규모의 사업자가 진입함으로써 공정한 경쟁구도를 형성하고 사회서비스 제공을 활성화하여 소비자의 편익을 증대하도록 하기 위한 목적이었다. 이 사항을 '사회서비스이용권 관리법 시행규칙'에 등록기준을 규정하였다.[2)]

지정제에서 등록제로 바뀐 사회서비스이용권 대상 사업은 5개 바우처이용권 사업으로 노인돌보미, 가사간병도우미, 산모신생아도우미, 장애아동재활치료, 지역사회서비스투자사업이었다. 장애인활동보조사업은 지정제로 존속하고 「국민건강보험법」의 적용을 받는 임신·출산진료비지원은 제외하였다. 이 사업에 대하여 전체 이용권 사업에 적용할 단일한 기준 또는 사업 유형별로 등록기준 개발 여부를 결정하였고 사회서비스 이용권 사업 대부분이 대인 돌봄서비스로 일정한 자격을 갖추거나 교육훈련을 이수한 인력 확보 여부가 쟁점이었다. 다만, 지역사회서비스 사업의 경우 일부 사업에서 특정한 장비나 시설기준이 필요하였다. 예를 들면 방역서비스는 방역에 관련된 각종 법규에 따른 기준을 따르도록 하였다. 향후 신규사업자가 '사회서비스이용권사업'에 진입할 때 필요한 사업자 등록기준에 적용하도록 하였다. 정부는 등록기준을 통하여 사회서비스 시장에 적정규모의 사업자가 진입할 수 있도록 하며 공정한 경쟁 구도를 형성하여 이

---

2) <사회서비스이용권 관리법 관련조항>
제14조(사업자 등록) ① 사회서비스이용권을 통하여 사회서비스를 제공하려는 자는 제공하려는 사회서비스별로 관할 사회서비스이용권 관리기관에 각각 등록하여야 한다. 등록사항을 변경하는 경우에도 또한 같다.
② 제1항에 따라 등록하려는 자는 보건복지가족부령으로 정하는 인력·시설 또는 장비를 갖추어야 한다.

용자의 편익을 높여야 했다. 등록기준에는 인력과 시설, 경영요건을 지켜야 했는데, 인력요건에는 교육훈련시간, 자격증여부, 적정 고용 인원을 고용하여야 하며, 시설 요건에는 필요 시설규모와 장비를 갖추어야 하며, 경영적 요건을 담아 등록기준을 제시하였다.

2. 등록제

1) 등록제 개요

2007년부터 사회서비스 전자바우처사업은 시행되었으나, 사회서비스이용권과 관련된 법률관계를 명확히 하기 위해 2009년 7월「사회서비스이용권 관리법」제정을 추진(2009. 7. 15 국회 제출)[3]하였고 2012년에 이르러서야 법률안이 발효되었다. 국회에 제출된 법률안에서는 이용권 사업자의 등록제를 규정하였는데 당시 공모에 의한 허가제로 운영되고 있었다. 등록제의 도입취지는 수요자의 선택권을 강화하고, 공급자 간 경쟁과 재정집행의 효율성을 높이기 위한 목적이었으나, 이용권 사업자 지정방식의 변화는 사회서비스 전반에 큰 영향을 미칠 수 있으므로, 이에 대한 정책적 분석과 판단이 선행되어야 했다.

등록제는 사회서비스이용권 사업자 간 공정한 경쟁을 통해 사회서비스의 품질향상이 가능하면서도, 이용권 운영방식에 따른 사회서비스의 다양성을 고려하여 사업별 적정 등록기준 설정하여야 했다. 사회서비스이용권 사업이 지정제에서 등록제로 변경하기 위해서는 환경분석이 필요하였다. 환경분석에서 등록제 도입에 따라 달라지는 정책환경과 완화된 규제상황을 고려하여야 했다. 사회서비스 제공기관의 진입이 낮아짐에 따라 사업자들이 쉽게 이용권사업으로 진입할 수 있었다. 지정제에서 운용되던 공급규모가 등록제로 변화면서 적정한 제공기관 규모를 산출하여야 했다. 등록제의 목적은 사회서비스 제공기관 진입장벽을 완화하여 경쟁력 있는 제공기관을 확대하고 이용자의 서비스 선택권을 증진하기 위함이었다. 등록제 도입에 따른 우려 사항은 영세한 제공기

3) <사회서비스이용권 관리법 관련 조항>
제14조(사업자 등록) ① 사회서비스이용권을 통하여 사회서비스를 제공하려는 자는 제공하려는 사회서비스별로 관할 사회서비스이용권 관리기관에 각각 등록하여야 한다. 등록사항을 변경하는 경우에도 또한 같다.
② 제1항에 따라 등록을 하려는 자는 보건복지가족부령으로 정하는 인력·시설 또는 장비를 갖추어야 한다.

관이 난립되는 것과 서비스 품질이 저하되는 것이었다. 이를 막기 위해 제공기관에 대한 등록기준과 등록 취소사유, 품질관리를 위한 요건 등을 마련해야 했다. 「사회서비스 이용 및 이용권 관리에 관한 법률」 제16조를 법적 근거로 하여 등록제 시행일 이전 지정기관은 2012. 11. 5까지 등록요건 구비하고 신규 제공기관은 2012. 8. 5까지 준비하도록 하였다. 등록제 대상사업은 사회서비스 전자바우처 사업 중 개별법상 제공기관 지정제로 운영 중인 사업을 제외한 4개 사업으로 가사간병방문서비스, 노인돌봄서비스, 산모신생아도우미서비스, 지역사회서비스투자사업이었다. 장애인활동지원서비스와 언어재활치료서비스의 경우 「장애인활동지원에 관한 법률(2011. 10. 5 시행)」 및 「장애아동복지지원법(2012. 8. 5 시행)」에 의해 지정제로 운영되었다.

등록기준을 살펴보면 시설기준으로 재가방문형은 필요 사무실에 대하여 면적 제한이 없으며, 기관방문형은 노인돌봄 주간보호의 경우 90㎡ 이상의 생활실이 존재하여야 하며, 지역사회서비스 기관방문형은 33㎡ 이상의 시설을 구성해야 한다. 제공인력 및 자격기준의 경우 가사간병과 노인돌봄사업은 요양보호사 10인 이상이며, 산모신생아도우미은 복지부 고시에 따른 교육이수자 10인 이상이며, 지역사회서비스투자사업은 사업별로 복지부 고시에 따른 자격소지자 3인 이상이다. 기관장 자격기준은 사회복지사, 의료인, 경력 2년 이상 요양보호사, 또는 사업경력 3년 이상인 자로서 복지부 고시에 따른 교육이수자가 있어야 한다. 지역사회서비스투자사업은 기관장 자격기준 적용 예외가 있다.

표 5-3 제공기관 등록기준별 충족률

구 분	가사간병	노인돌봄 (재가방문)	노인돌봄 (주간보호)	산모 신생아	지역사회 서비스 투자
제공기관 수(개소)	326	933		339	1,685
시설 등록기준 충족률	100%	100%	93.5%	100%	77.6%
제공인력 기준 충족률	74.8%	74.8%	91.7%	74.8%	82.5%
기관장 등록기준 충족률	91.9%	93.9%		80.0%	해당 없음

* 기관장 등록기준 충족률(2012. 3), 시설 및 인력기준 충족률(2010).

2) 시행 준비상황

(1) 등록제 안내 및 의견 수렴

사업을 수행하였던 기존 지정된 제공기관과 신규로 사업을 수행하려는 기관에게 등록제에 대하여 안내와 의견수립을 할 필요가 있었다. 법 시행과 더불어 지자체에 등록기준 안내자료 배포(2012. 2)하였고 지자체 공무원 및 제공기관 대상 등록제 안내교육(5개 권역)을 실시하였다. 당시 차세대 전자바우처시스템으로 전환하고 있는 상황이어서 전담기관(사회보장정보원)에서 전환교육 시 등록제에 대한 사항을 병행하였다. 이와 함께 제공기관 간담회, 지자체 현장방문 및 워크숍 등 통해 등록제 관련 의견을 수렴하였다.

(2) '인력의 자격기준' 관련 고시

산모신생아방문서비스 제공인력 교육과정을 고시(5. 10)하여 산모신생아도우미 자격 갖추기 위한 기본·심화·경력자 교육과정을 실시하였다. 지역사회서비스투자사업 제공인력 자격요건을 고시(5. 30)하여 사업별로 제공인력이 갖추어야 할 자격내용 규정하였다. 제공기관장 및 관리책임자 교육과정 고시 제정 추진 중(~7월 말)으로 해당 사업별 3년 이상 경력자의 기관장 등록에 필요한 교육과정을 개발하고(진행상황) 한국보건복지인력개발원과 협의하에 기관장 업무역량에 필요한 교육과정*(40시간) 개발하였다. 커리큘럼은 인사·노무, 마케팅, 바우처시스템 소개, 돌봄사업 이해 등이고 교육과정 마련 후 제공기관 의견수렴 등을 거쳐 고시하였다.

(3) 제공기관 등록 시스템 개발(행복e음에 기능 구현)

제공기관은 등록정보의 시스템 자동 관리를 통해 업무가 진행되었는데 당시 제공기관을 지자체가 지정하면 후에 지정서를 사회보장정보원에 팩스로 전송하면 정보원에서 바우처시스템에 전산으로 입력하였다. 시스템 개발한 후에는 시·군·구에서 행복e음에 입력하여 등록하면 바우처시스템으로 자동 전송하게 되었다. 제공기관시스템에는 시·군·구에서 제공기관 등록에 필요한 신청 정보인 서비스 종류, 제공자, 대표자, 법인, 지급계좌, 시설기준, 자격기준, 인력기준 등 8개 항목을 개설하였다. 산모신생아사업의 경우 보건소에서 시·도 지정에서 시·군·구 등록으로 변경됨에 따라 보건소에서 등록관리 하도록 시스템 권한 부여하고자 하였다. 향후 제공기관 등록신청 정보(8개) 중 5개 항목 구축완료(80% 완료)하고 시설, 자격, 인력기준 3개 항목과 보건소 등록기능, 기타 필요항목에 대해 담당자 의견 수렴 거쳐 시스템에 반영하였다.

3) 등록제 시행에 따른 시장 변화전망

2012년 등록제 시행전, 노인돌봄, 장애인활동보조, 가사간병서비스, 지역사회서비스투자 등 바우처사업은 시·군·구별로 2~4개 기관이 지정되어 제공하는 제한적인 서비스 경쟁시장이었다. 서비스 제공기관은 비영리기관이 대부분을 차지하였으나 영리기관도 일부 존재하였다. 가사간병과 노인돌봄사업의 경우 지역자활센터, 재가노인복지센터 등 비영리기관이 94%로 거의 대부분을 차지하였으나, 산모신생아도우미사업과 지역사회서비스투자사업의 경우 영리기관이 각각 55%, 41%로 영리기관 진입이 활발하였다. 다만 제공기관의 규모가 작고 영세하여 제공인력 10명 미만인 기관이 32%이며,[4] 매출액 1억원 미만인 기관이 70%로 영세한 수준이었다.

표 5-4 사업별 제공인력 및 매출규모 현황

구 분		총 계	가사간병	노인돌봄	산모신생아	지역사회서비스	
제공인력 (2012.3)	10명 미만	**731 (32.5%)**	146 (53.7%)	272 (38.7%)	102 (44.7%)	3명 미만	211 (20.2%)
	10명~40명 미만	1,182 (52.6%)	125 (46.0%)	412 (58.7%)	96 (42.1%)	3~10명 미만	549 (52.6%)
	40명 이상	333 (14.8%)	1 (0.4%)	18 (2.6%)	30 (13.2%)	10명 이상	284 (27.2%)
	계	**2,246 (100%)**	**272 (100%)**	**702 (100%)**	**228 (100%)**	**1,044 (100%)**	
매출규모 (2011)	1억 미만	**1,853 (70.0%)**	235 (82.5%)	414 (54.2%)	161 (62.4%)	1,043 (77.8%)	
	1억~3억 미만	732 (27.6%)	50 (17.5%)	346 (45.3%)	82 (31.8%)	220 (16.4%)	
	3억 이상	63 (2.4%)	0 (0.0%)	4 (0.5%)	15 (5.8%)	78 (5.8%)	
	계	**2,648 (100%)**	**285 (100%)**	**764 (100%)**	**258 (100%)**	**1,341 (100%)**	

4) 지역사회서비스투자사업은 3인 미만이 20%.

사회서비스사업은 정부가 주로 재정지원을 하는 지역자활센터 등 비영리기관에서 노인, 가사간병 돌봄서비스를 제공하였다. 산모신생아도우미사업은 일반이용자도 일부 있었으며, 지역사회서비스투자사업은 총 이용자 386천 명 중 재정지원 외 일반 이용자가 76천 명으로 19.7%에 해당하였다.[5] 지역사회서비스투자사업의 부문사업별로 일반 이용자는 문제행동아동조기개입 50%, 시각장애인안마 35%, 맞춤형 운동처방 3.9%, 정신질환자토탈케어 0.5%이었다.

돌봄사업을 종합적으로 모든 대상자에게 제공하지 않고 있어 기관마다 대상자가 노인, 장애인, 산모 별로 다르게 제공하는 기관도 존재하였다. 노인돌봄, 가사간병, 산모신생아도우미 3가지 사업을 모두 수행하는 기관은 노인돌봄 전체기관 대비 7% 수준으로 미미하였고, 가사간병서비스의 경우는 전체 기관의 85%가 노인돌봄을 동시에 수행하고 있으며, 가사간병의 사업은 연간 이용자 1만 명, 매출 발생기관 중 1억 미만 기관이 82%(235개/285개)에 해당되었다.

그림 5-1 사업별 중복수행기관 현황

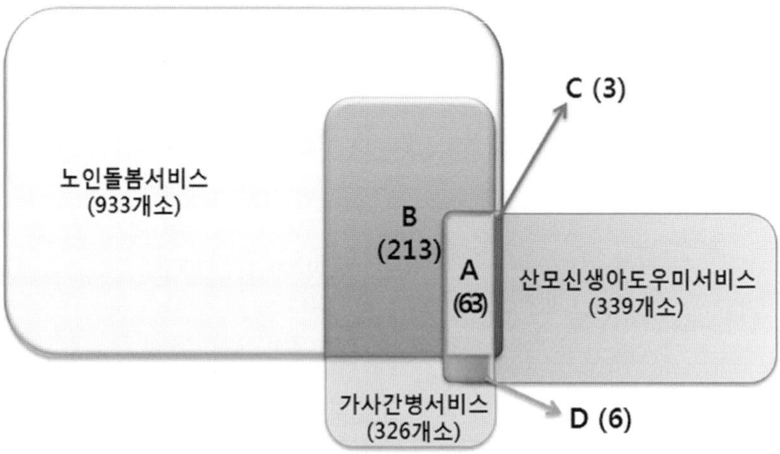

5) 2011년도 성과평가(지자체) 결과.

표 5-5 사업별 중복수행기관 현황

제공서비스	기관수
노인돌봄	933
가사간병	326
산모신생아	339
(A) 노인돌봄+가사간병+산모	63
(A+B) 노인돌봄+가사간병	276
(A+C) 노인돌봄+산모신생아	66
(A+D) 가사간병+산모신생아	69

지정제에서 등록제로 전환하게 되면 제공기관의 수가 늘어날 것이라고 예측하였다. 특히, 방문요양기관의 진입으로 노인돌봄 제공기관 수가 확대될 것이라 예상되었는데, 가사와 간병서비스 내용이 유사하고, 방문요양기관 제공인력 기준(15명)이 노인돌봄사업보다 제공인력 기준(10명)을 초과하고 있을 뿐만 아니라 노인돌봄대상자는 장기요양대상자로 전환될 가능성이 높아 대다수의 제공기관으로 진입할 것으로 예상되었다. 2012년 2월 현재 노인돌봄제공기관 수는 933개이지만, 방문요양기관의 수는 655개였다. 산모신생아도우미사업과 지역사회서비스투자의 경우에도 민간 영리기관의 산모도우미기관, 사설 치료소와 학원 등에서 추가 진입이 예측되었다.

등록제 도입의 긍정적인 면에서 있어서는 규모의 경제 확보 및 시장경쟁력 강화를 둘 수 있었다. 제공인력 기준 충족을 위해 영세 제공기관 간 통합이 활발해져 규모의 경제 확보하고 제공기관 브랜드화 및 전문화, 서비스 강화 노력을 통해 시장경쟁력을 확보할 수 있었다. 종합 돌봄서비스를 제공하는 기관이 증가하고 사업을 다각화하려는 시도가 많아지리라 전망되었다. 사업별 제공인력의 등록요건을 충족하는 경우에는 제공기관에서 인력의 공동활용이 가능하므로 노인, 장애인, 아동, 산모 등 다양한 이용자를 대상으로 한꺼번에 제공하는 종합돌봄서비스 제공기관이 진입하게 되었다. 예를 들면 요양보호사 자격을 소지하고 있었던 종사자가 산모도우미 교육과정을 추가로 이수하면, 모두 가사간병·노인돌봄·산모도우미서비스를 한 사람이 제공할 수 있다. 사회서비스 시장상황은 경쟁이 심화됨에 따라 저소득층의 재정지원대상자 이외의 일반 이용자가 이용하는 민간부문의 시장이 발생할 것으로 보았다.

반면, 등록제의 부정적인 측면은 수요 확보가 용이한 대도시와 도심지역에서 제공기관이 편중될 가능성이 컸다. 도서와 벽지 등 접근성이 어려운 지역에서는 등록기관이 없을 수도 있었다. 지역별 제공기간 불균형 심화 가능성이 있으며 기존 인프라를 활용한 경쟁력 있는 제공기관의 등장으로 영세한 개인사업자의 폐업 가능성이 컸다. 사회서비스 시장의 과당 경쟁으로 바우처 허위결제 등 부정행위 증가가 우려되며 부정결제 외에도 이용자 확보를 위한 본인부담금을 감면해주거나 금전이나 물품을 제공하는 행위 등으로 제공기관의 부당행위가 나타날 수 있었다.

이에 따라 사회서비스이용권법 시행규칙 제13조에서는 제공자 금지사항을 규정하였다. 사회서비스 제공기관은 이윤을 우선 추구하여 서비스 품질을 후순위로 고려한 나머지 제공인력의 인건비와 교육비의 지출을 축소하고 단순히 이용자와 제공인력에 대한 서비스 연계에만 집중해 알선해주거나 중재만하는 중계기관으로 변모할 가능성이 높았다. 이용자에게 알 권리를 제약하는 경우가 있어, 이용자가 선택가능한 기관수는 증가하였지만, 선택에 필요한 중요한 정보를 누락시켜 실질 정보접근성은 오히려 떨어질 수 있었다. 특히, 노인·장애인 등 취약계층들은 정보를 습득하는데 어려워 기존에 이용하던 제공기관에 예속될 수 있다.

4) 등록제 전환 시 검토사항

(1) 제공기관 규모화 및 공급편중 대책

제공기관 규모화 지원하기 위해 사회서비스 제공기관에 대한 세제·금융지원책 마련하였는데 창업중소기업 및 중기특별 세액감면 대상에 사회서비스업을 포함키로 합의하였다(16차 위기관리대책회의, 5. 1). 제공기관 컨설팅을 통해 품질기준을 갖춘 기관의 브랜드화 유도하고 기관별로 제공인력기준(10명)을 일정기간 동안 지속적으로 유지하지 못하는 경우 퇴출 구조를 마련하여 영세기관 난립을 방지하고자 하였다. 2011년 12월 현재 급여청구 방문요양기관 5,997개 중 10인 미만 기관이 2,235개로 37.3%에 해당되었다.

재정지원 대상자 이외 일반 이용자 구매 증진방안 모색하기 위해 돌봄서비스에 대한 의료비 공제 등 소득공제 도입, 이용자평가를 강화하였다. 서비스 사각지대 해소를 위한 조건부 등록 활용하기 위해 접근성이 제한된 인근 도서와 벽지 지역에 대한 서비스 제공 조건으로 등록을 허용하였다. 이용권법 제16조 제3항에서 시·군·구청장이 제공기관의 지역적 분포 및 적정공급 규모 고려 필요 시 등록제한이나 조건을 붙일 수 있도록 규정되었다.

(2) 부정사용 사후관리 강화

부정사용에 대한 사후관리를 강화하기 위해서 모니터링과 현장점검은 필수적이었다. 사전적이며 예방적인 모니터링을 강화하기 위해 심야결제와 연속결제를 많이 시행하는 다빈도자 대상으로 이상결제 발생 시 이용자와 제공기관에 SMS 문자로 결제내용 실시간 전송하였다. 제공기관이 바우처 부정사용으로 영업정지, 등록취소 처분을 받은 때에는 제공기관을 시스템에 등록하여 영업정지하고, 2년간 재등록을 금지하고 제공자 결격사유 중 "등록취소 후 2년이 지나지 아니한 사람"으로 규정(법 제17조)하였다.

부정사용 방지를 위한 정보시스템 고도화를 시행하였는데, DW(data warehouse system) 구축을 통하여 실시간 이상 결제 데이터 자동 추출 및 모니터링 대상을 확대하였다. 1개월이 경과된 후에 데이터를 모니터링하여 실시간으로 변경된 자료들과 모니터링 직원 1인당 300건에서 400건을 검토할 수 있도록 업무량을 확대하였다. 사후관리 업무 강화하기 위해 점검지침 마련, 현지조사와 지도점검 시 필요한 업무절차규정 마련, 기관별로 집중하여 조사하였다. 중앙정부는 현장점검 확대하여 분기별로 이상결제 자료를 지자체에 통보하고, 지자체에서는 이상결제 자료에 대하여 자체점검과 행정처분 강화하였다.

(3) 사회서비스 품질관리 강화

2013년에는 사회서비스 품질관리 방법을 다양화하고자 평가시스템과 모니터링시스템을 구축하였다. 이용자 평가시스템 구축을 위해 사회서비스전자바우처 포털에 이용자가 직접 이용후기를 올리고 별점평가를 할 수 있는 시스템을 마련하였고 상시적으로 모니터링하는 시스템을 도입하였다. 사회보장정보원은 콜센터를 활용하여 이용자에게 서비스만족도 조사를 실시하여 만족도결과를 기관의 품질평가에 반영하였다. 평가결과의 실효성 확대하기 위해 제공인력 관리를 강화하고 품질평가 연계하여 제공인력 교육, 직원 간담회 등의 노력을 평가지표에 설계되었다. 제공기관 서비스 품질평가결과를 제한적 공개에서 평가결과 공개범위를 단계적으로 확대하였다.

3. 인증제

1) 성과평가제

프로그램이나 정책이 궁극적으로 생활환경과 국민의 삶을 변화시켰는가를 측정하는 평가는 정책내용의 보완과 확충 또는 축소와 폐지를 결정하는 객관적 실증자료를 확보하게 된다. 성과평가는 최종 정책대상 집단에게 나타나는 정책효과와 영향력을 평가하는 기능을 수행한다. 사회서비스 분야에서 평가관리는 대부분 사후적으로 진행되고 있으며, 단지 만족할 만한 사업의 결과(outcomes)에 달성하지 못한 원인을, 집행 과정상에서 또는 의도한 전략과 목표의 설정에서 그릇된 것인지 환류하는 작업이 연결될 뿐이다. 평가지표는 사업이나 정책이 추구하는 성과목표의 달성여부를 계량적인 방법으로 측정하는 도구이다. 평가지표는 구체적인 미션–전략목표–성과목표를 설정한 후 마지막 단계에서 결정되며, 측정을 통해 개입의 가치를 사정하고 결과의 성격을 평가 및 확인하려는 과정이다(Depoy & Gilson, 2003; Nugent, Sieppert, and Hudson, 2001).

성과측정은 사업이 무엇을 달성하고 있는지 그리고 원하는 결과가 달성되고 있는지를 비교 평가하여 그 결과를 환류하는 데 목적이 있다. “측정할 수 없는 것은 관리할 수 없고, 관리할 수 없는 것은 개선할 수 없다”라는 피터 드러커는 ‘단일 기업경영에 있어 성과측정의 필요성뿐만 아니라 전략적 성과 동인을 함께 살펴보아야 한다’고 하였다. 즉 어떠한 문제의 개선을 위해서는 정확한 측정이 우선되어야 한다는 것이다. ‘측정’과 ‘평가’ 없이는 특정한 사안에 대한 현황 파악과 개선점 도출이 쉽지 않기 때문이다.

사회복지프로그램에 있어 성과 측정은 효율성, 서비스품질, 효과성을 사정하는 것이다(Martin & Kettner, 1996). 성과 측정은 단순히 얼마만큼의 작업이 수행되었으며 얼마나 많은 서비스가 제공되었는지를 나타내는 것이 아니라, 얼마나 효율적으로 서비스가 제공되었는지, 서비스를 제공받은 사람에게 서비스의 영향력이 어떠했으며 서비스의 질은 어떠했는지 등을 밝히는 것이고, 이를 위해서는 성과 지표의 구성이 필수적이다. 따라서 평가지표의 개발은 사회서비스의 전달을 돕고 서비스를 개선시키기 위한 도구로서 성과를 재화와 서비스의 효과성, 효율성, 양, 질 등으로 체계적으로 평가하는 것을 의미한다(Ammons, 2003).

사회서비스의 평가지표를 개발하는데 있어 고려해야 할 것은 먼저 정부예산을 투자해서 얻고자 하는 사업의 결과가 무엇인가 결정해야 한다. 사회서비스 사업 목표는 크게 세 가지로 제시되어 왔다. 첫째, 유효수요 창출을 통한 신규 사회서비스 시장의 형성, 둘째, 사회서비스 공급기관 간 경쟁 촉발, 셋째 고용 취약계층에게 적합한 일자리 창출이다.

사회서비스의 성과에 대한 정의는 각국마다 다르지만, 일반적으로 서비스 품질을 향상시키고 유지하는 지표를 통해 측정된다(Reeder & Chen, 1990; Kane, 1999; Aronson, 2002; Woodruff & Applebaum, 1996). 사회정책에 있어서 성과관리는 사회서비스 공급기관에 대한 규제, 국가최소표준의 설정, 서비스 전달에 있어서 최고가치(Best Value)의 적용, 사회서비스 책임성을 갖는 위원회의 성과측정(PSS: Performance Assessment Framework)이라는 제도 내에서 작동하며, 이러한 체계 내에서 성과측정은 주로 품질을 향상시키는 인센티브를 제공하고 품질을 모니터하는 기능을 목적으로 한다. 궁극적으로는 서비스의 품질을 향상시키고 서비스 전달과정에서의 효율성을 증대시키는 과정을 통해 결과로서 사회서비스의 당사자들인 이용자와 공급자의 변화를 이끌어내는 것이 목적이다. 이에 Smith(1996)는 '성과측정은 특정 행동에 수반되는 변화나 가치를 사정하는 것으로서, 성과측정의 주된 목적은 서비스의 전달이 효과적인 방식으로 이루어지는가? 그리고 제공되는 서비스의 영향력이 어느 정도인가를 확인하는 데에 있다'라고 하였다. 이를 위해서 우선 사회서비스 정책이 궁극적으로 달성하고자 하는 미래 모습인 비전과 비전이행을 위한 사회서비스 프로그램의 미션, 미션을 수행하는 전략 목표, 전략목표에 따르는 구체적인 하위목표－정책수단, 목표달성을 위해 세부사업을 설정하고 이후에 성과를 측정하기 위한 척도와 목표치 개발이 진행되었다.

따라서 사회서비스의 전략목표는 목표·가치·기능 등을 포함하는 프로그램 수행을 위해 중장기적으로 추진하는 중점정책 방향으로, 각 핵심 성공요인당 최소 1개 수준으로 설정되었다. 성과목표는 전략목표의 하위개념으로 달성하려는 복수의 구체적인 목표로서, 구체적으로 정의되었으며, 임무의 분석 또는 사업의 검토로부터 목표를 도출된다. 다만 성과목표는 사업의 성과에 대한 예상된 수준을 알려줄 수 있도록 설정되어야 하지만, 현재 목표와 성과가 측정되도록 대략의 예상치만을 적용하였다.

2) 품질인증제

(1) 품질인증제 도입 필요성

사회서비스에 대한 수요가 증가하여 정부의 지원이 확대되는 가운데, 비영리기관은 물론 영리법인, 개인사업자 등 다양한 제공기관들의 참여가 늘어나고 있었다. 향후 제공기관의 입장에서는 서비스 평가제도보다 자발적인 인증제도를 선호하였다. 「사회서비스 이용 및 이용권 관리에 관한 법률[6)]」에 따라 2012년부터 품질평가가 실시되었다. 2011년에는 장애아동재활치료사업 등 3개 사업에 대한 인증도입을 검토하였으나 인프라 형성측면에서 시기상조라는 의견이 다수였다.

사회서비스 산업에 대한 품질인증제 도입 환경 체제로의 변화를 살펴보면, 과거에는 제품의 표준화(KS)를 통해 고객의 만족을 지향해 왔다면, 현재는 제품뿐 아니라 고객의 만족을 도모하며 삶의 질 향상에도 기여하는 지향으로 변화되고 있다. 서비스 현장에서는 ISO 인증을 통한 품질관리체계의 구축이 지속적으로 진행되면서 다양한 서비스 영역으로 품질관리체계가 확장되고 있다. 지속적으로 증가하는 사회서비스에 대한 욕구와 이에 따른 서비스 공급의 확대는 서비스의 질을 관리하고 향상하기 위한 여러 메커니즘을 필요로 한다. 공공영역에서 주관하고 있는 인증도 최근 확대하는 추세여서 사회서비스시장 확대에 따른 적극적 품질관리의 필요성과 이해당사자들의 서비스인증에 대한 요구가 검토되었다. 사회서비스는 저소득 취약계층을 대상으로 제공되고 있고, 사회서비스 제공기관은 지역적으로 제한되어 분포되어 있어 이용자가 질 높은 사회서비스를 제공받기 어려웠다. 이용자가 자발적으로 특정서비스에 대한 제공기관의 서비스를 선택하는 시스템 또한 실행하기 어려운 여건이었다. 이러한 상황임에도 불구하고 인구 고령화와 여성취업인구의 증가에 따라 보편적 복지에 대한 인식 확산과 더불어 사회서비스를 중산층 이상으로 확대되어야 한다고 인식되고 있었다. 서비스 경제시대는 국민행복을 위한 고품질 서비스 요구의 증가, 급속한 세계화에 따른 선진 서비스 접촉의 증대, 서비스 품질향상을 통한 경쟁력 강화 등 급격한 환경변화에 따라 서비스 품질의 중요성이 날로 강조된다. 사회서비스 이용자에게 쾌적하고 안전한 사회서비스 환경을 조성하여 건강한 성장과 발달 촉진하고 평가인증 과정을 통해 사회서비스 제공기

---

6) 2011. 8. 4일 제정, 2012. 2. 5일 시행.

관 종사자 전문성 증진할 필요성이 제기되었다. 이용자에게 사회서비스 제공기관 선택의 합리적인 기준과 정보 제공, 양질의 사회서비스를 통한 저소득층 지원, 사회서비스 이용자를 위한 정부예산의 합리적인 집행과 효율적인 자원관리기능이 요구되고 있었다.

표 5-6 평가제도와 인증제도의 비교

	평가제도	인증제도
목적	시설 운영의 효율성 향상 사회 서비스의 수준 향상 정부 사업에 대한 엄밀한 재검토 공공지원 투입에 대한 효율성 제고	달성 가능한 목표 설정 시설 종사자들의 전문성 제고 및 사기 진작 지역사회 연계성 확보 이용자 선택권 강화
방법	정부 및 평가단에 의한 평가	전문가 집단에 의한 단계별 평가 및 인준평가
대상	전체 기관(의무사항)	자발적 인증심사를 신청한 서비스 또는 기관
심사	일회성 심사를 통해 평가 결과의 공표로 평가기관과 평가 대상 시설의 관계가 종료	인증심사 후에도 사후심사나 정기진단을 통해 계속적인 관계를 유지
사후 진단	사후관리 없음	교육과 자문을 제공하며 지속적인 연계와 정기적인 점검 실시
심사 전문 인력	평가 전문인력 교육이 거의 부재 평가자 간 의견의 불일치가 높고, 평가 인력수준이 조정체계가 미흡	인증심사 전문인력의 양성이 가능 정기적이고 지속적인 교육을 제공하여 심사의 객관성과 신뢰성을 높일 수 있음
지표	시설 종별로 개발되어 있음 시설 간 비교가 불가능하고, 전체 사회 복지시설 수준 파악 불가능	시설 종별 비교를 가능하게 하는 공통지표와 서비스 종류에 따른 세부지표로 구성 시설 종별 간 비교가 가능하며, 서비스의 특수성을 감안한 심사가 가능
절차	평가지표개발 → 자체평가 → 현장평가 → 평가결과 통보 모든 과정이 짧은 기간 내에 이루어 지고, 평가대상기관이 평가지표의 취지 이해하고 적용할 시간이 부족	절차는 평가제도와 유사 그러나 준비된 지표를 미리 시설에 교육하고 자문을 수행하여 시설 및 서비스의 총체적인 개선을 추구
결과	평가결과에 대한 정보의 접근성이 낮고, 평가대상 기관별로 상세한 평가결과가 통보되지 않음 평가결과가 서비스 품질개선에 도움이 되지 않음	인증결과는 인증대상시설에 보고서로 제공되며, 시설 및 서비스 개선을 위해 이용될 수 있음 인증기관: 지속적인 개선을 위한 보고서 제출 미 인증기관: 인증을 위한 교육과 자문

(2) 사회서비스 품질인증제 추진

중앙 정부의 재정지원을 받아 사회서비스를 양적으로 확대하고 있었으나, 사회서비스에 대한 품질관리는 여전히 미진한 상태였다. 2010년(4~12월)에 산모신생아도우미 사업에 대한 품질평가를 시행하기는 하였으나 여전히 서비스 품질을 보증하는 체계는 없었다. 2011년 보건복지부에서는 '품질인증제 도입 추진위원회'를 구성하여 정부, 학계, 실무자, 제공기관 담당자, 이용자 대표, 시민단체 등을 참여하였다. 추진위원회는 인증기구에 대한 구성과 운영방안, 품질기준과 선정절차를 설계하고 인증결과를 어떻게 활용할 것인가에 대한 논의가 주요기능이었다. 2012년 시범사업을 수행하고 향후 전면적인 인증제 도입을 검토하였다. 사회서비스에 대한 품질인증은 다른 분야에서의 사례를 참고하고자 하였다. 대표적인 사례로 '보육시설 평가인증제도', '의료기관 평가인증제도', '사회복지시설 인증' 등이 있다. 보육시설은 2004년 영유아보육법 개정을 통해 신고제에서 인가제로 전환되면서 '보육시설평가 인증제도'를 실시하고 있다.

'사회서비스이용 및 이용권에 관한 법'에 의해 2012년부터 품질평가가 전면적 시행되었다. 이때 전면적인 품질인증을 실시하기보다 일부지역을 대상으로 대상기관을 선정하여 시범사업을 시행하고자 하였다. 하지만 사회서비스를 인증하는 주관기관이 없었고, 인증제에 대한 경험이 없으며, 바우처사업의 표준화가 되어있지 않아서 시범사업조차 실시하지 못하였다. 사회서비스 인증제 시범사업의 목적은 시범사업 대상기관에 대해 인증지표(안)를 적용함으로써 향후 사업 확대를 위한 최종 인증제도를 도입하고자 하였으며, 중앙차원의 인증기관은 각종 서비스에 대한 품질 보증이므로 인증지표의 적절성 및 인증 수준을 검증할 필요가 있었다. 단지 이용권법에서는 제공기관에 대한 서비스 품질평가를 3년 단위로 시행하고 있다.

(3) 우리나라 품질인증제 도입에 주는 함의

인증제도의 요소는 <그림 5-2>와 같이 인증기구, 인증기준, 인증심사단 구성 및 운영, 인증절차, 사후관리, 인증 받은 기관에 대한 지원 등으로 구성된다. 인증기준의 구성은, 공통기준과 서비스별 인증기준을 구분하여 도출하는 것이 바람직하며, 서비스 제공기관의 필요성을 수긍하고 참여할 수 있도록 하는 기제를 마련하는 것이 필요하다.

그림 5-2 사회서비스 품질인증제 구성요소

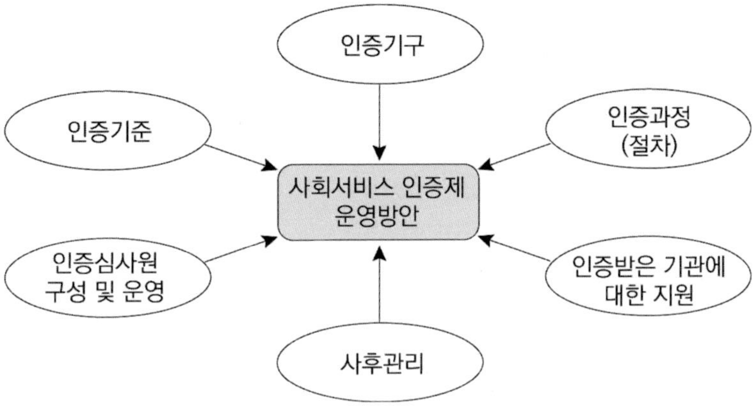

인증을 받은 기관은 인증관련 정보와 교육서비스를 지속적으로 제공받으며 서비스 품질의 수준을 유지하고 향상시킬 수 있는 방안을 자체적으로 마련하도록 하고 있다. 박은혜·이기숙(2002)의 연구에서는 우리나라 유아교육 기관의 인증기관 및 체계의 개발하여 인증기준의 내용으로 교육과정, 상호작용, 행정적 재정, 영양·급식, 건강·안정, 건강 및 지역사회 물리적 환경, 종사자 등 평가의 9개 영역이 포함하고 있다. 김황호(2003)는 보육사업 인증제 도입을 위한 평가지표에 관한 연구로 평가 방법, 지침, 평가점수 및 평가지표의 객관화, 인증단 구성에 관한 방향 제시하고 있으며, 황인숙(2005)은 보육시설 평가인증제도에 관한 조사연구를 수행하였다.

모든 국가가 서비스 전달체계에서 소비자 선택권을 강조하고 있으며, 시설보호서비스 보다는 재가서비스를 확대하며, 지역사회 중심으로 사회서비스를 추진하고 있는 형편이다. 서비스인증과 관련하여 돌봄서비스는 제공내용과 정책적 성과를 함께 고려하여야 한다. 돌봄서비스 내용에서 신체수발서비스에는 몸 단장하기, 옷 입히기, 세수시키기, 목욕시키기, 양치질하기, 머리감기기, 용변관리, 신체기능(활동)지도 등이 있으며, 식사영양 서비스는 식사돕기, 간식 섭취돕기, 음료수 먹이기, 기사 및 영양지도 등이며, 가사지원서비스는 식사준비, 설거지, 청소, 정리정돈, 세탁, 장보기, 효율적 가사지도 등이 있다. 의료지원서비스는 약 복용도와주기, 주사관리, 욕창처치, 물리치료, 재활운동 지도 등이 있고 심리사회지원서비스는 말벗해주기, 상담해주기, 취미 및 사회생활도움, 행정 및 은행관련 업무대행 등이 있다. 이동지원서비스는 병의원 진료동행, 산책 및 운동 도와주기, 경로당과 복지관 가는 것 도움이 있다. 이러한 돌봄서비스의 성과측정지표로는 일상생활 기능개선, 생활만족도, 생활자립도, 생활환경 개선, 사회참여 빈도, 이용자 돌봄부담 경감을 살펴볼 수 있다(보건복지부, 2008: 207).

표 5-7 품질관리의 국가별 비교

국가 / 요인	영국	호주	미국	싱가포르
품질관리 기관	건강부 사회보호정책국 산하 CQC(Care Quality Commission) – 포괄적인 평가 및 성과관리 기구	정부 내 해당부처별로 준정부적 인증기관을 설치 및 운영(ACHS)	비정부, 비영리 독립 기구의 형태를 유지(JCAHO)	지역사회부 산하에 준정부적인 독립기구(NCSS)
목 적	1. 단일국가 최소표준을 제공 2. 이용자의 수급권 보장 및 삶의 질 향상	1. 관련 법적 기준 충족 여부 판단 2. 결과평가에 근거한 처벌보다는 교육 및 훈련에 중점	1. 연방 또는 각 주별 최저기준의 품질 유지 2. 요양시설의 경우 연방 품질표준 마련	1. 지속적인 품질향상 노력을 지원 2. 서비스 기획 및 실행을 공공에 지원
특 징	법적 강제요건으로 규정	과정과 성과	1. 자율적 규제 2. 해당서비스 필수항목 포함 여부 확인 3. 공급자의 인증참여 여부는 전적으로 자율	1. 서비스 존재여부보다 품질의 향상 관리에 초점 2. 처벌보다 우수품질시상이나 보조금 증액 등의 긍정적 인센티브 강조
관리초점	과정과 성과	소득수준에 따른 차등제	과정과 성과	구조, 과정 및 성과(단계별 품질관리)
이용자 비용지원	소득 및 자산조사	낮음	소득 및 자산조사	소득수준에 따른 차등제
품질기준 수준	중간	국가적 차원에서 각 서비스 유형별로 정의된 품질표준은 세부적인 평가지표보다 포괄적인 수준의 규정에 중점	높음	서비스별로 차등

품질표준의 내용	국가적 차원에서 각 서비스 유형별로 정의된 최소 품질 표준은 세부성과 지표들로 구성	국가적 차원에서 각 서비스 유형별로 정의된 품질 표준은 세부적인 평가 지표보다 포괄적인 수준의 규정에 중점	요양사설 표준을 제외하고는 서비스별 품질 기준에 있어 각 주마다 큰 차이를 보이며 민간 평가기관은 자체 인증 표준안 시행	서비스 유형별 단계별 품질표준을 설정하여 시행
평가빈도	공급자의 질적 수준에 따라 차이를 보임. 우수한 공급자의 경우 3년에 한번(최소)에서 1년 여러 차례(최다)	공급자의 질적 수준에 따라 차이를 보임. 우수한 공급자의 경우 3년에 한번(최소)에서 1년에 여러 차례(최다)	연 1회 정기심사를 실시하고 현장심사는 2년에 한 번씩 실시	매년 정기적인 심사를 실시
구속력	최소표준을 충족하지 못한 서비스 공급자는 자격박탈	정부의 지원을 받기위해 인증을 획득해야 함	연방 또는 주정부의 기준의 경우 법적 구속력을 가지나 시정지시가 일반적임, 민간 인증안의 경우 법적 구속력은 없으니 신뢰서 문제가 있음	정부의 지원을 받기 위해서는 인·허가 이외 수용가능 수준의 인증이 필요

제2절 사회서비스(social service)의 산업화

1. 사회서비스 산업화의 걸음마 수준

우리나라 사회서비스 시장의 현주소는 선진국과 비교 시 사회서비스 영역의 부가가치 비중이 현저히 낮다. OECD 평균 21.4%인 반면, 우리나라는 17.8%로 17위 수준이다(OECD ST DB, 이진면 2006 재인용). 주로 기초 자치단체 범위 중심으로 사업이 진행되어 서비스 제공기관의 규모가 영세한데 돌봄제공기관의 연평균 매출이 1억원도 못 미친다. 노동 집약적 사업이 주로 개발되어 전문지식, IT 등을 기반으로 한 고부가가치형 신규 서비스 개발이 부족하였다. 바우처 등 정부의 수요지원에 기대지 않는 중산층 이상이 서비스 시장에 참여할 만한 "사회서비스 기반" 육성도 미진하였다. 고령화 현상과 여성의 경제활동 증가로 인해 보살핌을 특징으로 하는 사회서비스의 잠재적 수요는 확대되고 있으나, 서비스의 품질에 대한 신뢰가 높지 않아 시장이 형성되기가 어렵다. 돌봄시장은 저소득층 위주 바우처 사업이며, 서비스에 참여하는 기관이 한정되어 있다. 서비스에 대한 품질관리를 높여 중산층 이상 소득자를 대상으로 한 유효수요를 높일 필요가 있었다. 서비스를 제공하는 인력에게도 '괜찮은 일자리'로 연결되면 돌봄서비스를 중심으로 한 산업화를 진행할 수 있다. 돌봄서비스 제공기관을 프랜차이즈화하여 기업형 경영방식을 도입하고, 전문지식과 IT기술을 접목하여 고부가가치형 고급서비스 제공기관으로의 육성도 고려할 수 있다.

예를 들면, 햄버거 전문 업체인 맥도날드는 제조업적 관리를 통하여 서비스업을 산업화(Service Industrialization)에 성공한 사례로 꼽힌다. 즉 서비스를 산업화 내지 표준화하여 대량생산에 따른 규모의 경제와 신속성, 품질의 일관성 등의 효과를 거두었다. 사회서비스 분야에서도 종래 영세적이며 주먹구구식으로 관리를 효율적 관리체제로 전환하여 고품질의 표준화된 서비스 생산을 목표로 하고 있다.

1) 아동인지능력

아동인지능력향상서비스[7]는 영유아 발달 초기부터 창의적·생산적·균형적인 발달을 위해 아동과 부모에게 책읽어주기, 도서지급과 독후활동, 부모대상 독서지도와 상담서비스를 제공한다. 만 2~6세 이하 아동 중 가구여건과 가구소득 등을 고려하여 선정하여 제공하고 있다. 사회서비스 사업 중 대표적으로 크게 확장되어 이용자 수가 (2007)233천 명→(2008)181천 명→(2009)219천 명으로 유지되어 매년 안정적인 수요층이 존재하고 있으며, 국가에서도 국고와 지방비의 합이 (2007)260억원→(2008)600억원→(2009)501억원으로 증가하였다. 학습지 시장규모는 약 4조원으로 초등학교 3조원, 유아 8천억원, 수능시험은 800억원으로 추산해 볼 때 아동인지능력은 학습지의 1.25%에 해당되는 수준이다. 다만 제공기관으로 참여하는 기관유형이 영리기업에서 대부분을 차지하여 과열경쟁으로 인한 공공성이 부족한 면이 적지 않았다. 수익성을 추구하기보다 공공적 측면을 강조하여 사업을 재구성한다면 아동인지사업도 사회서비스영역에서 중요한 부문을 차지할 수 있을 것이다.

---

7) 교원, (주)구몬학습, (주)아이북랜드, (주)영교, (주)웅진씽크빅, (주)대교 눈높이, (주)한솔교육, (주)한우리열린교육, (주)장원교육, 재능교육 등 10개의 사설교육업체가 서비스 제공기관으로 참여하였음.

2) 돌봄여행

돌봄여행서비스[8]는 장애인 혹은 노인 가정에 특화된 전문 관광상품을 기획하여 여행서비스를 제공하는 가운데, 간호(조무)사, 사회복지사, 요양보호사 등 사회서비스 전문 인력이 장애인 혹은 노인가정의 여행에 동행하여 쾌적한 여행 환경을 제공하고자 하는 것이다. 노령인구가 급격하게 증가하고 있는 상황에서 이러한 장애인 혹은 노인 가정에 특화된 전문적인 관광사업은 다른 실버산업과 같이 성장 가능성이 높다고 보여진다. 그리고 장기적인 비전을 두고 사업을 계획하면 장애인이나 취약계층을 대상으로 하는 것에서 일반인 노인이나 중산층 이상의 장애인을 대상으로 한 프로그램으로 확대될 가능성이 있기 때문에, 수익실현이 가능한 비즈니스 모델이라고 할 수 있다. 이 사업모델을 실행하는데 있어서 장애인, 노인들을 대상으로 제공되는 사회의 제반 서비스 시설, 사회적인 인식들이 선결되거나 동반 성장해야 하는 사업모델이라고 할 수 있다.

장기적인 지원, 사회 인프라, 사회적 인식이라는 제약조건이 있음에도 불구하고 현재 활용할 수 있는 조직의 전략은 각 지역별 여행사와 여행가이드 인력의 네트워크를 구성하여, 전문 여행기관의 비성수기에 유휴인력을 활용하고, 비성수기 활용한 여행상품을 개발하여 사회서비스 영역으로 확대할 수 있다. 현재는 전문적으로 교육을 받은 간호조무사, 사회복지사 등이 주로 활동하고 있다. 대상자의 장애수준이나 일상생활 능력의 정도에 따라 전문인력과 전문 여행가이드 인력이 탄력적으로 구성되어 소외계층의 여행서비스를 도울 수 있도록 하는 다양한 방안이 나타날 수 있다.

2. 사회서비스 산업인프라 형성

2007년 정부는 사회서비스 4대 바우처 사업을 통해 민생문제를 완화하고 고용취약계층에게 일자리를 제공하려고 하였다. 돌봄서비스는 반숙련 노동으로도 서비스 제공이 가능한 여성과 중고령자들의 참여가 가능하였다. 돌봄서비스 종사자의 2만 5천명 중에는 여성이 90% 이상이고, 연령은 40세 이상이 62%로 대다수를 차지하였다.

서비스를 제공하는 기관도 민간기업과 비영리기관이 혼재되어 있었는데, 영리기

---

8) CTL네트워크.

업과 비영리기업간 적정한 연계가 필요하였다. 우선 프랜차이즈 형태를 살펴볼 수 있었는데, 예를 들면 파출부 파견, 산후조리서비스 등을 제공하는 인터파크의 자회사인 HMS(Home Management Service)가 공급하고 있었다. 영리기업과 비영리기관 간 프랜차이즈를 통해 사회서비스 이용자를 늘리며, 서비스에 대한 표준화된 품질을 제공하도록 유도할 수 있다. 다만, 서비스 근로자에게 제공되는 일자리가 단기로 운영되고 임금도 낮은 수준이었다. 제공인력의 과반수 이상이 1년 미만 경력자이고 월평균 40~70만원 수준의 임금을 받고 있었다(2007, 전국여성노조). 돌봄서비스가 정부 재정지원사업으로 운영되다 보니 저소득층 대상의 저가(低價)서비스를 제공함에 따라 중산층 이상에 대한 서비스 제공은 거의 없는 상태였다.

표 5-8 정부 바우처사업 및 민간기업 사회서비스 비교

구 분	정부 바우처사업 (산모·신생아 도우미사업)	민간기업 사회서비스 (인터파크의 Home Management)
• 서비스 단가	시간당 약 5천원	시간당 약 1만원
• 서비스 관리	만족도 조사, 제공인력 평가 및 환류 미실시	서비스 만족도 조사를 통해 제공인력 평가 및 보수차등화

1) 제공기관에 대한 정책지원

민간참여의 유도를 위해 사업관리에 필요한 세제와 금융지원과 불필요한 규제를 완화하는 정책적 고민이 요구된다. 사회서비스 분야에서 창업이나 업종전환 등을 통해 공급기관으로 진입할 경우 초기투자에 대한 위험부담을 덜어주기 위한 장기로 낮은 금리의 융자를 지원할 수 있다. 지역사회에서 사회서비스가 확대되기 위해서는 공공부문뿐만 아니라 민간부문에서도 지원이 가능하다. 취약계층에 대한 서비스는 공공부문의 지원이 확대되어야 하나, 전 국민을 대상으로 하는 광범위한 분야에서는 민간부문의 참여가 필요하다. 사회서비스의 효율적 제공을 위해 공공부문과 민간부문의 적절한 역할 분담이 필요하다. 질 좋은 사회서비스의 확충을 위한 민간의 참여가 바람직하며, 과도한 복지지출로 인한 정부재정의 부담과 사회적 손실을 최소화할 수 있다. 민간부문의 운영 효율성과 콘텐츠 창의성은 다양하고 질 높은 사회서비스의 제공에 우수한 역량을

지니고 있다.

사회서비스 제공기관의 운영에 필요한 인건비·운영경비·자문비용 등 각종 재정적인 지원을 할 수 있도록 하여야 한다. 사회서비스 제공기관 운영에 필요한 경영·기술·세무·노무·회계 등의 분야에 대한 전문 컨설팅 자문과 최신 정책정보를 제공할 수 있다. 복지시설, 시민단체 등 비영리기관이 사회서비스를 비즈니스화할 경우 필요한 경영자문과 연계하여 제도화하는 방안을 검토되어야 한다. 중앙과 지방정부는 사회서비스 제공기관 운영에 필요한 부지구입비와 시설비 등을 지원하거나 융자하며, 국·공유지를 임대하는 것도 방안이 될 수 있다. 사회서비스 기업의 마케팅 및 홍보를 지원하고, 비영리기관은 기업연계형 사회적 기업에 대한 대출 등을 통해 공공성을 높이도록 유인할 수 있다.

2) 사회서비스 잠재수요 내실화

사회서비스 전문가와 제공기관 관련자들의 사회서비스 환경에 대한 전망에 따르면, 대부분 현재 사회서비스에 대한 저소득층이나 차상위계층뿐만 아니라 중산층까지 서비스에 대한 잠재된 욕구가 매우 크다고 한다, 하지만 이에 따른 공급은 부족하다고 지적하고 있다. 이와 함께 저소득층이나 사회적 취약계층, 차상위 소득계층의 경우는 아주 낮은 수준의 서비스 이용료의 부과에 대해서도 부담스러워 할 수 있으며, 중간소득 계층의 경우도 전문적이고 개별적 욕구에 따라 특화된 서비스 이외에 기본적인 욕구의 충족과 관련해서는 서비스 이용료부과에 대해 다소 부정적일 수 있다는 점이 지적되었다. 사회적 위험으로부터 취약계층을 보호하는 한편, 사회서비스에 대한 실질구매력 보전을 통한 시장 활성화가 요구된다. 내재적 수요의 확대 가능성이 높으나, 수요의 현재화가 되지 못하고 있는 노인, 아동, 장애인 등의 사회서비스 분야는 사회적 약자의 보호를 위해 공공부문이 선제적으로 공급을 확충하여야 한다. 이들의 기본생활 보장을 내실화하여 기본적인 서비스 수요를 창출해야 한다.

3) 인력양성 제도화

정책적인 차원에서 전반적인 사회서비스의 수요를 파악하고 공급규모를 추정해야 한다. 이러한 잠재적 욕구를 실질적인 유효수요로 창출하기 위해서는 정확한 수요분석과 이를 기반으로 한 효율적인 공급체계를 포괄할 수 있는 전반적인 사회서비스 환경에 대한 심도깊은 논의가 필요하다. 수요공급의 실태조사를 시행하여 인력수급계획을 중장기적인 측면에서 고려해야 한다. 사회서비스의 제도화는 궁극적으로 사회서비스에 대한 수요를 확충하고, 공급을 어떤 방식으로 할 것인가에 대한 의사결정의 기반이 되기 때문이다.

다양한 사회서비스 사업들이 서비스규모, 서비스제공시간 등 표준화가 요구되며, 인력양성에 대한 '관련 법'이 마련되어야 한다. 인재양성을 위해 현장인력, 관리인력, 전문인력 등으로 유형화하여 맞춤형 교육훈련의 프로그램 개발과 함께 품질 모니터링 등 강화해야 하는 내용이 담겨져 있어야 한다. 국가적 차원에서 사회서비스산업의 인력전망과 인력양성의 정책적 방향을 마련할 필요성이 제기된다. 사회서비스의 산업적 발전에 필수적인 인력정책을 총괄적으로 모색하고 결정하는 조직이 구축되어야 한다. 현재 사회서비스 인력에 대한 국가 사회적 차원의 표준화된 자격체계 관리가 매우 미흡하므로 이에 대한 대응방법과 전략이 요구된다. 사회서비스 인력의 전문성을 유지시키는데 필수적인 지속적인 보수교육과 종사자 승급체계에 대한 기준을 제시하며, 사회서비스 인력의 안정적 공급을 위해 열악한 근로조건의 개선을 위한 기반을 제시하여야 한다.

3. 사회서비스 산업화 사례

1) 사회서비스에서 주목되는 콘텐츠

사회서비스는 돌봄 영역에 교육기능 또는 여가 등을 혼합하여 새로운 사업을 발전시키고 있다. 보육은 유아들을 돌봐주면서 기초적인 교육 콘텐츠를 결합하여 새로운 영역의 서비스로 창출되었다. 에듀테인먼트(Edutainment)는 교육에 재미라는 요소를 결합시켜 학습자의 참여와 흥미를 유도하는 새로운 개념도 등장하였다. 가정에서 치매노인을 돌보고 있다면, 가족구성원들은 치매어르신을 돌보는 가운데 피로도가 상승하여 일상에서 지쳐가고 있을 것이다. 치매어르신이 아닌 가족구성원에게 지쳐진 정신을 환기시켜주는 여행서비스나 여가를 즐길 수 있도록 지원해주는 서비스도 만들어졌다.

저출산 고령화에 따라 최근 새롭게 발굴되는 유망사업 중에는 돌봄, 교육, 여가 등 사회서비스 영역의 사업들이 등장하고 있다. 저출산의 여파로 한 자녀를 키우는 가정이 늘어나면서 어린이 케어 관련 산업이 급성장했다. 특히 고급유아복, 명품 유모차, 키즈

카페 등 고급화와 함께 고객층에 따른 세분화된 수요에 따라 서비스 종류도 다양화되고 있다. 1인 가구, 다문화가정, 싱글맘과 싱글대디, 주말가족, 기러기가족 등 가족구조의 변화도 새로운 시장의 가능성을 열었다. 예를 들어, 1인 가구를 위한 소량 상품이나 장애인용구 렌탈 서비스, 딩크(DINK)족 부부의 노후를 위한 금융상품이나 건강관리 서비스 등은 가족구조의 변화에 따라 나타난 상품들이다(황민우, 217~218).

우리나라에서 사무직 근로자나 외국인을 중심으로 인기를 얻고 있는 '산사 체험'(템플 스테이)이나 가족 단위의 '휴양림 숙박 체험' 등도 다 이런 자연 속에서의 휴식과 여가를 즐기기 위한 목적에서 시행되고 있다. 사회서비스는 일상생활에서 지친 시민들에게 삶의 여유와 정서적 안정을 지원할 수 있다. 마케팅 차원에서 잠재고객으로 고려될 수 있는 부분으로 소외계층에게만 한정할 것이 아니라 일반 시민들과 서비스 구매 욕구가 큰 예술가나 여행자까지도 포함할 수 있다. 여행을 통해 정신적인 구원과 예술적 영감을 얻으려는 사람은 물론 일탈을 꿈꾸는 일반 직장인들도 서비스에 대한 이용을 확대할 수 있다. 국내 여행객 수는 지속적으로 상승하고 있는 가운데, 보통 사람들은 휴식과 즐거움을 위해, 기업의 CEO는 새로운 사업 아이디어를 얻기 위해, 음악가나 미술가는 예술적 소재의 발굴을 위해, 소설가는 창작의 영감을 떠올리기 위해 여행을 한다. 직장인들에게 있어 '일탈'은 중요한 마케팅 포인트인데, 사회적 의무에서 벗어난 해방감과 규범에 대한 일탈의 자유를 부여하는 고객유치가 효과적일 수 있다(황민우, 237).

서비스 산업은 일반적인 제조업과는 달리 무형성, 비분리성, 이질성, 소멸성의 특성을 지닌다. 비분리성으로 인해 고객과의 상호작용이 중요하고 서비스를 제공하는 사람과 이용자간의 고객관리가 사업의 성공요인이다. 서비스를 제공해주는 제공인력에 대한 인적관리는 서비스업의 마케팅차원에서 무엇보다 중요한 핵심요소이다. 사회서비스업에서 교육훈련, 브랜드 이미지, 서비스품질의 표준화 등이 사업관리 프로세스로 정착되어야 한다(박주영외 2009: 31).

2) 발달장애인 전문지원 서비스

장애인의 특수체육 프로그램을 통하여 심리적 정서적 안정과 성취감 취득 및 사회적 소외감을 제거하는 활동이다.[9] 이용자가 서비스 신청을 하면 진단평가가 우선 이루

---

9) Good Job 장애인 자립 생활센터.

어지고 재활학 전문가, 특수체육학 전문가, 소아정신과 전문의 등의 전문인력의 협력과정으로 프로그램이 제공된다. 이때 각 시도별로 있는 공공 체육시설과의 협력을 통한 공간의 활용 등의 네트워크 활용 전략이 필요하다. 이 프로그램을 이용하게 되면 장애인 신체활동의 증대로 인한 2차 질병의 발생빈도를 줄이고, 심리적 정서적으로 안정되게 하여 장애로부터 나올 수 있는 공격성향을 줄이고, 자신에 대한 성취감을 느끼게 할 수 있도록 하며, 사회적 측면으로는 장애인이 소외감을 느끼지 않도록 하게끔 하는 특수 체육 프로그램이다.

3) 부채클리닉 재무컨설팅 사업

'부채클리닉' 재무컨설팅 서비스는 우리 사회의 저소득층, 신용불량자 등의 서민 가정의 재무 상황을 개선하여 건전성을 높이고자 하는 서비스이며, 부채 문제를 안고 있는 신용불량자, 저소득층, 중소기업 종사자 등 취약계층과 그 가족을 위해 종합적인 재무교육과 재무상담 서비스를 제공한다.[10] '부채클리닉' 재무컨설팅 서비스는 신용불량자, 저소득층 등 사회에서 소외되어 있는 계층에서 일반인 계층으로 확대되기 용이한 서비스일 뿐만 아니라, 취약계층을 대상으로 한다는 측면에서 사회서비스로서의 공공성을 보유하고 있다. 운영 조직의 강점 및 약점의 분석, 산업의 분석에 바탕으로 한 전략을 수립하면 조직이 수립한 비전 및 목표의 달성이 가능해지며, 수익 또한 확대될 영역으로 평가된다. 재무설계를 컨설팅하는 기관의 강점은 재무관리에 대한 이해와 전문성을 가진 전문인력으로 구성되어 있다. 기관의 수익성은 전문인력의 전문성을 활용하여 얻을 수 있으나 공공성 실현을 위해 상담과 서비스 제공비용을 높게 설정할 수 없는 현실적 제한이 존재한다. 기관에서 연간 제공해야 하는 상담 규모가 약 2천 명이라고 하면, 제공해야 하는 상담량을 감당해야 하는 전략과 상담사들의 수익성을 보장해 주어야 하는 전략이 필요하다. 사업의 수익성을 실현할 수 있는 사업모델로 구축하기 위해서는 수익성의 원천을 제공할 수 있는 사업 포트폴리오를 재구성할 필요가 있다. 수익성을 내기 위해서 상담에 대한 서비스단가를 올릴 경우에는 공익성과 추구하고자 하는 목표와 비전 달성이 어려운 상황이므로 현재의 전문인력이라는 조직의 자원을 활용한 수익성 중심의 사업으로의 포트폴리오 구성을 위한 전략적 접근이 필요하다고 할 수 있다.

---

10) ㈜포도재무설계.

4) 비만아동 건강관리서비스

'비만아동 건강관리서비스'는 경도 이상 비만 초등학생과 부모에게 건강관리교육, 영양 등에 관한 교육, 건강정보제공, 운동처방, 운동지도 등의 서비스를 제공하여 자기주도적으로 건강을 관리할 수 있도록 지원하고 있다.[11] 만 7세 이상 만 12세 이하 아동들을 대상으로 비만정도 등을 고려하여 건강관리 프로그램이 필요한 대상자를 선정한다. 이 서비스는 대상자인 아동과 부모에게 맞는 운동을 처방하여 운동 지도, 영양교육, 각종 정보 제공 등의 내용으로 제공된다.

4. 사회서비스분야 창업가능성

1) 창업활동의 추이와 정책포커스

흔히 사람들은 인생재설계를 위해 퇴직한 후에 통닭집을 개업할 것이라고 말한다. 보통 프랜차이즈로 개업을 하면 3년 이내에 망하고 개인 상호로 통닭집을 열면 1년 이내에 망한다고 한다. 치킨집 말고 안 망하고 계속 갈 수 있는 사업은 무엇일까? 창업에는 수많은 위험이 도사리고 있다. 치킨집 창업의 사례에서 말하듯 이러한 위험 때문에 창업이 실패할 확률이 높은 것이 사실이다. 여러 위험요소를 극복하고 성공하기 위한 접근방식은 철저한 사전준비, 창업자의 탁월한 능력, 풍부한 자금조달, 다양한 판로의 개척 등이 강조되어 왔다. 무엇보다 중요한 창업 성공의 핵심요인(Key factor)으로 손꼽히는 것은 '어떤 업종을 선택하는가'의 문제이다(김종재 외, 2009: 181).

우리 사회가 변화하는 과정에서 나타나는 개인 욕구의 다양화, 기업간 경쟁 심화, 노동생산성의 지속적 감소는 창업의 어려움을 보여주고 있다. 치킨집을 창업하여 동일한 '통닭 시장' 안에서 경쟁하기보다는 틈새시장을 발굴하고 어떻게 수요자를 찾아갈 것인가가 중요하다. 창업에서 '얼마나 큰 시장에 해당되는가'보다 '새로운 시장의 존재 여부와 수요를 맞추어가는 것'이 중요하다. 기업은 신사업 발굴을 위해 연구개발에 자원을 투자하고 수요조사를 실시하고 전문 컨설팅과 각종 전산 시스템을 도입하려고 노력한다. 그럼에도 불구하고 현실은 냉혹하여 성공하리라는 보장이 없다. 창업자는 틈새

---

11) 국민체력센터 ES클럽, 연세대학교 산학협력단, 플레이펀 컨소시엄 등.

시장을 공략하는데 있어서 유행에 민감한 사업콘텐츠를 선호하지 않는다. 틈새시장은 장기적인 비젼에 설계되고 이용자의 욕구에 맞추어진 시장 수요를 고려하여야 한다. 대게찜, 기획부동산, 코인노래방과 같이, 유행에 편승하여 시장에 진입하였다가 유행이 사라지면 폐업되는 사업체를 많이 보아왔다. 이러한 면에서 사회서비스를 창업아이템으로 고려해 볼 수 있으며, 장기적인 안목과 많은 수요가 존재할 뿐만 아니라 정부의 사회서비스를 확대하려는 노력이 보여지고 있다. 사회서비스 분야는 많은 수익이 발생하지 않지만 지속적으로 사업을 영위할 수 있으므로 지속가능한 사업에는 무엇이 있을까 고민하였을 때 사회서비스 시장을 고려해 볼 수 있다.

2) 창업 이슈

우리나라 창업활동은 크게 '임금고용 증가시기(1981~1991)', '생계형창업 증가시기(1992~2002)', '창업활동 위축기(2003~2008)'로 구분할 수 있다. '임금고용 증가시기'는 임금근로자 수가 크게 증가하여 창업에 대한 수요는 많지 않았다. 창업활동 지표인 생산가능인구 대비 자영업주 비율은 1981년 19.5%에서 1991년 16.5%까지 계속 하락하였다. 1992~2002년 기간 동안 창업활동 지표는 1992년 16.9%에서 2002년 18.2%까지 꾸준하게 증가하였다. 특히, 자영업자 수가 크게 증가하여 생계형 창업 활동이 매우 활발했던 기간으로 볼 수 있다. 2003~2008년 기간은 비교적 창업활동이 위축된 기간이었다. 창업활동 지표인 자영자 비율 및 고용주 비율 모두 2003년 이후 하락하였다. 이미 과포화 상태인 현재의 창업시장을 고려할 때, 창업활동의 부진 현상은 앞으로도 계속될 가능성이 높다.

정부의 현행 창업지원정책은 "쉽고 편리하게 창업할 수 있는 환경을 조성"하여 창업기업 수를 늘이고자 하는데 치중하는 감이 없지 않다. 하지만, 이러한 일반적인 창업지원정책은 현재의 과포화 상태를 감안한다면 실효성이 떨어진다. 창업자는 우수한 제품품질을 경쟁력으로 하여 자아실현이 창업의 동기로 삼고 있다. 정부의 창업지원정책은 창업기업의 양을 늘리는 것보다 성장 잠재력이 높은 창업기업을 발굴하여 안정화 단계에 도달할 때까지 맞춤형 지원을 실시하는 것에 역점을 둘 필요가 있다. 창업기업의 경쟁력은 '품질 혹은 성능'이라는 응답비율이 가장 높았으며, 다음으로 가격, 마케팅, R&D 또는 디자인 등의 순으로 나타났다. 창업자들이 창업하게 된 주된 동기는 경제적 동기보다 비경제적 동기가 더 크게 작용하는 것으로 나타났다. 창업자의 창업동기는 '자아실현', '독립성과 자유', '사회 공헌' 등과 같은 비경제적 요인이 경제적 요인보다 높았다.

표 5-9 최종 창업 결정에 중요하게 고려한 경제적 요인

(단위: %)

		시장규모 및 성장성	소득증대 기회	국가경제 기대성장	금융 활용성	내부 여유자금	규제완화 기대감	기 타	합 계
전 체		62.2	20.8	3.2	1.9	3.2	1.0	7.7	100.0
성별	남 성	62.9	19.8	3.2	2.1	3.2	1.1	7.8	100.0
	여 성	56.7	30.0	3.3	0.0	3.3	0.0	6.7	100.0
학력	고졸 이하	52.7	28.0	3.2	2.2	4.3	2.2	7.4	100.0
	전문대졸	55.8	32.6	0.0	0.0	4.7	0.0	6.9	100.0
	대졸	66.0	14.7	4.7	2.7	2.7	0.7	8.5	100.0
	대학원졸	85.2	11.1	0.0	0.0	0.0	0.0	3.7	100.0

<표 5-9>와 같이 창업자가 창업을 결정하는데 가장 중요하게 고려하였던 경제적 요인은 시장규모 및 성장성이라는 응답이 가장 높게 나타났으며, 다음으로 소득증대 기대, 내부 여유자금과 경제성장 등의 순으로 나타났다. 남성이 여성보다 시장성장성을 더 많이 고려하였으며, 여성은 남성에 비해 소득증대가 중요하다고 생각하였다. 대학원졸과 같이 고학력으로 올라갈수록 시장규모나 사업의 성장성을 중요하게 생각하였다.

창업 이후 직면한 가장 큰 애로사항으로는 자금조달로 나타났다. 자금조달이 가장

그림 5-3 창업 이후 직면한 가장 큰 애로사항

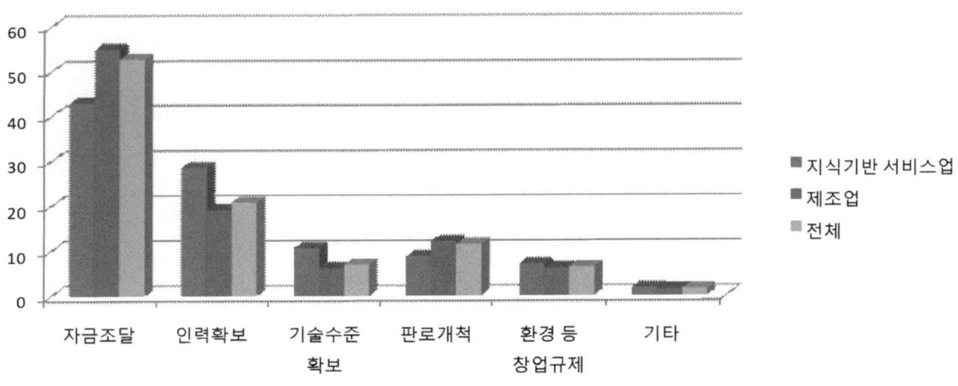

표 5-10 창업 이후 직면한 가장 큰 애로사항

(단위: %)

		자금조달	인력확보	기술수준 확보	판로개척	환경 등 창업규제	기 타	합 계
전 체		52.7	20.8	7.0	11.5	6.4	1.6	100.0
창업 연도	2001~2002년	52.0	20.6	5.9	15.7	4.9	0.9	100.0
	2003~2005년	54.7	19.9	6.8	9.3	7.5	1.8	100.0
	2006년 이후	48.0	24.0	10.0	10.0	6.0	2.0	100.0
사업 분야	제조업	54.9	19.1	6.2	12.1	6.2	1.5	100.0
	지식기반서비스업	42.9	28.6	10.7	8.9	7.1	1.8	100.0

중요한 애로사항이긴 하나 시간 흐를수록 인력과 기술수준의 확보가 점차 중요해지고 있다. 이는 제조업과 비교한 서비스업에서도 마찬가지로 인력확보와 기술수준확보라는 측면이 판로나 규제보다 어려움을 겪고 있었다.

3) 사회서비스 창업과 관련된 현황 및 이슈

2008년에는 실업률이 증가하여 소비시장이 위축되고 취업자 수는 14.4만 명으로 2007년 28.2만 명의 절반 수준으로 하락하였다. 사회서비스 일자리 수는 300만 개로 전체 일자리의 약 13.1%에 해당되어 미래 성장동력으로 고려할 수 있는 영역이다. 사회서비스의 핵심영역은 돌봄(care)서비스라 할 수 있는데, 돌봄서비스의 제공인력은 여성이 88%이며, 연령층은 41세 이상이 전체 61%에 해당되어 중년층 이상의 여성의 일자리 영역이다. 돌봄서비스의 대표적 일자리는 재가장기요양기관에서 종사하는 요양보호사이다. 재가장기요양기관은 요양시설보다 증가추이가 급격함을 다음의 그림에서 보여주고 있다. 이는 노인장기요양사업에 대한 창업이 활발하다는 증거이며, 돌봄 관련 제도가 뒷받침되어야 지속적으로 확대되고 있음을 보여주고 있다.

중소기업청은 중소기업에 대하여 경영컨설팅을 쿠폰제로 지원하고 있으며 창업지원센터를 통해 중소기업에 대한 각종 경영활동을 지원하고 있다. 2010년도에 사회서비스 분야에서도 '사회서비스관리원'에 경영지원센터를 두어 경영활동을 지원하고자 하였으나 실행하지 못하였다. 장기적으로 사회서비스의 활성화를 위해서는 중앙전담기관에 제공기관을 지원하기 위한 펀드 조성은 물론 사회서비스 창업과 운영을 위한 재정지원

그림 5-4 재가장기요양기관 창업 추이

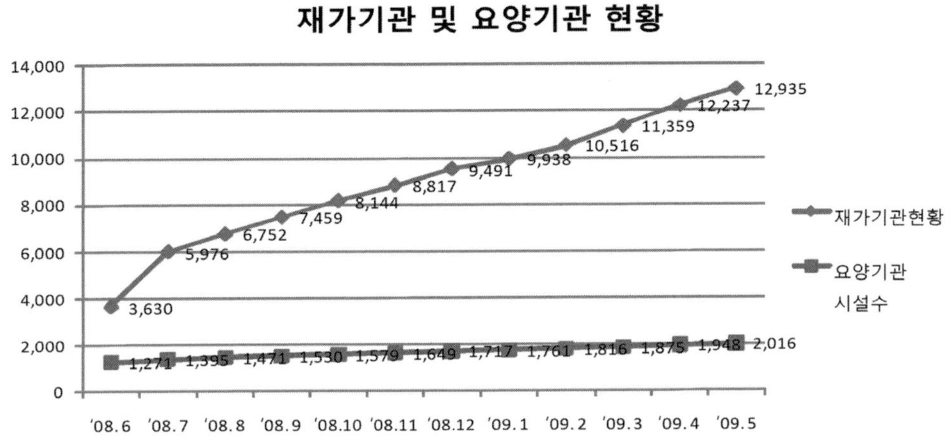

* 노인장기요양보험 시행 1년의 주요 통계 현황, p.4.

이 필요하다. 중소기업청 정책자금 융자제도 등을 중소기업 지원사업 대상에 사회서비스 제공기관을 포함시켜 연계할 수 있을 것이다. 이와 함께 저소득 가구 창업지원과 자활지원 확대를 위해서는 저소득 금융소외 계층의 자립지원을 위한 소액무담보 대출 지원(Micro Credit)을 고려할 수 있다.

4) 사회서비스 창업사례

(1) 원주의 대학과 의료기관연계 창업

강원도에서는 지역대학과 의료기관이 연계하여 지역사회 현황조사를 거쳐 건강관리와 자립지원과 학업상담 사회서비스를 제공하였다. 연세대학교와 원주기독병원은 2005년부터 2008년 사이에 원주시민 11,000명을 대상으로 건강상태를 조사한 결과, 전체검진대상자 중 고혈압 유병률 48.1%, 당뇨병 14.9%, 대사증후군 33.6%, 만성폐쇄성호흡기질환이 15.3%로 나타났다. 원주지역 소외계층과 일반시민을 대상으로 생활환경을 비교하였을 때, 기초생활수급자, 차상위 계층, 독거노인, 장애인가구 등의 소외계층은 유병률은 두 배 이상 증가할 것으로 보였다. 건강관리 사회서비스는 생활환경이 취약한 계층과 심혈관 만성질환자에게 '운동치료 서비스', '건강교육', '맞춤형 건강관리점검' 서비스를 제공하고 있다. 이 사업을 통해 심혈관 질환의 발병율을 낮춤으로써 사회적 비용을 줄이고 편익을 증대하고자 하였다.

자립생활지원 서비스는 취업포기자, 노숙자, 정신병약자 등을 대상으로 '정기적인 운동', '정신교육'을 통한 삶의 의욕을 고취하고, '생활경제', '직업준비', '독립생활'에 대한 교육을 통해 삶의 의지를 회복하여 경제활동이 정상화되도록 유도하는 것이다. 자립생활지원 서비스는 경제위기가 심화될 때 실업상태가 만성화 단계로 진입할 수 있으므로 취약계층을 대상으로 선제적 예방활동이 요구된다. 지역사회가 잠재적으로 경제적 비활동인구로 전락할 사람을 경제적 활동인구로 전환하면, 경제적 활동인구 증가와 같은 경제적 효과뿐만 아니라 잠재적 사회복지 비용을 절감하는 효과를 기대할 수 있다.

원주시내 초·중·고등학교에서 학교에서 부적응하거나 학업상태가 부진한 학생들이 20% 수준으로 나타났다. 학교생활 상담서비스는 선천적, 후천적 환경으로 인해 학업의욕을 상실하고, 학교생활에 적응하지 못하는 학생들을 대상으로 '상담치료', '운동치료', '사회적응 프로그램'을 통해 정상적인 학습 및 학교생활을 영위하도록 지원하였다. 향후 치료서비스를 통해 학습장애아동, 학습부진아동 등이 학교에서 소외되고 사회적 부적응자로 전환될 것을 사전에 예방할 수 있었다.

(2) 청년벤처사업단을 통한 창업지원

2010년 '지역사회서비스 청년벤처'사업은 취업이 애로사항에 있는 지방대 졸업자를 중심으로 유망 사회서비스 분야에 대하여 창업기회를 제공하는 사업이다. '사회서비스 청년벤처'(375억, 6.6천 명)는 아동발달, 돌봄 등 사회서비스 분야에 비즈니스 프로젝트나 활동을 수행하는 신생 청년 사업단으로 대학 등에서 사회적 자원을 활용하여 지역사회서비스 청년벤처사업을 인큐베이팅하는 것을 말한다. 지방대 졸업자들에게 사업 공모를 진행한 후에, 대학을 기반으로 한 사회서비스 청년벤처를 선정하고, 서비스 제공량에 따라 예산을 차등지원하였다. 사회서비스 분야에 창의적인 청년의 참여가 필요하다. 사회서비스 분야는 돌봄, 방과후 활동 등 잠재수요가 높으나, 아이템 개발은 부족하여 청년의 창의적인 아이디어를 통한 사업영역 개척이 필요하였다. 취업 애로 청년실업자에게 사회서비스 분야에 창업 및 종사할 기회를 제공하여 청년층의 지속적으로 경력이 형성된다.

사회서비스분야 청년사업단의 창업지원프로그램 개발 및 운영을 위해서는 새로운 서비스나 전문성이 인정되는 서비스 기반으로 창업이 지원하므로 양질의 일자리가 만들어져야 했다. 각 부문별로 대학간 경진대회를 통한 사업 적극적으로 홍보 사업관리 노하우를 공유하고 우수프로그램은 공공부문에서 설립자금을 지원하고 사회서비스 시장에서 연착륙할 수 있도록 정기적인 컨설팅이 요구되었다. 사회서비스 분야에 특화된 창업교육은 서비스제공 경험을 기반으로 사회서비스 개발, 서비스 및 성과의 관리, 인사노무관리 등 사회서비스를 창업과 운영능력을 향상시킬 수 있는 교육프로그램 개발이다. 사회서비스 분야는 다양한 서비스 개발기회와 안정적 판로 운영을 기대할 수 있다.

(3) 돌봄 프랜차이즈를 통한 창업

보건복지부는 사회서비스 시장의 규모화를 통해 시장의 영세성을 탈피하고, 서비스를 표준화하여 생산비용 절감 등을 통한 사회서비스 산업의 고부가가치 창출을 위해 「돌봄서비스 네트워크」 사업을 추진하였다. 이 사업은 사회서비스 선도사업의 일환으로, 돌봄서비스분야 비영리 기관을 대상으로 프랜차이즈 본부 등을 구성하여, 브랜드 및 품질을 책임 관리함으로써 돌봄 분야의 부가가치 제고를 통해 사회적 취약계층에 대해 양질의 서비스 및 신규 일자리를 동시에 제공하는 사업이다. 돌봄 서비스 네트워크 사업은 전국 4개 주관기관을 중심으로 280개의 가맹점에서 2만 명의 활동보조인과 제공인력들이 아동, 장애인, 산모·신생아, 거동불편 노인 등 15만 명을 대상으로 양육, 가사간병, 장애인활동보조, 노인돌봄 등 서비스를 제공하였다. 돌봄 서비스 네트워크 사업은 생애주기에 따라 아동기에는 양육과 교육 지원, 청년기에는 활동 보조와 재활치료 서비스, 노년기에는 요양서비스 등 연속적이며 맞춤형 지원체계로 취약계층을 지원하고 있다.

① 프랜차이즈 사례1 아이시터

부산광역시 사회복지관협회의 아이시터 사업은 아이 돌보미의 양성을 통한 양질의 서비스 제공 및 탄력적 수요자 맞춤형 서비스 제공을 통해 자녀 양육 시장에서 포지셔닝, 이를 통해 소비자들은 적은 사교육비로 양질의 서비스 이용할 수 있다는 장점이 있다. 사회복지관으로 사회서비스 제공의 주체로서 지역사회의 신뢰를 구축하여 얻은 브랜드 이미지를 활용하고 교육된 전문가를 배치하여 영유아의 전문적 서비스 제공하여 경쟁우위를 점하고 있다. 공공성 측면에서도 취약계층 아동들에 대한 교육과 양육 서비스를 제공하고 있는데, 장기적으로 교육과 베이비시터 양성을 위한 전문서비스 인증기관으로 사업모델을 구상하였다.

차별화적 요소로는 사회복지관으로 사회서비스 제공의 주체로서 지역사회의 신뢰를 구축하여 얻은 브랜드 이미지를 활용, 교육된 전문가의 배치 등이라고 볼 수 있다. 가사 도우미 서비스보다는 전문적인 영역, 즉 영어를 포함한 학습 지원 활동이 가능하며, 영유아의 전문적인 케어가 가능하도록 서비스를 제공하고 있는 것이 아이시터의 경쟁우위라고 볼 수 있다. 비즈니스 모델의 구성에 있어서 사업의 공공적인 측면과 수익적인 측면을 동시에 추구할 수 있는 모델을 설정하였다. 공공성이라는 측면에서는 사업참여 근로자에 대한 교육 서비스를 제공하여 노동력 활용이 가능하게 하는 점과 사회적 소외계층이 받을 수 있는 실질적인 서비스를 제공, 취약계층 아동들에 대한 교육 및 양육 서비스의 제공이라는 측면이라고 할 수 있으며, 자립화하여 수익성을 확보하기 위한 비즈니스 모델이다.

아이시터가 가지고 있는 가장 큰 핵심역량은 앞서 언급된 바와 같이 양육자를 교육시킬 수 있는 교육 콘텐츠와 교육에 대한 노하우와 양육자 풀의 확보라고 볼 수 있다. 장기적인 계획으로 교육 및 베이비시터를 양성하는 것에 집중하여, 베이비시터 전문 인증기관으로 모델을 구상할 수 있다.

② 프랜차이즈 사례2 도우누리

도우누리는 (재)중앙자활센터의 온케어 서비스의 사업을 총괄하며 서비스 콘텐츠를 마련하고, 지역의 조직관리 등 중요 업무를 수행하고 있다. 자활센터는 프랜차이즈 사업주체로서의 역할을 수행하는데 한 브랜드로 통합함으로써의 시너지 효과를 가지는데 내부의 경쟁력보유와 사업운영 매뉴얼 그리고 교육 프로그램을 운영하여 프랜차이즈의 장점을 지니고 있다. 이후 자활센터에 필요로 하는 인력에 대한 교육 콘텐츠의 보유, 교육에 대한 노하우, 교육생의 데이터베이스 등을 활용할 수 있다.

기존에 있는 242개의 지역자활센터의 프랜차이즈화가 주요 사업모델이며, 약 200개 정도가 돌봄 사업을 수행하고 있는 것을 프랜차이즈화하였다. 프랜차이즈의 일반적인 장점이라고 할 수 있는 규모의 경제와 브랜드 통합으로서의 시너지 효과를 가질 수 있다. 프랜차이즈 사업을 함으로써 필요로 하는 홍보마케팅 전략, 업무 전산화 시스템의 구축, 교육지원 및 가맹점의 세무지원, 노무 지원을 수행해야 하는 것이 중앙 관리자의 주요업무라고 할 수 있으나, 자활센터에 필요로 하는 인력에 대한 교육 콘텐츠의 보유, 교육에 대한 노하우, 교육생의 데이터베이스 등을 가지고 있는 것으로 파악된다.

5) 고부가가치 사회서비스 육성

사회서비스 산업 육성 추진 방향	○ 지자체 단위의 사업수행이 어려운 사회서비스 욕구에 대응 ○ 공동사업화, 네트워크화를 통한 서비스 제공기관의 영세성 극복 ○ 중산층 이상의 이용계층을 대상으로 고급형 사회서비스의 발굴·육성

사회서비스 분야에서 고급형 고부가가치형 시장을 형성하기 위해서는 새로운 서비스개발과 네트웍연계와 규모의 경제를 위한 자원이 마련되어야 한다. 사업분야에서는 서비스 수요는 충분하나 지자체의 재정 여력 미흡 또는 서비스의 특성상 지역에서 추진이 어려워 서비스의 사각지대가 발생한 사업이다. 해당 분야의 대응투자를 민간 자원을 활용함으로써 서비스의 사각지대를 해소하고 취약지역에 대하여는 서비스 공급역량을 높여야 하는 사업이다.

돌봄 서비스를 네트워크화하고 공동사업화하는 경우는 지역별 비영리기관을 대상으로 한 공동사업 본부 또는 프랜차이즈 본부 등을 구성하여 운영할 수 있다. 비영리기관들이 중심이 되어 협력연계하여 돌봄 서비스 사업의 영세성을 극복하고 동 분야의 서비스 시장규모를 확대할 수 있는 사업이다. 협력단체는 공동 브랜딩, 질 관리(Quality Control)가 자체적으로 이루어질 수 있도록 함으로써 돌봄 분야의 부가가치 제고를 할 수 있다.

신규 사업을 개발하기 위해서 중산층 이상의 구매계층이 신뢰할 수 있는 사회서비스 제공기관을 육성이 필요하다. 전문지식과 기술을 활용하거나 IT 등 신기술을 기반으로 한 신규 사회서비스 산업은 기존 사회서비스에 대하여 사업의 내용을 수정하고, 교육과 여행 등 관련 분야와 돌봄을 연계하여 고부가치화가 가능한 사업이어야 한다.

제 6 장

사회서비스 품질관리

제 6 장 사회서비스 품질관리

제1절 품질관리의 의의

1. 사회서비스 품질관리란 무엇인가?

1) 사회서비스 품질관리의 개념

(1) 품질관리의 개념

경영학적인 일반개념에서 품질관리란 시장성이 높은 제품을 적은 비용으로 생산하기 위한 일련의 체계적인 모든 조치를 의미하고 좁은 관리적 측면에서는 제품품질을 유지 향상하기 위한 관리활동을 의미한다. 경영학에서의 품질은 주로 제품품질을 의미하지만, 사회서비스에서의 품질관리는 제품이 아닌 서비스를 대상으로 하는 품질관리다. 일반적으로 서비스는 제품과 달리 무형성(구체성의 한계), 이질성(표준화 한계), 생산과 소비의 비분리성(객관성의 한계) 등을 특징으로 하였다. 특히 대인적 서비스의 경우 서비스 제공자와 서비스이용자 간의 상호작용이 서비스의 품질에 미치는 영향이 매우 크다(김통원·윤재영, 2005). 결국, 서비스에 대한 품질관리가 제품에 대한 품질관리보다 훨씬 어렵게 된다.

(2) 서비스 품질관리의 두 측면: 기술품질과 기능품질

서비스 품질은 산출물인 서비스 그 자체에 대한 이용자의 만족에 관한 결과라고 할 수 있는 기술품질(technical quality)과 동시에 서비스가 제공되는 프로세스(대인적 상호과정)에서 발생하는 기능품질(functional quality)로 나누어진다. 서비스 품질은 서비스 자체의 품질과 서비스가 고객에게 전달되는 과정에 의한 품질에 의해 결정된다. 서비스의 품질은 제조업체의 품질보다 더욱 확대된 개념으로 작용하고 있다(안영진, 2007). 이러한

그림 6-1 사회서비스 품질관리 체계

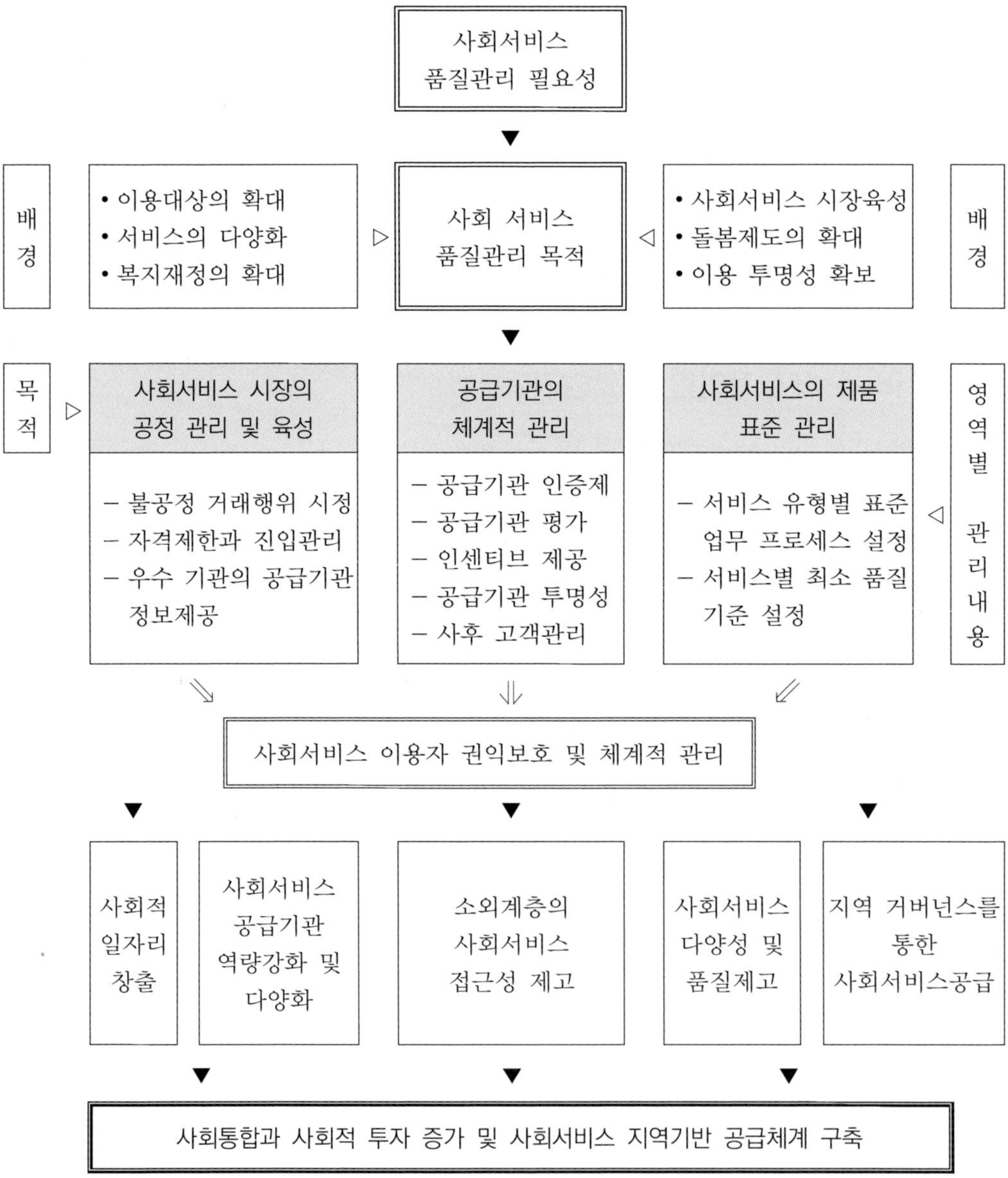

기술품질과 기능품질은 서비스가 제공되는 단계별로 보면 다시 다음과 같이 세분화될 수 있다. 고객은 서비스를 받기 전에 갖게 되는 기대감에 따른 만족감이 있다. 서비스 품질은 제품에 대한 품질과 달리 일반적으로 서비스를 받기 전에 소비자의 기대감과 서비스를 실제로 받은 후 경험을 비교하여 서비스 품질을 판단하게 된다. 이러한 만족감은 해당 서비스에 대한 이해감이나 홍보와 관련된다. 다음으로 서비스를 받는 동안 고객이 느끼는 경험에 따른 기술품질이 있다. 서비스를 받는 동안에 만족감은 서비스 제공자의 언어와 태도에 좌우되고 직원과의 접촉이 매우 중요하게 작용한다. 서비스를 받은 후 고객이 느끼는 서비스의 기능품질이 있다. 서비스를 제공받은 이후 직원의 태도 등이 이용자 만족감에 영향을 미치게 된다. 만약 문제가 발생하였을 때 고객이 겪는 경험에서 느끼는 만족이 있다. 서비스 이용 이후 요금, 부상, 피해가 발생한 경우에 서비스 제공자가 사후 처리하는 방식에서 느끼는 이용자 만족도이다.

2) 사회서비스 품질관리의 주요 목적

(1) 사회서비스의 품질관리

사회서비스 품질관리는 사회서비스의 내용과 질적 수준을 담보하기 위한 서비스의 표준을 설정하고 이에 대한 관리를 목적으로 한다. 이러한 표준관리는 서비스의 질적 수준을 규정하고 각 서비스 제공기관이 표준화된 수준을 준수하도록 유도함으로써 사회서비스의 질적 수준을 유지할 수 있도록 한다. 일반적으로 표준은 규격과 규정으로 분류되고 규격은 부품, 재료, 기계, 공구 등 유형물에 대한 기술표준이며, 규정은 순서, 방법, 절차, 책임, 의무, 권한, 개념 등과 같이 추상적이며 관념적인 관리표준이다. 사회서비스의 품질 관련 표준은 규정에 가까운 개념이라 할 수 있다.

(2) 공급기관의 체계적 관리

사회서비스는 시장에서 생산, 유통, 소비되는 사적재(private services)와는 다르게 공공재 성격이 강한 서비스이며, 이러는 측면에서 서비스 공급기관에 대한 체계적이고 공공측면의 관리를 품질관리의 목적으로 설정하고 있다. 시장에서의 사적재화나 용역을 생산, 판매, 유통하는 기업의 경우와 달리, 사회서비스는 일종의 공공재로 공급기관은 민간기관이나 복지기관 또는 시민단체 등이 될 수 있으나, 사회서비스 공급의 재정적 지원은 공적 자금이다. 전적으로 민간기업과 같은 자율적 운영관리에 위임할 수는 없다. 그렇다고 공공기관에 의한 사회서비스 공급기관에 대한 직접적인 통제나 관여 자체는 불가능하다. 결국, 품질관리 규정에 의해 사회서비스를 공급하는 공급기관에 대한 간접적, 사전적 규제나 관리를 통하여 제공하는 사회서비스의 품질을 향상시키고, 사회서비스의 공급과 관련한 공급기관의 책임을 확보할 필요가 있다.

(3) 사회서비스 시장의 공정관리와 육성

사회서비스는 일종의 새로운 공급방식에 의한 새로운 시장을 형성하게 된다. 즉 공공재정투입을 통하여 민간기업, 준공공기관, 시민단체, 공공기관 등 다양한 성격을 지닌 공급기관이 참여하고 경쟁하는 새로운 시장을 조성한다. 사회서비스 시장은 기존의 공급기관뿐만 아니라 새로운 공급기관이 등장하게 된다. 공적 재정으로 안정적인 수요자가 확보된 사회서비스 시장에서 규모의 경제를 지닌 공급기관이나 독점적 지위를 지닌 공급기관 등이 우월적 지위를 활용하여 불공정한 시장질서를 유도하거나 부정한 방식으로 사회서비스 이용가격 상승이나 품질 저하를 가져올 수 있다. 따라서 사회서비스 품질 규정은 사회서비스 시장의 불공정 거래를 미리 예방하고 투명하고 합리적인 공급기관 운영과 거래질서를 확립하는 기능을 수행하여야 한다. 특히 사회서비스 시장을 형성하는 초기에는 이러한 품질관리규정을 통하여 공급기관의 역량을 높이고 사회서비스 시장에서의 새로운 일자리를 창출하는 간접적인 효과도 가져올 수 있을 것이다.

(4) 사회서비스 이용자 권익보호 및 이용자 관리

사회서비스 내용에 대한 엄격한 품질관리, 공급기관에 대한 체계적 관리, 사회서비스 시장에 대한 공정거래질서 유지 등과 같은 노력은 궁극적으로 사회서비스 이용자인 일반 국민들의 권익을 보호하고, 이용자에 대한 정보관리, 적정한 가격설정과 비용부담, 이용만족도 제고 등과 같은 결과를 가져올 것이다. 품질관리 규정은 사회서비스 이용자, 이용실태 등에 대한 체계적인 정보관리와 부당이용자의 불법거래를 방지하고, 서비스 이용자보호 규정을 명시하여 사회서비스 이용과정에서 발생하는 피해보상과 만족도를 높이도록 하여야 한다.

3) 사회서비스 품질관리종합시책

(1) 사회서비스에 대한 종합적 대응 필요

사회서비스 품질관리가 추구하는 목표 그리고 관련 내용을 고려할 때 사회서비스는 서비스 내용, 서비스 대상, 서비스 공급기관, 서비스 효과에 있어 기존 잔여적 복지서비스와는 비교할 수 없이 다양하고 이질적이다. 사회서비스의 품질에서 파생하는 영향은 이용자에게만 한정되기보다 이용자 가족, 제공기관 종사자, 제공기관, 사회서비스 산업체, 지역사회 전체로 파급되는 외부효과가 나타나게 되어 사회서비스 품질관리에 대한 종합적인 대책 마련이 필요하다. 무엇보다도 관여하는 주체가 중앙정부, 사회서비스 전담기관, 광역자치단체, 지방자치단체, 복지법인, 복지시설, 사립학교, 민간기업 등 다양한 기관이 서로 다른 목적과 기능을 가지고 관여하게 된다. 사회서비스의 품질관리를 위하여 관련 기관 간 책임분담과 추진체계를 명시하는 품질관리 종합시책 마련이 필요하다.

(2) 중앙정부의 품질관리 종합시책 작성과 체계적인 추진

중앙정부는 다른 산업부문에 파급효과가 큰 사회서비스의 품질관리를 위하여 사회서비스 육성 기본계획에 설계하여 사회서비스 품질관리를 위한 종합시책을 정기적으로 수립할 필요가 있다. 사회서비스 영역이 시장영역과 중첩되어 있어 기존의 소득 이전적 복지서비스와는 달리 사회서비스 규모, 전달체계, 이용자의 기대수준, 공급기관 종사자 역할 등에 있어서 빠른 변화가 예상된다. 공공부조 서비스와는 다르게 품질관리의 방향이나 품질기준, 종사자 자격 및 관리 기준 등에 있어서 시장 대응적인 조치가 필요하기 때문이다.

2. 사회서비스 전담기관의 품질관리 관련 책무

1) 사회서비스전담기관의 품질관리 관련 책무

(1) 품질관리 사회서비스 전담기관으로서의 역할

사회서비스에 대한 품질관리는 단순히 제품 즉 서비스 내용에 관한 관리뿐만 아니라 서비스 시장에 대한 공정거래관리, 공급기관 인증관리, 서비스 품질기준관리, 서비스 이용자 고객 불만관리 등이 포함되어 있다. 공급기관 선정과 서비스 평가업무에서 지자체들과의 협력체계 구축이 중요하여 서비스 사용정보에 따른 이용자 사용관리를 통하여 사회서비스의 품질을 유지할 수 있다. 지자체, 공급기관 간 수직적이고 수평적인 연계협력을 유지할 수 있을 뿐만 아니라 종합적인 정보, 연구개발 기능을 갖춘 기관

에서 종합적인 품질관리 기능을 수행해야 한다. 사회서비스전담기관에서는 위의 품질관리를 수행하여야 하는 기관이다.

(2) 사회서비스전담기관의 주요 품질관리 책무

사회서비스전담기관이 수행할 품질관리와 관련된 주요 책무는 우선, 품질관리 환경을 조성하는 업무를 가진다. 주로 사회서비스 시장에서의 경쟁유지와 불공정거래를 방지하여 시장경쟁을 통한 원천적인 사회서비스의 품질 유지를 위해 노력한다. 다음으로 지방자치단체는 물론 서비스제공기관과 협회 등 유관기관과의 품질 관련 협력사업을 수행한다. 적합한 품질기준 설정을 위해서는 공급기관과의 논의와 협력이 기본적으로 필요하다. 공급기관 품질관리에 관련해서는 자치단체와 공급기관과의 협력이 필요하고, 고객정보관리와 이용자관리를 위해서는 자치단체와의 협력이 전제되어야 한다. 다음으로 품질관리의 기준을 제시하여야 한다. 사회서비스 품질관리와 관련하여 가장 중요한 사회서비스전담기관의 책무 중의 하나는 품질관리 기준을 제시하는 것이다. 품질관리 기준은 사회서비스 내용을 규정하는 내용으로 공급되는 사회서비스의 성과를 판단하는 질적인 최저조건을 법적으로 규정한 것이다(강선경·김학주, 2007).

(3) 품질관리 환경 조성: 공정한 시장거래 관리를 통한 품질관리

품질관리라는 측면에서의 사회서비스 시장에서의 공정거래는 단순히 사적 시장에서의 거래에 의해 운영되는 것이 아니다. 공정한 경쟁을 방해하는 행위에 대한 규제와 함께 경제적 유인의 제공이 필요하다. 공정거래는 우수 기관의 육성, 자격 제한을 통한 진입관리, 정보제공을 통한 소비자 보호, 자원배분을 통한 경쟁유도 등 경쟁하는 사회서비스 공급기관들의 모든 행태에 영향을 미치는 메커니즘을 의미한다. 일반적으로 공정거래 원칙에 벗어나는 시장행위로는 특정 사회서비스 공급기관의 시장지배력 남용, 공급기관간의 부당한 공동행위를 통한 가격담합, 서비스 제한, 거래제한, 타 공급기관 방해 등의 행위, 사회서비스 이용자에 대한 부당한 차별 행위, 공급기관 간 부당한 하도급 거래, 부당한 고객 유인 행위, 공급기관 간 부당한 내부거래, 불공정 사회서비스 이용 약관, 부당한 표시 및 광고 행위 등과 같은 행위가 거론될 수 있다.

사회서비스 공급과 관련된 공정한 환경을 조성하는 노력은 단순히 불공정한 시장질서를 수정하고 경쟁을 유도하는 목표뿐만 아니라 현재 초기 단계인 사회서비스 산업시장의 건전한 육성과 밀접하게 관련되어 있다. 특히 사회서비스 산업의 경우 현재 전국 규모의 조직과 공급 네트워크를 가지고 있는 지배적인 공급기관이 존재하고 전국단위 사업이 필요한 경우 지배적 사업자의 역할이 요구된다. 특히 사회서비스가 활성화되기 이전에는 안정적인 공급기관과 검증된 프로그램이 요구되기 때문에 지배적인 공급기관이 벤치마킹 대상으로 요청되기도 한다. 결국, 한편으로는 지배적인 사업자가 요청되고 다른 한편으로는 공정한 경쟁질서를 유지하기 위한 규제 필요성이 동시에 제기된다. 사회서비스전담기관은 지배적인 공급기관의 경험과 전문성을 활용하기 위하여 일정 기간 동안 지배적인 시장질서에 대한 직접적인 개입 대신에, 지역 내 공급기관을 확보하고 증가시켜 경쟁을 유지 확대하기 위한 시장육성전략을 추진해야 할 것이다. 중소규모의 공급기관의 역량과 경험을 축적하기 위한 지원을 강화할 필요가 있다. 다만 부당한 공동행위, 부정한 이용자 확보, 불공정한 내부거래 등에 대해서는 엄격한 규제를 통하여 시장형성 초기에 불법 부당한 거래행위가 자리 잡히지 않도록 규제를 강화한다. 사회서비스전담기관은 지방자치단체의 업무협조를 통하여 지역 내에서의 불공정행위에 대한 단속결과에 대한 심사와 판단을 할 수 있는 전문성과 역량을 제고할 필요가 있다.

(4) 지방자치단체와의 협력관계 유지

대부분 사회서비스는 기초자치단체인 시·군·구 지역 단위에서 공급되고 있다. 특히 지역사회서비스투자사업의 경우 기초자치단체에서 기획되고 대상자가 선정되어 기초자치단체가 결정한 지역 공급기관에 의해 서비스가 제공되고 있으며, 바우처의 공급도 기초자치단체를 통해서 이루어지고 있다. 이러한 상황에서 사회서비스가 원활하게 정착되고 운영되기 위해서는 보건복지부는 물론 사회서비스전담기관과 기초자치단체 간의 긴밀한 협력관계 유지가 필수적이다. 민간 공급기관은 사회서비스전담기관의 입장에서 한편으로 서비스 대행기관이자 다른 한편으로는 통제와 모니터링 대상기관이 된다.

사회서비스가 지역에 적합한 내용과 방식으로 공급되는지는 중앙정부 그리고 사회서비스전담기관과 기초자치단체 및 공급기관 사이에 어떠한 관계설정이 이루어지는가에 크게 좌우될 수밖에 없다. 사회서비스전담기관은 사회서비스 이용자에 대한 정보를 취합하고 이용실태를 정기적으로 모니터링하고 자료를 취합하고 정리하여 기초자치단체와 제공기관에 공급하고 또한 다른 지역에서 성공적으로 집행되는 사례에 대한 정보를 제공한다. 기초자치단체와 제공기관은 사회서비스 제공과정에서 나타나는 문제점,

한계, 법적 제도적 미비점 및 개선사항 등을 사회서비스전담기관에 제시하여 제도 개선이 진행될 수 있도록 한다. 공급기관과 자치단체와의 동반자적인 관계를 지속적으로 유지하는 것이 매우 중요하다. 동반자적인 관계란 적대적이고 경쟁적이며 투쟁적인 관계에서 탈피하여 개방적이고 서로를 신뢰하며 공동의 목적을 달성하기 위해 서로가 필요하다는 전제 아래 유대관계를 구축하는 것을 의미한다. 이러한 동반자적인 관계를 유지하기 위해서는 필요한 정보의 교환과 공동계획수립과정이 필요하고, 제공기관의 일정수익을 보장하고, 계약 기간 동안 안정적인 관계 유지를 통하여 신뢰감을 구축하고 필요한 경우 기술과 재정적인 협력을 제공한다.

2) 품질관리 기준

(1) 품질관리 기준의 의미

사회서비스에 대한 품질기준은 제품에 대한 제조 규격과는 달리 이용자에게 제공되는 사회서비스가 갖추어야 할 품질의 최저기준을 의미한다. 이는 서비스의 내용뿐만 아니라 서비스가 제공되는 절차와 상황, 이용자와의 상호작용에서 발생하는 이용자의 인지적 정서적 평가까지 포함한 개념이다. 이러한 사회서비스 품질기준은 투명하게 공개되어야 하며, 가능한 전국적으로 일관성을 유지하고 아울러 책임을 분명하게 규정해준다. 다만, 다양한 사회서비스가 제공되는 상황에서 모든 품질기준은 설정한 기준을 준수하고 순응함에 따라 발생하는 편익에 비해 지나치게 큰 비용이 발생해서는 바람직하지 않으며, 품질규제에 대한 비용에 대한 고려도 필요하다. 품질기준은 서비스 이용시 발생할 수 있는 위험가능성에 대한 정보에 대해서도 지역주민에게 미리 알려주는 역할을 수행해야 할 것이다.

(2) 서비스 설계표준을 통한 품질관리

사회서비스의 품질기준은 일종의 공급기관에서의 행하는 업무처리방식을 효율화하는 방법과 활동을 표준화라고 볼 수 있다. 일종의 설계표준인데, 일반적으로 유형 제품의 경우 설계표준에 적합하면 생산된 제품이나 서비스가 제조품질을 가진다. 제조품질은 설계표준에 따라 얼마나 적합하게 만들어졌는가를 의미한다. 매우 다양한 종류의 사회서비스 품질을 확보하기 위해서는 사회서비스 유형별로 서비스 제공 과정에 대한 단계별 필요 요소들에 대한 설계기준이 필요하다.

사회서비스 제공에 있어서 공통적인 품질관리기준을 규정해야 한다. 서비스 이용자이거나 이용자의 가족에게 서비스 관련 정보를 제공해야 한다. 서비스 공급자는 서비스 이용자에게 제공하는 서비스의 이용절차, 서비스 제공 시간, 주된 서비스 내용, 비용, 이용자와 제공자의 권리와 의무, 피해발생시 배상책임 등에 대한 자세한 정보를 이용자 개인이나 보호자와 가족 등에게 제시하여야 한다. 이후 계약된 내용으로 서비스를 제공해야 한다. 위에서 제시한 서비스 내용, 서비스 시간 등을 처음 제시한 내용과 순서로 충실하게 수행하는 여부에 대한 점검이 필요하다. 다음으로 서비스를 제공하는 사람에 대하여 자격요건이 충족되었는지 살펴보아야 한다. 제공되는 서비스별로 서비스 제공자에게 요구되는 자격요건으로 자격증을 소유하고 있는지 여부, 보수교육를 받았는지에 대한 점검이 필요하다. 다음으로 서비스 이용자가 피해를 받았거나 부상을 받지 않도록 사전에 준비해야 한다. 제공되는 사회서비스와 관련하여 공급자의 고의나 과실 등으로 인한 피해, 부상 등과 같은 안전사고나 손실 등에 대한 배상책임과 예방을 위한 조치를 사전에 마련하여야 한다. 사회서비스를 제공하기 위한 장비와 시설이 구비되어야 한다. 제공자는 개별 사회서비스 공급에 반드시 필요한 장비와 시설의 구비하여 필수적인 서비스 조치를 위한 조건을 충족하여야 한다.

3. 지방자치단체의 품질관리 관련 책무와 평가

1) 지방자치단체의 품질관리 책무

(1) 품질관리의 대상

사회서비스를 제공하는 과정에서 지방자치단체의 역할은 매우 중요하다. 특히 별도의 사회서비스 전달체계가 운영되지 않는 지역의 상황에서 기초자치단체는 중앙정부 및 사회서비스전담기관의 업무와 공급기관 그리고 서비스 이용자를 연계시키는 핵심적인 위치이다. 따라서 공급기관에 대해서는 기초자치단체는 품질관리의 관리 및 평가주체이나 중앙정부와의 관계에서는 품질관리 및 평가의 대상이 된다. 품질관리 측면에서도 품질관리와 관련된 정보수집, 지역주민들의 의견수렴, 공급기관의 선정 및 재정지원, 공급기관에 대한 감독, 평가와 관리업무를 담당한다.

(2) 사회서비스 욕구 및 수요 조사

서비스 품질의 가장 우선적인 기준은 제공된 사회서비스가 이용자의 서비스 수요에 얼마나 적실하게 대응하고 있는가라고 할 수 있다. 이와 관련하여 지역주민들이 필요로 하는 사회서비스의 종류, 수준, 범위 등에 대한 의견을 수렴하는 것이 사전에 시행되어야 한다.

(3) 공급기관에 대한 자료수집, 계약, 선정, 재정지원 및 모니터링

조사된 사회서비스 수요에 적절하게 대응할 수 있는 공급기관이 지역내 존재하여야 하며, 이 제공기관들이 보유하고 있는 인적 자원, 시설과 장비 등 물적 자원, 서비스 제공 경험, 재정상태 등에 대한 전반적인 조사와 평가가 선행되어야 한다. 이러한 수집된 자료를 근거로 위에서 논의한 최저품질기준을 충족할 수 있는 공급기관인지 여부를 판단하여 계약을 체결한다. 기초자치단체는 사회서비스를 제공하는 공급기관에 대하여 서비스 제공 종합계획, 인력, 회계, 장비, 시설, 교육·훈련 상황, 소비자 보호 등 사후조치 등 제반 관련 업무내용에 대하여 점검하고 평가하는 등 지속적인 모니터링을 실시한다. 이러한 조사결과를 지역주민들에게 공개하여 지역 주민들로 하여금 공급기관을 선택할 수 있는 판단기준을 제공하는 것이 중요하다.

2) 기초자치단체에 대한 평가

(1) 기초자치단체에 대한 평가 필요성

사회서비스를 전달하는 과정에서 기초자치단체가 핵심적인 역할을 수행한다는 점에서 기초자치단체에 대한 평가가 필요하다. 아울러 사회서비스의 제공에 있어 전국적인 서비스 제공의 형평성을 유지하고, 국가 차원에서 요구되는 사회서비스의 최저수준을 유지한다는 측면에서도 기초자치단체에 대한 평가가 요구된다. 사회서비스가 새로운 복지 분야이며 시장영역과 공적 영역이 혼재되어 있어 참고사항이 부족한 분야이다. 사회서비스의 제도가 안정적으로 정착하기 위해서는 기초자치단체에 대한 지원과 함께 일정 수준으로 기초자치단체의 사회서비스 제공역량을 높일 필요가 있으며, 기초자치단체에 대한 평가와 지원 그리고 자문이 필요하다.

(2) 기초자치단체에 대한 평가내용

기초자치단체에 대한 평가는 두 부문으로 구성되는데, 사회서비스와 관련된 기초자치단체의 종합적인 업무추진에 대한 평가와 기초자치단체에서 공급되는 전반적인 사회서비스 제공실태에 대한 평가이다. 기초자치단체에 대한 업무평가는 사회서비스 관련 각 단계별 업무추진실태를 평가하고 공급기관의 지도·감독·확인 실태 등을 평가한다. 사회서비스 제공실태에 대한 평가는 전국적으로 공통된 사회서비스 제공실태와 각 기초자치단체에서 제공하는 특화된 사회서비스에 대한 평가로 구분하여 실시한다. 사회서비스 제공실태에 대한 평가에서는 이용자 만족도와 지역의 특수성을 고려하여 평가한다. 기초자치단체에 대한 평가결과를 종합적으로 정리하고 수범 사례에 대한 자료를 정리하여 각 기초자치단체와 공급기관에 제공함으로써 벤치마킹하도록 유도한다. 기초자치단체에 대한 평가결과에 따라 재정지원을 차등화하거나 자치단체 재정부담율을 달리할 수 있도록 하는 등 재정적 인센티브를 제공한다.

4. 사회서비스 공급기관에 대한 품질 인증

1) 사회서비스 공급기관에 대한 품질인증 필요성

(1) 품질인증의 개념

인증의 사전적 의미는 제품의 품질과 성능에 대한 증명서(certificate)를 내주는 것을 인증(certification)이라고 하나 일반적으로 품질인증이란 제품이나 시스템 등이 기준과 규격이나 규정에 적합한 것을 의미한다. 다시 말하면 유형적인 제품의 경우에는 표준규격(부품, 재료, 기계, 공구 등 유형물에 대한 기술표준, 일종의 기술사양서)에, 서비스의 경우에는 표준규정(순서, 방법, 절차, 책임, 의무, 권한, 개념 등과 같이 추상적이며 관념적인 관리표준)에 대한 적합 여부를 판단하여 그에 적합한 경우 제3자적인 기관에 의해 객관적으로 평가하여 증명서를 발급하여 인증하고 인증된 상태가 계속되고 있는지 모니터링하는 활동을 의미한다. 사회서비스 공급기관에 대한 품질인증은 일종의 설계표준인 사회서비스 제공과정과 관련된 규정에 어느 정도 적합한지를 판단하는 내용으로 이루어진다. 일반적으로 생산된 제품이나 서비스가 이러한 설계표준에 적합하면 생산된 제품이나 서비스가 제조품질을 가진다고 말한다. 결국 제조품질은 설계표준에 따라 얼마나 적합하게 만들어졌는가를 의미한다.

(2) 사회서비스에 대한 품질인증의 필요성

사회서비스 제공 초기라는 점에서 공급기관에 대하여 체계적인 관리가 필요하고 일정한 수준의 품질기준을 제시함으로써 전국적 차원에서 최저 품질수준을 제시함으로써 서비스 품질의 기준을 제시할 수 있을 것이다. 이와 같이 공급기관에 대한 설계표준을 검토하고 평가하여 품질인증을 하는 과정을 통하여 인증을 받지 못한 공급기관의 경우에는 시장 형성초기부터 시장 진입이 어려워지고 수준 이하의 공급기관이 난립하는 것을 방지할 수 있을 것이다. 공급기관에 대한 품질인증에 대한 정보는 서비스 이용자로 하여금 공급기관을 선정하고 제공되는 사회적 서비스에 대한 기대수준을 결정하는 데 유용한 근거자료로 활용될 수 있다. 공급기관에 대한 품질인증 과정은 공급기관으로 하여금 자율적으로 품질기준을 유지하거나 내부 관리시스템을 개선하여 지속적인 개선을 유도하는 장치로 작동하게 될 것이다.

2) 품질인증과 소비자 보호

(1) 소비자 권리와 품질인증

일반적으로 소비자 권리는 법적으로 도덕적으로 소비자에게 보장되어야 할 힘을 의미한다. 소비자 권리는 안전할 권리(right to safety), 알권리(right to informed), 선택할 권리(right to choose), 의사를 반영할 권리(right to be heard), 피해보상을 받을 권리(right to be redress)를 보유하고 있다고 지적된다.

소비자 기본법 제4조에는 소비자의 8대 권리를 명시하고 있다.

- 물품과 용역으로 인한 생명, 신체 또는 재산에 대한 위해로부터 보호받을 권리
- 물품 등을 선택함에 있어서 필요한 지식 및 정보를 제공받을 권리
- 물품 등을 사용함에 있어서 거래상대방·구입장소·가격 및 거래조건 등을 자유로이 선택할 권리
- 소비생활에 영향을 주는 국가 및 지방자치단체의 정책과 사업자의 사업활동 등에 대하여 의견을 반영시킬 권리
- 물품 등의 사용으로 인하여 입은 피해에 대하여 신속·공정한 절차에 따라 적절한 보상을 받을 권리
- 합리적인 소비생활을 위하여 필요한 교육을 받을 권리

- 소비자 스스로의 권익을 증진하기 위하여 단체를 조직하고 이를 통하여 활동할 수 있는 권리
- 안전하고 쾌적한 소비생활 환경에서 소비할 권리

이러한 소비자 권리를 보호하기 위해서는 공급기관에 대한 정보가 필수적이고 핵심적인 정보는 품질인증과정을 통하여 제공될 수 있다. 소비자기본법 7조에서는 '국가 및 지방자치단체는 물품의 품질개선 및 소비생활의 합리화를 기하기 위하여 물품 및 용역의 규격을 정하고 이를 보급하기 위한 시책을 강구하여야 한다'라고 규정하고 있어 품질인증 책무를 부여하고 있다.

(2) 사회서비스 품질인증정보와 소비자보호

사회서비스에 대한 상품 정보, 이용방법, 구매정보 등과 같은 소비자 정보는 이용자로 하여금 선택에 대한 근거를 제공하여 주기 때문에 이용 과정상의 불확실성을 감소시켜 주고 합리적 선택을 가능하게 한다. 공급기관으로 하여금 제시한 정보기준에 따라 서비스를 생산, 공급, 제공하게 하여 서비스의 효율적인 관리를 가능하게 하고 이는 결국 소비자 이익으로 환원한다. 다른 공급기관과의 경쟁도 가능하게 유도하여 대내적 대외적 자원의 합리적 이용도 가능하게 하고 가격 저하와 품질개선으로 전개되어 소비자 이익증진에 기여할 수 있다.

품질인증정보는 서비스에 대한 정보 공개를 촉진하는 결과를 가져와 품질을 보증하는 기능을 수행하며 소비자 안전을 확보한다. 즉 서비스 품질과 안전성을 보장한다. 품질인증정보는 소비자분쟁 해결을 위한 객관적 준거로 활용한다. 표준화가 원활하게 이루어지고 신뢰성이 확보되는 경우 정보의 비대칭성이 감소되어 분쟁을 사전적으로 예방하는 효과가 있다.

3) 품질인증 기준 설정

(1) 사회서비스 품질인증의 방향

품질관리의 관점을 소비자, 공급기관, 관리기관(중앙정부나 자치단체) 중 어디에 둘 것인가에 따라 품질인증 기준의 내용이 달리 설정될 수 있다. 사업 초기에는 공급자, 감독자의 입장을 반영할 필요가 있으며, 점차 감독자가 아닌 소비자 고객의 관점에서의 품질관리 기준을 조정할 필요가 있다. 공급기관의 사회서비스 제공역량을 강화하는 방

향으로 품질관리 방향을 설정하여 서비스 제공 프로세스에 초점을 맞추어 품질관리를 시행하는 것이 바람직하다. 이러한 공급기관의 프로세스 중심의 품질관리는 사전적 설계 강조, 정보의 공유(중앙정부, 지방정부, 공급기관, 고객 상호간), 공급기관의 육성, 서비스 산업의 육성, 시장의 확대와 관리를 가능하게 할 수 있을 것이다.

(2) 공급기관의 업무 프로세스 중심의 품질관리

일반적으로 프로세스란 하나 이상의 투입을 받아들여 이용자에게 가치 있는 결과를 제공하는 행동들의 집합을 의미한다. 프로세스의 파악 및 상호작용 그에 대한 관리를 포함하여 품질관리와 성과관리에 조직내 전반적인 프로세스로 구성된 시스템을 적용하는 것을 프로세스 접근방법이라고 한다. 프로세스 접근방법은 프로세스의 결합과 상호작용에 대해서뿐만 아니라 전반적인 연결고리를 진행관리(on going)를 할 수 있다는 점이 매우 큰 장점이다. 따라서 품질관리의 초점은 하나하나의 독립된 과정과 개별 작업뿐만 아니라 전체적인 프로세스에의 적합성이 중요시된다.

외국의 대표적인 성과관리표준인 MBNQA(Malcom Baldrige National Quality Award)와 EQA(European Quality Award), ISO 9001:2000 품질경영시스템의 기준 역시 프로세스 중심으로 지표로 구성되어 있다. 이들 지표들은 공통적으로 리더십, 전략계획, 고객과 시장에 대한 분석, 조직성과 측정과 분석, 개선, 인력자원과 직원만족, 프로세스 직무시스템 설계 등을 핵심적인 지표로 설정하고 있다.

(3) 프로세스 중심의 품질관리 기준

프로세스 중심의 품질관리에 대한 개선노력으로 조직의 수많은 연결된 활동들을 파악하고 관리할 수 있다. 이를 통하여 다양한 종류의 투입(inputs: 자원, 인력, 지원)들이 의도한 산출(outputs)로 전환되기 위한 목표설정과 계획, 인적, 물적 자원 활용방법, 필요한 절차와 제도 관리, 모니터링과 평가 및 환류작업 등이 프로세스를 구성하는 주요한 활동이 된다. 프로세스 접근방법이 품질관리 시스템에서 적용될 경우 다음 사항이 중요하게 강조된다.

- 고객 및 다른 이해관계자들의 요구사항 파악, 반영
- 고객의 요구사항 및 조직목표에 따라 결과를 도출하는데 필요한 목표 및 프로세스 수립

- 목표달성을 위한 자원의 결정 및 제공
- 프로세스 실행에 필요한 절차와 제도 구축 및 개선
- 프로세스의 효과성 및 효율성을 측정하는 방법을 수립: monitoring
- 고객 및 다른 이해관계자들의 만족
- 부적합을 예방하고 원인을 제거하는 수단을 결정
- 전반적인 프로세스의 지속적 개선방안 수립 및 적용

(4) 사회서비스 공급과정별 품질 기준 검토 항목

사회서비스 수요 및 요구에 대한 사전 모니터링을 실시할 때 사회서비스 시행과 관련된 이해 당사자의 반응, 사회서비스 공급기관 조사, 사적 시장서비스에 대한 분석이 필요하다.

- 자치단체별 사회서비스 선정 및 집행계획 작성: 사회서비스 선정과정과 절차의 적절성과 투명성, 홍보, 예산조치, 전담인력, 공급기관 관리계획, 대상자 선정, 예상되는 집행상 문제점 분석 등을 내용으로 하는 집행계획
- 공급기관이 제공하는 사회서비스의 내용: 최종 서비스의 명확한 내용, 제공방법과 절차의 구체성, 가격산정의 적절성과 투명성
- 사회서비스 공급환경: 제공되는 사회서비스의 접근 용이성(지리적인 접근성, 관련 정보접근의 용이성, 서비스 이용을 위한 대기시간)과 서비스 제공시설의 쾌적성
- 서비스 제공인력 확보 및 교육훈련: 공급기관의 사회서비스를 제공할 수 있는 충분한 전문 인력의 확보, 제공 인력에 대한 기본적 보상(보험, 보수), 제공 인력에 대한 교육 훈련 실시
- 홍보: 위의 내용에 대한 명확하고 적극적인 홍보과정
- 서비스 제공과정에서의 품질저하 요소: 사회서비스 제공과정에서의 안전사고, 고객 불만제기(민원 등), 중도탈락
- 환류과정: 이용자의 욕구와 서비스 제공과정에서의 문제점을 반영한 품질개선계획 작성, 차기 서비스 제공계획의 수정
- 고객만족도: 서비스 이용자의 전반적인 해당 사회서비스 이용 후 만족도
- 시장만족도: 서비스 이용자의 해당 공급기관 서비스의 재이용률

표 6-1 사회서비스 추진과정에서의 검토 항목

사회서비스 추진과정	주요 내용	책임주체
① 사회서비스 수요 및 공급에 대한 사전조사	• 이해 당사자 의견조사 • 공급기관 조사 • 유사 사적 서비스 분석	자치단체
② 사회서비스 선정 및 집행계획 작성	• 선정과정의 적절성 및 투명성 • 홍보, 예산조치, 전담인력, 공급기관 관리계획, 대상자 선정 등 집행계획	자치단체
③ 사회서비스 내용 규정	• 최종 사회서비스 명확한 내용. 수준 • 제공방법과 절차의 구체성 • 가격산정의 적절성과 투명성	공급기관
④ 사회서비스 제공인력	• 충분한 전문적 제공인력의 확보 • 제공 인력에 대한 기본적 보상 • 제공 인력에 대한 교육 훈련	공급기관
⑤ 사회서비스 제공환경	• 사회서비스의 접근용이성 • 서비스 제공시설의 쾌적성	공급기관
⑥ 홍보	• ③~⑤ 내용에 대한 적극적 홍보	공급기관
⑦ 품질저하 사회서비스	• 제공과정에서의 안전사고 • 고객불만제기(민원, 소송 등) • 중도 탈락	공급기관
⑧ 환류과정	• 이용자 욕구와 문제점을 반영한 품질개선계획 작성	공급기관
⑨ 고객만족도	• 서비스 이용자의 전반적 고객만족도	공급기관
⑩ 시장만족도	• 해당공급기관의 서비스 재이용률	공급기관

4) 사회서비스 인증취소와 우수기관 지원

(1) 인증기관 취소 및 우수기관 지원 필요성

품질인증제도의 또 다른 목표는 품질인증을 받은 공급기관이 지속적으로 품질인증 상태를 유지하고 나아가 품질인증 상태보다 우수한 업무 프로세스로 개선하여 품질을 개선할 수 있도록 유도하는 데 있다. 이러한 엄격한 품질인증제도 운영은 시장을 형성하는 사업 초기에 매우 중요하며, 아울러 우수기관에 대한 인센티브 제공 역시 우수 기관 사례를 널리 홍보하고 합리적인 사회서비스 제공 프로세스와 표준운영절차를 자율적으로 정착시키는데 도움을 줄 수 있을 것이다.

(2) 인증기관 취소와 우수기관 지원

품질인증을 취소하는 경우는 품질인증과정이 허위사실관계에 근거하여 이루어졌거나, 실질적인 사회서비스 제공업무를 수행하지 못하는 경우 그리고 규정된 품질인증기준을 충족하지 못하는 경우에 한한다. 우수기관에 인센티브 제공 역시 충분하게 이루어져야 의도한 효과를 거둘 수 있을 것이다. 품질인증에 대한 검토와 우수기관 선정을 위하여 중앙정부와 사회서비스전담기관은 정기적으로 사회서비스 공급기관에 대한 모니터링과 이용자 의견수렴, 기초자치단체와의 정보교환, 서면과 현지평가를 실시한다.

제2절 품질관리 제도 변화

고령화, 여성경제활동 증가, 소득수준 향상 등으로 사회서비스 수요의 급속한 증가 추세에 있다. 이때 서비스 품질관리(Quality Control)를 통한 소비자 만족도를 높여야 한다. 공공비영리조직의 수행을 평가하고 경영개선을 도모하며 서비스 질을 확보하기 위한 기본적인 체계의 마련이 필요하다. 사회서비스 제공기관의 수행능력을 제고하고 서비스의 질을 높이기 위해 사회서비스 제공기관에서 제공되는 서비스 질에 대한 최저기준을 제시하여 제공기관의 운영을 개선하고 이용자의 만족도를 높이고자 한다. 최근 사회서비스 품질에 대한 강조는 직접적, 구체적인 품질 측정 자체를 강조하는 추세이다. 사회서비스 최소기준의 설정은 다양한 품질향상 접근방식 중 행정적 접근방식이다. 이는 주로 정해진 법안이나 권고안, 표준화된 틀에 근거하여 품질을 관리하고 향상시키는 접근방식으로, 사회서비스의 공공적 특성을 감안한 품질관리를 위해 요구된다. 품질관리를 통한 사회서비스 산업화 촉진해야 한다. 현재 민간에서 시행 중인 서비스품질대상을 사회서비스 분야까지 확대된다. 한국표준협회 '한국서비스대상', 한국생산성본부 '국가생산성대상' 등을 고려할 수 있다. 사회서비스에 특화된 소비자 권리보호 및 피해구제 장치 마련이 요구된다.

1. 국내 품질관리제도 변화

1) 전자바우처 품질관리기구 신설

사회서비스 전자바우처 사업을 시행한 지 2년 후인 2009년부터 품질관리조직에 대한 논의가 본격적으로 진행되었다. 이 기구의 주요기능은 사회서비스 품질을 높이기 위해 서비스 품질에 대하여 표준화를 먼저 이행하고 난 후 사회서비스 산업 활성화를 위한 전략을 설계하는 역할까지 고려하고 있었다. 사회서비스 품질 향상을 위한 주요 정책과제들을 고민하는 가운데 하나는 사회서비스 제공기관 종사자를 대상으로 서비스 교육훈련이 강화되어야 한다는 것이 논의되었다. 다음으로 사회서비스 제공기관 평가를 통하여 전반적인 서비스 품질을 중간수준 이상으로 유도하고자 하였다. 이와 함께 서비스 이용자들의 만족도를 향상시키기 위해서는 지속적인 모니터링 수행과 서비스 품질을 개선하기 위한 지원 활동이 필요하다는 것이다.

이를 위하여 사회서비스 품질을 우한 정책과제를 제시하고 사회서비스 종사자가 제공하는 서비스의 품질향상을 위하여 한국사회서비스관리원[1] 내부에 품질기획팀, 품질평가팀 그리고 품질조사팀을 신설하였다.

2007년 사업초기 노인돌봄, 장애인활동보조, 지역사회서비스투자 등 3개 바우처사업의 사회서비스 이용자의 규모는 385천 명 수준에서 2009년 노인돌봄, 장애인활동보조, 지역사회서비스투자, 산모·신생아도우미, 가사간병서비스, 장애아동재활치료, 임신출산진료비지원 등 7개 바우처사업의 485천 명으로 증가하였다. 이러한 사회서비스 이용자 급격한 증가에 따른 이용실태 모니터링과 만족도 조사는 당시 서비스품질 개선하는 것이 주요 이슈로 대두되었다. 2010년 산모신생아도우미 사업을 수행하는 제공기관에 대한 평가를 시작으로, 2010년도는 197개소, 2011년도는 520개소, 2012년도는 719개소 등으로 향후 평가대상 기관 수를 확대하고자 하였다.

2010년도에는 노인과 장애인 등 돌봄사업에 대한 제공기관 평가관리체계가 없었고 서비스 품질 향상을 위한 가이드라인 조차도 없었다. 서비스별 사업지침에 일부 포함되어 있으나 행정적인 사항들과 혼재되어 있어 제공기관이 품질관리에 활용하기 어려운 면이 존재하였다. 2009년 11월에 사회서비스바우처 사업에 대한 품질관리를 체계적으

1) 2007년 사회서비스관리센터로 출범하여 사회서비스관리원으로 개명된 후, 2011년 한국보건복지정보개발원과 통합하였다.

로 추진하기 위해 품질관리T/F단을 구성하였다. 우선 2010년도 산모신생아도우미사업을 평가대상으로 선정하고 평가를 위한 평가자문위원단과 현장평가단을 구성하여 추진하였다. 이후 4대 돌봄사업에 대한 제공기관 서비스품질을 연도별 3년 주기로 순차 평가하기로 하여 2010년 산모신생아도우미서비스, 2011년에는 가사간병방문서비스 및 노인돌봄종합서비스 일부, 2012년에는 노인돌봄종합서비스 일부를 실시할 계획이었으며, 2009년 2월에 처음 실시된 장애아동재활치료사업에 대해서도 평가할 계획이었다. 품질평가에 있어서 질 평가결과 분석은 현장평가단이 작성한 제공기관 평가결과를 품질관리단에서 분석 후, 평가자문위원단에서 확정하며, 1차 평가결과와 2차 평가결과는 품질관리자문위원단 심의를 통해 최종 평가결과 결정하기로 하였다. 이에 대한 평가결과 활용방안으로는 평가결과 상위 제공기관은 표창과 인센티브를 지급하는 반면, 평가결과가 부진한 제공기관에 대해서는 사업지원 컨설팅과 '우수기관 롤 모델'을 제시하여 전반적으로 서비스의 질을 제고시키고자 하였다. 분야별로 자문단을 상설화하여 인사, 조직, 노무, 회계 등 기관운영에 필요한 전문가로 구성된 상설자문단을 구축하여 영세한 제공기관을 지원하고자 하였다.

사회서비스 전자바우처사업 선진화 방안의 일환으로 "사회서비스 전자바우처사업 품질향상 방안"을 마련하고(복지부, 2009. 4) "제6차 국가고용전략회의"(2010. 5. 27)에서 사회서비스 품질관리 강화 방안을 대통령에게 보고하였다. 국회 계류 중이었던 「사회서비스이용권 관리법안」에서는 품질기준을 설정하고 서비스에 대한 질 평가를 담고 있었다. 이 법률안에서 사회서비스 품질관리 업무를 명문화하였는데, 품질관리 업무는 전담기구를 통하여 운용할 계획이었으며, 사회서비스 전자바우처 업무를 수행하는 (구)관리원에 사회서비스 품질관리 담당 부서 신설 필요함을 건의하였다. 당시 국회 등 정부기구에서는 사회서비스의 수요·공급 실태를 파악하여야 하며, 서비스 제공인력의 양성이 체계적이지 못할 뿐만 아니라 서비스 이용자에게 제공기관에 대한 사항과 서비스 품질에 대한 정보가 부족하여 서비스 수요자의 선택권 제한되고 있음을 지적하였다.

2) 2012년도 이용권법의 제정

그동안 추진하였던 사회서비스는 범위를 규정하기가 상당히 어려운 분야이며, 노동·여성·노인 등 관련부처의 이해관계가 복잡다단하므로 사회서비스의 범위와 향후 정책방향에 대한 고민이 필요하였다. 복지부내 및 다른 부처의 합의가 도출될 수 있는 정책대안을 마련하여야 하며, 사회서비스 정책방향을 다시 재검토하여 신속히 추진하고 2월 중 대안을 마련하여 '사회보장·경제정책위원회' 및 '경제사회장관회의' 등 제안하였다. 한편 공식적 의견을 수렴하기 위해 '한국사회서비스학회' 등 관련 전문가 참여 속에서 공론화를 거쳤다.

사회서비스 범위설정과 사회적 합의를 위해서 중앙부처 사회서비스 사업(293개)은 사회보장위원회에 의무적으로 사업내용을 제출하게 되어있었다. 사회서비스의 범위를 설정하고, 사회서비스의 비전과 추진 방향을 제시하는 것이 사회서비스 정책부서의 역할로 규정하였다. 이를 위해서 모든 지자체의 사업과 전 부처의 복지사업에 대한 전수조사 필요하였으며, 무상급식, 초등학교 교육, 중등학교 교육 등의 사회서비스는 국민들의 사회적 합의가 중요한 요소로 판단되었다. 예를 들면, 무상급식 정책은 정치적으로 보편적 복지를 지향하는 것에 대하여 사회적 가치가 있다고 사회적 합의를 이루는 과정의 하나이며, 노인요양사업에 있어서도 처음에는 여러 명을 모아 운영하다가 1~2인실로 운영하는 것은 사회적 합의가 진행되고 있음을 보여준 결과이다.

『사회서비스이용 및 이용권에 관한 법률』 시행(2012. 2. 5)에 대비하기 위해서는 제공기관의 지정제를 등록제로 변경하여 서비스질 저하를 방지하고자 하였다. 이후 품질평가는 시범사업에서 법정업무로 변화되었고 모니터링의 강화 등으로 인한 업무량 증가 예상되었다. 「사회서비스 이용 및 이용권 관리에 관한 법률」 제정(2011. 8. 4)[2]을 통하여 제16조(제공자 등록)에 따라 2012년부터 사회서비스 제공기관 등록제 시행하여 동법 제30조(품질관리)에 근거하여 평가 시행 예정으로 제31조(교육과 훈련)에 근거하여 사회서비스 제공관련 교육 및 훈련 교육체계 수립이 필요하였다.

또한 『사회보장기본법』전면개정(2011. 12. 29)과 시행(2013. 1)을 대비하기 위해서는 우선 사회서비스 개념이 정립되어야 하였다. 사회서비스를 관리하는 바우처 업무의 확대가 예상되어 범 부처업무의 특성별 장점과 단점에 대한 분석이 진행되어야 했다. 이를 통하여 차세대 바우처시스템에는 사업특성을 반영하여 구축하였다.[3] 「사회보장기본법」 제30조(사회보장급여의 관리)에서는 사회서비스의 품질기준 마련, 평가 및 개선 등의

2) 「사회보장기본법」 전면개정(2011. 12. 29)에 따른 사회서비스 품질관리를 위한 전담기구 설치 및 법제화 마련, 「사회서비스 이용 및 이용권 관리에 관한 법률」이 제정됨에 따라 2012. 8월부터 사회서비스 제공기관 등록제 시행.

3) 2010년 7월 장관보고.

업무 수행을 위한 전담기구를 설치하여 운영할 수 있도록 하고 있어 품질관리 전담기구의 법제화가 마련되었다. 한편 「사회서비스 품질관리법안(가칭)」[4]에서는 사회서비스 품질관리, 사회서비스 최저기준 개발 및 사회서비스 품질 평가 체계 구축 등 필요성을 제기하였다. 주요 내용으로 최저기준 및 품질관리 사항 규정을 통해 사회서비스의 통합적, 지속적, 안정적 제공 기여, 사회서비스 품질관리 기본계획 수립, 「사회서비스품질감독원」 설립, 사회서비스 제공인력 교육 및 훈련과정 이수 등을 규정하고 있다.

이러한 제도적 변화에 대하여 전자바우처 관련사업의 양적 확대에 따른 서비스 관리품질 기법이 필요하였다. 품질관리 기법에는 이용자 만족도와 부정수급 여부 등 이용자 모니터링시스템을 통하여 전자바우처 사업의 신뢰성을 제고하여야 하고 제공기관의 서비스 수준을 평가하여 이용자 욕구조사 등 품질 향상을 위한 선제적 대응을 요구하였다. 사회서비스 품질 향상을 위한 실질적 가이드라인 요구되는데 사업별 서비스 품질기준이 사업지침에 일부 포함되어 있으나 제공기관이 품질관리에 활용하기는 부족한 면이 있었다. 만족도 조사의 다각화를 위해 제공기관 자체이용자 만족도 자료 DB구축(1차), 임의추출에 의한 만족도 조사(2차), 현장방문에 의한 만족도 조사(3차) 등으로 구분하여 실시하였다. 품질관리를 강화하는 측면에서는 본격적인 제공기관의 사회서비스 품질 평가 체계 구축하여 제공기관 평가기준을 마련하고 평가제도로 공급자 간 경쟁을 촉진하였다. 기관평가 후 사회서비스 CEO교육, 제공기관 세미나, 품질경영사례 발표대회 개최하였으며, 제공기관의 회계·노무 관리 역량제고를 위한 실무자 교육을 실시하였다.

3) 제공기관 등록제 시행

2007년부터 수요자 선택권 강화, 공급자간 경쟁 및 재정집행의 효율성 제고를 위해 사회서비스이용권 사업을 시행하였다. 사회서비스이용권과 관련된 법률관계를 명확히 하기 위해 「사회서비스이용권 관리법」 제정 추진(2009. 7. 15 국회 제출)[5]하였고 현재 국

---

4) 2011. 10. 31, 정몽준 의원 발의.

5) <사회서비스이용권 관리법 관련 조항>

제14조(사업자 등록) ① 사회서비스이용권을 통하여 사회서비스를 제공하려는 자는 제공하려는 사회서비스별로 관할 사회서비스이용권 관리기관에 각각 등록하여야 한다. 등록사항을 변경하는 경우에도 또한 같다.

② 제1항에 따라 등록을 하려는 자는 보건복지가족부령으로 정하는 인력·시설 또는 장비를 갖추어야 한다.

회에 제출된 법률안이 이용권 사업자의 등록제를 규정하고 있는데 당시는 공모에 의한 허가제였다. 이용권 사업자 지정방식의 변화는 사회서비스 전반에 큰 영향을 미칠 수 있으므로, 연구를 통해 등록기준에 대한 설정이 필요하였다.

사회서비스이용권 사업자 간 공정한 경쟁을 통해 서비스가 제공될 수 있도록 하는 등록기준 설정은 경쟁을 통해 사회서비스의 질 향상을 유도하였다. 또한, 지나친 경쟁으로 시장질서가 교란되는 상황을 방지하고 이용권 방식 사회서비스의 다양성을 고려하여 사업별 적정 등록기준 설정하는 것이다. 여기에서 사회서비스이용권 사업 등록제 도입에 따른 환경 분석하기 위해서는 등록제 도입에 따라 달라지는 정책 환경 등을 고려하여야 했다. 등록제는 허가제보다 시장진입장벽이 낮추어져 신규 진입 기관들이 늘어날 것으로 예상되어 시장에 진입하는 사업자의 규모에 대한 예측과 적정한 공급 규모의 산출이 필요하였다.

사회서비스 제공기관 지정제는 지자체의 사회서비스 제공기관 공모를 통해 지역 내 제공기관을 지정하며 지정된 제공기관만 서비스 제공이 가능하다. 반면, 등록제는 사회서비스 제공기관은 등록기준에 따른 인력·시설, 장비를 갖추고 지자체에 제공기관으로 등록하면 서비스를 제공할 수 있다. 당시 등록요건에 대한 요청은 사회서비스 시장에 적정규모의 사업자 진입으로 공정한 경쟁구도를 형성하고 사회서비스 시장 활성화를 통해 소비자의 편익 증대하도록 하고 있다. 「사회서비스이용권 관리법」의 시행규칙에 등록기준 반영하도록 하고 있다.[6] 등록 대상 사회서비스이용권 사업의 범위는 6개 이용권 사업인 노인돌보미, 가사간병도우미, 산모신생아도우미, 장애인활동보조, 장애아동재활치료, 지역사회서비스로 하지만 「국민건강보험법」의 적용을 받는 임신·출산진료비지원은 제외하였다. 사회서비스이용권 사업 대부분이 대인돌봄서비스로 일정한 자격을 갖추거나 교육훈련을 이수한 인력 확보 여부가 쟁점이었다. 다만, 지역사회서비스 사업의 경우 방역서비스 등 일부 사업에서 특정한 장비나 시설기준이 필요하였다. 향후 사회서비스이용권사업 진입을 위한 사업자 등록기준의 개발·적용하여 사회서

---

6) <사회서비스이용권 관리법 관련조항>
제14조(사업자 등록) ① 사회서비스이용권을 통하여 사회서비스를 제공하려는 자는 제공하려는 사회서비스별로 관할 사회서비스이용권 관리기관에 각각 등록하여야 한다. 등록사항을 변경하는 경우에도 또한 같다.
② 제1항에 따라 등록하려는 자는 보건복지가족부령으로 정하는 인력·시설 또는 장비를 갖추어야 한다.

비스 시장에 적정 규모의 사업자 진입으로 공정한 경쟁 구도 형성하고 사회서비스 시장 활성화를 통해 소비자의 편익 증대할 필요가 있다. 등록기준에는 인력 요건과 시설 요건 그리고 경영요건을 고려하였다. 인력요건은 교육훈련, 자격, 적정 고용 인원 수 등이며, 시설 요건에는 필요 시설, 장비 등을 선정할 수 있고, 경영 요건 등을 살펴볼 수 있는데 등록기준(안)에 대한 사회서비스이용권 사업자 의견 수렴이 필요하였다.

4) 품질관리 운용 방향설계

(1) 평가기준, 평가지표, 평가프로세스

품질관리를 위해서는 사회서비스 영역별 구분과 영역별 서비스 최소운영기준 마련이 선행되어야 한다. 진행되고 있는 사회서비스 프로그램의 특성에 따라 현금지급, 서비스제공 등 영역별로 분류해서 진행하는데 선행 연구분석틀에서 분류방법을 조율하고 서비스현상에 대한 특성들을 종합적으로 분석해야 한다. 사회서비스 사업의 내용을 비교자료를 연구진과 부처공무원들과 협의 과정을 거쳐 지속적으로 품질기준을 관리한다. 이 과정에서 사업 분류를 잘못하면 중의적 반복이 될 수 있으므로 개인·선정기준·서비스내용·범주 등 투트랙(two-track) 분류가 요구된다(김윤수, 2012: 132). 사회서비스 전달방식의 형태와 고려하여 어떻게 나눌 것인지 기준선에 대한 설정이 요구된다. 현금지원 방식, 대인서비스 보조방식, 현금과 서비스 혼합방식, 기관보조금 방식, 본인부담 방식, 조세재정 지원방식 등 여러 부문 고려하여야 하며, 환경·문화·노동 등 공적 영역으로 넓게 조율시킬 필요가 있다.

(2) 중장기적 사회서비스 정책추진 검토

사회서비스 정책은 '조각보 모형'으로 점진적으로 일부가 조금씩 변화되어 왔으나, 현 수준의 사회서비스 정책의 규모와 품질을 진단하고 중·장기적으로 설계하여 추진할 필요가 있다. 현재 새로운 사회서비스 틈새영역을 찾기가 힘들 뿐만 아니라 바우처 사업과 같은 작은 영역에만 국한되어 관리가 이루어졌다. 사회서비스 공급정책이 전자바우처 사업 위주로 진행되어서 '사회서비스사업은 바우처 방식'이라는 일반적인 인식으로부터 탈피해야 한다. 개별 사업추진이 아닌 전체적 관점에서 사회서비스 정책이 검토되어야 한다. 과거 사회복지서비스 정책연구는 노인·장애인·아동 등 대상별 복지를 중점적으로 수행하였다. 전체적으로 볼 때 사회서비스를 어느 대상까지 확대하여야 하며,

사회보장체계 정책적 관점에서 본인 부담의 수준을 어디까지인지, 개별 사업 하나하나를 조망하기보다는 전체적으로 프로그램들이 얼마만큼 정확하게 도달하여 제대로 작동하는가를 살피는 척도가 선행되어야 했다. 타부처와 복지부 내 사회서비스 정책사업 연계가 요구되는데, 사회서비스 영역을 명확히 하고 사회서비스 관련 사업에서 복지부내 사업뿐만 아니라 다른 부처의 것도 포함하여 서비스관리의 내실화를 기해야 한다. 단, 대립과 경쟁보다는 시장성과 공공성 조화의 적실성을 검토한 연후에 교육·보건·돌봄·보육 등 사업의 공공성을 강조할 수 있다. 정책운영부처는 품질관리·선택권 등의 틀과 기준을 설정해 주고 사회 전반을 아울러서 정책적 정당성을 가지고 있어야 한다.

(3) 서비스영역과 특성에 따른 관리 방향설정

사회서비스는 사회서비스 범주와 독자적인 정체성의 공통 인자를 가지고 관리를 해야 한다. 사회서비스는 복지서비스이면서도 일자리 사업과 관련되고 정부는 시장개입을 상시 진행한다. 사회서비스를 새롭게 추진하는 것은 시민들의 합의가 이루어져야 진행할 수가 있다. 2011년도 서울시 무상급식 예와 같이 무상급식에 대한 찬반여론을 통해 서비스를 제공할 수 있다. 사회서비스 영역과 기능을 재배분하기 위해서는 구체적 서비스 영역을 확정하고 전체적인 조정기능이 필요하다. 어떠한 이유로 사회서비스를 범주에 포함하고 어느 부처가 관할해야 하는지에 대한 구분이 중요하다.

개별 서비스분야별 공통기준 마련을 위해서는 각 사회서비스 분야별로 만들어진 기준을 공통적으로 적용할 수 있는 요소를 분석하고 적용가능하도록 구체화하여야 한다. 이를 위해 지방이양사업을 재가서비스, 지역사회이용서비스 등으로 카테고리화하고 국가, 사회, 개인의 책임부담을 어떻게 나눌 것인가를 고민하고 사회서비스제공을 기존의 자산조사 기준에서 욕구기준으로 재설계하여야 한다.

복지부의 연계조정 기능을 강화할 필요성이 있다. 사회서비스, 사회보험, 공공부조의 사회보장에 있어서 사회서비스 영역이 확대되고 있으며, 사회서비스의 범위도 보건복지부의 범위를 넘어서 사회정책의 전 부처의 범위로 확대하여야 하다. 사회서비스 정책은 정확한 통계관리로 유효 적실한 정책효과를 유발할 수 있다. 그러나 통계데이터관리에 있어서도 부처 간은 물론 부처 내에서도 자료공유가 부족한 현실이다. 예를 들면 장기요양의 20만 이용자와 바우처사업의 6만 명의 관련 자료가 있지만, 사무 행정행위, 관련 규정 등으로 인해 관련 자료에 대한 공유가 쉽게 이루어지지 않았다.

사회서비스 질적 관리에 있어서 이슈는 무엇을 개선하고 평가해야 개선이 이루어질 것인가를 확립해야 한다. 소비자의 만족 등 정책적 관점에서 보아야 할 문제이며 사회서비스는 일정 수준의 높은 품질을 요구하는 것이 아니라 최저수준의 기준을 가지고 진행하고 있다. 모든 사회서비스사업에 대하여 관계자의 사전 합의를 도출하고 공급결정체계를 어떻게 조정할 것인가 또는 서비스보장은 어떻게 담보해 줄 것인가에 대한 고민이 필요하다.

이와 같이 사회서비스의 질적 수준을 유지하기 위해서는 서비스의 질적 수준을 규정하고 각 서비스 제공기관이 표준 수준을 준수하도록 유도함으로써 사회서비스의 질적 수준을 유지하여야 한다. 제공기관의 체계적 관리를 위해서는 품질관리규정에 의해 사회서비스를 공급하는 제공기관에 대한 간접적, 사전적 규제나 관리가 요구된다. 이를 통해 제공하는 사회서비스 품질을 향상시키고, 사회서비스의 공급과 관련된 제공기관의 책임을 확보하고 있다. 사회서비스 시장의 공정한 관리와 서비스 품질관리는 사회서

그림 6-2 품질관리 개선 흐름도

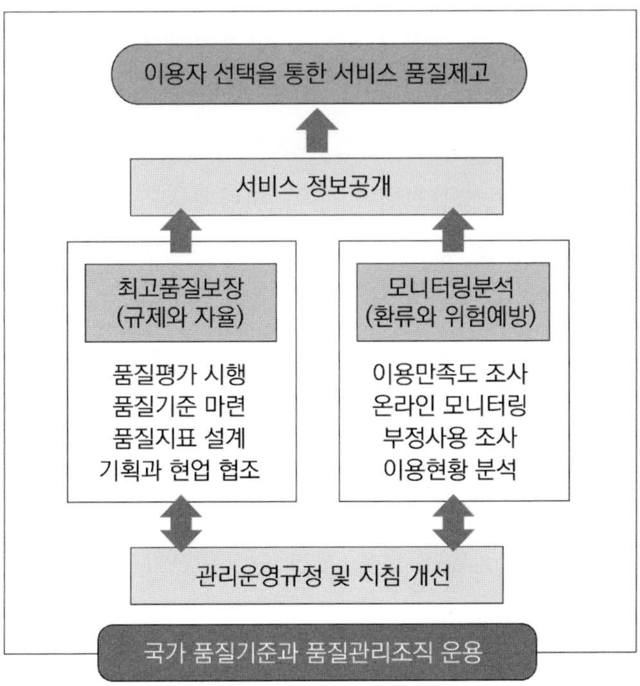

비스 시장의 불공정 거래를 미리 예방하고 투명하고 합리적인 제공기관 운영과 거래질서를 확립할 수 있다. 사회서비스 이용자에 대한 권익을 보호하고 사회서비스 품질유지는 이용자에 대한 정보관리와 서비스 적정가격, 본인비용 부담, 이용자 만족도 제고 등과 같은 과제를 함께 연계하여야 한다.

<그림 6-2>와 같이 품질기준과 품질관리조직을 운용하게 되면 제공기관 입장에서는 지속적으로 서비스 품질을 향상하도록 노력할 것이고, 사업증대를 위해 마케팅효과를 극대화할 것이며, 고객지향적인 기관운영시스템으로 개선할 것이다. 이용자는 서비스만족도가 향상되어가니 안정적으로 이용할 것이며, 정부기관은 국민의 정책체감도가 높아지고 평가기준을 객관화하여 품질분쟁에 대한 대응이 용이할 수 있다.

2. 외국의 품질관리 전달체계[7)]

영국의 사회서비스는 1970년대부터 지방정부 중심으로 시작되었다. 사회서비스 정책은 고령자의 돌봄서비스에 대한 NHS 재원을 억제하기 위해 보건의료에서 분리하여 지방으로 이양한 것에서 기원을 찾을 수 있다. 커뮤니티 케어는 효율성을 증진시키고 이용자의 선택을 강화하기 위해 사회적 서비스 영역에서 시장 기제를 도입하였다. 프랑스는 2005년도 이후 일자리 창출을 목표로 기존에 지하 경제에서 거래되던 돌봄·간병 등 개인서비스 시장을 육성하였다. 주로 중산층 이상에서 개별적으로 고용하던 아동 돌봄, 노인 돌봄, 가사 지원 등 삶의 질과 가정을 위한 서비스를 시장화와 산업화하는 것이 목표였다. 정책의 이용자 중 상당수가 중산층으로, 일반 시장을 겨냥한 수요 증진을 목표로 하였다. 사회서비스 정책을 먼저 시행하였던 영국과 프랑스의 경험과 현황을 분석하여 우리나라의 현실에 반영할 수 있는 정책적 함의를 살펴볼 수 있다.

1) 영국의 품질관리 제도

(1) 영국 사회 제도 특성

영국은 1601년에 구빈법(Poor Law)을 제정하여 빈곤에 대한 국가의 책임을 인정하고 1948년에는 「국가지원법(National Assistant Act)」을 제정하여 발효시킴으로써 복지 국

---

7) 김윤수(2012), 영국과 프랑스의 사회서비스 전달체계 비교, 2012. 12. 6.

표 6-2 영국 복지체계 특성

기 준	복지체계
적용 대상	전국민
추구 목표	빈곤퇴치
급여 산정 방식	보편급여제도(자산조사)
재정 확보 방식	일반조세
행정 기관의 성격	국가행정기관의 일부(공무원들에 의한 관리)

가의 면모를 갖추었다. ‘대처리즘’으로 상징되는 신자유주의 등장으로 재정 적자 해소 및 공공 부문과 서비스 제공을 민간 부문으로 이전하는 민영화 추진하여 ‘복지 혼합(welfare mix)’, ‘복지 다원주의(welfare pluralism)’ 추구하였다.

신자유주의 정책으로 소득불평등이 심화되고 복지혜택이 축소되는 문제점이 발생하여 ‘기회의 평등’을 구현할 수 있는 ‘일하는 복지 정책(Welfare to Work Scheme)’을 채택하였다. 사회서비스의 민영화와 지방정부의 역할 강화는 사회복지서비스분야에서의 민간 제공 사회서비스를 확장했다. 커뮤니티 케어영역은 효율성을 증진시키고 이용자의 선택을 강화하기 위해 사회적 서비스 영역에서 시장 기제를 도입하였다.

(2) 영국의 전달체계

영국의 사회서비스는 아동 사회서비스와 성인 사회서비스로 구분되며, 사회복지서비스와 교육, 보건서비스, 주택 등의 분야가 밀접하게 얽혀 있다. 아동서비스는 시설보호, 가정위탁, 입양, 장애아동서비스 등이다. 아동에 대한 사회복지서비스와, 국민보건서비스, 각종 현금 수당 및 보조, 교육서비스, 주택 서비스 등 상호보완적으로 작동하였다. 성인사회서비스는 거주시설보호와 지역사회보호로 구성하였다. 노인, 약자, 장애인, 빈곤자 등을 위한 거주 시설 배치, 케어서비스와 고용 지원 서비스, 어린 아동의 보호자를 위한 서비스 등 포함하였다. 2010년 현재 성인 사회서비스 지원 대상은 126만 명, 중앙정부 예산의 약 5%(2010/11년 약 58조원, GDP 2.3%)이다. 제공인력 180만 명, 21,900개의 제공기관(2010), 시장규모 40조(£23bn)수준이었고 정부 재정은 소득수준 41백만원(£23,250) 이하에 지원되며 한화 약 22조(£14.5bn)이었다.

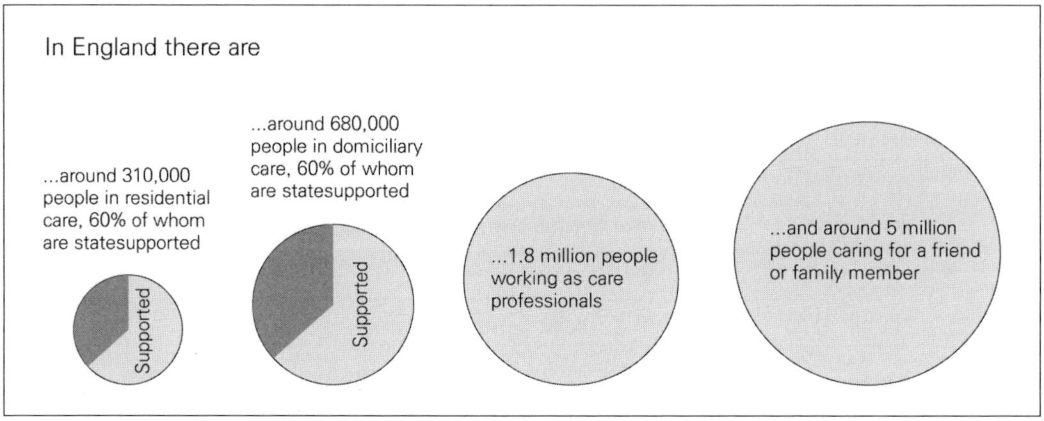

사회서비스 전달체계에서 중앙정부인 DH보건부(Department of Health)는 정책 방향, 사회적 돌봄의 제도적 토대, 성과에 대한 총괄기획과 조정역할을 담당[8])하였다. 중앙정부는 지방정부에게 social care 예산을 지원 및 관리하고, 보건부와 재정부의 예산은 DCLG(Department for Community and Local Government)을 통하여 지방정부로 전달(the local gov't)되었고 CQC(care quality commision)는 서비스 및 제공자의 품질관리를 담당하였다.

지방정부는 지역사회와 개인별 욕구측정 및 보호계획 수립, 재정운영, 서비스 구매, 서비스정보 제공 등 구체적 기획을 설계하여 실행하였다. 잉글랜드는 150개의 지방정부가 있으며, 지방정부 내 별도조직인 사회서비스국이 사회서비스를 실행하였다. 지방정부에게 대부분의 권한이 이양되었으므로 지방세로 지역의 정당이 추구하는 다양한 일을 할 수 있었다. 재원조달을 위해 지방정부 교부금은 협정을 통하여 부처별로 재무부(HM Treasury)와 포괄적 예산 검토(Comprehensive Spending Review)하였다. 향후 3년간 성취해야 할 부처 전략 목적(Departmental Strategic Objectives, DSOs)을 설정하고 이를 기반으로 공공서비스협정(Public Service Agreement, PSA) 체결하였다.

(3) 영국의 품질관리

영국은 2009년 설립된 돌봄품질위원회(care quality commision)에서 보건 의료분야와 사회서비스 분야 전반에 걸쳐 국가 최소기준(the essential standards of quality and safety)을 수립하여 서비스의 질을 관리하였다. 전반적 품질관리기준 마련하여 social care regulator(CSCI), health care regulator(NHS), mental health regulator를 합병하였다. health

8) DH.(2012). the Social Care System in England.

service, social care services, mental health를 관리(regulate)할 수 있는 하나의 central social standard를 정하였고 이용자에 대한 존중과 상담, 소외자의 안전, 불만 해소, 품질관리 및 모니터링 체계 등 필수 기준 16개를 포함한 28개 기준이었다. 이 social standard를 통해 CQC에서 감독하는 adult social care, national health services, private healthcare services, 치과 등 모든 분야에 적용하고 있으며, 내년 4월부터는 모든 GP에서도 적용이 될 예정이었다. 통합운영으로 3개 기관 운영비를 2.2억 파운드에서 1.6억 파운드로 절감되었다. 서비스 관리 분야는 Adult social care, NHS, Independent health care, Dental services, Primiry Care이었다. 성인 사회돌봄(adult social care)의 제공자는 대부분 민간기관이었다. 즉 돌봄서비스의 90%는 민간 또는 비영리기관이 제공하고, 10%는 지방정부에 의해 제공되지만, 재가돌봄서비스의 경우 60%는 민간 또는 비영리기관이 제공하고, 40%는 지방정부에 의해 제공되었다.

(4) 영국 돌봄품질위원회(CQC)

영국은 'Health and Social Care Act 2008'를 법적 근거로 하고 있다. 사회서비스제공기관에 대하여 필수품질기준을 충족을 조사하고 불충족시 등록취소가 가능하였다. 주기적인 평가에서 필수기준에 충족하는 여부를 계속 모니터링하는 시스템으로 변화하였다. 1,800여 명의 규모로 4만여 개 기관 품질관리(social－care기관 12,400개 포함)하고 조사과정은 간호사·사회복지사 등 훈련된 조사관(Inspector) 1,000여 명을 통해 기관의 활동을 연 1회 이상 점검과 평가를 수행하고 그 외 직원의 내부고발, 이용자의 민원에 의한 조사 및 평가, 처분을 수행하였다. 조사 시에는 이용자(및 보호자)와 제공인력과 면담, 관찰, 기록 점검 등을 수행하였다. 단 조사관의 방문은 미리 알려 주지 않았다.

표 6-3 CQC 품질관리 과정

조 사		평 가		처 분
• 예정된 조사(연 1회) • 반응적 조사(민원 등) • 주제에 따른 조사 • 범죄 수사	→	• 규제 준수 여부 검토 • 이용자에 대한 영향 수준 검토	→	• 경고 • 영업 정지 • (긴급)조건 부과 • (긴급)등록 취소 • 벌금 • 기소

(5) 사회복지서비스의 분권화 추진

1980년대 상반기부터 사회부조와 사회복지서비스에 대하여 본격적으로 논의가 시작되었고 지방분권정책을 강화하여 공공부조와 사회복지서비스의 모든 권한을 지역으로 이양하였다. 이 시기에 영국의 사회서비스 정책운영상 주요 쟁점은 다음과 같다. 우선 돌봄서비스에 대한 인지가 부족하였다. 정부는 주민들이 필요한 돌봄서비스에 대한 계획과 준비가 부족하였고 돌봄서비스의 운영과정 홍보부족으로 지역주민들이 언제·어떻게·어디서 서비스를 이용하는지에 대한 인지를 하지 못했다. 정부에서 제공하는 돌봄서비스가 어떻게 운영되고 있으며, 누가 어떤 서비스를 책임지고 있는지에 대해 안내하는 것이 매우 중요하였다. 다음으로 품질관리에 중요성이었는데, 제공자는 서비스 품질에 자부심을 느끼고, 어디에서든 일관되고 양질의 서비스를 제공하기 위해 노력하였다. 영국에서는 사회적 책무를 중시하여 서비스 제공기관 직원 의무, 서비스 제공인력 훈련, 서비스 이용자 존중 등이 포함되었다. 하지만 사회적돌봄(social care) 종사자들의 소득수준이 전반적으로 낮았다. 홈케어(care home)에서 일하는 대부분 종사자는 사회복지사가 아니며, 특별한 자격기준이 없어 최저임금을 받았다. 이용자 선택권은 의료와 돌봄의 통합(integration between health and social care)운영 등 서비스 이용자에게 서비스의 통제권(control)을 주어, 더욱 나은 돌봄서비스 결과를 유도하였다.

정부 사회서비스 재정 부족에 대한 문제와 공평한 예산분배 및 자원 사용의 공정성에 대한 노력이 필요하였다. 노인수명이 길어짐에 따라 돌봄서비스의 이용이 증가하여 국가예산부담이 증가하고 있으며, 수명연장에 따른 돌봄비용의 증가로 국민의 세금부담이 증가하는 것 또한 정치적 이슈로 대두되었다. 장기재정돌봄지원(long-term funding care support)은 지난 30년간 논의되어 온 문제였다. 돌봄서비스의 지원 규정 및 일관성 있는 재정 확보가 요구되었다. 현재 각 지방정부는 중앙정부가 지원하는 돌봄서비스를 이용하는 기준이 각기 다르다. 사회적 돌봄은 지방정부 차원에서 관리하고, 의료비용(NHS)과 개인예산제(personal budget)는 중앙정부 차원에서 관리하였다. 서비스 이용자에게 서비스의 통제권(control)을 주어 보다 나은 서비스를 위해 의료와 돌봄의 통합(integration between health and social care)으로, 보다 나은 돌봄서비스 결과를 유도하였다. 정책결과에 대한 효과성 측정은 물론 의료비용을 절감함으로써 전반적인 사회적 비용 억제 유도하였다.

2) 프랑스의 품질관리

(1) 프랑스 사회제도 특성

프랑스는 사회보험과 사회부조로 양분화되어 있으며 사회보장제도의 급여 수준이 미흡한 경우 보충적 급여로 공공부조제도가 실시하였다. 사회보험은 건강보험, 산재보상, 연금보험, 가족수당(인구의 80% 대상, 일반레짐) 외 업종·직업에 따른 특별 레짐 등 병존하였고 공공부조는 사회보험 미가입 계층을 위한 사회적 최소기준과 이용자 욕구별 급여로 제공되었다. 사회보장제도 재원은 기여금(70%)과 사회보장세(30%)로 충당하고 지출구성은 사회보험(80%), 사회부조(12%), 공제·추가보충연금(8%)였다. 사회복지분야의 하나인 사회보험은 1943년 사회보장 개혁 이후 지방자치 원칙하에 국가개입을 최소화하였다. 사회보장 부담금은 고용주가 40%, 근로자가 총급여의 20%를 납부하는데 임금이 낮아질수록 사회보장부담금이 낮아졌다.

표 6-4 프랑스 복지체계 특성

기 준	복지체계
사회보호의 속성	보편주의 성격의 사회보험(보편급여에 의해 보완)
급여관리 양식	공공행정과 사회보장기구(국가통제)
재정확보 방식	기여금(임금상환제 없음)과 일반조세
급여성격	임금비례, 사회적 미니멈 급여
강제적용대상	정기거주자 대부분

(2) 프랑스의 전달체계

프랑스의 전달체계는 서비스 분야가 가족지원서비스, 가사지원, 독립적 생활이 어려운 사람들을 위한 서비스 등 3개 카테고리 21개 서비스였다. 이에는 장보기, 미용, 학습도움, 반려동물 돌봄 등 다양한 서비스 포함하였다.

표 6-5 프랑스 개인 서비스 주요 내용

분 류	내 용
가족지원 서비스	집안 내외에서 아이 돌보기, 어린이 이동을 위한 동반, 학습도움, 컴퓨터 관련 도움, 행정처리를 위한 도움 등
가사지원 서비스	청소/다림질, 세탁물 수집 및 배달, 정원 관리, 집안 수리, 주택 관리 및 안전 감시, 식사 준비 및 장보기, 식사 배달, 시장 본 물건 배달, 희망하는 서비스 연계 등
독립적 생활이 어려운 사람에 대한 서비스	간병, 노인 또는 기타 독립생활이 불가능한 사람을 위한 돌봄, 장애인 돌봄, 이동 및 교통수단 이용 시 돌봄, 개인 이동수단 운전, 미용, 동반 동물 돌봄 및 산책시키기, 원격 혹은 화상지원 등

시장규모는 2012년에 한화 약 26조(18.4십억 유로)로 2.5백만 명의 일자리를 창출하였고, 이는 풀타임으로 환산하였을 때 552천 명(2012년 상반기) 수준이었다.

표 6-6 프랑스 개인서비스 규모 변화

구 분	2005	2006	2007	2008	2009	2010	2011	2012(상)
부가가치 (10억 유로)	11.2	12.6	13.8	15.2	15.9	16.5	17.4	18.4
경제전체에서 차지하는 비율	0.73	0.78	0.82	0.88	0.94	0.95	0.97	1.00
근로자 (풀타임기준)	495천 명	531천 명	553천 명	565천 명	564천 명	562천 명	549천 명	552천 명

(3) 행정체계

중앙정부차원에서는 경제산업노동부, 생산성재건부, 노동고용직업훈련부 등 다양한 부처에서 공동으로 관여하였다. 여러 부처의 요구를 조정하기 위해 의회 산하로 개인서비스진흥원(ANSP)을 설치하여 기획조정, 연구개발, 홍보 등의 업무를 수행토록 하였다. 중앙정부는 기여율 및 급여수준의 결정하고 구체적인 운영방향의 결정은 전국단위 혹은 지역단위의 사회보장 분야별 기금운영위원회에서 수행하였다. 지방정부차원에서는 광역단체인(도)에서는 역할이 강화되어 사회보호관련법의 실질적 적용여부, 관련기관의 관리, 정책평가 담당하였다. 광역단체 의회는 사회부조 광역규칙(rèlement déartemental d'aide sociale) 제정하여 사회부조 광역규칙에 의한 재정지원 분야 결정하였다. 지방 단위에서는 DIRECCTE(기업경쟁소비노동고용국)에서 제공기관의 등록·인증을 담당하였다. 재원조달을 살펴보면, 광역정부는 시설보호와 사회재정을 보조하였다. 정부와 이용자가 일정비율로 분담하고 광역정부는 사회복지서비스, 아동부조서비스, 가족 및 아동 위생환경서비스, 사회통합서비스의 재정부담자 및 운영 책임자 위치하였다.

(4) 개인서비스 개선방향

개인서비스 유형은 크게 3가지로 첫째, 가사 지원(전체 1/3), 둘째 노인 및 장애인 돌봄, 셋째, 아이 돌봄으로 구분하며, 아이돌봄은 경우 1:1 재가 서비스와 2~3명에게 제공하는 돌봄 유형으로 구분하였다. 하지만 현재 구체적으로 학업지원 등 불필요한 분야를 축소하고, 노인이나 장애인 등 필수적인 분야를 확대하는 등 21개의 분야에서 15개로 축소 방향으로 2~3년 안에 개선하였다. 프랑스는 2006년부터 개인서비스 정책 시작하여 이용자에 대한 15,000유로의 세제혜택이 있으나, 2013년부터 10,000유로로 축소 적용을 검토하였다. 중앙정부는 서비스제공기관이 더 많은 서비스 전문성을 이끌어 낼 수 있도록 유도하고, 품질향상 및 전문성을 요구하고 있었다. 품질관리를 위해 처음부터 인증 등 기준을 요구하고 있으며 사후적으로 지속적인 교육과 훈련을 실시하고 있다. 생산성재건부에서 품질관리 관련 업무를 하고 있으며, 사회복지부에서는 모범 사례를 가이드라인으로 제공하였다.

(5) 제공기관 관리

제공기관 등록제는 가사, 정원사, 간단한 수리등의 서비스분야에서 실시하며, 등록절차와 제출서류 간소화와 홈페이지를 통한 간단하게 처리하였다. 2011년 11월부터 전산을 통해 등록처리 절차가 간소화되어 1인 기업 등이 확대되고 고용이 증가하였다. 개인서비스 제공기관이 많이 늘어나기는 했지만, 규모가 영세하고 역량이 부족하였다. 제공기관 규모는 2005년 5천 개에서 현재 2만3천~2만4천 개 증가하였다. 본사가 등록을 하면, 지사 설립 시 별도 등록절차 없이 자동으로 등록되며, 지사는 지자체에서 확인하였다.

제공기관 품질평가인증제는 만 3세 이하 유아, 노인, 장애인 등 돌봄서비스에 해당되며, 단 인증절차는 등록과 달리 제출서류가 많고 복잡하게 처리(아동, 노인, 장애인과 같이 서비스의 특성에 기인)하였다. 디레체(기업경쟁소비노동고용국)와 "꽁세히 제네갈"(사회복지와 관련된 위원회)의 기관에서 인증업무를 조율하였다. 인증절차는 2006년부터 인증제도와 관련해서 절차적으로 제출서류를 확인하여 대략적인 품질 평가가 가능하였다. 첫 번째로 제출서류로 어느 정도 품질 검사를 하고, 방문조사를 통해 추가 확인을 진행하였다. 5년마다 재인증을 통해 품질을 평가하며, 인증을 신청하면 3개월 내에 인증이 이루어지는데 이 기간 내에 방문조사를 실시하며, 방문조사 시, 이용자에 대한 서비스의 적합성 등을 평가하였다. 다만, '개인간' 계약 개인서비스 인증제를 실시하지 않았다.

3) 부문별 주요 품질관리 사례

(1) 개인예산제

개인예산제 의미는 서비스를 받는 개인이 주의회의 욕구 사정·승인을 받은 Support Plan에 의해 개인의 서비스에 소요되는 총 비용을 집행 관리할 수 있는 제도이다. 수요중심적 체계를 도입하는 것으로 이용자에게 자신들의 서비스를 통제 권한 부여를 목적으로 한다. 서비스 대신 이용자에게 계좌로 소요비용을 입금하여 이용자가 자신의 욕구에 따라 서비스를 구매할 수 있었던 직접지불제(Direct Payment, 1996)의 후신이다. 이용현황을 살펴보면, 현재 직접지불제를 포함하여 140여만 명의 서비스 이용자 중 60만 명(38%)이 개인예산제와 직접지불제를 이용하고 있었다. 영국 정부는 2013년 4월까지 모든 지자체에 개인예산제 도입을 목표로 하였다.

(2) 재기서비스(reablement service)

재기서비스는 일정기간(보통 6주)의 재기 기간(reablement period)을 가지고 이용자의 기능을 회복시키기 위한 모든 서비스를 제공한다. 이용자의 독립적으로 생활할 수 있도록 돌봄서비스를 줄여가고 있다. 예산은 2010－2011년도 한화로 약 1,235억원에서 2013~14년도에는 약 5,294억원까지 3.2배 투자 확대 예정으로, 보건의료서비스 재원(NHS)과 Social Care 재원을 공동 활용하였다. NHS는 재기서비스에 2014/15년까지 4년간 한화로 약 1.7조원(￡1billion)을 투자 예정이었다.

서비스 내용은 6주간 급성기의 환자에게 텔레케어 장비설치, 가정환경 적응지원, 작업치료, 물리치료 지원 등 다양한 서비스를 집중적으로 지원한다. 대부분 고령자가 대상이며, 고령자 자신의 집에서 자립적인 생활이 가능하도록 유도한다.

(3) 고용수표제

고용수표제는 개인이 제공인력을 고용할 때 세금계산 등 행정처리를 용이하게 하기 위한 수표 형태의 고용수표(CESU)를 발행하였다. 수표의 유통은 정부로부터 발행권을 부여받은 6개 민간기관이 고용수표를 발행하고, 기업은 일반 노동자에게 지급되며 정부는 저소득층에게 지불하였다. 기업은 기업복지 차원에서 노동자에게 동 수표를 제공하며, 정부는 노인·장애인, 아동돌봄, 장애아동 교육수당, 자녀가 있는 구직자 등 요보호 대상자에 가구당 200유로의 고용수표를 제공하였다. 유통액은 2012년 현재 2,510억원(177백만 유로, 2007)에서 9,132억원(644백만 유로, 2011년)로 최근 5년간 4배 증가하였다.

그림 6-3 프랑스 고용수표

고용수표(앞면)	고용수표(뒷면)
	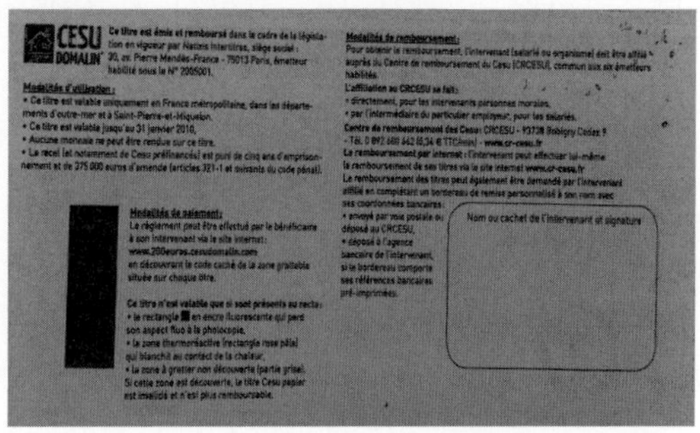

(4) 세제정책

개인과 기업, 제공기관에 대한 세제 정책을 통해 수요를 진작하고자 하였다. 개인에게는 서비스 이용액의 50%를 최대 6천 유로까지 소득공제 받을 수 있다. 기업에게는 기업복지 차원에서 개인에게 지원한 고용수표 구매액을 비용처리 가능하다. 연간 50만 유로의 한도 내에서 고용수표 제공비용(개인별 1,830유로까지)의 25% 해당 금액의 비용처리가 가능하다. 고용수표 제공시 소요비용에 대한 사회보장분담금도 면제할 수 있다. 제공기관에게는 3세 미만의 유아·장애인·노인 대상의 기업의 경우 DIRECCTE에서 기관 인증을 받을 경우 부가가치세 감면(통상 19.6% → 인증기관 5.5%)될 수 있다.

정부 재정의 효과적 운영을 위해 고령화와 출생률 증가로 사회서비스를 욕구가 증가되고 있으며, 사회서비스 분야 고용 창출률이 높지만, 서비스의 지속적 대상자 증가에 따른 정부재정 지출 증가로 어려움이 예상된다. 정부 재정 효율적 운영에 따른 최소 필수 불가결한 프로그램 발굴해야 한다. 제공기관의 역량 제고 및 제공인력 일자리 창출을 위해 개인서비스 제공기관이 많이 늘어나기는 했지만, 규모가 영세하고 역량이 부족하여 역량 있고 규모가 큰 기관으로의 유도할 필요가 있었다. 사회서비스 분야에 청년층의 고용을 창출하는 것이 주요 과제이다. 예를 들면 개인 서비스 제공기관 창업이 단순화되어, 개인서비스 진흥원 홈페이지에서 손쉽게 창업이 가능하다. 향후 우리나라에 제안하는 서비스가 있다면 각 나라의 사회, 문화에 따라 서비스의 욕구와 필요가 다를 것이다. 예를 들면 일본의 경우, 가정에서 사회로 진출하려는 40대 중반 여성을 위한 서비스 정책 연구가 진행되고 있는 것으로 알고 있으나, 프랑스의 경우 여성의 고용률이 높아 이와 같은 서비스 욕구는 낮다. 환경에 대한 관심이 커지면서 신규사업으로 가정에서 실행할 수 있는 친환경과 관련해 아이디어 필요하다. 독거노인들을 대상으로 하는 다양한 사회서비스 지원이 부족해 이와 관련한 서비스 발굴을 추진하고 있었다.

제3절 서비스 품질기준

사회서비스 사업을 관리하기 위해서는 유형별로 표준약관을 제정하여 품질관리와 소비자 보호를 강화해야 한다.

표 6-7 품질기준을 통한 품질관리의 기대효과

제공기관	이용자	정부기관
• 지속적인 서비스 품질향상 • 마케팅 효과의 극대화 • 시장점유율 및 매출액 증가 • 고객지향적인 기관운영시스템 개선 • 서비스에 대한 이의제기에 대비	• 고객만족도 향상 • 서비스구매 안정성 확보 • 서비스 재구매 유발	• 대민 신뢰성 제고 • 객관적 평가기준의 확보

1. 돌봄서비스 공통품질기준 매뉴얼

1) 서비스 제공 기본 원칙

□ 기준 1. 차별대우의 금지

사회서비스 제공자는 성별·연령·종교, 기타 건강상태 및 장애 등을 이유로 이용자를 차별해서는 아니된다.

사회서비스에 있어서 차별의 금지는 이용자들이 서비스 구매자로서 합당한 대우를 받을 수 있도록 성별·연령·종교, 기타 건강상태 및 장애 등을 이유로 차별받지 않아야 함을 지정하고 있는 것으로 특히 대다수가 사회적 약자에 해당하는 사회서비스 이용자들에 대한 차별은 원칙적으로 금해야 한다.[9)]

법률상 차별금지에 대한 조항을 살펴보면, 「헌법」 제11조는 ① 모든 국민은 법 앞에 평등하다. 누구든지 성별·종교 또는 사회적 신분에 의하여 정치적·경제적·사회적·문화적 생활의 모든 영역에 있어서 차별을 받지 아니한다고 규정하고 있다. 「근로기준법」 제6조(균등한 처우)에서는 사용자는 근로자에 대하여 남녀의 성(性)을 이유로 차별적 대우를 하지 못하고, 국적·신앙 또는 사회적 신분을 이유로 근로조건에 대한 차별적 처우를 하지 못한다고 규정하였으며, 「5·18민주유공자예우에 관한 법률」 제28조(차별대우 금지)에서는 ① 취업지원 실시기관은 이 법에 따른 취업자(신규로 채용된 자를 포함)에 대하여 직급의 부여·보직(補職)·승진·승급(昇級) 등 모든 처우에서 채용의무에 따라 채용한 것을 사유로 다른 직원보다 불리한 대우를 하여서는 아니 된다고 하였다. 「건설근로자의 고용개선 등에 관한 법률」 제12조(건설근로자 복지수첩)에서는 ⑤ 누구든지 복지 수첩의 발급을 신청하였거나 복지 수첩을 지니고 있다는 등의 이유로 건설근로자에 대하여 차별하거나 불리한 처우를 하여서는 아니 된다고 규정하였다. 「결혼중개업의 관리에 관한 법률」 제12조(거짓·과장된 표시·광고의 금지 등)에서는 ① 결혼중개업자는 거짓·과장되거나 국가·인종·성별·연령·직업 등을 이유로 차별하거나 편견을 조장할 우려가 있는 내용의 표시·광고를 하여서는 아니 된다고 규정하고 있다.

이용자와 그 가족의 문화에 대한 존중을 위해 제공기관 및 제공인력은 이용자와

---

9) 김은정(2008), 품질관리연구, p.161.

그 가족을 대할 때 항상 예의를 갖추어야 하며 그들의 문화를 존중하는 태도를 갖추어야 한다. 제공기관 및 제공인력은 자신의 종교, 철학, 가치관 등을 이용자와 그 가족에게 강요해서는 안 된다. 제공기관 및 제공인력은 특정 종교, 지역, 인종, 성, 장애, 나이 등에 근거하여 이용자나 그 가족에게 편견으로 대하거나 차별해서는 결코 안 된다.

□ 기준 2. 성실한 서비스 제공

제공자는 이용자의 신청이 있는 경우 정당한 사유 없이 사회서비스 제공을 거부해서는 아니 된다.

서비스 제공은 이용자의 서비스 신청에 의하여 이루어지며 이용자가 신청한 서비스를 거부할 경우 제공자는 명확한 사유를 제시하여야 한다. 법률상 성실한 서비스 제공에 대한 조항으로는 「가맹사업거래의 공정화에 관한 법률」 제4조(신의성실의 원칙)는 가맹사업당사자는 가맹사업을 영위함에 있어서 각자의 업무를 신의에 따라 성실하게 수행하여야 한다고 규정하였다. 「건설산업기본법」 제7조(건설관련주체의 책무)는 ③ 건설업자는 시설물의 품질과 안전이 확보되도록 건설공사 및 건설용역에 관한 법령을 준수하고 설계도서·도급계약 등에 따라 성실히 그 업무를 수행하여야 한다고 규정하고 있다. 서비스 제공은 최대한 서비스 이용계획에 포함된 내용을 포괄해야만 하며, 이용자의 동의 없이 서비스 이용계획에 포함된 서비스 내용이 거절되어서는 안 된다.

□ 기준 3. 서비스 선택 권리

이용자는 본인의 욕구·선호·필요에 따라 사회서비스를 자유롭게 선택할 권리를 가진다.

다양한 제공기관이 다양한 형태의 사회서비스를 제공함을 원칙으로 하고 이들 서비스 중에서 이용자는 자유롭게 자신이 원하는 서비스를 선택할 수 있다. 법률상 서비스 선택의 권리에 대한 조항으로는 「사회복지서비스 이용 및 이용권 관리에 관한 법률안」 제3조(이용권 제공의 기본원칙) "국가, 지방자치단체 및 공공기관은 이용자의 욕구 및 사회복지서비스의 유형에 따라 이용자가 이용권을 선택할 수 있도록 다양한 이용권을 제공하여야 한다." 「소비자기본법」 제4조(소비자의 기본적 권리) "3. 물품 등을 사용함에 있어서 거래상대방·구입장소·가격 및 거래조건 등을 자유로이 선택할 권리하는 규정"

과 「민법」 제380조(선택채권) "채권의 목적이 수 개의 행위 중에서 선택에 따라 확정될 경우에 다른 법률의 규정이나 당사자의 약정이 없으면 선택권은 채무자에게 있다"고 규정하고 있다.

이용자는 서비스를 자유롭게 선택하고 차별 없이 이용할 권리를 최대한 보장받아야 하며, 다음의 내용이 지켜져야만 한다. 구체적으로 '서비스 제공방법이나 내용에 있어서 이용자의 선택과 선호를 최대한 반영', '이용자 요청 시, 타 기관에서 제공하는 대안적인 서비스 및 제공기관에서 제공하는 유사 서비스에 대한 정보 제공', '이용자 요청에 따른 서비스 제공 담당 인력의 중도 교체 가능성에 대한 사전 공지'가 필요하다.

소비자의 8대 권리 중 선택할 권리는 상품과 서비스를 소비자가 주체적으로 고를 수 있는 거래 환경이 이루어지지 않으면 소비자는 부당한 피해를 보기 쉽다. 같은 종류의 상품이나 서비스에 관한 모든 정보가 동시에 모두 제공되는 것이 선택권을 최대화하는 것이다. 소비자가 좋은 품질의 안전한 상품과 서비스를 비교 구매할 수 있도록 다양하고 풍부한 공급을 국가는 보장해야 한다. 소비자가 상품이나 서비스를 사용할 때 거래의 상대방, 구입장소, 가격, 거래조건 등을 자유롭게 선택할 수 있는 권리가 있으며 이러한 권리를 위해서는 우선 많은 사업자가 참여한 자유롭고 공정한 경쟁시장이 전제되어야 한다는 것을 의미한다.

□ 기준 4. 정보공개 사항

제공기관은 이용자의 사회서비스 선택 및 이용에 필요한 정보를 공개하여야 한다.

서비스 이용자의 올바른 사회서비스 선택을 위하여 제공기관은 관련 정보를 공개하여야 하며, 정보를 공개하지 않거나 거짓, 과장된 정보를 제공한 경우 제공자 지정취소가 될 수 있다. 제공기관은 다음과 같은 정보를 서비스 계약서를 체결하기 전 이용자에게 반드시 제공해야 한다. 아래의 내용은 반드시 제공되어야 하는 정보로서, 이용자를 통해 정보가 제공되었음을 확인하는 절차(예: 서명)를 거쳐야 한다.

- 비용 및 비용 지불 방법
- 서비스 과정(신청부터 종결까지의 과정에 대한 일괄적 소개)
- 서비스의 잠재적 위해성 및 위험 요인

- 서비스 제공기관 연락처(전화번호 및 주소)
- 직무수행과 관련한 서비스 제공자의 자격 및 경력사항(소지 자격증, 관련 경력)
- 서비스에 대한 불만 사항을 처리하는 통로(서비스 제공기관의 담당부서 또는 담당자 연락처, 그 밖에 중앙 또는 지방정부의 해당부서나 전담기관 등)
- 서비스 이용을 중단할 수 있는 권리와 이용 중단 시 환불에 대한 규정
- 서비스 이용자의 기본권리 및 권리가 제한되는 상황
- 타 기관에서 제공되는 유사 프로그램

□ 기준 5. 자기결정권

사회서비스 제공과정에서 이용자의 자기결정권은 존중되어야 하며, 이용자의 의사에 반하여 서비스를 변경하거나 종료하여서는 아니된다.

자기결정권이란 대한민국 헌법상의 권리로 국가권력으로부터 간섭없이 일정한 사적 사항에 관하여 스스로 결정할 수 있는 자의적 권리다. 자기결정권의 근거로는 헌법 제10조가 보장하고 있는 개인의 인격권과 행복추구권에 전제된 개인의 자기운명결정권이다. 이 자기운명결정권에 성적 자기결정권이 포함되어 있으며 자기결정권의 근거를 제10조로 보고 있다.

「헌법」 제10조 "모든 국민은 인간으로서의 존엄과 가치를 가지며, 행복을 추구할 권리를 가진다. 국가는 개인이 가지는 불가침의 기본적 인권을 확인하고 이를 보장할 의무를 진다"고 규정하고 있다.

서비스 제공자는 이용자에게 권리를 알려 주어야 하고 이용자가 이해하는 방식으로 요구들을 수행함에 있어서 이용자의 의사결정을 존중해야 한다. 이용자가 서비스에 대해 거부 의사를 밝힌 경우, 제공기관 및 제공인력은 먼저 그들의 의견을 귀 기울여 듣고 서비스 중단이나 거부 이외의 적절한 대안이 있는지 함께 논의할 필요가 있다. 이후에도 이용자가 특정 또는 전체 서비스에 대해 거부의사를 굽히지 않는 경우 그 의사는 존중되어야 한다. 이는 다음과 같은 방식으로 구체화 될 수 있다.

- 서비스 이용 계약의 중도 해지 보장
- 서비스 이용의 중도 포기 보장

• 서비스 구성 요소 중 일부를 거부하거나 참여하지 않을 권리 보장
• 서비스 평가 및 각종 관련 설문조사에 참여하지 않을 권리 보장

이용자가 서비스 계약의 중도 해지를 공식적으로 요청한 경우, 제공기관은 이용하지 않은 서비스에 대한 이용료를 규정에 따라 환불해야 한다. 이용자의 선택과 선호는 존중되어야 하나, 제공인력이 서비스 내용, 형식과 중단 여부를 결정할 때에는 이용자와 가족의 의사뿐 아니라 이용자 및 제공인력의 안전 역시 중요하게 고려되어야 한다. 특히, 이용자가 인지적 능력에 손상을 입은 경우 이용자의 안전은 이용자나 그 가족의 선택과 선호보다 우선 고려 사항이 되어야 한다.

□ 기준 6. 욕구사정에 따른 서비스제공

> 사회서비스는 이용자의 욕구와 문제, 자원에 대한 정확한 사정을 바탕으로 개인별로 적합한 서비스 계획을 수립하여 필요한 범위 내에서 적정하게 제공되어야 한다.

욕구사정이란 사람들이 갖는 욕구를 파악해 내는 것으로, 한정된 지역 안에서의 사람들의 욕구 수준을 확인해 내고 이를 수량화하는 방법이다. 욕구사정의 구체적 용도는 문제분석, 자원배분 순위결정, 평가로 이루어진다. 문제분석은 인구와 표적인구를 확인하게 하며, 욕구들의 지역적인 분포, 욕구들 간의 연결 등에 대한 분석을 가능하게 한다. 이러한 분석을 통해 프로그램 계획이 이루어진다. 자원배분 순위결정에서 욕구사정의 자료들은 자원의 배분에 대한 우선 순위 등을 결정하는 데 유용하게 동원될 수 있다. 평가는 프로그램 결과에 대한 평가의 기초 비교 자료로서도 활용될 수 있다. 「건강가정기본법」 제20조(가족실태조사)에서 ① 국가 및 지방자치단체는 개인과 가족의 생활실태를 파악하고, 건강가정 구현 및 가정문제 예방 등을 위한 서비스의 욕구와 수요를 파악하기 위하여 5년마다 가족실태조사를 실시하고 그 결과를 발표하여야 한다고 규정하고 있다.

제공인력은 초기 욕구사정에 기반하여 작성된 서비스이용계획서에 명시된 서비스를 제공하는 데 주력해야 한다. 이용자의 서비스 변경이나 추가 요구가 있을 때, 제공인력이 가능한 이를 수용하여야 하며 적절성 여부에 대한 판단이 어려울 때는 기관담당자와 논의하여야 한다. 기관의 관리자나 개별 업무자들로부터 직접적인 방법을 통해

자료를 수집한다든지, 혹은 기관이 축적하고 있는 기존 자료들을 자료 수집의 대상으로 한다. 서비스조직이 서비스 이용자들에 관해 축적해 놓은 자료를 사용하는 것이다. 모니터링과 인테이크 절차를 위해서 축적된 자료들, 사회인구학적 자료, 문제와 욕구, 제공된 서비스, 서비스 빈도 및 지속 기간, 의뢰기관, 개입 성과 등에 대한 자료들이다.

□ 기준 7. 개인정보 보호

> 사회서비스 제공 과정에서 이용자의 사생활은 존중되고, 업무상 알게 된 개인정보는 보호되어야 한다. 다만 이용자에 대한 폭력이나 학대가 의심되는 경우 관계 기관 신고 등 적절한 조치를 취하여야 한다.

서비스 제공자는 이용자의 개인정보뿐만 아니라 생명·신체 및 재산상의 위해를 방지하기 하고 보호하기 위한 적절한 조치를 취해야 한다. 「사회복지서비스 이용 및 이용권 관리에 관한 법률」 제11조(이용자의 권익 보호) 국가는 이용자의 권익 보호를 위하여 다음 각 호의 시책을 강구하여야 한다.

1. 이용자의 권익 보호를 위한 정보관리·홍보·교육 및 연구
2. 이용자의 생명·신체 및 재산상의 위해(危害) 방지
3. 이용자의 불만 및 피해에 관한 신속·공정한 구제 조치
4. 그 밖에 이용자 보호와 관련된 사항

「소비자기본법」 제15조(개인정보의 보호) ① 국가 및 지방자치단체는 소비자가 사업자와의 거래에서 개인정보의 분실·도난·누출·변조 또는 훼손으로 인하여 부당한 피해를 입지 아니하도록 필요한 시책을 강구하여야 한다.

제공기관 및 제공인력은 이용자의 개인정보를 최대한 보호할 의무가 있다. 이용자의 사적 정보 및 서비스 이용 기록은 원칙적으로 이용자의 동의 없이 제3자에게 누설되거나 제공될 수 없다. 제공기관 또는 제공인력은 이와 같은 비밀보장의 원칙과 아래의 비밀보장 제한의 원칙을 이용자 또는 그 가족에게 명확히 설명해야 한다. 다음과 같은 상황에서는 이용자의 사적 정보에 대한 비밀보장이 제한받을 수 있다.

- 이용자 자신 또는 타인에 대한 상해 위험이 있는 경우

- 위법적 행위에 대한 정보일 경우
- 학대나 방임, 유기 등이 의심되는 경우
- 관련 정부 부처, 정부로부터 책임을 위임받은 기관, 또는 해당 지방자치단체장이 공문으로 관련 자료를 요청한 경우

□ 기준 8. 행동윤리 강령

제공기관은 자체 윤리행동강령을 마련하여 공정하고 투명한 경영을 위해 노력하여야 한다.

행동윤리강령은 제공인력이 직무수행 과정에서 당면하는 갈등상황에서 사회가 추구하는 바람직한 가치기준 및 제공인력이 준수하여야 할 행위기준을 구체적으로 명문화하여 제시한 것을 의미한다. 법률상 행동윤리강령에 대한 조항으로는 「국가공무원법」 제56조(성실의무) "모든 공무원은 법령을 준수하며 성실히 직무를 수행하여야 한다", 「국가공무원법」 제59조(친절공정의 의무) "공무원은 국민전체의 봉사자로서 친절공정히 집무하여야 한다", 「국가공무원법」 제61조(청렴의 의무) "공무원은 직무와 관련하여 직접 또는 간접을 불문하고 사례·증여 또는 향응을 수수할 수 없다. ② 공무원은 직무상의 관계 여하를 불문하고 그 소속 상관에 증여하거나 소속 공무원으로부터 증여를 받아서는 아니 된다"고 규정에서 정의하고 있다.

제공기관은 사회서비스의 전문적 제공과 질적 향상을 통해 이용자의 복지향상에 기여하고, 신뢰받는 기관이 될 수 있도록 모든 직원이 지켜야 할 윤리적 가치판단과 행동기준을 마련한다. 윤리행동강령은 다음과 같은 내용을 포함해야 한다.

- 제공인력의 기본적 윤리기준(전문가로서의 자세, 전문성 개발을 위한 노력)
- 제공인력의 이용자에 대한 윤리기준
- 제공인력의 동료에 대한 윤리기준
- 제공인력의 사회에 대한 윤리기준
- 제공인력의 기관에 대한 윤리기준

□ 기준 9. 부정방지 및 비용내역 제공

> 사회서비스 제공자는 제공과정에서 허위결제 등 위법·부당한 행위를 하여서는 안되며, 이용자가 요구할 경우 서비스 비용내역을 제공하여야 한다.

부정행위 금지 등에서 제공자나 이용자, 또는 두 당사자의 담합 등에 의해서 위법·부당한 행위가 발생해서는 안 되며, 적발 시 처벌이 가해질 수 있다. 법률상 부정행위 금지에 대한 조항은 「사회복지서비스 이용 및 이용권 관리에 관한 법률안」 제34조(벌칙)에서 규정하고 있다.

위법·부당한 행위에는 '이용자가 자신의 사회서비스 이용권리를 타인에게 양도 또는 매매', '활동보조인과 이용자와의 담합', '제공기관과 이용자와의 담합', '제공기관과 활동보조인과의 담합' 등이 있다. 서비스 비용 내역은 전체 서비스에 대한 개인 부담을 포함하여 중앙 및 지방정부 보조까지 제공하여야 한다. 제공인력과 이용자 또는 제공기관과 이용자의 담합에 의한 부정사용일 경우 각각 제공인력과 지원대상자 자격 취소, 제공기관 지정철회 및 부당이득 환수 조치한다. 부정사용이 확인되어 자격이 취소된 이용자, 제공인력 및 제공기관은 2년간 자격 부여 및 제공기관 지정 금지한다. 시군구는 행복e음(사회복지통합관리망)을 통해 해지사유를 '자격정지'로 하여 사회보장정보원으로 이용자 자격상실 관련 내용을 전송하고, 부당이득을 환수하여 환수금을 정보원 별도계좌에 입금한다.

바우처 부정사용 신고 및 포상금 지급 사항은 사회서비스전담기관에 「전자바우처 부정사용 신고센터」 설치, 바우처 부정사용 신고접수 및 처리 등 운영한다. 신고방법은 전자바우처 클린센터(www.vclean.or.kr), 신고상담전화로 하고 신고대상 유형은 '서비스의 제공없이 바우처를 결제하는 경우', '사용자가 타인에게 바우처를 양도 또는 매매하는 등 부당하게 바우처를 사용하는 경우', '사업자 또는 종사자가 사용자간의 담합에 의해 부당하게 바우처를 사용하는 경우', '그 밖의 부당한 방법으로 바우처를 사용하는 경우 등', '포상금 지급 기준 및 지급방법 등', '포상금은 산정대상금액을 기준으로 결정된다.

□ 기준 10. 안전사고 대응 및 서비스 안전제공

> 제공기관은 위험 요인 사정, 제공인력 안전 교육, 사고 대응체계 구축 등을 통해 안전하게 서비스를 제공하여야 한다.

제공기관 및 제공인력은 위험사정을 한 후, 위험을 예방하기 위해 주어진 여건이 허락하는 한 최대한 적극적 조치를 취할 것이 권고된다.[10] 법률상 안전사고 대응에 대한 조항은 다음과 같다. 「영유아보육법 시행규칙」 제23조 "시설의 장은 안전점검표 양식에 따라 매일, 매월, 반기별 등의 일정기간별로 시설안전점검을 실시하여 화재·상해 등 위험발생 요인을 사전에 제거해야 한다." 「영유아보육법 시행규칙」 제23조 "인근소방서, 경찰서 및 가스·유류 등의 안전상태를 점검하는 유관기관에 의해 정기점검을 실시하고 비상연락체계를 구축해야 하며, 자체적으로 정기적인 시설안전점검을 실시하고 기록·관리해야 한다." 「영유아보육법 시행규칙」 제23조 "영유아에 대한 물리적 환경과 인적 환경에 대한 안전확보를 위해 시설 및 환경을 조성하고 관리해야 한다."

2) 제공기관 운영 원칙

□ 기준 11. 운영규정 비치

> 제공기관은 이용자의 인권보호, 서비스 품질보장, 제공기관의 기본책무 등을 포함한 "운영규정"을 작성하여 공개된 장소에 비치하여야 한다.

운영규정이란 제공기관에서 내부 조직이나 사무 집행 등을 정하여 놓은 준칙으로 인권보호, 품질보장, 기본책무 등 운영규정 작성 및 보관 절차가 규정되어야 한다. 인권보호란 헌법 및 법률에서 보장하거나 대한민국이 가입 비준한 국제인권조약 및 국제관습법에서 인정하는 인간으로서의 존엄과 가치 및 자유와 권리를 보호함을 의미한다. 품질보장이란 사회서비스의 내용 및 수준을 향상시키고 이용자, 제공인력의 권익보호를 위하여 사회서비스의 품질기준 및 규격, 관리 및 평가 등을 통해 일정한 수준의 사회서비스의 품질을 유지하는 것을 말한다.

제공기관은 운영정책을 명시한 "기관운영규정"을 작성해야만 한다. 기관운영정책안은 적어도 다음의 내용을 포함해야만 한다. 이에 대한 내용으로는 '기관운영의 사명',

10) 김은정(2008), 품질관리연구, p.155; 박은미, '사회복지와위험관리, pp.4, 12.

'기관운영의 목표와 목적', '서비스 제공의 원칙', '인력모집, 교체, 훈련 및 수퍼비전의 원칙', '이용자의 인권보호 및 존중의 원칙', '서비스 품질보장의 원칙', '문서 작성 및 보관, 관리의 원칙', '제공기관 설치·운영규정' 등이 있다.

□ 기준 12. 회계처리 규정 구비 및 내용공개

> 제공기관은 명확한 회계처리 규정을 구비하고, 사업예산과 회계를 투명하게 운영하여야 하며 이상의 내용을 공개하여야 한다.

"회계관리"라 함은 신뢰할 수 있는 회계정보의 작성 및 공시를 위하여 회계의 부정과 오류를 예방하고 적시에 발견할 수 있도록 회계시스템을 관리하고 통제함을 목적으로 수행되는 모든 절차와 과정을 말한다. 법인세법 제1조의 '내국법인'은 기업회계기준을 준용하여 발생주의와 복식부기에 의한 회계처리 규정을 구비하여야 한다. 법인세법 제1조의 '비영리내국법인'은 기본적으로 사회복지법인 재무규칙에 준한 회계처리 규정을 구비하여야 한다. 단, 영위하는 사업이 수익사업인 경우 '내국법인'과 마찬가지로 기업회계기준에 준하는 발생주의와 복식부기에 의한 회계처리 규정을 구비하여야 한다. 모든 회계처리는 투명하게 이루어져야 하며, 증거자료로서 장부를 비치하여야 한다. 매 회계연도가 종결되면 제공기관은 그 결산내역을 사회서비스 전자바우처 홈페이지에 공시하여야 한다.

□ 기준 13. 문서 보관 및 처리절차

> 제공기관은 계약서, 서비스계획서, 이용안내서, 고충처리문서, 서비스 모니터링 자료, 이용자와 제공인력의 개인파일 등을 문서로 작성하여 보관하여야 한다.

문서 작성 및 보관 처리절차를 규정해야 한다. 문서작성이란 서비스 계약, 계획 등을 구두가 아닌 서면 또는 이에 준하는 전자적 기록으로 남기는 것을 말한다. 보관 절차란 앞에서 작성한 서면 또는 이에 준하는 전자적 기록을 문서 규정에 의하여 처리된 문서의 편철 및 보관·보존의 방법과 절차를 말한다. 제공기관은 다음과 같은 문서를 작성·보관하여야 한다. 예를 들면, '사회복지서비스 제공(이용 계획서)', '모니터링 기록표(예시)', '인사기록카드', '이용안내서', '고충처리문서', '서비스 상호협력 동의서', '상담

일지'가 있다.

□ 기준 14. 긴급상황 발생시 대응체계 마련 및 교육

> 제공기관은 긴급 상황 발생 시 대응 지침을 마련해야 하며 제공인력이 이를 숙지하도록 필요한 교육을 적어도 연간 1회 실시하여야 한다.

긴급 상황이란 제공인력이 이용자에게 서비스를 제공하는 과정에서 발생할 수 있는 예상치 못한 사고 등으로 인하여 정상적으로 서비스 제공이 어려운 상태를 말한다. 제공기관은 긴급상황에 대한 자체 매뉴얼을 작성하여야 한다. 매뉴얼에는 이용자와의 관계, 가족 등 제3자와의 관계, 시설 내에서의 상황 등 제공기관의 특성, 서비스의 유형과 관련하여 예상될 수 있는 가능한 위험상황에 대한 예방대책이 수록되어야 한다. 제공기관은 제공인력을 대상으로 긴급상황의 대비와 관련한 교육을 정기적으로 실시하여야 한다.

□ 기준 15. 고충상담 처리 프로세스

> 제공기관은 이용자와 그 가족이 이용할 수 있는 고충상담 창구를 마련해야 하며, 상담 결과를 기록하고 이를 보관, 관리해야 한다.

고충처리제도란 근로자가 작업 환경 및 근로조건에 관하여 느끼는 고충을 일정한 절차에 따라 해결해 나가기 위한 제도이다. 설립취지는 근로자가 업무수행 중 느끼는 고충을 처리함으로써 노사 분쟁의 소지를 미연에 제거하기 위한 것으로 고충처리제도는 집단적인 문제를 해결하는 단체교섭과는 달리 개별 근로자의 고충을 처리한다. 고충처리 단계에서 해결하기 힘든 사항에 관하여는 노사협의회에 부의하여 협의처리할 수도 있다. 시설 종사자의 기본적 생활을 보장하고 향상시키며 관리 효율성·민주성을 기하고자 한다. 제공기관은 대면상담창구, 유무선통신장치, 웹상의 상담창구 등 고충상담 창구를 운영하여야 한다. 제공기관은 이용자와 그 가족의 고충사항에 대해 성실히 대응하여야 한다. 고충상담의 기록은 개인정보에 준하여 서비스 업무 이외의 용도로 사용되어서는 안 되며, 기록물이 외부로 유출되지 않도록 각별히 주의하여야 한다.

고충처리절차에서 고충이 있는 근로자가 구두 또는 서면으로 고충처리위원에게 신고하면, 고충처리위원은 지체없이 이를 처리하여야 한다. 처리기간은 고충처리위원은 근로자로부터 고충사항을 청취한 때에는 10일 이내에 조치사항 그 밖의 처리결과를 해당 근로자에게 통보하여야 한다. 이때 고충처리위원이 처리하기 곤란한 사항은 노사협의회에 부쳐 협의처리한다. 고충사항의 접수 및 그 처리에 관한 대장을 작성·비치하고 이를 1년간 보존하여야 한다.

□ 기준 16. 재해보험 제도 및 보상처리

> 제공기관은 각종 사고에 대비하여 업무재해 관련 보험을 가입하고 보상범위 등에 대해 명시적 규정을 두어야 한다.

재해관련 보험체계 및 보상규정은 업무상 재해를 당한 근로자와 그 가족의 생활을 보장하기 위하여 국가가 책임을 지는 의무보험으로 원래 사업주의 재해보상책임을 보장하기 위하여 국가가 사업주로부터 소정의 보험료를 징수하여 그 기금(재원)으로 사업주를 대신하여 산재근로자에게 보상을 해주는 제도이다. 업무상 재해인정기준을 보다 명확히 하기 위해 개정 산업재해보상보험법 제37조는 업무상 재해의 인정기준을 마련하고 있고, 그 구체적 기준은 시행령을 통해 규정하고 있다. 산업재해보상보험법의 적용을 받는 사업 또는 사업장 소속 근로자가 업무상 사유로 인하여 부상 질병·장해 또는 사망한 경우에 이를 회복시키거나 소득을 보장하고 그 가족의 생활보호를 위하여 지급되는 급여를 말한다.

제공기관은 업무재해 관련 보험 가입과 보상범위 등에 대해 명시적 정책을 확보해야만 한다. 제공기관은 제공인력의 1일 최장 근로시간 및 근무개시 전 최소휴식시간 등을 명시할 것이 권고된다. 산업재해보상보험이란 산업재해를 당한 근로자에게 신속한 보상을 하고, 사업주에게는 재해에 따른 일시적인 경제적 부담을 덜어 주기 위해 국가에서 관장하는 사회보험이다. 국가(근로복지공단)는 근로자를 사용하는 모든 사업주로부터 보험료를 징수하여 산업재해로 부상 또는 사망한 근로자와 그 가족에게 보험급여를 지급하며, 이때 지급하는 보험급여는 요양급여, 휴업급여, 상병보상연금, 장해급여, 장의비, 유족급여, 간병급여 등이 있다. 산재보험은 상시 근로자 1인 이상을 사용하는 모든 사업 또는 사업장에 적용하되, 부상, 질병의 경우 4일 이상의 요양을 요하는 경우에 적용할 수 있다.

표 6-8 보험급여의 종류

종 류	내 용
요양급여	업무상 재해로 요양기간이 4일 이상인 경우 국민건강보험 진료수가 범위 내에서 요양비전액
휴업급여	요양으로 취업하지 못한 기간 1일에 대하여 평균임금의 70% 상당액
상병보상연금	당해 부상 또는 질병이 2년이 경과되어도 치유되지 않고 폐질등급 1~3급에 해당하는 장기환자에 대하여 휴업급여 대신에 보다 높은 수준의 보험급여 지급
장해급여	업무상 재해의 치유 후 당해 재해와 상당인과관계가 있는 장해가 남게 되는 경우 그 장해정도에 따라 지급
간병급여	요양급여를 받은 자가 치유 후 의학적으로 상시 또는 수시로 간병이 필요하여 실제로 간병을 받는 자에게 지급
유족급여	업무상 재해로 사망하거나 사망의 추정시 그 유족의 생활보장을 위하여 지급
장의비	장제실행에 소요된 비용지급
직업재활급여	산재근로자의 재취업 촉진을 위한 직업훈련비용 및 직업훈련수당, 원직장복귀촉진을 위한 직장복귀지원금, 직장적응훈련비, 재활운동비 등 지급

□ 기준 17. 제공인력 교체 조건

> 제공기관은 이용자가 요구하는 경우 외에 업무지침 반복 위반, 전염성 질환 발생 등 제공인력을 중도 교체할 수 있는 조건을 명시해야 한다.

제공기관은 이용자가 요구하는 경우 외 '업무지침 반복 위반의 경우', '전염성 질환 발생의 경우', '무단결근의 경우', '경력사칭 및 은혜의 경우' 등에 제공인력 교체사유로 한다. 단, 제공인력 교체의 적합한 사유는 다음과 같다.

- 제공인력이 아픈 경우
- 제공인력이 제공기관에 사직서를 제출하여 이것이 공식적으로 처리된 경우
- 제공인력이 이용자가 원하는 시간에 서비스를 제공하는 것이 불가능한 경우
- 이용자가 제공인력의 교체를 요구한 경우
- 제공인력이 이용자 또는 그 가족원과 부적절한 관계를 갖게 된 경우
- 이용자의 학대, 차별, 성희롱 등으로부터 제공인력을 보호할 필요가 있는 경우

- 높은 정도의 노동 강도를 요구하는 사례를 지속적으로 맡을 경우 발생할 수 있는 제공인력의 소진을 예방할 필요가 있는 경우

제공기관은 서비스 제공자의 교체가 불가피한 경우 최소한 1달 전에 이용자 또는 그 가족에게 알려야 한다. 불가피한 상황이 있는 경우(특히 이용자나 제공인력의 안전과 관련된 경우)에는 예외가 인정될 수 있다. 제공기관은 이용자가 요구하는 경우 외에도, 업무와 관련하여 서비스 제공 인력의 중도 변경이나 중도교체를 인정하는 조건을 명시해야만 한다. 서비스의 지속성과 대인 서비스의 관계 중심적 성격을 고려할 때 적합한 사유가 없는 한 제공인력은 교체되지 않아야 한다.

□ 기준 18. 제공인력 현황자료 제출 및 등록

> 제공기관은 소속 제공인력 현황을 분기별로 지자체 및 사회서비스관리원에 제출·등록하여야 한다.

현황보고는 각 시·도 제공기관의 제공인력이 복지 욕구에 대한 조사 등을 통하여 제공인력들의 의견을 충분히 수렴하여 더 좋은 서비스를 제공하고자 함을 말한다. 소속 제공인력의 현황에는 개인식별정보, 서비스제공이력, 사고이력, 기타사항이 포함되어야 한다. 개인식별정보는 성별, 연령, 연락처, 거주지이며, 서비스 제공이력은 제공 서비스 유형, 서비스 제공경력이며, 사고이력은 사고건수, 사고경위와 발생시점이며, 기타 서비스 제공과 관련된 개인적 특성이 있다. 제공기관과 지자체, 사회서비스전담기관은 제공인력의 현황의 보고과정에서 개인정보의 보호에 각별히 노력하여야 한다.

□ 기준 19. 제공기관 현황자료 공개과정

> 제공기관은 기관별 서비스 내용·시설·인력 등 현황 자료를 사회서비스 바우처 홈페이지에 공개하여야 한다.

제공기관 현황자료를 알리기 위해 사회서비스 전자바우처사업 참여기관들의 총 매출액, 제공인력의 수, 이용자 수를 사회서비스전자바우처 홈페이지(www.socialservice.or.kr)를 통해 공개하고 있다. 홈페이지의 기관별 현황자료에는 ‘제공 중인 서비스 유형’, ‘최

대수용 가능한 이용자 수와 현재 이용자수', '전체시설의 규모와 이용절차', '제공인력의 규모와 기본적 근무여건(기본급, 휴일, 복리후생)', '회계결산내역'이다. 소비자가 원하는 조건의 기관이나 도우미를 선택할 수 있도록 실질적 선택권 실현을 위한 충분한 정보의 제공하기 위함이었다. 정보공개시스템의 원활한 작동을 위한 단계별 추진방안 마련하여 매출실적 등 객관적 정보에서부터 시작하여 소비자 만족도 평가 등 주관적 정보까지 확대하였다.

□ 기준 20. 근로계약서

제공기관과 제공인력은 근로조건과 기간 등을 명시한 근로계약서를 작성하여 각자 보관하여야 한다.

근로자가 사용자에게 근로를 제공하고 사용자는 이에 대하여 임금을 지급함을 목적으로 체결된 계약을 말한다. 일반 정규직 근로자는 근로계약기간의 정함이 없으며, 본인이 자발적으로 퇴사하거나 사용자가 해고하지 않으면 정년 때까지 고용이 보장된다. 정규직 근로자로 채용된 근로자의 근로계약서에는 근로계약 기간을 명시하지 않는 것이 원칙이며, 만일 기간을 명시하는 경우 추후 기간제 근로계약 여부에 대하여 노사간 다툼이 발생할 수 있다. 그러나 근로계약기간을 정하여 채용하는 경우(기간제 근로자) 특별한 사정이 없는 한 기간이 만료됨과 동시에 고용관계 또한 자동적으로 종료되는 것이 원칙이며 사용자는 근로계약기간 만료 후 계약을 갱신 체결할 법적 의무가 없다. 기간제 근로자의 사용기간 제한규정에서 기간제 근로계약은 2년까지만 유효하며, 동일 근로자에 대하여 고용기간이 2년을 초과하는 경우 기간의 정함이 없는 근로계약(무기근로계약)으로 전환되므로 사용자는 정당한 이유 없이 계약기간 만료를 이유로 근로자를 해고할 수 없다.

근로계약 체결 시 명시사항은 '임금 및 근로시간', '취업의 장소와 종사하여야 할 업무에 관한 사항', '해당 시설의 취업규칙 내용(근로기준법 제93조 참조)', '기숙사에 종사자를 기숙하게 하는 경우에는 기숙사 규칙에 정한 사항'이 있다. 명시된 근로조건이 사실과 다를 경우에는 종사자는 근로조건 위반을 이유로 손해의 배상을 노동위원회에 신청할 수 있으며 또는 즉시 근로계약의 해제가 가능하다. 임금 및 근로시간에는 임금의 구성항목, 계산방법 및 지급방법, 소정근로시간, 유급 주휴일 및 연차 유급휴가에 관한 사항은 서면으로 명시하고 근로자의 요구가 있으면 그 근로자에게 교부하여야 한다.

□ 기준 21. 근로관계법령 준수

> 제공기관은 제공인력을 고용함에 있어서 근로기준법 등 근로관계법령을 준수하여야 하며, 4대 사회보험 가입 등 근로자의 복리후생을 위하여 필요한 조치를 취하여야 한다.

제공기관이 근로자 수를 산정할 때에는 개별 시설이 인사, 노무관리와 예산, 회계에 있어서 법인으로부터 독립적인 경우 시설 단위로 산정하나 그렇지 않은 경우에는 법인 전체를 단위로 하여 산정한다. 상시 근로자수에 따른 적용원칙에서 근로기준법은 상시 5인 이상의 근로자를 사용하는 사업 또는 사업장에 전면적으로 적용한다. 상시 근로자수 4인 이하의 사업장에는 정당한 이유 없는 해고의 제한, 퇴직금제도 등 일부 내용이 적용되지 않는다. 단 사업주가 임의로 적용하는 것은 무방하다. 근로기준법 적용범위에서 근로자 수를 산정할 때에는 개별 시설이 인사, 노무관리와 예산, 회계에 있어서 범인으로부터 독립적인 경우 시설 단위로 산정하나 그렇지 않은 경우에는 법인전체를 단위로 하여 산정한다. "상시 5인" 이상의 종사자를 고용하는 사회복지시설이 이에 해당된다.

상시 4인 이하의 종사자를 고용하는 사회복지시설은 다음의 사항 등이 적용되지 않는다. 이에는 '사용자의 취업규칙과 기숙사 관련 사항 등의 게시·비치의무(법 제14조)', '노동위원회 신청 및 이행강제금 관련(법 제19조2항 및 법 제33조)', '부당한 해고, 휴직, 정직, 전직, 감봉 기타 징벌 금지의무(법 제23조 제1항)', '경영상 이유에 의한 해고의 제한 및 해고자 우선 재고용 관련(법 제24조, 법 제25조)', '해고사유 등의 서면통지(제27조)', '부당해고 등의 구제신청(제28조) 등 노동위원회 관련사항(제28조 내지 제33조)', '퇴직금제도 관련(법 제34조)', '사용자(시설장) 귀책사유로 인한 휴업 시 휴업수당 지급관련(법 제46조)

- 주 40시간(1일 8시간) 근로시간 및 탄력적 근로시간제, 선택적 근로시간제, 연장근로의 제한 관련사항(법 제50조 내지 제53조)
- 연장·야간·휴일근로에 따른 가산수당 및 보상휴가제 관련(법 제56조 및 제57조)

- 근로시간 계산의 특례 및 근로시간 및 휴식시간의 특례관련 사항(법 제58조 및 제59조)
- 시설종사자의 연차유급휴가 관련 사항(법 제60조 내지 제62조)
- 생리휴가 및 육아시간(법 제73조, 제75조)
- 기능습득자의 보호(제77조)
- 취업규칙의 작성 및 단체협약의 준수 등(법 제93조 내지 법 제100조)
- 사회보험의 적용대상
  - 사회보험의 적용대상은 각각의 법률에 따라서 차이가 있다. 적용대상을 국민연금, 건강보험, 고용보험으로 구분해서 살펴보면 <표 6-9>와 같다.
  - 산재보험의 경우에는 근로자의 고용형태를 불문하고 1인 이상의 근로자를 사용하는 사회서비스 제공기관은 모두 가입해야만 한다.

표 6-9 사회보험 적용 요건

구 분	고용보험	국민연금및 건강보험
의무가입 대상자	제공인력전체	1개월 이상 근로를 제공하고 월 80시간 이상 근무한 자
적용제외자	해당사항 없음	근무기간이 1개월 미만이거나 근무시간이 월 80시간 미만인 자

표 6-10 유형별 가입대상자

분 류	고용보험	국민연금
1개월 이상 근로+월 80시간 이상 근로	○	○
1개월 이상 근로+월 80시간 미만 근로	○	×
1개월 미만 근로	○	× (근로시간과 무관)

표 6-11 4대보험 적용대상 및 적용제외대상

구 분	국민연금	건강보험	고용보험	산재보험
당연 적용 대상	국민연금 적용사업장에 종사하는 18세 이상 60세 미만의 근로자와 사용자	① 상시 1인 이상의 근로자를 사용하는 사업장에 고용된 근로자와 사용자(연령제한 없음) ② 공무원 ③ 교직원	근로기준법상 근로자	상시 근로자수 1인 이상인 모든 사업장
적용 제외 대상	① 타 공적연금가입자 ② 노령연금수급권을 취득한 자중 60세 미만의 특수직종근로자 ③ 조기노령연금 수급권을 취득하고 그 지급이 정지되지 아니한 자 ④ 퇴직연금등 수급권자 ⑤ 국민기초생활보장법에 의한 수급자 ⑥ 일용근로자(단, 1월을 초과하여 계속 사용되는 일용근로자는 적용대상임) 또는 1월 이내의 기한부로 사용되는 근로자 ⑦ 소재지가 일정하지 아니한 사업장에 종사하는 근로자 ⑧ 비상임이사, 1개월간의 소정근로시간이 80시간 미만인 시간제근로자 등 사업장에서 상시근로에 종사할 목적으로 사용되는 자가 아닌 자	① 의료급여를 받는 자 ② 유공자등 의료보호대상자로 건강보험의 적용배제신청을 한 자 ③ 1월 미만의 기간 동안 고용되는 일용근로자 ④ 하사(단기복무자에 한함)·병 및 무관후보생 ⑤ 선거에 의하여 취임하는 공무원으로서 매월 보수 또는 이에 준하는 급료를 받지 아니하는 자 ⑥ 소재지가 일정하지 아니한 사업장의 근로자 및 사용자 ⑦ 비상근 근로자 또는 1월간의 소정 근로시간이 80시간 미만인 시간제근로자(교직원·공무원 포함) ⑧ 근로자가 없거나 ⑦호의 규정에 의한 자만을 고용하고 있는 사업장의 사업주	① 65세 이상인 자 ② 1월간 소정근로시간이 60시간(1주간의 소정근로시간 15시간) 미만인 자, 단, 생업을 목적으로 3월 이상 근로를 제공하는 경우 적용대상임 ③ 근로계약기간이 1일 단위 또는 1월 미만인 일용근로자는 근로시간 장단에 관계없이 고용보험 적용 ④ 국가공무원법 및 지방공무원법에 의한 공무원 ⑤ 사립학교교직원연금법의 적용을 받는 자 ⑥ 별정우체국법에 의한 별정우체국직원 ⑦ 선원법에 의한 선원 ⑧ 외국인 근로자(단, 국내파견 외국인근로자는 강제적용)	※ 산재보험은 개인별 가입이 아닌 사업장 단위 가입이며, 근로자 모두에게 적용됨.
보험료	보험료 : 임금총액의 9% 사업주 : 4.5% 근로자 : 4.5%	보험료 : 임금총액의 5.08% 사업주 : 2.54% 근로자 : 2.54%	보험료 : 임금총액의 1.15% 사업주 : 0.7% 근로자 : 0.45%	보험료 : 사업주 : 임금총액 ×0.007~0.553% (업종별 차이) 근로자 : 없음

□ 기준 22. 소진과 스트레스 예방

제공기관은 제공인력이 업무 수행 중 소진되거나 지나친 스트레스를 받지 않도록 이를 예방할 수 있는 체계를 확보하여야 한다.

소진(burnout)이란 자신에게 주어진 업무를 헌신적으로 수행하였으나 기대하였던 성과나 보상이 나타나지 않아 인간적인 회의나 좌절을 겪는 상태이다(Freudenberger, 1974).[11] 제공기관은 제공인력의 소진과 스트레스에 대처하기 위해 적절한 예방책과 해소책을 마련하여야 한다. 소진과 스트레스 예방책으로서 제공기관은 주기적인 제공인력 간담회를 통해 직무상의 스트레스 요인을 파악하고, 이를 해결하기 위해 노력하여야 한다. 제공기관은 제공인력들의 직무에 대한 만족도를 고양하기 위해 후생복지, 근무여건 등의 개선을 위해 노력하여야 한다.

스트레스 관리방법으로 개인적 차원과 집단적 차원이 있다. 개인적 차원에서 스트레스 관련 증상이 3개월 이상 계속되는 경우에는 정신과 전문의에게 의뢰하는 것이 좋다. 이외에도 직속 상사에 대한 건의, 근무교대주기의 수정 등이 있고 근로자와 관리스캐쥴 작성(예: 2주마다 30분씩 면담 등)하며, 부적합한 대처 기전의 수정하는데 흡연, 음주, 약물복용을 줄이거나 중단하도록 상담한다.

□ 기준 23. 건강보호 방안

제공기관은 정기 신체검사나 건강검진을 실시하여 제공인력과 이용자의 건강을 보호하여야 한다.

제공기관은 제공인력의 건강관리를 통해 제공인력에 의해 나타날 수 있는 이용자의 간접적 감염을 사전에 예방하고, 제공인력과 이용자가 건강한 상태를 유지할 수 있도록 도모하여야 한다. 제공기관은 제공인력에 대한 정기적인 신체검사와 건강검진을 실시하여야 하며, 적어도 1년에 한 번 이상은 필수적으로 전 제공인력에 대한 신체검사와 건강검진을 시행하여야 한다. 신체검사와 건강검진에서는 제공인력의 전염성 질환, 만성질환, 정신과적 병력의 보유 여부 등이 종합적으로 조사되어야 한다. 제공기관은

---

11) H. J. Freudenberger, 1974. "Staff Burnout." *Journal of Social Issues*. 30: 159~165.

제공인력의 정기 신체검사나 건강검진 실시에 대한 명시적 정책을 확보해야만 한다.

건강진단 내실화를 통한 건강관리 기반마련을 위해 건강검진시스템의 신뢰성 향상을 통해 질환 초기발견하고 근로자의 기본적 건강보호에 사회적 역할 강조한다. 사업장 건강진단 실무지침에는 1인 이상의 근로자를 사용하는 사업주는 근로자의 일반질병 및 직업성 질환을 예방하고 작업 및 환경을 건강 보호 유지에 적합하도록 유지 관리하기 위하여 산업안전보건법(이하 "법"이라 함) 제43조, 동법 시행규칙(이하 "규칙"이라 함) 제98조 내지 제107조 및 근로자 건강진단실시기준(노동부고시 제2001-45호)(이하 "실시기준"이라 함)에서 정한 바에 따라 근로자 건강진단을 실시하여야 한다.

표 6-12 근로자 건강진단의 종류

종 류	실시목적
1. 채용시건강진단	신규채용 근로자의 기초건강자료 확보 및 배치적합성 평가
2. 일반건강진단 (직장가입자건강검진)	근로자의 건강 보호·유지 및 주기적인 업무적합성 평가
3. 배치전 건강진단	유해인자(120종) 노출업무 신규배치 근로자의 기초건강자료 추가 확보 및 해당 노출업무에 대한 배치적합성 평가
4. 특수건강진단	유해인자(120종) 노출업무 종사근로자의 직업병 예방 및 해당 노출업무에 대한 주기적인 업무적합성 평가
5. 수시건강진단	유해인자(120종) 노출업무 종사근로자가 호소하는 직업성 천식, 피부질환 기타 건강장해의 신속한 예방 및 해당 노출업무에 대한 업무적합성 재평가
6. 임시건강진단	직업병 집단발생 예방 및 직업병 발생부서 근로자의 긴급한 건강 보호·유지

□ 기준 24. 인권침해 예방체계

제공기관은 성희롱 등 제공인력의 인권침해에 대비한 처리절차를 마련하여 제공인력의 안전한 활동을 보장하여야 한다.

인권(Human rights)은 인간이기 개문에 당연히 가지는 권리로서 인간존엄성을 보장받을 권리를 말한다. 국가인권위원회법은 인권을 "헌법 및 법률에서 보장하거나 대한민국이 가입·비준한 국제인권조약 및 국제관습법에서 인정하는 인간으로서의 존엄과 가치 및 자유와 권리(제2조)"라고 정의하고 있다. 제공인력이 서비스 제공과정에서 경험할 수 있는 인권침해의 사례로는 이용자로부터의 신체적·언어적 폭력, 자존감의 상실, 성적 모멸감, 이용자 및 그 가족들의 부당한 서비스 요구지시 등이 있다.

인권침해 예방체계를 위해 제공기관은 제공인력의 인권을 보장하기 위해 적절한 인권침해 예방체계를 갖추어야 하며, 다음과 같은 사항들이 예방체계 내에 포함되어야 한다. 이용자와 서비스 계약 체결시 제공기관은 이용자와 그 가족들에게 제공가능한 서비스의 종류와 범위 등을 명확히 제시하고, 이를 서비스계약서에 명시하여야 한다. 제공기관은 서비스 제공과정에서 나타날 수 있는 인권침해 상황과 대처방안을 마련하고, 이를 매뉴얼화하여 제공인력에게 교육하여야 한다. 제공기관은 이용자들이 가지고 있는 인권침해 위험요인을 사전에 파악하고, 이를 제공인력에 알려주어 사전에 대처할 수 있도록 조치하여야 한다.

제공인력에 대한 인권침해 시(성희롱, 비하적 명칭, 물리적 위험 등) 신고절차를 확보하고, 이를 처리할 기관 내 담당자를 선임하며, 기관차원에서의 적절한 조치를 명시하여 제공인력의 안전한 활동을 보장해야 한다.

□ 기준 25. 제공인력 서비스교육

> 제공기관은 제공인력에게 이용자의 욕구나 특징, 서비스 제공의 기본원칙과 윤리 등 서비스 제공에 필요한 교육을 실시하여야 한다.

제공인력 교육에는 최초 입직 시 이루어지는 기본교육과 주기적인 보수교육, 그리고 제공기관 내에서 실시하는 자체교육이 있다. 기본교육의 목적은 제공인력이 서비스를 제공하는데 필요한 기본적인 소양과 기술적 지식을 습득하게 하고, 사회서비스 제공인력으로서의 윤리를 공유하는데 있다. 기본교육에는 직무의 특성과 상황에 대한 이해, 실제 현장과 유사하게 구성된 실습훈련, 제공인력이 가져야 할 윤리와 직무수칙 등이 반드시 포함되어야 한다. 보수교육의 목적은 제공인력에게 기본교육의 내용을 주지시키고, 제공인력의 직무능력을 향상시키는데 둔다. 보수교육에서는 제공인력간 서비스 제공의 경험이 충분히 공유될 수 있도록 하며, 기술적 지식들이 보완되고 발전될 수 있도록 해야 한다. 제공기관 내에서의 자체교육은 제공인력과 이용자가 서로를 잘 이해하여 원활한 서비스 제공이 이루어지도록 하는 것에 목적을 둔다. 자체교육에서는 이용자가 가지고 있는 욕구와 성격적 특성, 사고이력, 서비스 제공시 주의해야 할 사항 등이 상세히 전달되어야 한다. 제공기관에서는 기본교육, 보수교육을 위한 자체 교육커리큘럼을 제작하여 이를 교육에 적극 활용하여야 한다. 이러한 교육 커리큘럼은 사회서비스 최소 품질기준에 적합한 것이어야 한다. 자체교육의 경우 제공기관이 상황에 따라 자유롭게 교육내용을 조정할 수 있다. 제공기관은 제공인력 교육에 대한 사항을 기록하고, 이를 비치하여야 한다.

제공기관은 제공인력을 대상으로 최초직무교육과 정기적인 보수교육을 실시하여야 한다. 각 교육에는 '서비스 제공의 기본원칙과 윤리강령', '서비스 최소품질기준에 근거한 서비스 제공 절차와 방법', '전자바우처 이용절차와 부정사용의 이해', '긴급상황 발생시 대처방법'의 내용들이 포함되어야 한다. 제공기관은 제공인력에게 이용자의 욕구사정(Needs assesment) 결과, 이용자의 특성정보(성격, 사고이력) 등을 상세히 알려주어야 한다.

3) 서비스 제공과정의 원칙

□ 기준 26. 책임과 권리 명확화

제공기관은 이용 계약 체결 시 이용자에게 서비스의 내용 및 범위, 당사자 및 가족의 권리, 책임에 대해 명확히 설명하여야 한다.

계약이란 이용자가 서비스를 이용하기 위해 개별 서비스 제공자와 서비스 내용, 일정 및 비용 등에 관해 동의를 거치는 과정이다. 계약 절차는 서비스 이용 신청 접수→방문상담→서비스 제공(이용)계획 수립→서비스 제공(이용) 계약으로 이루어진다. 법률상 계약체결에 대하여 계약은 상호간 계약체결 교섭과정을 거쳐 청약과 승낙의 합치에 의해 성립한다. 일방에게 계약체결상의 과실이 존재하는 경우 민법 제535조(계약체결상의 과실)의 책임을 진다. 제공기관은 이용 계약 체결시 계약내용을 명확히 설명하기 위해 이용자에게 서비스이용안내서를 제공해야만 한다. 서비스이용안내서에는 다음과 같은 내용을 포함한다.[12] 이에는 '제공되는 서비스의 특징', '서비스의 대상자', '서비스 제

12) 영국 재가돌봄서비스 품질평가지표 1-1.

공시간', '전반적인 서비스 제공의 과정(초기사정－서비스이용계획개발－재평가 등)', '핵심적인 계약 용어와 조건', '불만처리과정', '품질보장과정' 등이 있다. 제공기관은 서비스이용안내서의 중요한 내용 또는 이용자가 이해하기 어려운 부분에 대해서는 명확히 설명하여야 한다.

□ 기준 27. 계약서 작성 및 보관

> 제공기관과 이용자는 서비스 시작 전에 서비스 내용 및 각자의 권리와 책임, 개인정보 보호, 계약기간 등을 명시한 계약서를 작성·보관하여야 한다.

제공기관과 이용자간의 계약은 계약 당일에 표준계약서를 사용해 체결한다.[13] 다만 부득이한 사정이 있는 경우 계약체결 후 1주일 내에 작성할 수 있다. 제공기관과 이용자간의 계약은 원칙적으로 민법상 낙성·불요식 계약이므로 계약서 작성은 강제되지 않는 것이 원칙이나, 사회적 약자인 이용자를 보호하기 사후분쟁을 방지하기 위해 표준계약서 체결을 의무로 한다. 계약서는 원본으로 보관함을 원칙으로 하나, 훼손 또는 분실 등의 경우에는 상대방의 동의하에 사본으로 이에 갈음할 수 있다. 계약서에는 '서비스 제공기관 주소', '전화번호', '기관 관리자의 사무실 전화번호', '근무시간 이외의 시간에 이용자가 연락할 수 있는 전화번호', '서비스가 취소 또는 중단(일시중단 포함)되는 중요 상황', '서비스 비용(중앙 및 지방정부 보조와 이용자 개인 부담을 명시) 및 비용 지불방법', '제공인력과 이용자 양측의 권리와 의무', '건강 및 안정과 관련하여 이용자와 제공인력측의 책임', '욕구조사, 서비스 계획서, 모니터링 과정에 대한 설명 및 실시 빈도', 등의 내용이 명시되어야 한다. 이용자와 제공인력은 계약서에 모두 서명하여야 하며, 쌍방이 1부씩 보관해야만 한다.

□ 기준 28. 제공인력의 숙지사항

> 제공인력은 이용자에 대한 기본적인 정보와 배려해야 할 사항을 숙지하고 있어야 한다.

제공인력은 주된 급부인 서비스 제공 이외 이용자의 건강 및 재산을 보호하기 위

---

13) 영국 재가돌봄서비스 품질평가지표 1－4.

한 안전의무가 신의칙상 존재한다.[14] 제공인력은 계약 당사자인 제공기관의 이행보조인(민법 제391조)으로써 신의성실의 원칙(민법 제2조)에 따라야 한다. 안전의무는 신의성실의 원칙에서 도출될 수 있다. 제공인력은 신의칙상 안전의무를 이행하기 위해서 이용자에 대한 기본적인 정보와 배려해야 할 사항을 숙지하고 있어야 한다. 이용자에 대한 기본적인 정보와 배려해야 할 사항에는 '건강상태(시력, 청력 등) 및 활동성', '정신건강이나 인지력', '개인적 안전과 위험요인', '가족 및 친지, 이웃 중 주요지지 체계', '사회적 활동이나 종교적 요구', '기타 필요한 사항'의 내용이 포함된다.

□ 기준 29. 욕구사정 및 제공계획 수립

> 제공기관은 서비스 제공 전에 일정한 자격을 갖춘 자를 통해 이용자의 건강상태, 생활환경 등에 대한 욕구사정을 실시하고 이를 바탕으로 서비스 제공 계획을 수립하여야 한다.

욕구사정이란 이용자의 신체적, 정신적 건강상태, 가정상황 등을 고려하여 필요한 서비스 욕구를 조사하는 것을 말한다. 욕구사정은 제공기관에 의해 수행된다. 서비스 제공계획이란 향후 제공될 서비스에 대한 계획을 말하는데, 이용자의 욕구사정을 고려하여 수립된다.[15] 서비스 제공계획 수립 과정에는 목표설정, 우선순위결정, 서비스제공계획서 작성이 필요하다. 목표설정은 본인의 희망, 현재의 곤란한 상태를 파악하여 이용자 및 가족과 함께 구체적인 목표 수립한다. 이때 고려사항으로는 본인 및 가족의 희망을 우선 고려하며 생활의 질 향상 도모 및 기타 잔존기능의 활용, 사회참여 등이 있다. 우선순위 결정은 대상자의 해결해야 할 과제의 명확화를 위해 현재 여건을 감안하여 가능한 범위 내에서 우선순위 결정한다. 서비스 종류, 내용, 횟수 결정을 위해 사회서비스 신청결과 통보서의 서비스 종류 범위 내에서 서비스 제공하며 효과적으로 지원해 줄 수 있도록 서비스 횟수, 서비스 일정을 결정한다. 서비스 제공계획서 작성의 기본방향은 이용자 및 그 가족의 희망, 본인의 기능상태 및 생활상의 문제 등을 종합적으로 고려한 후 구체적인 서비스 실시방안을 포함한 서비스 제공계획서를 작성한다. 계획서에는 필요영역, 목표, 서비스 종류 및 내용, 제공기간, 제공시간, 총비용, 본인부담액, 면담자 등 명확히 기술하며, 이용자 및 그 가족의 희망을 최대한 반영하며 제공기관이

---

14) 영국 재가돌봄서비스 품질평가지표 1-2.

15) 영국 재가돌봄서비스 품질평가지표 1-2, 영국 재가돌봄서비스 품질평가지표 2-1.

제공하는 서비스 내용을 자세히 작성할 때 고려하여야 한다.

서비스가 제공되기 전에 반드시 이용자에 대한 욕구사정이 실시되어야 하며, 그 내용은 문서로 기록되어야만 한다. 욕구사정은 자격을 갖춘 사람들에 의해 실시되어야 하며, 서비스 이용자와 (필요한 경우) 그 가족이 충분히 개입될 수 있는 방식으로 이루어져야만 한다. 욕구사정은 적어도 '약물복용 등을 포함한 의료관련 욕구', '식사관련 주의점이나 선호', '선호하는 전문적 서비스나 장비의 필요성'의 내용을 포함하여 이루어져야만 한다. 욕구충족을 위한 서비스 제공계획이 수립되어진 후 서비스 욕구가 변화한 경우 또는 제공인력이 필요한 조치를 취하거나 필요한 경우 욕구 재사정이 이루어질 수 있다. 서비스 제공계획은 욕구사정에 기반하여 이용자의 잠재성이 극대화되고 독립성이 유지될 수 있도록 이용자의 라이프스타일을 고려해 수립되어야 한다. 다만 욕구변경 등 추후 사정 변경된 경우 서비스 제공계획은 재검토될 수 있다.

□ 기준 30. 이용자에 대한 의견수렴

서비스 제공 계획 수립 시 제공기관은 이용자와 그 가족의 의사를 충분히 수렴하여 이용자 등의 선호와 가치가 반영되도록 하여야 한다.

제공기관은 의견수렴을 통해 이용자측(이용자 및 그 가족)의 선호와 가치를 충분히 고려하여 보다 적절한 서비스 제공계획을 수립할 수 있다. 제공기관은 이용자측의 신청이 있는 경우 의견을 수렴해야 하며, 필요한 경우 직권으로 이용자 측의 의견을 요청할 수 있다. 단, 서비스 이용자가 인지적 능력에 손상을 입었을 경우 서비스 이용자의 안전은 서비스 이용자나 그 가족의 선택과 선호보다 우선 고려사항이 되어야 한다. 인지능력판단은 이용자의 인지적 능력에 관한 판단은 전문의의 진단에 의한다. 다만, 전문의의 진단이 불가능하거나 곤란한 경우에는 건전한 일반인의 상식을 그 판단기준으로 한다.

서비스 이용계획 수립 시 이용자 참여를 위해 서비스 이용계획서를 수립할 때, 이용자에게 충분한 발언권을 주어야 하며 이용자의 의견이 최대한 존중되어야 한다. 서비스 이용계획서를 모두 작성한 후에는 이를 이용자 또는 그 가족에게 자세히 설명해 주거나 이들이 서비스 이용계획서 내용을 확인할 수 있도록 충분한 시간을 주어야 한다. 이용자 또는 그 가족이 서비스 이용계획서의 내용에 모두 동의하는 경우에만 서비스 이용계획서가 효력을 가진다. 이용자 측의 동의 여부는 이용자 또는 그 가족의 서명으로 증명된다.

이용자의 서비스 이용계획 수정 요구시 수용해야 하는데 서비스 이용자 또는 그 가족이 서비스 이용계획서의 내용을 수정하기를 희망할 경우 서비스 제공기관은 그들이 의견을 표현할 기회를 제공해야 한다. 서비스 이용자 또는 그 가족이 서비스 이용계획서 내용을 수정하기를 원하는 경우 그 요구가 기관의 정책이나 전문직의 윤리적 규정에 어긋나지 않고 기관에 경제적 피해를 주지 않는 한에서 최대한 수용하여 이용자의 의사가 적극적으로 반영되어야 한다.

□ 기준 31. 이용자에 대한 욕구사정

제공기관은 이용자를 대상으로 적어도 6개월에 1회 이상 욕구사정을 실시하여 이를 서비스 제공 계획에 반영하여야 한다.

욕구사정이란 이용자의 신체적, 정신적 건강상태, 가정상황 등을 고려하여 필요한 서비스 욕구를 조사하는 것을 말한다. 욕구사정은 6개월에 1회 이상 실시함을 원칙으로 하나, 이용자측이 요청하는 경우 또는 필요한 경우 수시로 실시할 수 있다. 제공기관은 향후 서비스 제공계획에 욕구사정을 반영해 이용자에게 필요한 서비스를 제공해야 한다. 제공기관에서 서비스 제공계획에 재욕구사정의 결과를 반영하지 않는 경우 이용자는 이를 요구할 수 있고, 합당한 경우 제공기관은 이에 따라야 한다. 최초의 서비스 제공시부터 특별한 사정이 없는 한 정기적으로 6개월에 1회 이상 욕구사정을 실시한다. 정기적 욕구사정은 최초의 서비스제공계획 수립시의 욕구 사정과 동일한 방법 또는 유사한 방법으로 실시한다. 욕구 사정결과는 이용자 서비스제공계획에 반영한다.16)

□ 기준 32. 돌봄서비스 근무장소 행태

제공인력은 사진, 성명, 소속 등이 표시된 신분증을 지참하고 이용자 가정을 방문해야 한다. 최초 방문시에는 제공인력의 신분 확인을 위하여 제공기관의 담당자가 동행하여야 한다.

16) 영국 재가돌봄서비스 품질평가지표 2-1.

이용자는 제공인력의 신분증을 통해 서비스 제공자임을 확인할 수 있으며, 제공인력이 신분증 제시를 거절하는 경우 서비스의 수령을 거절할 수 있다. 신분증에 사용되는 사진의 경우 6개월 이내에 찍은 반명함판 사진을 사용하며, 소속은 제공기관명을 기재한다. 제공인력이 신분증을 분실하여 재발급기간까지 신분증을 제시하지 못하는 경우 한시적으로 주민등록증이나 이에 준하는 증서로 이에 갈음할 수 있다. 이에 준하는 증서에는 제공인력의 사진이 부착된 것으로 제공기관 또는 해당 지자체 등에서 발급한 것을 의미한다.

서비스 제공일자 확인 후 해당 날짜에 방문해야 한다. 서비스 제공 전에 바우처 잔량을 제공기관운영자시스템에서 확인할 수 있다. 제공인력은 이용자 가정 방문시 신분증을 지참해야 하는데, 신분증에는 제공인력의 사진, 이름과 소속기관, 기관 연락처 등이 포함되어야 한다. 신분증은 위조나 변조가 곤란하도록 발행일로부터 3년 이내에 재발행되어야 한다. 제공인력이 이용자의 가정을 방문하는 방식(예: 열쇠의 관리, 전화 후 방문 등)에 대해서 이용자와 제공인력 간 합의가 이루어져야만 하고, 그 합의가 서비스이용계획에 포함되어야 한다. 최초 방문 시에는 제공인력이 기관의 담당자와 동행하여 그 신분을 확인할 수 있게 하여야 한다.[17)]

□ 기준 33. 제공인력의 서비스 제공의무

제공인력은 계획서에 명시된 서비스의 내용과 시간에 따라 서비스를 제공하여야 하고, 이용자의 동의 없이 명시된 서비스의 내용이나 시간을 변경하여서는 아니된다.

제공인력은 서비스 이용자의 예측가능성을 보장하기 위해 계획서에 명시된 서비스를 제공해야 한다. 사정변경에 의해 서비스 내용 및 시간을 일부변경하는 경우에도 대인서비스의 특성상 이용자의 동의가 반드시 필요하고 제공인력은 이를 준수해야 하는 계약상의 책임이 존재한다. 제공인력이 이용자의 동의 없이 계획서에 명시된 서비스내용을 변경한 경우 이용자는 이를 거부할 수 있고, 최초 계획서에 명시된 서비스내용을 요구할 수 있다. 이용자는 제공인력이 이에 따르지 않는 경우 계약의 해지를 요구할 수 있다.

17) 영국 재가돌봄서비스 품질평가지표 3-5.

□ 기준 34. 불이행 서비스 대체근무

> 제공인력은 약속된 시간에 서비스를 제공할 수 없게 된 경우 이를 적어도 24시간 이전에 이용자에게 알려야 한다. 이 경우 제공기관은 이용자의 의사를 고려하여 제공시간을 변경하거나 대체인력을 통해 서비스를 제공하여야 한다.

제공인력은 정기행위가 아닌 한 지정된 시간에 서비스를 제공할 수 없는 경우에는 즉시 이용자에 이를 알려야 할 계약상의 주의의무가 존재한다. 민법 제545조(정기행위와 해제) 계약의 성질 또는 당사자의 의사표시에 의하여 일정한 시일 또는 일정한 기간 내에 이행하지 아니하면 계약의 목적을 달성할 수 없을 경우에 당사자일방이 그 시기에 이행하지 아니한 때에는 상대방은 전조의 최고를 하지 아니하고 계약을 해제할 수 있다. 제공기관은 이용자측의 의사를 고려하여 제공시간의 변경을 요청할 수 있으며, 해당 서비스가 일신전속적인 경우가 아닌 한 대체인력을 통해 급부를 이행할 수 있다.

제공인력은 초기 욕구사정에 기반하여 작성된 서비스를 제공하는 데 주력해야 한다. 제공기관은 제공인력의 시간엄수 및 위반 시 제재 사항에 대해 문서화된 규정을 가지고 있어야 하며 훈련이나, 교육 시 이와 같은 내용이 정확히 전달되어야 한다. 제공기관은 이용자가 서비스를 받기로 약속된 시간에 사전에 알리지 않고 집을 비우는 등 시간을 지키지 않는 일을 반복할 경우 일정정도의 불이익을 주는 것에 대한 기관 자체의 규정을 둘 수 있으며 이를 통해 이용자가 서비스 이용에 따르는 책임을 다하도록 유도할 수 있다.

□ 기준 35. 이용자의 서비스 변경요구 수용의무

> 서비스 제공자는 이용자의 서비스 계약 중도해지, 서비스 일부에 대한 거부 의사 등을 표시하는 경우 이를 존중하여야 한다.

서비스 제공자는 이용자의 욕구 등의 사정변경이 존재하는 경우 계약의 중도해지 또는 일부해지의 의사를 수용해야 한다. 이용자측의 중도해지 및 일부거부 의사는 서비스 제공자에 대한 의사표시로 하며, 이미 이행한 급부에는 영향을 미치지 않는다. 민법 제543조(해지, 해제권)에서는 "① 계약 또는 법률의 규정에 의하여 당사자의 일방이나 쌍방이 해지 또는 해제의 권리가 있는 때에는 그 해지 또는 해제는 상대방에 대한 의사표시로 한다. ② 전항의 의사표시는 철회하지 못한다."라고 규정하고 있다.

서비스 이용자가 서비스 계약의 중도 해지를 공식적으로 요청한 경우 서비스 제공기관은 이용하지 않은 서비스에 대한 이용료를 규정에 따라 환불해야 한다. 서비스 이용자는 서비스 일부가 불필요하거나 적절하지 않은 경우 서비스제공인력 또는 제공기관에 일부 서비스의 거부를 요청할 수 있다. 특별한 사정이 없는 한 서비스 제공자는 이를 존중해야 하고 이를 추후 수정될 서비스제공계획에 반영한다.

□ 기준 36. 제공자의 서비스 이외 영리행위 금지

> 서비스 제공자는 서비스 제공 기회를 이용하여 물품 판매, 금전 차용, 투자 알선 등의 행위를 하여서는 아니 된다.

서비스 제공자는 서비스 계약상의 주된 급부인 해당 서비스 제공에 최선을 다하여야 할 계약상의 의무가 존재한다. 서비스 제공자는 서비스에 대한 대가 이외에 급부를 이용차 측에 요구하여서는 안 되며, 서비스 제공기회를 부당하게 영리행위 등에 활용해서는 안 되는 신의칙상 주의의무가 존재한다. 서비스 제공인력 또는 제공기관이 서비스 제공기회를 이용하여 서비스와 관계없는 물품판매, 금전 차용, 투자 알선, 기타 이에 준하는 행위를 한 경우 관리기관은 이에 대한 시정을 요구할 수 있다.

□ 기준 37. 서비스 제공에 대한 정기 점검

> 제공기관은 이용자와 그 가족을 대상으로 서비스 계획대로 서비스가 제공되고 있는지 정기적으로 점검해야 한다.

서비스 제공자는 계약의 상대방인 이용자측에 서비스가 계획대로 제공되고 있는지 정기적으로 확인할 계약상의 의무가 존재한다. 서비스 제공에 대한 정기적 점검은 이용자 측의 계약목적 및 제공자에 대한 신뢰확보를 위하여 자발적인 노력을 동반한다. 서비스가 제공되기 시작하면 제공기관은 이용자나 관련자들을 대상으로 서비스 이용계획서에 충실한 서비스가 제공되고 있는지를 정기적으로 점검해야만 한다. 점검은 적어도 월 1회 이상 이루어져야만 한다.

□ 기준 38. 주기적 모니터링

> 제공기관은 이용자의 서비스 만족도 평가 등 주기적인 모니터링을 실시하여야 하며, 모니터링 결과를 기록·보관하여야 한다.

모니터링이란 제공기관이 이용자의 서비스 이용에 관한 전반적인 서비스의 효과를 조사하는 것을 의미하며, 이용자의 서비스 만족도 평가는 이용자가 서비스 사용 후에 느끼는 주관적인 심리상태를 평가하는 것을 의미한다. 제공기관은 서비스 만족도 평가 등 주기적인 모니터링을 통해 서비스의 질을 자체 점검하고 향후 서비스 제공에 이를 반영할 수 있다. 제공기관은 모니터링 결과를 기록 또는 파일의 형태로 보관하고 이를 적극적으로 활용할 방안을 강구한다.

제공기관은 서비스 품질에 대한 모니터링 절차와 정책을 확립한다. 이를 위해 이용자의 서비스 만족도 평가, 서비스 계획달성도 평가 등의 주기(연간 횟수)와 주요 내용을 확립한다. 이용자의 서비스 만족도와 계획달성도 평가 등의 결과를 활용하는 방식과 절차를 확립한다. 자체 모니터링 결과와 성과를 기록하여 문서로 보관하여야 한다. 외부 공공기관이 문서를 요청할 경우 이를 제공하여야 한다.

□ 기준 39. 정기 사례관리 회의 개최

> 제공기관은 이용자의 다양하고 복합적인 문제를 사정하고 이에 대한 효과적인 문제해결을 위해 정기적으로 사례관리 회의를 실시하여야 한다.

사례관리란 개별서비스의 제공사례를 기록하고 조사하여 관리함을 말한다. 사례관리 회의는 이러한 사례에 대한 내용협의를 목적으로 한다. 제공인력 및 제공기관은 사례관리에 관한 권리와 의무를 가진다.

제공기관은 한 달에 1회 이상의 사례관리 회의를 개최하여야 한다. 제공인력은 특별한 사정이 없는 한 사례관리 회의에 참석해야 한다. 제공인력은 사례관리 회의에서 자유롭게 의견을 개진할 권리를 가진다. 제공기관이 정기적으로 사례관리 회의를 실시하지 않는 경우 제공인력 또는 관리기관은 이를 요구할 수 있다. 제공기관이 이에 따르지 않는 경우 관리기관은 사례관리 회의를 제공기관을 대신하여 개최할 수 있다. 이 경우 관리기관은 제공기관에 회의개최에 소요된 비용을 청구할 수 있다.

□ 기준 40. 서비스 제공기록지

> 서비스 제공자는 제공한 서비스 내용, 이용자의 상태 등을 포함한 서비스 제공기록을 작성·보관하여야 하며, 이용자나 가족이 요구할 경우 이를 제공하여야 한다.

서비스제공자는 서비스 제공기록지를 작성하고 제공 프로세스에 대하여 규정하여야 한다. 서비스 당사자 및 관리기관은 서비스 제공기록을 통해 서비스 제공내용을 확인할 수 있고 이에 대한 분쟁에 대비할 수 있다. 서비스 제공자는 기록 또는 파일 등 형태로 서비스 제공기록을 작성하여야 하며, 적절한 방법으로 이를 보관하여야 한다. 서비스 이용자 측은 이에 대한 열람 및 수정을 신청할 권리를 가진다.[18)]

서비스 제공자는 다음의 내용을 포함한 서비스 제공기록을 작성·보관한다. 단, 제공기록은 파일 및 이에 준하는 방법으로 이에 갈음할 수 있다. 예를 들면 '제공기관의 회계관리, 노무관리 등 사업운영에 대한 내용', '제공인력에 대한 개인 정보', '제공인력에 대한 징계나 고충처리', '이용자 및 그 가족에 대한 개인 정보', '이용자에 대한 사례관리', '그 밖에 이에 준하는 내용' 등이 있다.

모든 정보는 이용자가 쉽게 이해할 수 있도록 제공되어야 하며, 전문용어나 지나치게 어려운 단어를 사용하지 말아야 한다. 불가피하게 어려운 단어를 사용해야 하는 경우 중요단어에 대한 설명을 제공해야 한다. 서비스에 대한 기본적으로 제공된 것 이상의 정보를 이용자가 요청한 경우 제공인력은 이에 대해 성실한 답변을 할 의무가 있다. 단, 제공인력의 사적정보 역시 보호될 필요가 있다. 이용자가 자신과 관련된 서비스 제공 기관의 기록열람을 요청할 경우 특별한 사정이 없는 한 제공기관은 이를 수용해야 한다.

2. 돌봄분야 서비스 제공기준 사례

1) 국외사례

(1) 일본사례

일본은 개호보험법령에서 방문개호서비스 제공업자의 운영기준 규정하여 방문개

---

18) 영국 재가돌봄서비스 품질평가지표 5-3.

호서비스의 전문성 향상과 서비스 질을 확보하고자 하였다. 기본적으로 준수해야 하는 사항과 서비스를 제공함에 있어서 갖춰야 하는 운영체계에 관한 구체적인 사항 제시하였다. 운영기준에는 서비스 제공 상의 궁극적인 방향성, 서비스 제공절차, 서비스제공계획 수립방안, 관련 기관과의 연계내용, 관리자 및 서비스 제공책임자의 책무 등의 내용을 구체적으로 제시하였다. 2012년도에 최종 개정된 개호보험법령에 근거한 '지정재택서비스 등의 사업인원, 설비 및 운영에 관한 기준'에서 규정하였다. 방문개호서비스 내용 기준을 살펴보면, 후생노동성의 지침에 따른 방문개호서비스는 크게 신체개호(지원)와 가사지원으로 구분하였다. 신체개호에는 서비스 준비 및 기록 등, 배변지원, 식사지원, 목욕지원, 체위변환, 이동 및 이승지원, 외출지원, 통원지원, 기상 및 취침지원, 복약지원, 자립생활 지원을 위한 돌봄적 지원 등이다. 가사지원에는 서비스 준비, 청소, 세탁, 침상정리, 의류정리 및 피복 보수, 일반적인 조리, 쇼핑 및 약 받기 등의 일상생활 활동이었다. '후생노동성의 지침'에 따라 서비스가 제공될 수 있도록 규정하였다(2000. 3. 17. 후생성노인보건복지국노인복지계획과장통지).

(2) 영국사례

영국의 돌봄서비스는 아동법(Children Act)에 의한 아동돌봄서비스와 국민보건서비스 및 커뮤니티케어법(National Health Service and Community Care Act: NHSCCA)에 의한 성인돌봄서비스로 구분하고 있다. 영국은 소득, 의료, 주거, 교육의 영역에서 제공되는 각종 급여 및 서비스를 사회서비스(Social Services)로 구분하고, 이중 대인서비스가 돌봄서비스(Care Ssrvice)를 의미한다. 국가최소자격기준(National Minimum Standards)은 모든 서비스들이 준수해야 하는 최소기준 수준으로 전국에서 적용이 가능하도록 하였다. 2000년 이후 돌봄서비스의 국가최저품질(National Minimum Standards)을 강조하였다. 영국의 돌봄서비스는 주로 일상에 대한 지원서비스를 내용으로 하기 때문에 요구되는 자질이나 태도 등에서 공통기준 마련하고 서비스에 대한 품질평가지표를 전국적으로 동일하게 적용하도록 표준화함으로써 재가돌봄서비스 품질의 지역 간 편차를 줄였다. 영국은 돌봄영역에서 필요로 하는 제공인력의 직무능력에 대하여 국가직업자격(NVQ)제도로 구성하여 운영하였다. 중앙기관인 보건부의 역할은 서비스의 골격, 자격 기준, 공급방식, 이용자의 참여와 선택 보장, 서비스의 최소한의 표준, 이용자의 요금 부담, 서비스의 제공절차 등에 대한 서비스 지침을 개발하였다. 서비스제공기관은 사업등록 후 제공되는 서비스가 적어도 일정 품질 수준 이상인지를 평가하는 인증체계를 준수하여야 한다. 돌봄품질기준위원회(Care Quality Commission)는 제공기관 대상 품질평가 및 인증 등을 통해 최저품질관리 및 품질향상을 담당하였다.

2) 우리나라 돌봄서비스 제공사례

일반적으로 진행되고 있는 재가돌봄서비스를 제공하는 순서의 흐름은 신체활동지원 → 가사활동지원 → 사회활동지원 → 정서지원 순이었다. 제공인력이 이용자 거주지에 방문을 하면 가벼운 인사와 이용자의 건강상태 등을 파악한 후 당일에 해야 할 일들을 점검하였다. 이용자에게 가장 필요한 신체활동을 지원한 후에 청소, 빨래, 취사 등 가사를 지원하는 것으로 나타났다. 다음으로 이용자의 외출이나 관공서 업무 등 일상생활을 지원하고자 하였다. 이용자의 개인적 선호욕구와 서비스 시급성에 따라 순서가 바뀔 수 있다. 정서지원서비스는 일상가사지원이나 신체활동서비스를 제공하는 가운데 병행하고 있었다. 정서지원서비스가 독립적인 서비스 행태로 나타날 수 있도록 시간적 여유와 행동방법이 마련되어야 한다.

그림 6-4 돌봄서비스 제공 흐름

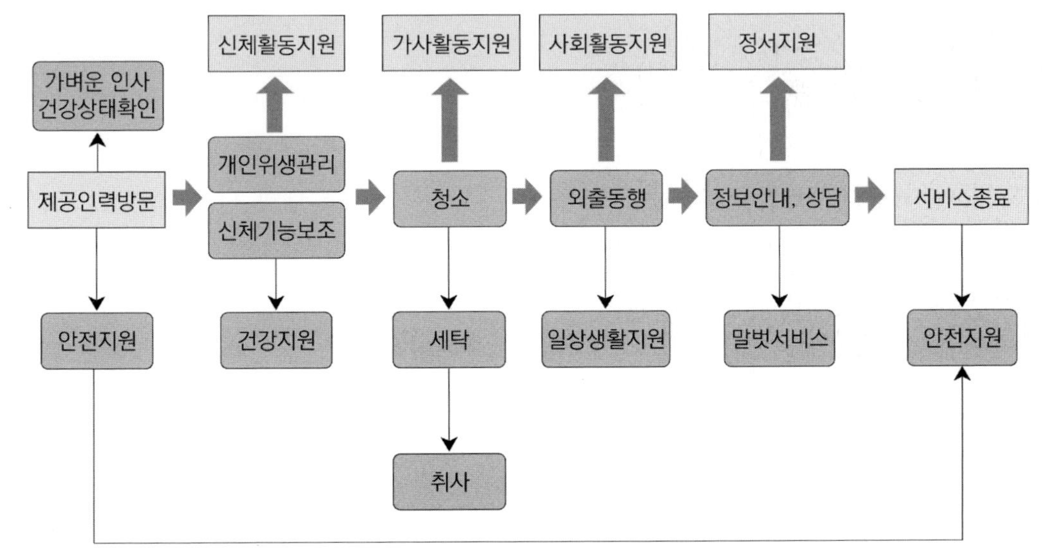

서비스 대상을 고려하여 제공하는데 이용자 당사자와 그 가족에 대한 가사지원의 경계가 모호하고 업무의 테두리가 불분명하였다. 이용자와 전체 가족을 위한 서비스로 오인하여 업무가 증가함에도 제공자는 이용자의 요구를 거절하지 못하는 상황 빈번하였다. 서비스 시간은 이용자의 일방적 부재로 서비스를 제공하지 못하는 경우 그 앞·뒤의 시간을 활용할 수 없어 시간제 일자리로서의 효율적 노동시간 활용에 어려움이 있었다. 서비스 공간을 고려하면, 이용자 가정에서 서비스가 제공됨에 따라 이용자와 가족에 대한 가사지원 공간의 경계가 불분명하였다. 서비스에 대한 추가 비용에 있어서도 이용자의 필요에 의해 간헐적으로 예외서비스가 제공되나 추가비용 규정이 없어 이용자와의 관계에 따라 편의적인 무급 서비스 제공이 이루어지고 있었다. 정서지원은 말벗하기, 상담 등 정서지원 서비스에 대한 명확한 기준이 없고, 정서지원 서비스에 대한 제공인력의 기술이나 상담능력 부족하였다.

제공인력에 대한 이용자 태도를 살펴보면, 남성 이용자의 성적인 접근에 따른 위험요인 발생, 종사자를 가정부나 파출부로 대우하는 사회적 인식이 존재하였다. 취약한 근로조건에서 제공인력의 낮은 임금수준은 고용 불안정으로 이어져 종사자의 직무만족도를 낮추고 돌봄서비스의 품질 저하를 초래하였다. 종사자 대부분이 여성으로 환자 또는 무거운 물건을 옮기는 등 육체적 과로에 시달리고 있음에도 산재보험 가입률이 낮고 대부분 치료비용을 개인적으로 처리하는 경우가 많았다. 경력 불인정에 대하여 제공인력의 경력이나 능력과 관계없이 시급제로 시간당 단가에 의해 임금을 지급받고 있어 우수인력 확보가 어렵고 이는 돌봄 서비스의 질 저하로 귀결되었다. 이용자 교육에 대한 교육이 필요하여, 서비스 내용과 종사자의 역할에 대한 사전 교육이 없어 이용자가 종사자를 고용관계로 이해하여 갈등이 증가되었다. 서비스에 대한 단가를 차등 적용하여 서비스 제공유형별 노동강도의 차이에 따른 서비스 단가 차등 적용 및 본인부담금 세분화 등 탄력적으로 운영할 필요가 있었다.

서비스별 현황 및 특성을 살펴보면 우선 장애인활동지원사업은 지적장애인 등은 가족이나 이웃 등이 이용자 역할을 대행하여 정작 중요한 장애인 본인의 욕구는 미반영되었고 서비스 시간 중 이동 및 대기시간은 서비스 제공시간으로 불인정되어 이동시간은 미반영되었다. 이동보조서비스 제공시 이동수단에 대한 명확한 기준이 없어 종사자 개인차량을 요구하는 경우가 많으며 사고시 보험처리, 범칙금 문제 등 갈등이 발생하였다. 당사자간 이용자의 서비스시간으로 운임료를 대체 결제하는 사례가 발생하였다. 산모신생아지원사업은 추가요금 청구의 어려움으로 최초 계약시 가족구성원 수에 따른 서비스 비용을 차등 부과할 수 있는 근거 명시가 필요하였다. 계약 이후 이용자 가족구성원이 증가 또는 지인 방문으로 인한 가사업무가 증가하였다. 가족 특히 부모 등의 지나친 서비스 요구와 간섭으로 종사자의 업무 과중이나 갈등을 초래하였다. 노인돌봄서비스는 우선 치매 대응을 위해 이용자가 경증 치매환자인 경우 현실에 대한 왜곡이 심해 종사자가 피해를 입는 경우 발생하였다. 서비스 욕구가 높은 중증 이용자의 경우 1일 3시간 월 9회의 기본 이용시간은 부족하며, 3시간으로 충분한 이용자는 서비스 구매 동기부여가 미흡하였다. 시간부족으로 이용자의 욕구가 가장 높은 가사서비스 위주로 제공되고 있었다. 가사간병지원 서비스는 서비스 내용이 가사지원으로 치중되어 간병이 필요한 대상자에게 적절한 간병서비스 지원이 미흡하였다. 가사지원과 간병을 통합하여 서비스를 제공함으로 개개인의 이용자 욕구 파악에 어려움이 있었다. 장애인·노인·산모 등 사회적 약자에 대한 개인별 지원이 아닌 가구대상으로 운용되는 사업으로 서비스 범주의 명확화가 필요하였다.

서비스유형에 대한 표준안을 제안하기 위해 기본 구성방향에 대하여 논의할 필요가 있었다. 서비스에 대한 분류기준은 가시지원, 신체활동지원, 사회활동지원, 정서지원의 4대 영역(대분류)을 기본으로 하위의 단위서비스(중분류)로 분류하였다. 중분류에는 청소, 세탁, 이동도움 등 16개 단위서비스로 나타났다. 서비스제공시 중분류 단위서비스를 기준으로 서비스제공자가 현장에서 수행해야 할 서비스 제공 기본방향을 구체적으로 서술할 필요가 있었다. 쟁점해소를 위해 서비스제공자(종사자)와 이용자간 서비스 제공시 발생하는 쟁점에 대한 명확한 기준제시로 현장의 갈등을 최소화하였다. 서비스 제공기준에 대한 쟁점은 다음과 같다. 청소시 이용자 단독 공간만 제공하고, 청소용품(빗자루, 밀대, 고무장갑, 세제 등)은 이용자가 제공하고 세탁시 가족의 빨래는 기본서비스에 포함되지 않으나 추가(유료)서비스로 제공이 가능하였다. 장보기는 서비스 제공시간 외(서비스 개시 전) 장보기 또는 물건구매 서비스는 제공하지 않고, 서비스시간 중 장보기에 활용되는 차량, 비용 등은 이용자가 제공하였다. 외출동행을 위한 필요 차량, 소요경비(공연 관람료 등)는 이용자가 제공하여야 한다.

3) 대상별 돌봄서비스 특성

장애인활동지원사업은 신체적·정신적 사유로 일상생활과 사회활동이 어려운 장애

등급 1~2급의 중증장애인에게 활동지원서비스를 제공하는 것으로 표준안을 제시하였다. 가사지원시 청소, 세탁, 취사에 대한 이용자 개인과 가족원 간의 명확한 제공범위 설정하고자 하였다. 예를 들면 청소서비스의 경우 이용자가 주로 사용하는 독립적 공간과 가족원들과 공동주거 공간을 분리하여 가족원들을 위한 서비스는 추가서비스로 분류하였다. 장애인 특성상 수요가 가장 많은 이동보조서비스 제공시 이용자와 활동보조인 간의 혼란과 갈등 예방을 위한 기준을 제시하였다. 예를 들면, 등하교 및 출퇴근 시 활동보조인 차량지원을 추가서비스로 분류하였다. 이용자 자녀의 양육보조에 대한 구체적 기준(1~6세 아동 1인 대상)을 제시하였다.

노인돌봄 서비스는 혼자 힘으로 일상생활을 영위하기 어려운 노인에게 가사 및 활동지원 서비스를 제공하는 것으로 개인위생과 관련된 신체지원 서비스 및 독거노인에 대한 정서적 지원서비스는 필요하나 우울 및 안전관리 등은 노인돌봄기본서비스와 중복되지 않도록 서비스를 배치하였다. 전문적 의료서비스에 해당되는 간병서비스는 제외하며, 요양보호사에 대한 성희롱 방지 및 본인부담금 직접 지불 사례 등 관리 필요하였다. 요양보호사가 가족 생계업무를 대행하거나 가족이 수행해야 할 가사업무를 지원할 경우 서비스제공에서 제외하였다. 여기에는 서비스 이용 시간 전·후 별도 서비스 요구(서비스 오는 길에 장보기 등), 가구원의 공간에 가사지원은 제외하였다.

가사·간병 방문도우미사업은 신체적·정신적 이유로 원활한 일상생활과 사회활동이 어려운 저소득 취약가구에 대하여 간병과 가사서비스를 제공하기 위한 사업이다. 취약계층에 대한 돌봄서비스 제공과 취약계층의 일자리 창출의 측면 고려하여 표준서비스를 설정하였다. 취약계층의 재가간병과 가사서비스 및 기타 일상생활에서 필요한 서비스를 포괄하므로 이용자 자녀는 거주지 내로 양육범위를 설정하였다.

산모·신생아도우미지원사업은 출산가정에 산모·신생아의 체계적·효율적 건강관리 지원을 기본으로 하며, 가사지원서비스에 대한 명확한 서비스 범주를 규정하고자 하였다. 산모와 신생아를 위한 돌봄서비스를 주로 제공하고 가사지원은 최소화하여 필요시 추가서비스로 제공하였다. 산모·신생아도우미지원사의 특성을 고려해 타 돌봄사업과는 다르게 일상생활지원서비스는 산모의 직접적인 수행으로 제외되었다. 가사지원시 가족원의 인원추가에 대한 추가서비스 기준을 제시하였다.

돌봄서비스 제공기준은 서비스 이용자에게 사업별 돌봄서비스의 내용과 제공범위를 공개하여 돌봄서비스 정책목적 및 정책내용의 명확화가 필요하였다. 돌봄의 서비스 내용 및 제공범위를 설정함으로써 제공인력의 업무범위를 명확히하여 제공인력의 처우를 개선하였다. 관리적 측면에서 서비스 제공기준을 표준화함으로써 돌봄 정책평가에 관한 제도적 운영기준을 마련하고 품질관리의 가이드라인을 제시하였다.

표 6-13 장애인활동지원 서비스별 세부 표준안

영역	대분류	중분류	단위 서비스	서비스 제공 기본방향 및 세부 기준
가사 지원	가사 활동 지원	청소	청소	• 효율적인 청소방법에 따라 이용자의 욕구에 맞추어 청소를 수행한다 • 이용자의 직접적인 사용 공간을 파악한다 • 공간 내 먼지 및 쓰레기를 제거한다 • 방, 거실, 욕실의 물품을 정리정돈한다 • 사용물품을 정리하고 쓰레기를 분리수거한다 • 서비스 이용자가 단독으로 사용하는 공간을 중심으로 청소하기 서비스를 제공함 • 애완동물과 관련된 부분, 대청소, 유리창 닦기, 마루왁스 칠하기, 나뭇가지 치기, 꽃이나 나무 물주기, 잡초제거, 가구 이동 등은 이용자와 협의하여 추가서비스로 제공할 수 있음 • 필요한 청소용품에 대한 부분(예: 빗자루, 밀대, 고무장갑, 세제 등)은 이용자가 제공함
		세탁	세탁	• 세탁방법은 이용자의 습관과 결정을 존중한다 • 세탁관련 지식을 습득하여 세탁물에 적합한 세탁방법으로 세탁한다 • 세탁물의 상태로부터 실금, 하혈 등 건강 이상이 있는지 확인하고 이상이 있는 경우 이용자 또는 가족에게 알려준다 • 사용물품을 정리하고 건조된 세탁물을 보관한다 • 서비스 이용자 본인에 대한 세탁 서비스로만 한정하며 이용자가 아닌 가족의 빨래는 포함되지 않음 • 이용자만이 사용하는 것이 아닌 가족들도 사용하는 세탁물일 경우, 대형 빨래(예: 커튼)나 다림질 서비스는 이용자와 협의하여 추가서비스로 제공할 수 있음 • 서비스 제공자와 이용자 간의 합의하에 손빨래 서비스를 제공할 수 있음

<table>
<tr><td rowspan="4">가사
지원</td><td rowspan="4">가사
활동
지원</td><td rowspan="4">취사</td><td rowspan="2">취사</td><td>• 위생적으로 음식을 조리한다
• 영양소 파괴를 줄이고 식욕을 높일 수 있는 조리 방법을 숙지하여 음식을 조리한다
• 이용자의 건강상태 및 치아상태를 고려하여 조리한다
• 설거지 등 청결하게 뒷정리를 수행한다
• 취사 후 남은 음식을 위생적으로 처리한다</td></tr>
<tr><td>• 식사 조리하기에 사용하는 주방용품과 재료는 이용자나 가족들의 동의를 얻은 후 진행하여야 함
• 계획에 포함되지 않은 다른 가족들의 식사준비를 요구할 경우 이용자와 협의하여 추가서비스로 제공할 수 있음</td></tr>
<tr><td rowspan="2">장보기</td><td>• 이용자의 욕구를 파악하여 이용자가 원하는 식료품을 구매한다
• 물품구입 내역과 영수증을 정리한다
• 이용자에게 물품구입 결과를 설명한다
• 구매물품을 보관하고 정리한다</td></tr>
<tr><td>• 서비스 제공시간 외에 장보기나 물건 구매에 대한 서비스는 제공되지 않음
• 제공범위를 벗어난 서비스를 요청할 경우 이용자와 협의하여 추가서비스로 제공할 수 있음</td></tr>
<tr><td rowspan="2">신체
활동
지원</td><td rowspan="2">신체
활동
지원</td><td rowspan="2">개인
위생
관리</td><td rowspan="2">목욕
도움</td><td>• 이용자 건강상태에 따라 목욕 가능 여부를 확인한다
• 목욕에 필요한 물품을 구비한다
• 대상자의 건강상태에 따라 목욕방법을 선택한다
• 이용자 안전을 고려하며 서비스를 제공한다
• 사용물품을 정리한다
• 목욕 후 편안한 자세로 쉴 수 있도록 안정적인 분위기를 조성한다</td></tr>
<tr><td>• 이용자 본인이 자신의 프라이버시를 중요하다고 하여 목욕도움을 거부할 때에는 최소한으로 제공함
• 목욕서비스 제공시 과도한 신체접촉으로 인한 성적 피해를 예방하여야 함
• 목욕서비스에 사용되는 물품은 이용자의 물품을 활용하도록 함
• 목욕물품을 사용하기 전 이용자의 양해를 구하고, 소진된 물품은 이용자가 미리 구매할 수 있도록 알려 추후 서비스에 대비할 수 있도록 함</td></tr>
</table>

<table>
<tr><td rowspan="6">신체
활동
지원</td><td rowspan="6">신체
활동
지원</td><td rowspan="2">개인
위생
관리</td><td rowspan="2">신체
청결</td><td>• 이용자의 신체청결상태를 확인한다
• 이용자에게 청결에 대한 서비스 욕구를 확인한다
• 이용자의 서비스 욕구가 반영된 서비스를 제공한다
• 신체 청결상태에 따라 얼굴, 손발, 구강, 회음부를 청결하게 유지할 수 있도록 서비스를 제공한다
• 피부가 너무 건조하지 않도록 로션이나 오일을 사용하여 관리한다</td></tr>
<tr><td>• 이용자가 원하는 욕구를 고려하고 이용자가 신체 청결 도움을 거부할 때에는 최소한의 서비스로 제공함
• 신체 청결 서비스에 사용되는 비품은 이용자 개인위생용품으로 사용하도록 함</td></tr>
<tr><td rowspan="4">신체
기능
보조</td><td rowspan="2">배설
관리</td><td>• 장애유형별 대소변 수발 방법에 근거하여 이용자의 배설능력을 파악한다
• 이용자의 대소변 처리능력을 고려하여 배설관리서비스를 제공한다
• 배설관리에 필요한 보조기구를 청결하게 유지 관리한다
• 이용자가 수치심을 느끼지 않으면서 안심하고 서비스를 받을 수 있도록 편안한 분위기를 조성한다
• 배설 후 신체청결이 유지되도록 뒷정리를 한다</td></tr>
<tr><td>• 서비스 제공자는 이용자의 장애특성 및 서비스 제공방법을 고려하고 이용자의 욕구를 반영하여 서비스를 제공함
• 이용자가 수치스러움이나 불안감, 절망감 등 정서적 불편을 느끼지 않게 최대한 편안하게 보조하도록 함
• 대소변 상태변화 및 특이점이 발생하면 가족에게 알려줌</td></tr>
<tr><td rowspan="2">옷입기
지원</td><td>• 이용자의 질환 및 잔재능력을 고려하여 그에 따라 옷 입히기를 지원한다
• 이용자가 욕구표현이 가능할 경우 미리 갈아입을 의복을 확인받고 준비한다
• 수치심을 느끼지 않도록 옷 갈아입기에 가능한 주변 환경을 조성한다
• 서비스 제공시 피부의 반점이나 상처의 변화를 주의 깊게 관찰한다
• 갈아입은 의복을 정리 정돈한다</td></tr>
<tr><td>• 땀이나 분비물 등으로 더러워진 옷을 갈아입음으로써 피부의 기능을 정상화하고 기분전환의 기회를 제공
• 이용자가 누워만 있는 경우 등 쪽, 둔부 쪽 옷이 접혀져 있어 옷의 구김이 욕창의 원인이 되지 않도록 함
• 시간이 걸리더라도 스스로 옷 입기가 가능한 이용자는 스스로 할 수 있도록 배려하며 도움을 요청할 때에만 서비스를 제공하도록 함</td></tr>
</table>

<table>
<tr>
<td rowspan="4">신체
활동
지원</td>
<td rowspan="4">신체
활동
지원</td>
<td rowspan="4">신체
기능
보조</td>
<td>몸단장
지원
하기</td>
<td>• 이용자의 질환 및 잔재능력을 파악하고 그에 따라 몸단장하기를 지원한다
• 몸단장에 필요한 도구의 상태를 확인하고 준비한다
• 이용자의 욕구에 따라 면도, 손발톱 다듬기, 머리단장, 기본화장 등 몸단장에 필요한 서비스를 제공한다
• 몸단장 후 용품 등 주변 정리를 수행한다

• 몸단장 지원 서비스 중 이용자가 자신의 프라이버시를 중요하다고 하여 몸단장 지원서비스 도움을 거부할 때는 최소한의 서비스를 제공</td>
</tr>
<tr>
<td>식사
도움
(장애
시)</td>
<td>• 이용자의 질환 및 신체 상태에 따른 식사수행능력을 파악한다
• 이용자의 식사수행능력에 따라 식사지원서비스를 제공한다
• 식사 보조기구에 대하여 이해하고 활용한다
• 식사 중 특이한 사항이나 식사량을 관찰하고 기록한다
• 이용자에게 식사를 위한 편안하고 안정적인 식사환경을 조성한다

• 이용자의 장애 유형과 신체기능에 따른 식사보조도구는 이용자가 제공하는 물품을 활용함
• 이용자의 영양섭취를 살펴보고 특이사항은 가족에게 알림</td>
</tr>
<tr>
<td>실내
이동
도움</td>
<td>• 이용자 건강상태 및 장애유형에 따라 실내이동이 불편한 사항을 확인한다
• 이용자 욕구에 따라 안전하게 실내이동을 돕는다
• 이용자가 무리가 되지 않는 범위에서 서비스를 제공한다
• 이용자의 컨디션을 살피고 이동시간을 확인한다

• 이용자의 장애유형을 고려한 휠체어 등 보조도구 활용이 필요한 경우 가족 등에게 알려 구비할 수 있도록 함</td>
</tr>
<tr>
<td>신체
기능
증진</td>
<td>• 이용자의 신체기능증진 서비스 욕구를 확인한다
• 신체기능증진을 위한 기구가 있는지를 확인한다
• 신체기능증진 기구 사용 방법에 대해 사전에 충분히 숙지한다
• 이용자의 현재 활동 수준을 파악하여 시작 수준을 정한다
• 낮은 수준에서 시작하여 활동의 강도, 기간, 빈도를 서서히 늘려간다
• 이용자에게 남아있는 잔재 기능을 관찰하며 운동하도록 한다

• 이용자가 거부할 경우 무리한 서비스 제공은 피하도록 함</td>
</tr>
</table>

신체 활동 지원	건강 지원	처치 보조	감염 예방	• 장갑, 마스크 등 감염 예방에 필요 물품을 확인한다 • 이용자에게 필요한 비품을 이용자나 가족에게 알리고 구비할 수 있도록 한다 • 이용자와 서비스 제공자의 교차감염 위험에 대비하여 관련 물품 및 신체 위생관리를 철저하게 한다
		체위 변경	체위 변경	• 제공자는 욕창에 대한 지식을 갖고 욕창을 예방하기 위해 이용자의 자세를 자주 바꿔주어 같은 부위에 계속 압력이 가해지는 것을 막도록 자세를 변경시키는 서비스를 제공한다 • 젖은 침구나 의복, 변이나 요실금, 반창고 자국, 화상 등의 상처는 욕창을 유발시키므로 이용자의 피부가 깨끗하고 건조하게 유지되도록 한다 • 전문적인 처치가 필요한 신체 이상이나 욕창 발생 시 가족에게 알리도록 한다
		복약 보조	복약 돕기	• 약복용 전에 약물의 명칭, 용량, 투약 방법 및 시간 등을 정확히 파악한다 • 약을 취급하기 전 반드시 손을 씻는다 • 약을 확실히 복용했는지 확인한다 • 약복용이 끝난 후 사용한 물품을 정돈한다
	안전 지원	응급 상황 대응	응급 상황 대응	• 응급상황 발생에 대비하여 가까운 병원 등의 연락처를 파악해 둔다 • 응급상황 발생 시 가까운 병원 등에 연락한다 • 가족원에게 해당 사항을 알리고 이후 상황에 대처할 수 있도록 한다 • 해당 서비스 제공기관에 알리도록 한다
		안전 관리	안전 관리	• 이용자 집안의 위험요소를 파악한다 • 이용자 집안의 가스누출관리 및 화재관리 등 안전사고를 방지하도록 한다 • 위험한 환경으로부터 이용자를 보호할 수 있도록 집안 환경 내 위험요소와 위험방지에 필요한 설비를 가족원 등에 알리도록 한다

사회 활동 지원	사회 활동 지원	외출 동행	외출 동행	• 이용자의 욕구를 파악한다 • 이용자와 서비스 제공자는 외출 및 일상 업무 지원계획을 함께 세운다 • 목적지에 대한 교통편, 소요시간, 안전 및 편의시설 등 사전정보를 충분히 습득한다 • 외출에 필요한 정보, 지원가능여부, 준비물, 구비자료 등을 사전에 점검한다 • 이용자의 건강상태 및 영향요인을 충분히 고려한 후 계획을 조정하면서 서비스를 제공한다 • 외출 후 이용자의 만족여부 및 건강상태를 확인한다
				• 외출 동행에 소요되는 서비스 제공자의 경비 부분(공연 관람 등)은 이용자가 제공
		일상 생활 지원	일상 생활	• 이용자의 업무대행의 목적과 이용자를 대신하여 업무진행이 가능한지 확인한다 • 업무대행 전 준비해야 할 정보나 자료 등을 준비한다 • 업무대행 진행과정 및 결과에 대해 이해하기 쉽게 전달한다 • 이용자가 업무에 만족하는지, 추가적인 업무가 있는지 확인한다
				• 일상업무지원은 이용자의 영리활동에 일환인 근로(생계)활동지원은 제외
			의사 소통 서비스	• 이용자의 언어적·비언어적 의사소통 방식을 이해하도록 한다 • 이용자의 반응에 효과적으로 반응한다 • 이용자와 긍정적인 인간관계를 형성하도록 한다 • 서비스 제공자로서 자신의 생각을 표현한다
정서 지원	정서 지원	정서 지원	정서 지원 서비스	• 이용자에 대한 옳고 그름을 판단하지 않고 이해하는 자세를 가진다 • 이용자의 특성을 충분히 이해하고 심리적·정서적 안정감을 제공한다 • 이용자의 개인적 특성, 삶의 양식 등에 대해 이해와 존중하는 태도를 갖는다 • 이용자와 제공자 상호간에 반말 조나 명령조의 언어를 사용하지 않는다
기타	기타		양육 보조	• 서비스 이용자 가정의 1~6세 미만 아동에 대한 양육보조 서비스를 제공한다
				• 이용자 자녀 1인만을 대상으로 서비스가 제공되며, 2인 이상 아동에 대한 서비스는 이용자와 협의하여 추가(유료)서비스로 제공할 수 있음

3. 품질관리 운용 방향

공공부문에서 제공하는 사회서비스는 서비스의 특성이 구별되어 돌봄영역의 품질관리와 비돌봄영역의 품질관리를 분리해서 살펴볼 필요가 있다. 돌봄서비스는 제공기관, 제공인력, 서비스기준에 대하여 평가프로세스와 정보공개를 고려하여야 한다.

돌봄서비스를 제공하는 서비스 제공기관의 신고와 등록기준이 수월하여 느슨한 진입 규제가 진행되고 있으며, 서비스 품질연계와 퇴출기제가 없어 서비스제공기관에 대한 진입과 퇴출관리가 한계가 있어 이에 대한 보완이 필요하다. 노인장기요양보험에서는 재가장기요양기관은 신고로 이루어지고 바우처 서비스사업은 등록하면 되는 현 제도에서 제공기관에 대한 지정제, 지정갱신제, 조건부 퇴출제 등으로 도입할 필요가 있다. 조건부 퇴출제는 품질기준 등 미준수사항 적발 시 일정기간 퇴출 유예하거나 보완기회를 부여하여, 기간 경과 후에도 기준을 미충족 시에는 퇴출하는 제도를 의미한다.

돌봄서비스를 제공하는 사회서비스 부문에서는 융·복합적인 서비스를 제공하는 제공인력의 자격관리체계를 구축하고, 교육과 훈련 지원체계를 내실화해야 한다. 제공인력이 수행해 온 처분이력에 대한 정보를 통합적으로 수집하고 관리하여, 돌봄사업 간 결격사유를 연계하여 추진한다. 현재 한 사업에서의 자격정지 등 처분이력이 타 사업에서의 서비스 제공에 문제가 되지 않는 구조이다. 하지만 향후 부적격한 제공인력에 대하여 통합적으로 선별하여 진입을 차단해야 할 것이다.

'돌봄인력 자격표준'을 수립하여 제공인력 자격관리에 대한 전담조직을 운영하여 사업별 자격관리체계를 통합하고 일원화해야 할 것이다. 현재 직무내용이 유사해도 사업별로 필수 교육이 다르고 자격·경력·시험 종류에 있어서 난이도 격차가 존재한다. 향후 동일 직무내용에 대해서는 제공인력에게 동일 자격으로 난이도 적용하고 인력의 질을 표준화해야 할 것이다.

사회서비스업에 종사 중인 모든 사회복지사와 요양보호사 등에 대한 보수교육을 의무화하고, 교육 지원을 강화해야 한다. 현재 사회복지법인이나 사회복지시설이 아닌 곳에서 근무하는 사회복지사나 고용보험에 미가입되어 있는 요양보호사는 의무교육이 제외되고 있지만 향후에는 교육훈련을 모두 받도록 해야 한다. 정부는 보육교사 보수교육 참여를 위한 대체교사 추가적으로 배치할 계획을 가지고 있는데, 2018년에 2,036명에서 2022년까지 4,836명으로 확대할 예정이었다.

돌봄영역의 서비스품질기준을 마련하고 서비스 표준과 매뉴얼을 제작하여 사업관리를 실질적으로 관리해야 한다. 이를 위해서는 사회복지시설 종류별 서비스 최저기준이 수립되어야 한다. 현재 장애인복지시설 이외에는 시설서비스 최저기준이 없는 상황이며 재가 서비스 기준도 같이 고려되어야 할 형편이다. 서비스기준이 마련되면 품질기준을 위반하거나 서비스 표준을 위반할 경우, 제재할 수 있는 근거가 마련될 것이다. 서비스 기준이 마련되어 이용자와 제공인력 그리고 서비스 제공기관 각각에 대해 서비스 표준을 사전에 정보제공뿐만 아니라 교육을 강화하여 향후 기준을 준수하고 있는가 평가하는 준수여부와 모니터링이 필요하다. 현재 재가서비스뿐만 아니라 시설서비스에서 이용자의 부당한 서비스 요구와 종사자의 서비스 제공을 태만하거나 누락하는 것이 발생되고 있는데, 이때 이용자나 종사자와 관계없이 동일 사업 내 서비스 행위에 대하여 공동으로 규제하여야 한다.

돌봄서비스의 품질을 관리하기 위한 품질관리전담기관은 사회서비스 제공기관에 대한 상시 품질 모니터링하여 평가요소에 반영되어야 한다. 모든 제공기관에 대하여 서비스 품질을 상시적으로 점검하는 프로세스를 두며 새롭게 진입한 신설기관과 비교적 규모가 작은 영세기관에 대하여는 제도권 내에서 보호할 수 있도록 컨설팅 지원을 병행하여 단계적으로 평가수준을 적용할 필요가 있다.

이용자에게는 제공기관의 활용가능한 정보를 공개하여 이용자가 서비스를 선택할 수 있도록 품질정보를 제공하도록 한다. 품질관련 정보를 제공할 때에는 '정보공개 범위', '정보수준', '정보공개창구'를 다양화하여 이용자가 정보를 쉽게 접근할 수 있도록 고려해야 한다. 이용자가 서비스를 신청할 때부터 인근의 제공기관이 어떠한지, 해당기관의 품질상태, 일반 포털사이트의 연계된 정보의 수준, 장애인과 노인 등 정보소외계층에게는 오프라인 정보를 병행할 필요가 있다.

비돌봄분야인 교육, 고용, 문화 분야의 품질관리는 평생교육, 직업훈련, 체육지도자를 나누어서 생각할 수 있다. 평생교육분야에서는 교육기관에 대하여 평가인증을 확대하여, 의무적으로 정보를 공시하고 평생교육사라는 자격을 두어 평생교육관리의 전문화를 기해야 한다. 평생교육사는 현장에서의 역할과 임무를 명확하게 구분하여 자격등급별로 수준을 설계하여 이수과정과 교육내용을 차별화할 수 있다. 평생교육 기관의 형태는 '학교형태 평생교육시설', '학교부설 평생교육시설', '원격 평생교육기관', '그 외

평생교육기관'으로 구분하여 운영할 수 있다.

직업훈련 분야에서는 직업훈련기관 진입관리를 강화하기 위해 평가와 정보공개를 명확하게 운영한다. 훈련기관이 부정하고 부실하게 운영되는 것을 막기 위해 사전에 부실한 기관은 진입을 막을 뿐만 아니라 명단을 공개하여 투명하게 운영되어야 한다. 직업훈련기관은 '야간수업', '주말수업', '온라인 수업' 등 다양한 형태로 수업을 개설하여 재직자에게 맞춤형으로 제공되어야 한다. 이를 위해 직업훈련기관은 '재직자 맞춤 운영평가', '유연한 학사제도', '후학습자 학습설계 지원', '직업훈련 성과', '정보공개' 등의 평가요소를 고려하여야 한다.

제공인력의 역량강화하는 측면에서 체육지도자의 자격제도를 간소화하고, 체계적 양성체계 구축한다. 자격은 교육과정 및 지도내용이 유사한 일부 자격 간 통합 추진하고 선택강의를 추가로 개설하여 연수과정을 특화하는 것도 대안이 될 수 있다. 사회서비스 분야의 전문인력을 양성하는 전담기관은 전문 체육지도자를 양성하는 과정을 운영할 수 있다. 예를 들면 장애인생활체육지도자는 현장 수요에 맞춰 '장애 이해', '휠체어 동작', '스포츠 수어' 등 공통교육과 생활체육의 종목별 맞춤형 교육 제공하도록 한다. 이와 함께 사회서비스 제공인력을 관리하는 민간 자격제도를 체계적으로 관리하는 기능이 필요하다.

제 7 장

사회서비스 전달체계

제7장 사회서비스 전달체계

우리나라 주요 사회서비스[1]의 전달방식에는 복지시설에 보조하는 보조금방식, 개인에게 보조되는 바우처방식, 노인장기요양제도는 사회보험으로 운용되고 있다. 바우처 방식으로 전달되는 노인돌봄, 산모신생아건강관리, 가사간병서비스의 돌봄서비스가 있으며, 보조금 방식으로 시설에 지원하는 아동, 노인, 장애인을 보호상담서비스가 있다. 복지관에서는 각종 사회복지프로그램을 제공하고 있다. 사회서비스를 지자체에서 직접관리하는 자활사업, 정신보건, 아동보호, 자살예방사업 등이 있다. 정신건강증진센터, 자살예방센터, 지역아동센터, 지역자활센터 사업은 중앙과 광역 그리고 기초자치단체에서 관리기관을 통하여 운영된다. 재원형성은 국고, 지방비 이외에 요양보험, 자활기금, 범죄피해자보호기금 등 사업기금 등에서도 재원을 운용하고 있다. 지역사회서비스사업인 바우처사업에는 장애인활동보조, 노인돌봄, 가사간병, 산모신생아 등의 재가서비스로서 비영리기관과 민간사업체에서 운영되고 있는 특성을 고려하여 전달되고 있다.

1) 사회서비스에 대한 명확한 개념과 범주에 대한 학술적·실천적 논의는 꾸준히 전개되고 있다. 본 연구에서는 사회서비스의 개념과 범주에 대한 구체적인 논의보다는 기존의 돌봄 및 보호서비스, 대상별 전통적인 사회복지서비스와 공공이 민간에 위탁하고 있는 각종 공공센터 등의 사업 또는 서비스를 사회서비스의 범주에 포함하여 현황과 내용을 살펴보고자 한다.

표 7-1 중앙-광역자치단체-기초자치단체간 전달체계 현황

구 분	중앙지원단	광역(시도)	기초(시군구)	예 산
정신건강증진센터		광역정신건강증신센터 (15개소)	기초 정신건강증진센터 (209개소)	
자살예방센터	중앙자살예방센터	광역자살예방센터 (6개소)	기초자살예방센터 (10개소)	
아동보호전문기관	중앙아동보호전문기관	지역아동보호전문기관 (55개소)		488억
자활사업	중앙자활센터	광역자활센터	지역자활센터	
통합건강증진사업	한국건강증진개발원	시도 시도통합건강증진 사업지원단	시군구	
정신보건사업 지원단	중앙정신보건사업지원단	광역정신보건사업지원단		
중독관리 통합지원			중독관리통합지원센터 (50개소)	
드림스타트	드림스타트지원단 (한국보육진흥원 위탁)	시도(관리 및 운영지원)	아동통합서비스 지원기관(219개)	623억 (21억)
지역아동센터	지역아동센터 중앙지원단	지역아동센터 시도지원단(17개소)	지역아동센터(거점형/일반)(4036개소)	
가정위탁지원	중앙가정위탁지원센터 (세이브더칠드런 위탁)	지역가정위탁센터 (지방이양)17개소	시군구	4.3억
아동자립지원	아동자립지원사업단 (한국보건복지인력개발원 위탁)			8억
아동발달지원계좌	중앙디딤씨앗지원사업단 (한국사회복지협의회 위탁)	지역 협의회	지역디딤씨앗지원 사업단 협력은행	112억 (3억)
노인보호전문기관	중앙노인보호전문기관	지역노인보호전문기관 (29개소)		
노인일자리	한국노인인력개발원	6개 지역본부		3,907억
발달장애인 지원사업	중앙발달장애인지원센터 (장애인개발원)	지역발달장애인지원센터		
중도시각장애인 재활훈련지원	한국시각장애인협회	6개 광역시도 협회지부		
척수장애인 재활훈련지원	한국척수장애인협회	광역재활지원센터 (7개소협회)		
장애인보조 기구지원	중앙보조기군센터	광역보조기군센터 (11개소)		

바우처 방식으로 전달되는 보육서비스, 사회보험으로 운용되는 노인요양 그리고 정신보건센터, 자살예방센터, 각 지방자치단체가 수행하는 종 보건복지사업들은 각 법률에서 개별적으로 사업관리 요건들을 규정하고 있다. 각종 사회서비스사업들을 전체적인 수준에서의 어떻게 전달체계를 체계화할 것인지 검토가 필요하다.

제1절 국고보조 전달체계

1. 사회복지관

사회복지관은 관내 지역사회 주민들을 대상으로 보호서비스, 자립역량 강화를 위한 교육훈련서비스, 재가 돌봄서비스를 제공하고 있다. 복지관에서는 가족기능을 강화하고 주민 상호간 연대감을 조성하여 각종 지역사회 문제를 해결하도록 지원하는 복지서비스 전달기구이다. 사회복지관에서의 사례관리는 복지서비스 관리에 관한 사례를 발굴하고, 사례에 적극적으로 개입하여 다른 복지서비스 간 연계시키는 업무까지 수행한다. 가족 기능을 강화하기 위해 가족관계를 증진하도록 하며, 보완하고 가정문제가 발생하였을 때 해결하도록 하거나 치료하도록 한다. 어떤 가족에 부양가족이 있어 어려운 문제가 발생할 때 지원할 수 있는 사항을 점검하고 다문화가족이나 북한이탈주민들에 대하여 지역 내에서 지원할 수 있는 각종 사업을 운영하고 있다. 복지관은 지역사회 보호 차원에서 급식서비스, 보건의료서비스, 경제적 지원, 일상생활지원, 정서서비스, 일시보호서비스, 재가복지 봉사서비스를 제공하고 있다. 복지관의 문화교육사업은 정규학교과정에서 지원하지 않았던 사회교육이나 문화체험사업을 진행한다. 여기에는 노인에게 여가생활과 문화복지서비스를 제공하고 아동에게는 교양과 사회교육을 지원하며, 성인에게도 소양기능 등을 제공하고 있다. 저소득층의 경제적 자립을 위한 자활지원사업을 수행하는데, 직업기능훈련이나 직업능력을 개발하거나 취업을 알선해 주는 사업까지 수행한다. 지역조직의 복지네트워크를 구축하고 주민의 조직을 만들어 자원개발과 관리하는 사업을 수행하기도 한다. 복지관사업은 보건복지부에서 총괄 관리하며 광역과 기초자치단체에서 복지관 사업을 관할하고 있다. 복지관에서는 이용자를 대면하여 서비스 신청과 접수하여 제공하는 역할을 담당한다.

표 7-2 복지관 추진주체별 역할

추진주체	기 능
보건복지부	사업계획 수립, 홍보, 매뉴얼 마련 등 사업총괄
도·시·군·구	사업관리·감독
복지관	서비스 신청 접수 및 제공

그림 7-1 사회복지관 추진주체

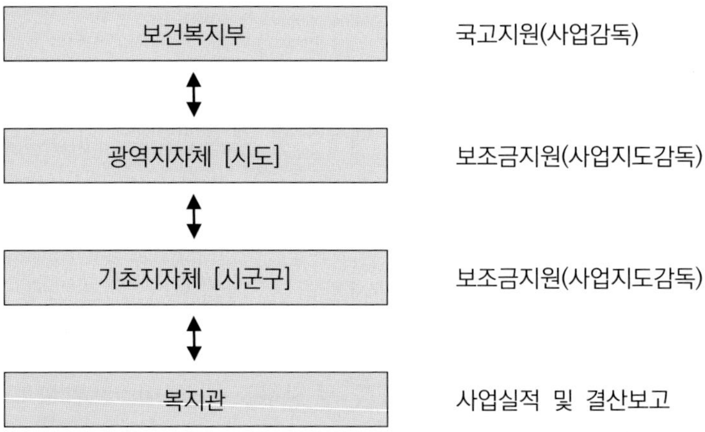

2. 아동보호전문기관

아동복지법 제45조의7에 국가와 지방자치단체가 아동보호전문기관을 설치하도록 하고 있다. 아동보호전문기관은 아동학대를 예방하고 아동이 행복할 수 있도록 사회분위기를 조성하도록 하고 있다.[2)]

아동복지법 제45조의7(아동보호기관의 설치 등) ① 국가는 아동학대예방사업을 활성화하고 지역간 연계체계를 구축하기 위하여 중앙아동보호전문기관을 둔다.
② 지방자치단체는 학대받은 아동의 발견, 보호, 치료에 대한 신속처리 및 아동학대예방을 담당하는 지역아동보호전문기관을 시·군·구에 1개소 이상 두어야 한다. 다만, 시·도지사는 관할 구역의 아동 수 및 지리적 요건을 고려하여 조례로 정하는 바에 따라 둘 이상의

2) 2017 아동분야사업안내, 보건복지부.

시·군·구를 통합하여 하나의 지역아동보호전문기관을 설치·운영할 수 있다.
③ 제2항 단서에 따라 지역아동보호전문기관을 통합하여 설치·운영하는 경우 시·도지사는 지역아동보호전문기관의 설치·운영에 필요한 비용을 관할 구역의 아동의 수 등을 고려하여 시장·군수·구청장에게 공통으로 부담하게 할 수 있다.
④ 보건복지부장관, 시·도지사 및 시장·군수·구청장은 아동학대예방사업을 목적으로 하는 비영리법인을 지정하여 제1항에 따른 중앙아동보호전문기관 및 제2항에 따른 지역아동보호전문기관의 운영을 위탁할 수 있다.
⑤ 아동보호전문기관의 설치기준과 운영, 상담원 등 직원의 자격과 배치기준, 제4항에 따른 지정의 요건 등에 필요한 사항은 대통령령령으로 정한다.

아동보호전문기관은 18세 미만의 보호를 요하는 아동으로 지원을 하고 있으며, 아동학대가 발생했다는 신고를 접수하고 현장조사를 시행하여 응급보호의 업무를 진행한다. 아동보호전문상담원들은 피해아동과 그의 가족은 물론 아동학대행위자를 대상으로 상담과 치료와 교육을 진행하고 있다. 아동보호전문기관운영은 아동학대를 예방하고 피해아동의 건강한 성장을 지원하는 것으로 중앙에 중앙아동보호전문기관(1개), 지역에 지역아동보호전문기관(60개)을 운영하며 지자체 경상보조방식으로 추진하고 있다. 종사자는 중앙아동보호전문기관에 25명, 지역아동보호전문기관에 985명이 근무하고 있다. 전체 예산은 범죄피해자보호기금의 282억원으로 국비 141억원, 지방비 133억원 그리고 법인전입금으로 구성되어 있다. 2017년 종사자인건비는 중앙은 평균 월225만원, 지역은 188만원 수준이며 호봉제는 적용되지 않는다(보건복지부, 2020). 현재 종사자 처우수준이 사회복지시설보다 낮고, 전체 지역단위의 시설 중 2개소(서울·부산)를 제외한 58개소가 민간 법인에 위탁·운영 중에 있다. 또한 종사자의 업무 특성은 학대사건 조사와 피해아동에 대한 사례관리를 수행하므로 업무 난이도가 높고, 전문 역량을 갖춘 종사자를 채용하는데 인력확보에 어려움이 존재한다.

사업방식이 지자체 경상보조로 인해 법인 자체 지원금 등 재정지원상 한계가 있다. 아동학대 사건 조사 등 공적 수행역할이 강하므로 인력의 공공성과 전문성을 강화되어야 한다. 아동학대 신고 증가(19천→29천여 건) 등에 대응하기 위한 전문인력 확보가 중요하나, 종사자들은 낮은 처우 등으로 고용 불안정하므로 지속적이고 안정적인 고용상태를 요구하고 있다(복지부 내부자료, 2017).

표 7-3 학대아동 보호를 위한 단계별 역할

구 분	추진주체	역 할
예방 및 발견 단계	보건복지부 교육부 여성가족부 지자체	• 아동학대예방 교육 및 홍보 • 유치원/어린이집 아동학대 조기발견 및 대응매뉴얼 확충 • 무단결석 아동 및 퇴학아동 관리 강화 • 신고의무자 교육확대 • 지자체 복지 및 취학 담당공무원 대상 아동학대 관련 교육 확대
신고 및 수사 단계	경찰청(112) 아동보호전문기관 검찰·법원	• 아동학대 신고접수 시 112·아동보호전문기관 연계 수사 • 응급상황은 12시간 이내, 일반 아동학대 의심사례는 72시간 내 현장조사 • 현장조사 이후 아동보호전문기관에 의해 피해아동은 응급조치 실시 • 검사를 통해 청구된 사건에 대해 법원은 학대행위자 임시조치 결정 • 경찰수사결과 송치된 사건은 검참서 조사 실시 후 법원서 판결 처분
사후 관리 단계	아동보호전문기관 기타 유관기관	• 타기관 연계(의료기관, 건강가정지원센터, 법률구조공단, 심리상담센터, 사회복지기관 등) • 심리치료 지원 및 검사, 치료실시 • 부모 및 아동 상담 및 교육 • 사례회의를 통해 사례종결 여부 결정

보건복지부에 설치된 중앙아동보호전문기관은 굿네이버스에서 위탁 수행하고 있으며 중앙아동보호전문기관은 지역아동보호전문기관과 학대피해아동쉼터에 대한 업무를 지원하며, 아동학대예방관련 연구와 교육프로그램을 개발하며 업무수행지침과 정책지원을 수행하고 있다. 지역아동보호전문기관 지방자치단체에서 59개소를 경기도는 12개 기관이 있다. 지역별로 보면, 서울에는 8개 기관, 부산과 경북 그리고 강원에는 4개 기관, 대구와 인천과 충북, 충남, 전북, 전남과 경남에는 기관이 3개씩 존재하며, 제주와 광주에는 2개 기관, 대전과 울산에 1개 기관이 설치되어 있다. 시·군·구에서 설치된 곳은 안산, 용인, 시흥, 원주 등 4개소이다(2016. 11월 현재). 지역아동보호전문기관은 피해아동과 학대행위자에 대하여 상담 및 교육서비스를 직접제공하기도 하지만 경찰서 등 관련 기관과 연계의 기능도 수행하고 있다.

그림 7-2 학대아동 보호를 위한 단계별 수행체계

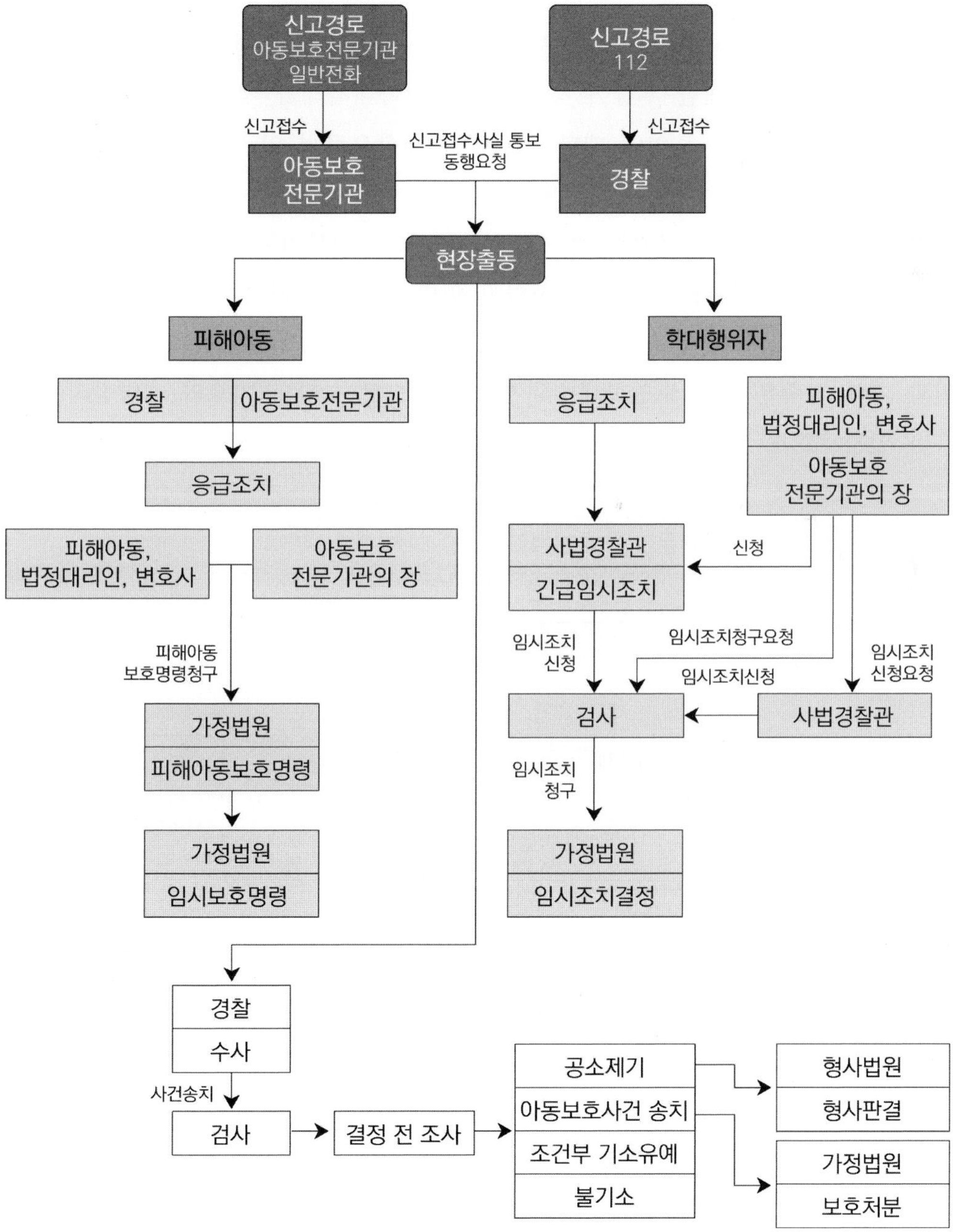

3. 노인보호전문기관

급속한 인구 노령화와 핵가족화 등 사회변화는 돌봄을 수행하는 가족간에 갈등이 증가하고 노인부양에 대한 부담이 증가하여 노인학대사례가 지속적으로 증가하고 있다. 노인보호전문기관은 노인에 대한 인식을 개선함으로써 인권을 보호하고 노인학대를 예방하며 노인의 삶의 질 향상을 도모[3]하고자 설립되었다. 노인보호전문기관은 「노인복지법」 제39조를 설립 근거로 하고 있다. 노인보호전문기관은 노인 학대 예방을 위한 인권보호와 인식개선을 역할을 수행하고 있다. 노인학대가 발생했다는 신고를 접수하고 현장조사를 시행하여 응급보호의 업무를 진행한다. 노인보호전문상담원들은 피해노인과 그의 가족은 물론 노인학대행위자를 대상으로 상담과 치료와 재발방지를 위한 교육과 일시보호도 진행하고 있다.

그림 7-3 노인보호전문기관 추진체계

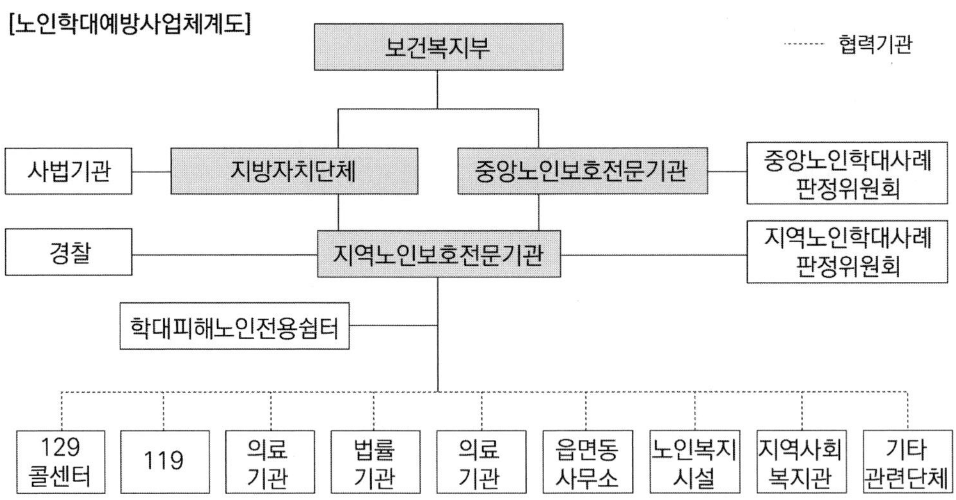

3) 2017 노인보건복지사업 안내, 보건복지부.

그림 7-4 노인학대예방사업 수행체계

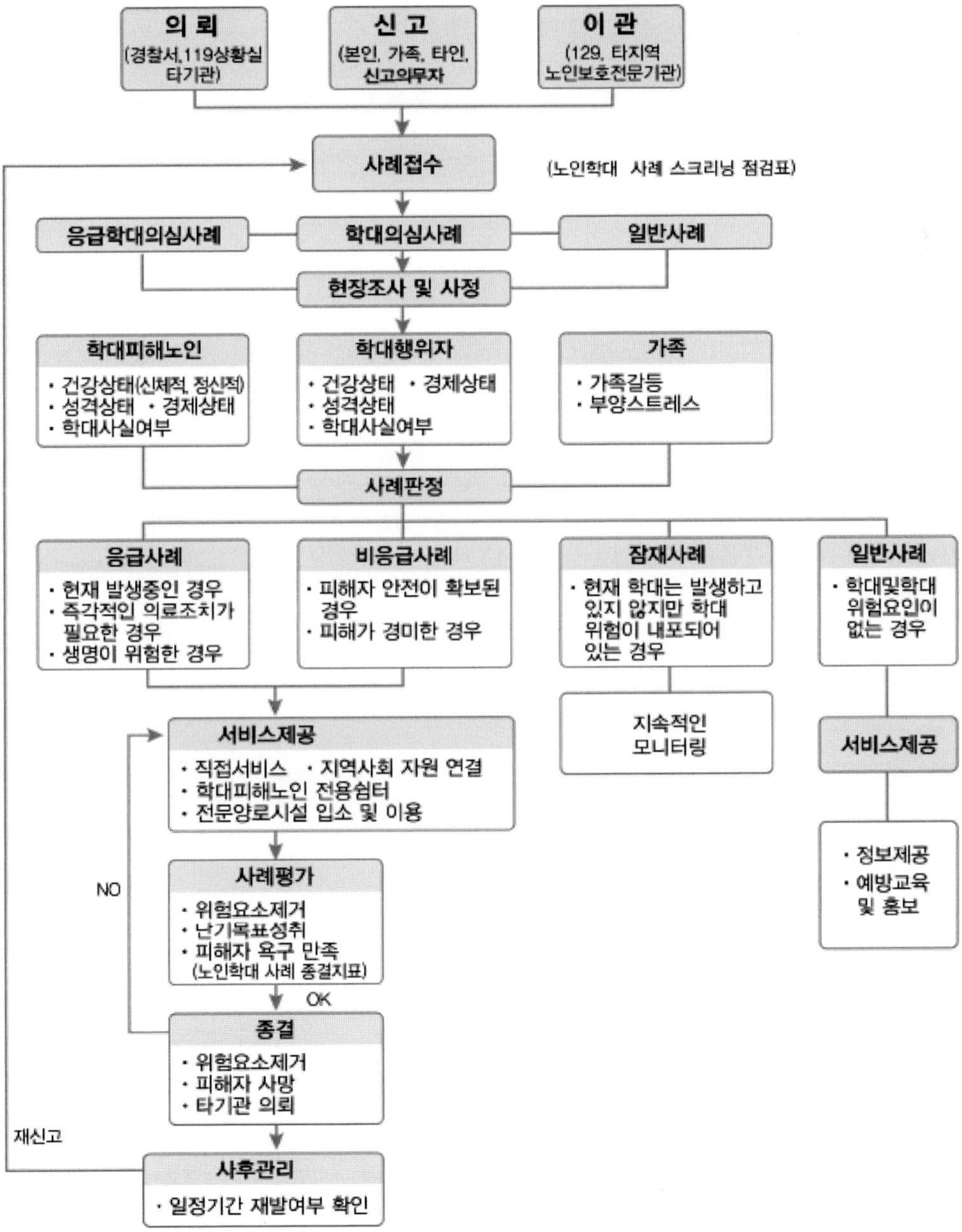

표 7-4 노인학대 예방사업 추진 주체별 역할

추진주체	역 할
보건복지부	• 노인보호업무와 관련한 법·제도적 정책 수립 • 중앙노인보호전문기관 위탁기관 지정 • 중앙 및 지역노인보호전문기관 업무지도 및 감독 • 학대피해노인 전용쉼터 업무지도 및 감독 • 관계 중앙행정기관과의 협력체계 구축 지원 등
시·도	• 지역노인보호전문기관 관리 현장점검 - 시·도지사는 관할 노인보호전문기관 운영 관련 반기별 현장점검을 실시하고 그 결과를 보건복지부로 제출 ※ 주요점검사항: 인사 및 조직관리, 회계처리, 사례관리, 사업계획 대비추진상황 등 지도 감독 및 설치 지원 - 시·도 지정 지역노인보호전문기관 및 학대피해노인 전용쉼터에 대한 업무지도 및 감독 - 지역노인보호전문기관 위탁기관 지정 및 분관설치 지원 - 기타 노인학대 예방 등 지도 ·감독
시·군·구 및 읍면동 주민자치센터	• 「위기상황에 처한 자에 대한 긴급복지지원법」이 시행(2006.3월)됨에 따라 전문적 서비스 지원이 필요한 자에 대해 지역노인보호전문기관과 연계하여 적극 지원 • 노인보호전문기관에게 학대피해노인, 피해노인의 가족 및 학대행위자에 대한 인적사항 확인을 위한 주민등록등본 발급 등 제반업무 협조와 학대행위자의 연락처 제공 • 시·군·구 및 읍·면·동 주민자치센터에서는 「노인복지법」 제39조의7 제7항에 따라 노인보호전문기관이 학대받은 노인의 보호, 치료 등의 업무를 수행하기 위해 피해노인, 그 보호자 또는 노인 학대행위자에 대한 신분조회 등을 요청하는 경우 적극 협조 ※ 지역노인보호전문기관은 학대피해노인·학대행위자·학대피해노인 가족 관련자에 대한 상담 등의 업무를 담당하는바, 학대받는 노인의 보호·치료 등 개입과 향후 발생할 수 있는 노인학대의 예방을 위해 학대피해노인 가족의 인적사항 파악은 필수적 사항임 • 격리보호가 필요하여 노인복지법시행규칙 제29조의14 제2호의 규정에 따라 보호조치를 의뢰받은 학대피해노인에 대한 시설입소, 비용지원 등 행정조치 • 빈곤으로 인한 노인학대 발생가정 및 부양가족으로부터 격리·보호가 필요한 피해 노인에 대한 기초생활보장수급자 선정 등 • 노인복지시설 등에서의 노인학대예방을 위한 지도·감독 및 행정조치 - 관할 지역내 시설학대 발생시 노인보호전문기관 조사 동행지원 - 학대피해노인 전원조치 지원 등 • 노인학대예방과 노인보호전문기관 활동에 관한 홍보와 지원 • 노인학대 발생시 사례 연계 및 지원 가능 • 노인보호전문기관 분관설치 지원
경찰관서	• 노인보호전문기관과 노인학대사례 개입을 위한 협력체계 구축 • 112에 신고된 노인학대사례를 지역노인보호전문기관에 의뢰
119 구급대	• 노인학대사례 신고의무자로서 노인보호전문기관과 노인학대사례 개입을 위한 협력 체계 구축 • 119에 신고된 노인학대사례를 지역노인보호전문기관에 의뢰
노인 및 사회복지시설	• 노인학대 의심사례 조기발견, 지역노인보호전문기관에 신고 • 시설이용자 중 학대피해노인 및 학대행위자에 대한 상담 및 개입 협조 • 노인보호전문기관으로부터의 보호가 필요한 피해노인에 대한 입소의뢰 시 신속한 보호, 우선 입소보호 등 적절한 조치 실시
법률기관	• '노인에 대한 최선의 이익 우선 원칙'에 따른 사법적 소송 진행

표 7-5 학대피해노인 전용쉼터 서비스 성과

표적집단	목 표	서비스 요소	활동내용	산 출	성 과
학대로 인해 정상적인 생활을 할 수 없어 보호가 필요한 노인	학대피해노인을 학대로부터 안전하게 보호	보호	의식주 의료지원 법적지원 생활지도	의식주 제공 의료적 서비스 제공	신체상처 치료 안전 확보
	학대피해노인 및 학대행위자의 심리 정서적 안정	심리적 안정	심리상담 및 치유 프로그램 제공 여가 및 문화 활동	심리검사 및 상담 심리 치유 및 안정을 위한 프로그램 제공 여가서비스 제공	우울증 감소 정서적 안정 회복 감정조절
	학대피해노인 및 행위자의 가족기능강화	가족 관계 회복	가족지원 가족 및 학대 행위자상담	가정방문 가족상담 학대행위자 상담	가족관계 개선 학대재발 방지
	학대피해노인의 사회화	사회성 향상	사회적응을 위한 교육 및 생활지원	사회적응 프로그램 평생교육지원 복지정보 제공	대인관계 개선 본인의 욕구 및 의견 표출 사회활동에 대한 자신감
	학대피해노인의 안정적인 생활 보장	생활 지원	귀가지원 시설입소 지원 재학대 방지 모니터링	귀가조치(원가정 복귀) 사후관리 생활시설입소	안정되고 정상적인 생활영위 사회 구성원으로서 자신감 회복

자료: 2018 노인복건복지사업안내 Ⅱ, 231쪽.

4. 정신건강증진센터

「정신보건법」 제13조(지역사회정신보건사업 등)에서는 정신건강증진센터의 설립근거를 규정하고 있다. 정신건강증진센터는 정신질환의 예방과 치료, 정신질환자의 재활과 정신건강 친화적 환경을 조성함으로써 국민의 정신건강의 증진을 도모하고자 한다. 정신건강증진센터에서 하는 주요 역할은 정신보건서비스를 필요로 하는 지역주민을 대상으로 정신건강검진사업과 상담업무, 병의원안내와 연계서비스, 사례관리, 자살예방사업, 아동 청소년 정신건강관리, 유관기관연계사업 등과 같은 서비스를 제공하고 있다. 정신건강증진센터는 기본적으로 지역사회 욕구에 맞게 예방과 치료 그리고 재활서비스

그림 7-5 정신건강증진센터 수행체계

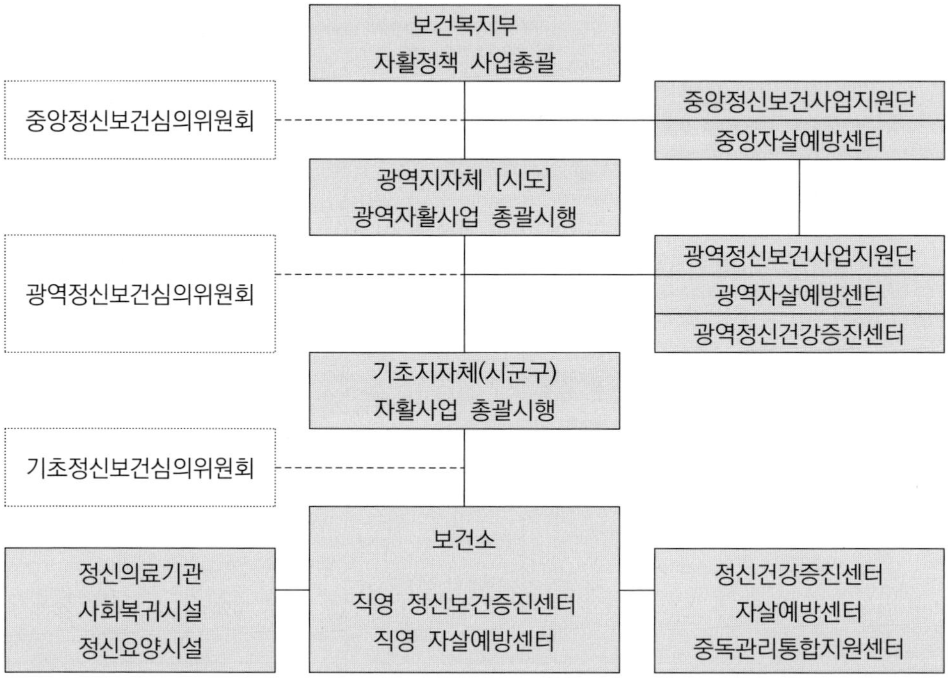

를 제공할 수 있도록 정신보건서비스 제공체계를 구축하고 지역사회의 통합적 서비스를 제공할 수 있도록 정신보건시설 간의 연계를 수행하며 공적기관으로서 지역사회정신보건사업의 기획과 조정업무를 수행한다. 이와 함께 시·도 정신보건사업지원단과 연계체계 구축한다. 지방정부에서 직영으로 하는 형태는 시·도지사는 자치단체나 국공립 정신의료기관에 지역사회 정신보건사업을 위해 광역형 정신건강증진센터를 설치하여 운영한다. 기초지자체의 시장·군수·구청장은 「지역보건법」에 따른 보건소(이하 "보건소"라 한다)에 기초 정신건강증진센터를 설치하여 운영한다.

이에 반해 위탁사업형태는 정신보건법 시행령 제3조의2에 의하여 시도지사는 광역형 정신건강증진센터를 정신보건시설, 정신보건사업을 목적으로 하는 비영리법인 또는 학교법인에 위탁하여 운영한다. 일반적으로 수탁기관당 1개소의 정신건강증진센터를 위탁하는데 불가피하게 2개소 이상을 위탁한다면 보건복지부 장관의 승인을 받아야 하며, 동일인이 2개소 이상의 센터장을 겸임할 수 없게 하였다.

5. 자활센터

국민기초생활보장법에서의 자활급여는 수급자에게 자활사업을 통해 급여의 전부 또는 일부를 지원하도록 하고 있다. 자활사업을 통해서 근로역량을 배양하고 일자리를 제공하여 스스로 자활할 수 있도록 기능을 습득하고 근로기회를 제공하고 있다. 자활사업의 지원대상은 ① 조건부 수급자, ② 자활급여 특례자, ③ 일반수급자, ④ 급여특례가구원, ⑤ 차상위자, ⑥ 시설수급자로 구성된다.

> **국민기초생활보장법 제7조 자활급여(급여의 종류)** ② 수급권자에 대한 급여는 수급자의 필요에 따라 제1항제1호부터 제7호까지의 급여의 전부 또는 일부를 실시하는 것으로 한다. <개정 2014. 12. 30.>
> ③ 차상위계층에 속하는 사람(이하 “차상위자”라 한다)에 대한 급여는 보장기관이 차상위자의 가구별 생활여건을 고려하여 예산의 범위에서 제1항 제2호부터 제4호까지, 제6호 및 제7호에 따른 급여의 전부 또는 일부를 실시할 수 있다. 이 경우 차상위자에 대한 급여의 기준 및 절차 등에 관하여 필요한 사항은 대통령령으로 정한다.

지역자활센터는 전국에 총 250개소가 존재하며, 지자체에서는 민간에게 위탁하여 운영하고 있다. 복지부에서는 센터지정과 지도감독을 하는데 시·군·구에서 자체심사 등을 통하여 신청인(법인)을 선정한 후 복지부에 지정을 신청하도록 하고 있다. 신청인은 지역사회복지사업의 경험이 있었거나 자활지원사업의 경험과 수행능력이 있는 비영리법인과 단체를 대상으로 하고 있다. 성과계약제 도입(2016. 1)에 따라 3년 주기로 성과평가하는데 3년 간 평균 60점 미달 시 지정을 취소한다. 중앙자활센터, 광역자활센터, 한국자활연수원에서는 종사자교육, 프로그램개발, 컨설팅, 평가 등 시설운영을 지원한다. 자활센터 종사자는 총 1,495명(개소당 평균 6명)이며, 자활사업수혜자는 근로능력 있는 저소득층으로 한다. 2017년도 자활센터 운영인건비 예산은 국비 36,123백만원(67.6%), 지방비 17,314백만원(32.4%)로 구성되었으며, 전체 운영비 중 인건비 비중은 84.3%(2015 결산 기준)수준이다(복지부 내부자료, 2017).

보건복지부는 자활정책에 대하여 총괄적으로 관리하며 광역단체와 기초단체에서는 자활사업을 총괄적으로 시행하고 있다. 읍면동에서는 조건부 수급자를 관리하기 위해 확인조사를 시행하고 있다. 각 자활단체는 중앙과 광역 그리고 기초자활센터로 나뉜다. 중앙은 조사와 연구 홍보와 사업개발에 역할을 담당하지만 광역과 기초는 프로그램

그림 7-6 자활사업 추진체계

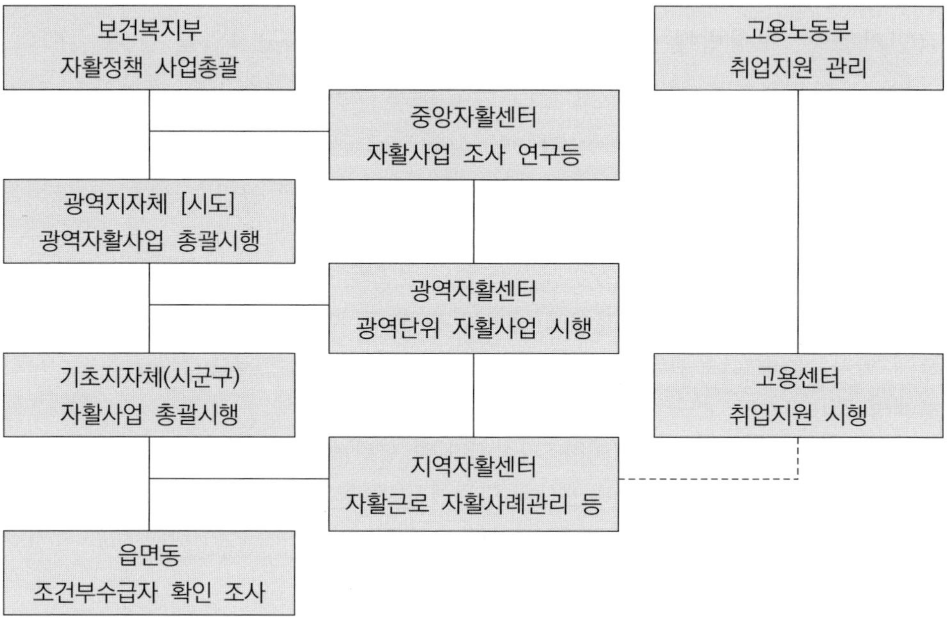

에 대한 사례관리, 취업알선과 각종 자활사업을 실시하고 있다. 고용노동부에서는 취업지원관리에 대하여 지원계획을 수립하고 지원프로그램을 개발하고 추진한다. 고용센터에서는 개인에게 취업지원계획을 관리하고 지원프로그램을 시행하며 대상자의 조건 이행여부를 확인하는 시행적인 역할을 담당한다.

6. 지역아동센터(공립형)

지역아동센터는 지방자치단체가 설치하여 운영하거나 민간에게 위탁운영하는 시설로서 건물의 소유나 권한이 지방자치단체 장에게 있다. 일반적으로 ○○지역아동센터이거나 지역아동센터○○로 표기하고 있다. 지역아동센터의 기능 및 역할은 기초자치단체와 시도지원단과 협력하여 지역사회의 연계모델을 창출하며, 지역특성에 맞는 프로그램을 개발하거나 지역센터에서 종사하는 사람들에게 교육과 연수를 지원한다. 지역아동센터를 이용하는 아동과 종사자의 규모를 적정수준을 추정하여 운영모델을 제시하기도 한다.

지역아동센터의 이용 아동은 2016년 12월 기준 106,668명이며, 센터는 4,113개소이었다. 2017년 3월 기준 공립형 지역아동센터는 26개 지자체에서, 45개소 운영 중에 있다. 지자체보조율은 서울 30%, 지방 50%로 민간에게 보조하고 있다. 예산규모는 2017년 1,634억원이며, 센터당 지원단가는 월 473만원을 지원하고 있다. 종사자 규모는 2016년 9,379명으로 개소당 평균 2.3명이 근무하고 있다.

지역아동센터 중 약 70%가 개인 시설이며 인건비를 포함한 기본운영비를 전액 지원(국비+지방비)하고 있다. 현재 지역아동센터 인건비는 운영비에 포함되어 있다. 여기에서 지역아동센터 종사자 처우개선을 위해 사회복지시설 종사자 인건비 가이드라인 수준으로 기본운영비 인상이 필요한데, 가이드라인은 지방이양 사회복지시설 종사자 인건비(기본급) 적용을 위해 지자체 통보한 가이드라인이다.

지역아동센터는 지역별 균형있는 공립형 시설을 설치하도록 하여 돌봄사업 간의 연계와 민간지역아동센터의 공급간 적정하게 조율하도록 하였다. 지역아동센터를 운영하기 위해 지자체에서 시설을 무상으로 임대하여 주고 시설의 부지를 선정해주고 민간시설 간에 자발적으로 통폐합할 수 있도록 지원해 주고 이용아동이 확대에 따른 지원운영을 하고 있다. 지역 내 방과후 돌봄수요 등을 고려하여 지역적 특성에 따른 시설수급계획을 세무며 선정위원회에서 이러한 사항을 감안하여 심의를 거쳐 기존시설과 동일한 기준에 따라 설치하고 있다.

그림 7-7 지역아동센터(공립형) 추진주체

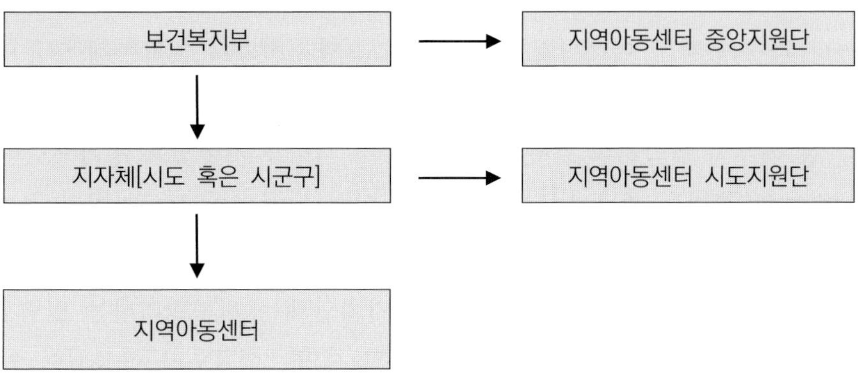

보건복지부의 민간후원 자원연계로 신축, 리모델링 등 지원받을 수 있다. 지역아동센터 설치신고 후에는 운영 시점부터 운영비를 지원하며 운영비는 지방자치단체 자체 예산으로 지원기준의 50% 범위 추가 지원이 가능하지만, 종사자 기준은 1명을 추가 배치하여야 하며, 시·군·구와 시·도지원단과 협력하여 연계하고 있다.

시·군·구는 직영으로 운영하거나 법인에게 위탁할 수 있다 만약 위탁운영시에는 지역아동센터 운영경험과 전문지식이 탁월한 법인에게 위임한다. 만약 개인은 5년 이상 지역아동센터를 운영한 경험이 있어야 한다. 선정위원회에서 법인과 개인을 선정하고 기간은 3년 이상으로 하되 「사회복지사업법 시행규칙」 제21조의2를 참조하여 5년 이내로 권고한다.

제2절 사회보험 전달체계

1. 노인장기요양서비스

2012년 노인장기요양보험 기본계획은 종사자 처우개선, 서비스 품질관리, 요양기관 관리체계 개선을 위해 보건복지부에서 발표되었다. 장기요양서비스의 문제점은 서비스를 민영화하여 기관 간에 경쟁관계, 허가제가 아닌 신고제로 인한 난립된 요양기관들은 서비스 품질은 낮아지고 종사자의 처우는 열악한 고용환경으로 연결되었다. 당시 서비스를 이용하는 이용자나 서비스를 제공하는 제공자 간에는 담합으로 인한 본인부담 면제, 대납, 불법수급자 유치 등의 사회적 문제를 가지고 있었다. 또한 시설장과 종사자, 종사자와 이용자간 이해관계를 달리하여 요양서비스가 원활하게 이루어지지 않고 있었다. 서비스 종사자인 요양보호사를 구하지 못하는 구인난이 있었으며, 요양보호사는 보수 등 처우가 열악하여 소규모 기관일수록 서비스질이 낮게 평가되었다. 서비스 제공기관에 대한 관리는 지방자치단체가 맡고 있으나 서비스 등급판정과 급여는 국민건강보험공단에서 수행하고 있어 분절적인 관리방식으로 수행되고 있었다. 제공기관에 대한 관리감독이 지방자치단체에 있으나 지방자치단체는 전문관리하는 인력도 서비스 관리를 수행하는 전문성도 미미한 상황에서 장기요양보험제도가 형성되어 있었다. 이에 새로운 전달체계로 인하여 제도의 미흡함을 보완해야 할 필요성이 제기되었다. 노인장기요양법에 근거를 두어 수행하는 노인장기요양보험제도는 고령이나 노인성 질병을 앓고 있는 사람에게 일상생활의 지원이나 신체활동과 가사서비스를 제공하여 안정된 노후생활과 그 가족의 부담을 덜어주기 위한 제도이다.[4] 장기요양서비스를 받을 수 있는 사람은 65세 이상의 노인이거나 치매등 노인성 질병을 가진 사람으로 복지용구, 가족요양비를 수급할 수 있거나 노인요양시설에서 시설급여를 받을 수 있거나 재가노인복지시설의 재가급여를 받을 수 있다.

> **노인복지법 제27조의2(홀로 사는 노인에 대한 지원)** ① 국가 또는 지방자치단체는 홀로 사는 노인에 대하여 방문요양서비스 등의 서비스와 안전 확인 등의 보호조치를 취하여야 한다.
> ② 제1항의 서비스 및 보호조치의 구체적인 내용 등에 관하여는 보건복지부장관이 정한다.

> **사회복지사업법 제33조의7(서비스 제공의 방법)** ① 보호대상자에 대한 서비스 제공은 현물로 제공하는 것을 원칙으로 한다.
> ② 시장·군수·구청장은 국가 또는 지방자치단체 외의 자로 하여금 제1항의 서비스 제공을 실시하게 하는 경우에는 보호대상자에게 사회복지서비스 이용권을 지급하여 국가 또는 지방자치단체 외의 자로부터 그 이용권으로 서비스 제공을 받게 할 수 있다.

보건복지부의 집계에 따르면, 2016년 12월 기준으로 공립 노인장기요양 서비스 제공기관은 총 19,398개소(요양시설 5,187개소, 재가시설 14,211개소)로 집계되고 있으며, 종사자 수는 403,874명(1개소당 평균 21명)으로 나타나고 있다. 또한, 기초지자체가 설치한 시설은 총 213개(입소시설 105개, 재가시설 108개)로 종사자는 총 6,596명(입소시설 4,491명, 재가시설 2,105명)으로 집계되고 있다(보건복지부, 2020). 지자체에서 설치된 시설 대부분이 민간에게(법인 포함) 위탁하여 운영하고 있으므로 공공인력은 아니고 민간종사자로 활동하고 있다. 종사자의 평균 인건비는 노인요양시설에서 140~160만원으로 형성되어 평균 150만원 수준인 것으로 나타났으며 호봉제는 적용받지 않고 있다(2017, 복지부내부자료).

노인장기요양보험법 제54조에 의해 건보공단에서 3년마다 서비스 제공기관에 대한 평가를 진행하고 있으며, 건보공단 지사별 장기요양운영센터를 설치하여 기관 대표자 교육을 통한 서비스 질을 관리하고 있다. 설립 주체별 장기요양기관 평가는 지자체 91.0점, 법인 85.2점, 개인 78.0점으로 지자체에서 운영하는 기관이 높은 평가를 받고 있

4) 2017 노인보건복지사업 안내, 보건복지부.

그림 7-8 노인 장기요양서비스 추진 체계도

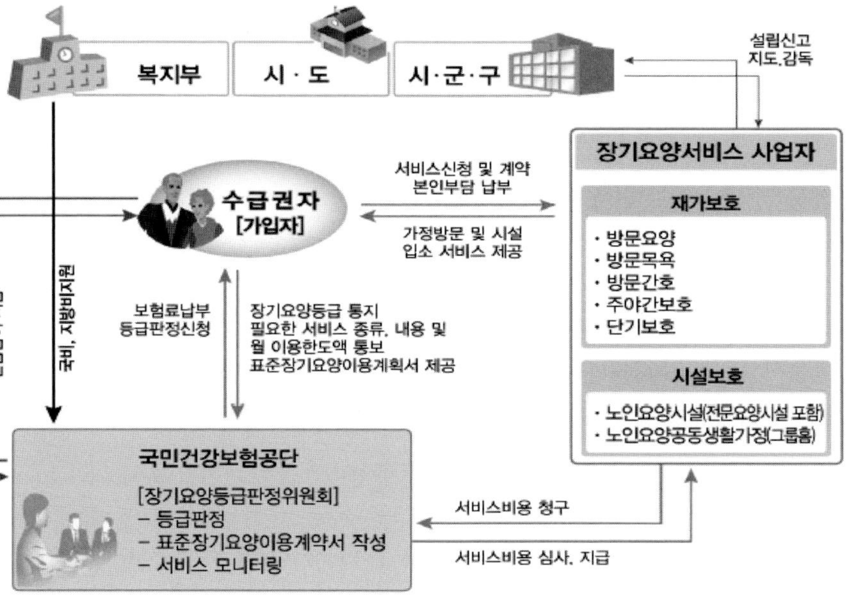

다(2016년 재가급여평가).

노인장기요양서비스는 국민건강보험공단에서 서비스 신청자를 대상으로 장기요양 인정에 대한 방문조사가 이루어지며, 등급판정위원회에서 요양인정과 등급판정을 실시한다. 국민건강보험공단에서는 인정자를 대상으로 표준장기요양이용계획서를 송부하고 장기요양기관에서 서비스를 이용하면 공단에서 급여를 제공하고 있다.

제3절 바우처 전달체계

1. 국내바우처 운영현황 분석

바우처 전달방식은 보건복지부, 문화관광부, 국토해양수산부, 국가보훈처 등 6개 부처에서 17개 사업에 운용하고 있으며, 부처별·사업별로 별도 바우처관리시스템을 구축하여 운영하고 있다. 바우처관리시스템은 이용자선정과 서비스제공확인, 비용지급과 정산 등의 관리 유형에 따라 운영방식이 서로 상이할 수 있으며 금융권의 시스템과도 연계가 중요하다. 향후 신규 서비스가 개발되어 바우처시스템을 구축하여 운영한다면 통합관리시스템을 활용하여 사업간 중복요소를 제고하고 서비스 제공간 효율성과 효과성을 향상시킬 수 있을 것이다. 다음에는 바우처 시스템을 가장 많이 활용하는 보건복지부의 사업과 보건복지부 외 타부처의 운영방식을 살펴보도록 하겠다.

1) 복지부 돌봄분야 사회서비스 바우처

(1) 보육 서비스

보육서비스는「영유아보육법」제4조에 의거하여, 유아의 심신을 보호하고 건전하게 교육하여 건강한 사회구성원으로 육성함과 아울러 보호자의 경제적 사회적 활동이 원활하게 이루어지도록 함으로써 영유아 및 가정의 복지 증진에 이바지하기 위함을 목적으로 하고 있다. 우리나라의 보육은 1970년대 100만 명이던 축생아 수가 2002년 40만 명대, 2017년 30만 명대로 떨어지고 있어 감소세가 매우 심각한 상태이다. 19년 현재 출산율도 0.92로 나타나고 있다.

영유아 수가 줄어듬에 따라 보육교직원의 수도 19년에 331,444명에서 18년에 2,000명 감소한 것으로 나타나고 담임교사 이외에 보조교사, 누리과정 보조교사, 대체교사, 방과후교사, 시간연장보육교사, 시간제담당교사 등 다양한 보육교사가 보육현장에 진입하고 있다. 보육서비스의 경우 연간 10조원(보육료 지원 6조원, 누리과정 4조원)이 넘는 투자에도 불구하고 보육시설 유형별로 보육에 대한 부모의 추가 자부담이 존재한다.

영유아보육법 제4조(책임) ① 모든 국민은 영유를 건전하게 보육할 책임을 진다.
② 국가와 지방자치단체는 보호자와 더불어 영유아를 건전하게 보육할 책임을 진다.
③ 시장·군수·구청장은 영유아의 보육을 위한 적절한 보육시설을 확보하여야 한다..

정부에서는 만 5세 이하 취학 전 아동을 대상으로, 어린이집 등 보육시설을 통한 보육료 지원서비스를 제공하고 있다. 보건복지부의 집계에 따르면, 전국의 어린이집은 2019년 기준 37371개소이며 교직원수는 331,444명이었다(사회보장정보원 홈페이지). 2016년 12월 기준 국공립어린이집은 2,859개 소이며, 원장, 보육교사, 조리원, 영양사, 사무원 등 포함하여 종사자는 32,937명으로 집계되고 있다. 국공립어린이집 보육사업은 시·군·구별로 국공립어린이집을 설치한 후에 직영하거나 민간에게 위탁운영하고 있다. 국공립어린이집 중 직영은 2.8%이며, 개인 위탁 55.7% 등 민간에 위탁하여 운영하는 시설이 대다수이며 사회복지법인 14.4%, 종교법인·단체 13.4%, 학교법인·단체 4.5%, 기타 9.2%의 구성비를 차지한다. 비용은 부모보육료와 보육교직원에 대한 인건비 보조금을 지원받고 있다.

국공립 보육교사의 인건비 수준은 민간·가정에 비해 높은 편이나, 유사기관에 비해 낮은 수준으로 사립유치원 교사 월 평균 인건비는 216.4만원에 비해 국공립 210.4만원, 민간 163.4만원, 가정 150.5만원(2015 전국보육실태조사)수준이다(2013~14 유아교육 연차보고서). 서비스 만족도는 5점 만점에 국공립 4.31, 민간 4.05, 가정 3.96으로 민간·가정에 비해 어린이집 이용자 만족도가 높은 수준이다(2016 어린이집 이용자 만족도 조사).

그림 7-9 보육 서비스 추진 체계

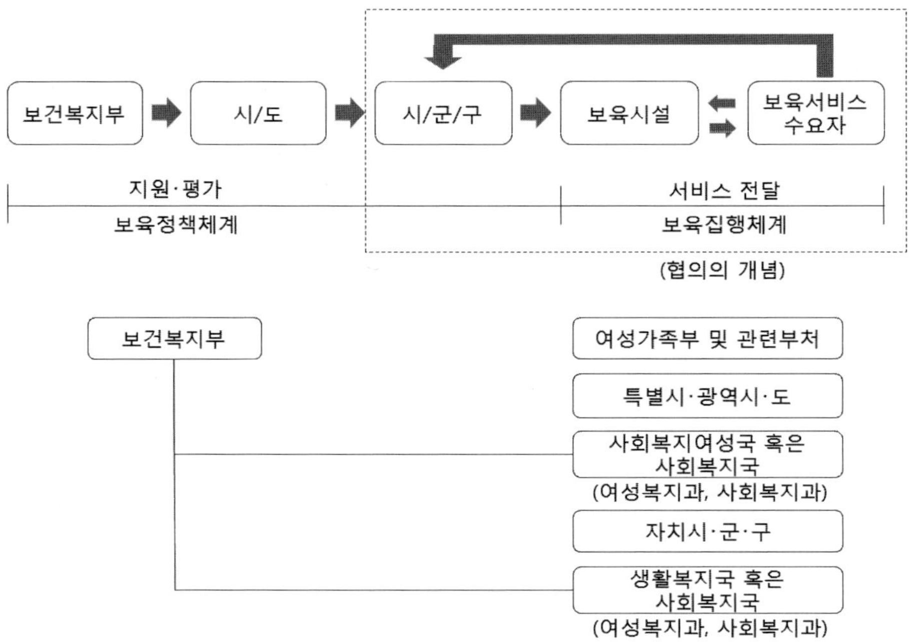

(2) 장애인 활동보조서비스

장애인활동보조서비스는 만 6세 이상부터 65세 미만의 장애인복지법상 등록된 장애인이며, 서비스 내용은 활동보조, 방문목욕, 방문간호가 있다. 활동보조는 활동보조인이 가정을 방문하여 신체활동, 가사활동, 이동보조서비스를 지원한다. 방문목욕은 요양보호사가 목욕설비를 갖춘 장비를 이용하여 수급자의 가정 등을 방문하여 목욕서비스를 제공한다. 방문간호는 방문간호사 등이 의사, 한의사, 치과의사의 방문간호지시서에 따라 가정에 방문하여 간호, 진료의 보조, 요양에 관한 상담과 구강위생 등을 제공한다. 장애인활동보조서비스는 활동보조(PAS: Personal Assistance Service)를 통해 이용자의 자립생활과 사회 참여를 증진시키고자 하는 목적를 가지고 있다. 활동보조서비스(PAS)는 일상생활과 사회활동이 어려운 장애인들에게 일상생활기술(ADLs: Activities of Daily Livings)과 도구적 일상생활기술(IADLs: Instrumental Activities of Daily Livings)을 제공한다. 일상생활기술은 목욕하기, 옷 입기, 침대나 의자에서 이동하기, 화장실 가기, 식사하기가 있으며, 도구적 일상생활기술은 약 먹기와 식품 구입하기, 식사준비, 집안 일 등이 있다.

장애인활동보조서비스를 받기 위한 신청자격은 장애인 중 소득수준과는 무관하게 연령과 장애 기준에 해당되면 누구든지 서비스를 신청할 수 있다. 활동지원인력으로 활동할 수 없는 사람은 활동지원 수급자이거나 활동지원기관에서 소속되지 않은 사람이거나 노인장기요양보험법상 종사자이거나 활동지원기관의 활동지원인력이 아닌 사람은 서비스를 제공할 수 없다. 또한 활동지원인력이지만 친족간에는 서비스를 제공할 수 없다.

표 7-6 장애인활동보조서비스의 내용

구 분	내 용
신변처리 지원	목욕, 대소변, 옷갈아입히기, 세면, 식사보조 등
가사지원	쇼핑, 청소, 식사 준비, 양육 보조 등
일상생활 지원	금전관리, 시간관리, 일정관리 등
커뮤니케이션 보조	낭독보조, 대필 보조 등
이동 보조	안내도우미, 대리운전 지원, 등·하교 지원, 직장 출·퇴근 지원, 야외·문화 활동 지원

활동지원급여는 15개 구간과 특례구간을 두어 1구간은 465점 이상으로 6,480,000원을 급여로 제공되나 15구간은 42점에서 75점 이하로 월 810,000원을 급여로 제공받고 있다. 특례구간은 기존수급자였으나 42점 미만인 사람으로 635,000원의 급여를 받을 수 있다. 수급자격은 2년마다 주기적으로 갱신된다.

(3) 장애아동가족지원사업

장애아동가족지원사업은 발달재활서비스와 언어발달지원사업이 있다. 발달재활서비스는 장애아동의 인지, 의사소통, 적응행도, 감각과 운동등의 기능향상과 행동발달을 목적으로 한다. 언어발달지원사업은 장애부모의 자녀에게 필요한 언어발달지원서비스를 제공하는 것이다. 발달재활서비스 대상자는 만 18세 미만의 장애아동으로 뇌병변 장애, 지적 장애, 자폐성 장애, 청각 장애, 언어 장애, 시각 장애 등을 가진 아동이 모두 포함된다. 소득기준은 기준중위소득 180% 이하에 해당되어야 한다. 장애아동, 부모 또는 적정한 대리인 그리고 복지담당공무원이 직권으로 주민등록상 주소지의 동 주민센터에 신청하면 지자체에서는 소득조사를 거쳐 서비스 대상자 여부와 서비스 등급을 결정된다. 장애아동 재활치료사업은 언어·청능치료, 미술·음악치료, 행동·놀이·심리운동 치료 등의 서비스를 제공한다. 구체적인 서비스 내용은 장애아동과 부모의 수요에 따라 제공기관이 자율적으로 결정할 수 있다. 서비스 단가는 '기초생활수급자'는 본인부담금이 면제이며 월22만원을 지원 받으며, '차상위 계층'은 2만원의 본인부담과 20만원의 바우처지원금을 받는다. '기준중위소득 초과에서 180% 이하'까지 제공받는데 4~8만원의 본인부담금과 18~14만원까지 바우처지원금을 보조받는다.

언어발달지원사업은 만 12세 미만의 비장애아동으로 한쪽 부모나 조손가정의 조부모가 시각, 청각, 언어, 지적, 자폐성, 뇌병변 등록장애인이어야 한다. 소득기준은 기준중위소득의 120% 이하이어야 한다. 서비스는 언어발달진단서비스, 언어발달, 청능발달 등의 언어재활서비스이거나 독서지도, 수어지도, 부모 상담을 포함하여 제공받고 있다. 본인부담금은 면제에서 6만원까지 부담하며 바우처 지원액은 16만원에서 22만원까지 지원받고 있다. 서비스단가는 주2회로 회당 27,500원을 기준으로 하고 있다. 서비스제공인력은 언어재활사, 독서지도사, 수화통역사, 교사자격증이 있어야 한다.

(4) 발달장애인지원사업

발달장애인지원사업에는 발달장애인부모상담지원사업, 발달장애인주간활동서비스, 청소년발달장애학생방과후활동서비스가 있다. 발달장애인부모상담지원사업은 발달장애인부모에게 우울감 등 부정적 심리상태를 완화하여 가족기능을 향상시키는 것을 목적으로 한다. 개별상담은 월 4회 회당 50분을 지원한다. 1인당 월 20만원 이하로 바우처지원액은 16만원이며 정부지원을 초과하는 금액은 본인이 부담하는 것으로 한다.

발달장애인주간활동서비스는 발달장애인에게 낮시간에 지역사회에 기반활동을 참여함으로써 자립생활을 지원하고 사회참여를 증진시키는 것을 목적으로 한다. 대상자는 18세 이상 65세 미만의 지적장애인이나 자폐성장애인을 대상으로 한다. 수급자격은 3년마다 갱신한다. 이용자는 지역내 주간활동 제공기관에 등록하여 소그룹을 구성하고 주간활동을 이용한다. 서비스 기준단가는 12,960원이며 본인부담금은 없다.

청소년발달장애학생방과후활동서비스는 발달장애학생에게 방과후활동서비스를 제공하여 의미있는 여가활동을 보내고 성인기자립준비를 지원하는 것을 목적으로 한다. 대상자는 12세 이상 18세 미만으로 중고등학교에 재학중인 학생이다. 서비스 기준단가는 12,960원이며 본인부담금은 없다.

(5) 산모신생아건강관리지원사업

산모신생아건강관리지원사업은 출산가정에 산모신생아관리사를 통하여 가정방문을 지원하여 산모와 신생아의 건강을 관리하고 출산가정의 경제적 부담을 완화시키는데 목적이 있다. 산모신생아도우미지원사업은 저출산 시대의 정책으로서 임신과 출산비용을 국가가 일부 부담하고 있다.

산모신생아건강관리지원사업의 서비스 대상은 출산가정의 소득과 재산 등을 고려하여 선정한다. 산모 또는 배우자가 생계, 의료, 주거, 교육급여 수급자이거나 차사위계층에 해당되거나 가구소득이 전국기준중위소득 100% 이하로 2020년 기준 4인가구 직장가입자는 160,546원을 건강보험료로 지불하는 사람이며, 시도별로 소득기준을 별도로 정하여 지원하고 있다.

대상자 선정절차는 선, 산모 본인이나 가족 또는 관계인이 시·군·구 보건소에 출산예정일 40일 전부터 출산 후 30일까지 서비스를 신청한다. 이후 보건소 담당자는 신청인의 가구원수와 소득, 재산, 출산(예정) 여부 등을 확인하여 서비스 제공 여부를 확인하고 대상자에게 결과를 전송하여 통지한다.

표 7-7 서비스대상 선정절차

구 분	주 체	내 용
신청 및 접수 (보건소)	본인·가구원, 담당공무원	• 신청서 • 제출서류(소득확인 서류 등) ※ 민원인이 읍·면·동에 접수 시 관련 서류를 보건소로 송부
⇩		
상담·조사 (보건소)	보건소 담당자	• 가구원 수 확인 • 소득, 재산(자동차)
⇩		
대상자 선정 (보건소)	보건소 담당자	• 정보원에 선정 결과 전송
⇩		
통 지 (보건소)	보건소 담당자	• 신청자에게 선정결과 통지

* 행복e음을 통해 신청자료 전송 후 정상처리 확인이 완료되어야 통지 및 본인부담금 입금이 가능.

산모신생아도우미지원사업은 산모의 식사준비, 건강관리를 위한 유방관리, 산후체조가 있고 신생아의 목욕, 수유지원이 있고, 산모·신생아 관련 세탁물 관리, 산모·신생아 방청소산후조리와 관련한 산모의 요청사항과 산모에 대한 정신적 안정과 정서적 지지와 같은 서비스를 제공한다.

(6) 임신·출산진료비지원사업

임신출산진료비지원사업은 임신과 출산에 따른 산모의 본인부담 금액을 경감하여 출산의욕을 고취하고자 임신과 출산과 관련된 진료비를 국민행복카드를 통해 일부 지원하는 제도이다. 임산부가 출산할 때까지 검사와 분만 등에 지출하는 평균 진료비는 185만원으로, 이 중 약 50~70% 정도를 산모가 직접 부담하고 있다. 임신출산진료비지원사업을 통해 과거 산모가 전액 부담하던 비급여 검사비용의 50%가 넘는 60만원을 지원받을 수 있도록 하고 있다. 다태아임산부의 경우는 100만원을 지원받으며 카드수령 후 분만예정일 이후 1년까지 사용할 수 있다.

임신출산진료비지원사업은 전국민을 대상으로 실시된다. 임신이 확인된 모든 산모는 임신·출산 진료비 지원전용카드를 이용하여 의료기관에서 초음파검사, 양수 검사 등의 비용을 총 60만원 한도 내에서 지원한다. 임신확인서로 임신이 확인된 건강보험 가입자 또는 피부양자 중 임신·출산 진료비 지원 신청자는 국민행복카드를 수령한다. 의료급여법에 따라 의료급여를 받는 임신부, 독립유공자예우에 관한 법률, 국가유공자 등 예우 및 지원에 관한 법률에 의하여 의료보호를 받는 임신부, 유공자 등 의료보호대상자로서 건강보험의 적용배제 신청을 한 임신부, 주민등록말소자, 급여정지자 등의 경우에는 서비스 대상에서 제외된다.

(7) 가사간병방문지원사업

가사간병방문서비스는 '사회서비스 이용 및 이용권관리에 관한 법률'과 '사회복지사업법 제33조의7'을 법적근거로 하고 있다. 이 사업은 일상생활과 사회활동이 어려운 저소득층을 위하여 가사와 간병서비스를 지원함으로써 취약계층의 안정적인 생활을 목적으로 하고 있다. 가사간병서비스를 받을 수 있는 대상자는 65세 미만의 생계, 의료, 주거, 교육급여 수급자와 차상위계층 중 중증장애인, 소년소녀가정, 조손가정, 한부모가정, 6개월 이상 중증질환자, 희귀난치성질환자, 의료급여수급자중 장기입원사례관리 퇴원자, 기타 기초자치단체장이 인정한 재가 간병이 필요한 사람으로, 타인의 도움 없이 일상생활을 영위할 수 없어 가사간병서비스 제공이 필요한 사람들은 포함한다.

가사간병지원서비스의 내용은 목욕, 대소변, 옷 갈아입히기, 세면, 식사보조 등 신체수발 지원과 체위변경과 간단한 재활운동을 보조하는 간병지원과 쇼핑, 청소, 식사준비, 양육 보조 등의 가사지원과 외출, 동행, 말벗, 생활상담 등 일상생활 지원이 있다. 월 24시간에서 27시간 동안 서비스를 제공하고 있다.

표 7-8 가사간병방문서비스의 지원내용

구 분	내 용
신체수발 지원	목욕, 대소변, 옷 갈아입히기, 식사보조 등
가사 지원	쇼핑, 청소, 식사 준비, 양육 보조 등
일상생활 지원	사회활동지원(외출보조), 정서적 지원(대화, 생활상담 등)
간병 지원	체위변경, 간단한 재활운동 보조

2) 보건복지부의 지역사회서비스투자사업

(1) 지역사회서비스투자사업에 대한 의의

지역사회서비스투자사업은 수행방법 측면에서는 지방정부가 지역 특성과 수요에 부합하는 사회서비스를 발굴하고 선택하면 중앙이 이를 선정하고 재원을 지원한다. 전달수단 측면에서는 서비스 수요자에게 바우처로 지원하면, 이용자가 제공기관을 선택하여 서비스를 이용하는 제도이다. 이 사업은 지역주민이 체감하고 만족하는 사회서비스 제공하며, 계층 통합과 서비스의 다양화를 추구하며, 지역의 보편적 사회기반 확충하여 사회서비스 시장의 자생적 발전기반을 마련하는데 있다.

초기인 2007년네는 지역사회서비스투자사업(CSI)은 표준형사업과 자체개발형사업으로 구분하여 운영하였다. 표준형 사업은 서비스 수요가 비교적 고르게 분포되어 있거나 미래에 대한 선제적 투자 등 전국단위 공급 필요성이 높은 분야로, 보건복지부가 직접 사업을 발굴·제시하고 지자체가 선택하는 사업이다. 전국에 걸쳐 시행되고 있는 CSI표준형 사업은 아동비만관리서비스, 아동인지능력향상서비스 이고 해당 거주지의 읍·면·동 사무소에서 신청할 수 있다. 자체개발형 사업은 지역특성과 주민수요 등을 감안하여 지자체가 주도적으로 발굴하고 기획하는 사업이다. 현재 각 지자체별로 시행하고 있는 CSI 자체개발형 사업은 어린이 놀이터 소독 서비스, 취약계층과 지역대상으로 육아용품 대여 서비스, 일하는 여성을 위한 내니(Nanny) 서비스, 저소득 청소년 영어체험 캠프 운영, 회복기 아동 데이케어(Day Care) 서비스, 성년 장애가구 경제활동 지원서비스, 노후생활설계 및 관리 서비스, 중소기업 근로자 신체스트레스 관리 서비스, 결혼 이민자와 외국인 노동자 가정을 위한 사회통합 프로그램, 중소기업 근로자 및 근로자가족 심리상담지원 서비스 등이고 지역특성, 지역주민의 욕구를 반영한 차별적인 서비스를 제공하였다.

2007년도에는 사회서비스 사업의 다양성이 나타나나 지역마다 제한적인 서비스를 수행하기도 하고 지자체 간에 지역격차가 나타나고 있다. 사업별로는 주거환경지원(54개), 아동발달지원(78개), 장애아동지원(44개), 특별가정지원(32개) 등 4개 분야에 208개 사업이 집중되어 있으며 전체 287개 사업의 72.5%를 차지하였다. 상위 5개 소유형사업들이 166개로서 전체 57.8%를 차지하였다. 시도별로는 아동능력개발 분야는 대부분의 시도들이 다양하게 사업들을 운용하고 있으나 다른 분야는 시도별 편차가 있다.

표 7-9 자체개발형 CSI 사업의 시도별·분야별 분포(2007년 9월말)

		서울	부산	대구	인천	광주	광주	울산	경기	강원	충북	충남	전북	전남	경북	경남	제주	합계
생활환경지원	1. 주거환경지원	7		2		4	2		5	5	3	2	8	4	6	5	1	54
	2. 건강관리지원				1		1					1	1	3	1			8
	3. 돌봄환경지원	1				1			2	2		2	1	6				15
	4. 가족문화지원	3	3			1	1		4			2	4	1	2			21
	소계	11	3	2	1	6	4	0	11	7	3	7	14	14	9	5	1	98
아동능력개발	5. 아동발달지원	15	14	2	3	2	2		8	5	1	3	6	5	10	2		78
	6. 장애아동지원	3	8	7	2	1	2	1	6	3		2	3	1		3	2	44
	7. 아동건강관리	2	2	1			1		3	1	1	3		2				16
	소계	20	24	10	5	3	5	1	17	9	2	8	9	8	10	5	2	138
사회활동지원	8. 자녀돌봄								1	3			1		1			6
	9. 특별가정지원	2		1		1	1	2	3		4	1	4	3	2	8		32
	10. 고용복지통합	1	2	1		6	1							2				13
	소계	3	2	2	0	7	2	2	4	3	4	1	5	5	3	8	0	51
합계		34	29	14	6	16	11	3	32	19	9	16	28	27	22	18	3	287

표 7-10 CSI 사업 소유형별 분포(9월말)

대분류	중분류	소분류(사업 유형수)	빈도	퍼센트
생활 환경 지원	1. 주거환경지원	**11. 가구방역 (4)**	**37**	**12.9**
		12. 놀이터소독 (2)	7	2.4
	2. 건강관리지원	13. 경로당및회관소독 (2)	10	3.5
		21. 노인건강 (3)	7	2.4
		22. 정신건강 (3)	1	0.3
	3. 돌봄환경지원	31. 부양가족지원 (2)	5	1.7
		32. 노인돌봄 (1)	7	2.4
		33. 세탁등 (1)	2	0.7
	4. 가족문화지원	41. 여행지원 (3)	10	3.5
		42. 자기개발 (3)	5	1.7
		43. 문화생활 (3)	6	2.1
아동 능력 개발	5. 아동발달지원	**51. 영어능력향상 (3)**	**52**	**18.1**
		52. 체험학습 (5)	**22**	**7.7**
		53. 장난감및도서대여 (2)	2	0.7
		54. 종합학습 (2)	2	0.7
	6. 장애아동지원	61. 장애아동교육 (3)	9	3.1
		62. 장애용품지원 (1)	2	0.7
		63. 장애아동돌봄 (3)	7	2.4
		64. 장애아동건강관리 (2)	**26**	**9.1**
	7. 아동건강관리	71. 정서교정 (1)	10	3.5
		72. 아동발달치료 (2)	6	2.1
사회 활동 지원	8. 자녀돌봄	81. 자녀돌봄 (3)	6	2.1
		82. 장애자녀돌봄 (1)	1	0.3
	9. 특별가정지원	**91. 이민여성지원 (4)**	**29**	**10.1**
		92. 취약가정지원 (2)	3	1.0
	10. 고용복지통합	101. 근로의욕향상 (2)	12	4.2
		102. 근로능력향상 (1)	1	0.3
합계			287	100.0

주: (　) 안은 세세형분류

사업유형별 특성비교는 <표 7−11>과 같다.

표 7-11 사업유형별 특성비교

대분류	중분류	소분류	서비스 단가평균	신청률 평균	자부담률평균
생활 환경	주거 환경	11. 가구방역	103,851	10.6	11.4
		12. 놀이터소독	140,571	8.5	19.0
		13. 경로당및회관소독	87,500	8.8	26.8
	건강 관리	21. 노인건강	83,000	8.8	28.6
		22. 정신건강	170,000	5.9	11.4
		31. 부양가족지원	178,000	17.7	16.2
	돌봄 환경	32. 노인돌봄	91,429	10.7	19.1
		33. 세탁등	52,500	9.7	2.9
	가족 문화	41. 여행지원	162,000	11.3	24.9
		42. 자기개발	154,000	14.9	28.3
		43. 문화생활	87,000	13.0	13.9
아동 개발	아동 발달	51. 영어능력향상	182,212	13.1	25.2
		52. 체험학습	98,250	11.4	26.2
		53. 장난감및도서대여	21,500	19.1	2.4
		54. 종합학습	122,500	7.2	15.5
	장애 아동	61. 장애아동교육	156,667	11.9	28.4
		62. 장애용품지원	50,000	20.0	0.5
		63. 장애아동돌봄	200,571	12.4	23.2
		64. 장애아동건강관리	225,885	13.3	13.7
	아동 건강	71. 정서교정	181,300	9.1	11.5
		72. 아동발달치료	191,000	11.9	13.2
사회 경제 활동 지원	자녀 돌봄	81. 자녀돌봄	402,000	25.0	12.7
		82. 장애자녀돌봄	250,000	20.0	15.7
	특별 가정	91. 이민여성지원	155,966	11.2	9.7
		92. 취약가정지원	193,333	6.1	15.4
	고용 복지	101. 근로의욕향상	109,583	4.0	21.0
		102. 근로능력향상	1,000,000	20.0	20.0
		합계	155,923	11.7	18.5

(2) 지역사회서비스투자사업 운영 쟁점

사회서비스분야에서 다양한 사업을 개발하여 추진할 때 부처간 중복투자가 존재할 수 있다. 이는 전자바우처 운용체계를 제외할 때, 프로그램 성격이 불분명하고 CSI의 대표 사업 부재 및 타 부처와 기능 영역이 중복될 수 있다. 사회서비스의 지방이양 대상사업과 차별화가 요구되며 현실적으로, 통상적인 복지서비스가 중심을 이루고 있으며 서비스 내용에서 "투자"의 성격이 불분명하다. 사회복지에서 소비자 선택과 경쟁 요소 도입시 사회복지서비스의 표준화 관점에서 비판받을 수 있으며, 사회적 약자에 대해 시장 규범 적용은 바람직하지 않다는 비판이 존재한다.

지역사회서비스투자사업은 지역별 다양화된 지역사회서비스에 대한 수요를 조사 후 서비스관리매뉴얼과 운용시스템을 적용하여 지역별, 사업별로 사회서비스 사업 운영과 성과를 검토하여 정기적인 지역의 정책정보를 제공하여야 한다. 전략적인 사회서비스 사업은 사회서비스를 유형별과 지역별로 품질관리를 실시하며, 좀 더 구체적인 수준에서 중앙-지방간 사회서비스 사업의 성과관리와 정기적인 사업평가를 통한 시장의 진입과 퇴출 장치를 마련하여야 한다. 지역사회기반을 확충하여 효과를 높이는 관점에서의 선택과 집중의 논리를 적용해야 한다. 지역사회에서 운용기반에 따른 수준별 다양한 차등 지원체계를 마련하여 공간적 정의 관점에서 사회서비스의 지역 간 격차를 조정하여야 한다.

표 7-12 지역사회서비스투자사업 10대 유망사업 주요 내용

서비스유형	목 적	주요 내용
아동인지능력 향상서비스	영유아 발달 초기에 아동과 부모에게 독서 지도 및 관련 정보 제공 등 서비스를 통해 아동의 창의적·생산적·균형적인 발달 도모	책 읽어주기, 독후활동, 도서 지급, 부모 대상 독서 지도 및 상담
영유아발달 지원서비스	발달 문제가 우려되는 영유아에 대한 중재서비스를 제공함으로써 영유아의 정상적인 발달 지원	발달을 촉진할 수 있는 운동, 언어, 인지, 정서, 사회성 발달 중재서비스
아동정서 발달서비스	교육환경, 가족 해체 증가로 인한 아동·청소년의 정서·행동적 문제 해결	음악 교육 이론 및 악기를 활용한 자기표현 활동, 놀이 및 예술 치료 프로그램

아동·청소년 심리지원 서비스	문제행동(ADHD)의 조기 발견과 개입을 통하여 문제행동을 감소시키고, 정서행동장애로의 발전을 막아 정상적 성장 지원	놀이, 언어, 인지, 미술 프로그램
인터넷 과몰입 아동청소년 치유서비스	인터넷 과다사용 아동·청소년의 인터넷 중독으로의 발전을 막아 건강한 사회구성원으로의 성장 지원	아동·청소년의 인터넷 사용 정도에 따라 대체활동·맞춤형 사후관리서비스
노인 맞춤형 운동처방 서비스	고령자 등 건강취약계층의 신체활동 지원을 통해 의료비 절감 및 건강증진	건강 상담, 수중 운동, 수중걷기, 아쿠아로빅, 체조, 댄스, 무용, 에어로빅 등
장애인·노인을 위한 돌봄여행 서비스	관광에 대한 높은 욕구에도 불구하고 신체적 특성으로 인한 활동제약 및 관광인프라 부족으로 양질의 서비스를 받지 못하는 장애인·노인을 위한 특화된 전문 돌봄여행 서비스 제공	장애·노인질환 등 신체적 특성을 고려한 관광일정에 치료 레크리에이션 등 사회서비스 전문인력이 동반하는 여행서비스 제공
장애인 보조기기 렌탈서비스	장애아동의 특수 휠체어 및 자세유지기구의 구입 및 리폼에 대한 경제적 부담 경감으로 특수장애아동의 정상적 신체발달 지원	맞춤형 휠체어 및 자세유지도구 렌탈서비스 점검 및 유지보수서비스
시각장애인 안마서비스	노인성 질환자의 건강을 증진하고, 일반 사업장 등에 취업이 곤란한 시각장애인에게 일자리 제공 필요	근골격계·신경계·순환계 질환의 증상개선을 위한 안마, 마사지, 지압 등
정신질환자 토탈케어 서비스	정신질환자의 조기 발견과 개입(생활관리)을 통하여 입원을 예방하고 지역사회에서 적응하여 취업 및 자립생활을 할 수 있도록 지원	초기 상담, 위기상황 개입, 증상관리(약물관리), 일상생활지원, 사회적응 및 취업지원
기타 표준형 모델	아동·청소년 비전형성 지원서비스, 다문화가정 아동 발달지원서비스, 아동돌봄서비스, 부모학교서비스, 장애인·노인 등 건강취약계층 운동처방서비스, 저소득가정 렌탈서비스(장난감 대여), 고령자 소외예방 서비스, (비만)아동 건강관리서비스, 아동 리더십 증진 서비스	

자료: 2013년 사업지침 참조.

(3) 지역사회서비스투자사업의 평가

지역사회서비스투자사업은 지역의 특성에 따른 지역별 맞춤형 서비스를 제공하고자 하는 목적을 가지고 있다. 지역사회서비스투자사업은 지역 맞춤형 서비스사업을 시행하여 어느 정도는 성공하였다고 볼 수 있으나 일정 부분은 정책적 쟁점을 불러일으켰다. 신창환·강상경(2010)은 서비스 시장에 민간영리기관이 사업에 다수 참여함으로써 서비스 시장에 공급주체의 다양화라는 긍정적인 변화를 가져왔다고 평가하였다. 류진석(2010)은 수요자의 책임성, 지역복지수요에 대한 대응능력을 강화하였다는 점에서 시행초기의 우려보다 비교적 긍정적으로 평가하였다. 김윤미·권오성·이은국(2009)은 지방정부의 변화 수용적 태도가 지방정부 공공서비스 혁신방안 도입에 중요한 변수로 작용하였음을 평가하였다. 김선명(2009)은 지역사회의 특성에 맞는 복지서비스, 다양한 공급기관들 간의 경쟁체제 등의 성격을 갖고 있어 전문성 측면에서는 비영리기관이 우수하고 고객 중심적인 서비스는 영리기관이 우수하다고 평가하였다.

그러나 신창환·강상경(2010)은 아직 사회서비스의 품질은 수요자의 욕구를 충분히 해결하는데 한계가 있음을 지적하였으며, 류진석(2010)은 서비스 공급기관의 형태가 비영리기관이 다수를 차지한 반면 영리기관은 참여가 저조한 것으로 분석되었으며, 소비자의 선택권도 제한되어 있는 부분이 많다고 보았다. 신영규(2009)는 지역사회서비스투자사업은 준시장[5]의 요건을 충족시키지 못하고 있어 준시장 내에서의 공급자 간 실질적인 경쟁 부재로 효율성이 미약하고, 이용자의 합리적인 선택을 제한하고, 공급자의 역선택 가능성을 방치하고 있다고 평가하였다. 김선명(2009) 역시 공공적 성격의 서비스기관일 경우 상호 경쟁체제에서 역동성과 대응성이 떨어지고 시장성격의 공급기관인 경우 정책 순응성이 취약한 특성이 나타났다.

이남국·서재호(2009)는 지방정부의 재량과 자율성에 걸맞은 책임성을 어떻게 조화시킬 것인가가 중요하다고 보았다. 이재원(2009)은 인구가 지속적으로 감소하고 있는 낙후지역에서는 아동, 여성, 그리고 노인들을 대상으로 하는 지역사회 내 공동체의 일상생활 지원 기반 구축이 무엇보다 절실하다고 보았다. 이와 같이 맞춤형 서비스 지원은 현대사회가 당면한 저출산이나 고령화, 근로빈곤, 소득양극화와 같은 신(New) 사회위험에 대응하기 위한 요소가 필요하다.

3) 복지부 이외 바우처사업

(1) 유아학비지원사업

유아학비지원제도는 유치원에 다니는 초등학교 취학 직전 3년의 유아에 대해 학부모의 유아학비 부담완화를 위해 유아학비 일부를 지원하는 서비스이다. 유아는 매년 1

---

5) 준시장의 개념을 "공공서비스 공급에 있어 형평성과 효율성을 함께 추구하기 위해 공공부문에 내부시장을 만들거나 특정한 정책수단을 활용한 민간 위탁 방식 등을 도입하여 공급자 간 경쟁과 이용자의 선택권 보장을 바탕으로 서비스가 제공되도록 설계된 제도적 구조"라 정의.

월 1일 기준으로 3세 이상이어야 하며 유치원에 입학하여 재학 중이거나 취학을 유예한 경우에도 해당된다. 국공립 유치원에 다니는 아이의 경우에는 월 60,000원가량이 지원되고 사립유치원에 다니는 경우 월 220,000원 가량이 지원된다. 복지로 홈페이로 가면 온라인으로 신청이 가능하고 오프라인의 경우 주소지의 주민센터에서 신청이 가능하다. 다만 지원대상 중 우리나라 국적이 아닌 경우, 어린이집을 이용하여 보육료를 지원받고 있는 유아, 양육수당을 지원받고 있는 유아, 유치원 이용시간에 아이돌봄서비스를 중복지원받는 유아는 지원에서 제외된다. 2020년 3월 이후 가까운 읍면동 행정복지센터에서 보육료, 양육수당, 유아학비, 아이돌봄서비스를 신청할 수 있다. 전국 어디서나 신청할 수 있도록 영유아보육법 시행규칙을 개정하고 사회보장정보시스템(행복e음)을 개선하였다. 유아학비는 e-유치원시스템(www.childschool.go.kr)에서, 아이돌봄서비스는 아이돌봄 누리집(www.idolbom.go.kr)에서 그리고 보육료와 양육수당의 경우는 복지로 누리집(www.bokjiro.go.kr)에서 관련 정보를 볼 수 있다. 무상교육은 기초생활 수급권자와 도서·벽지 또는 읍·면 지역에 거주하는 유아 등을 우선적으로 실시하였다. 방과후과정 교육비지원사업은 하루 8시간 이상 시설이용 아동에게 '방과후과정 교육비'를 국공립과 사립을 구별하여 지원하고 있다.

유아학비지원제도의 업무절차는 대상자 선정단계시 보육바우처와 중복수혜를 방지하기 위하여 주민센터에서 신청을 받아 행복e음 연계를 통해 자격검증 절차를 거치고 있다. 학비지원을 위해 금융기관과 연계하여 아이행복카드[6]를 발급하고 있다. 인증은 매월 학부모가 유치원에서 아이행복카드의 인증을 통해 자격확인 후, 대상 아동에 대한 지원금을 청구하면 지급한다.

표 7-13 유아학비 지원대상 및 금액

연 령	구 분	지원액(월)	
		국·공립유치원	사립유치원
만 3~5세	유아학비	60,000원	240,000원
	방과후과정비	50,000원	70,000원

자료: 유아학비지원시스템(2020).

6) 아이행복카드는 유아학비와 관련된 것이고 국민행복카드는 임신과 출산과 관련된 것이다.

표 7-14 유아학비지원 주요 업무프로세스

구 분	내 용						
	대상자선정	카드발급	바우처생성	결제승인	지 급	정 산	모니터링
주체	시군구	금융기관	한국교육학술정보원	유치원→시도교육청	시도교육청		
시스템	행복e음	금융기관 시스템	유아학비지원시스템(카드인증)	유아학비지원 시스템을 통한 지원금 청구	유아학비 지원시스템		

2015년 1월에 유아학비지원과 보육료지원사업을 통합하여 아이행복카드로 운용하였다. 유아학비지원과 보육서비스를 이용하는 이용자의 바우처카드는 아이행복카드로 운영하되, 시스템, 관리방식 등 운영체계는 기존의 방식으로 운영하고 있다. 2012년도는 유아학비지원제도와 보육바우처와 통합 논의가 있었는데, 사업이 유사한 유아학비 지원제도와 보육바우처를 교육부와 복지부에서 따로 관리함에 따라 서비스 지원과정과 시스템 운영을 별도로 운영하여 중복 문제점 발생한다. 대통령 인수위원회(2013. 2. 21)에서 논의를 공식화함으로써 유아교육과 보육 통합론이 탄력을 받게 됐다. 두 시스템의 통합은 한 개의 카드로 유치원과 보육시설 모두 사용 가능하도록 하여 학부모의 이용 편의성 증진 및 기관 선택권을 확대하고, 유아학비와 보육료 중복 수혜 방지, 행정업무의 감소 및 비용 절감 등 긍정적 효과를 예상하였다.

표 7-15 2012년도 유아학비와 보육바우처 별도시스템

구 분	유아학비 전자카드제	보육전자바우처
인프라 구축	• 협력 금융기관에서 구축 – e–유치원 시스템 구축 – NEIS 유지·관리에 운영비 포함 (운영지원 2명)	• 업무 위탁 기구 설립 – 기존 e–보육 시스템 활용 – 한국사회보장정보원에서 운영
카드 유형	• 금융기능 없는 전자카드	• 신용카드 방식 선택
수수료	• 수수료 없음	• 수수료 국가지급(연 300억원)
단말기	• 유치원 구입(1만여원)	• 금융기관에서 구입·배포
비용보전방법	• 희망자에 한해 체크카드 발급	• 가맹점 수수료 보장

자료: 김윤수, 2012.

아이행복카드는 만 0세에서 5세까지 취학전 아동을 대상으로 제공하는 보육료와 유아학비지원서비스를 이용할 수 있는 카드이며 어린이집이나 유치원에서 사용이 가능하다. 현재 아이행복카드는 총 9개이며 연회비가 없으며 신용카드 외에 체크카드로 가능하다.

(2) 문화바우처

문화바우처는 기초생활수급자와 차상위계층에게 공연과 전시회 그리고 책을 구입할수 있도록 비용을 부담하는 제도이며 2020년에는 1인당 연간 9만원을 지원하였다(문화누리 홈페이지).[7] 문화체육관광부에서는 2005년 시범사업을 거쳐 2015년 1월에 문화바우처, 여행바우처, 스포츠바우처를 통합하여 문화누리카드로 운영하고 있다. 문화체육관광부는 정책방향과 기본계획을 수립하였고 한국문화예술위원회에서 시스템과 사업을 총괄관리하게 되었는데, 2013년부터 문화바워, 여행바우처, 스포츠바우처 3개 이용권을 일원화하여 운영하였다. 2016년부터 문예진흥기금으로 사업을 추진하게 되었다. 통합문화이용권은 기초생활보장 수급자와 차상위계층 가구당 9만원으로 상향하였다(문화누리홈페이지). 문화누리카드 사업은 공연, 전시, 영화 등 문화예술 프로그램 관람 및 음반, 서적 등을 구입할 수 있도록 가구당 연 9만원 한도의 바우처 전용카드 지급한다.

표 7-16 문화바우처 주요 업무프로세스

구 분	내 용						
	대상자선정	카드발급	바우처생성	결제승인	지 급	정 산	모니터링
주 체	시군구	농협카드	한국문화 예술위원회	농협카드		지역주관처 (한국문화예술 위원회 지정)	한국문화 예술위원회
시스템	행복e음	농협카드 시스템	문화바우처시스템 (시스템 입력후 바우처 생성)	농협카드 시스템		문화바우처 시스템	없음

7) http://www.mnuri.kr

바우처제도는 선택과 경쟁을 통해 공공부문의 비효율성을 극복하고 공공서비스의 효율성 및 형평성을 추구할 수 있다는 점에서 정책수단으로서의 유용성을 가진다(엄태호 외, 2010). 수혜자의 선택권은 다수의 공급자를 전제로 하여 공급자간 경쟁을 통해 서비스 원가의 절감 및 품질향상을 추구할 수 있으며 정부는 보다 낮은 비용으로 고품질의 서비스를 제공할 수 있게 되며 이용자 선택권을 통해 개인의 효용을 극대화할 수 있다. 문화바우처는 일반 구매자들이 구입하는 상품을 수혜자들이 이용할 수 있도록 하여 수혜자가 양질의 서비스를 취사하여 선택할 수 있으나, 문화바우처 수혜자는 상대적으로 정보가 취약한 저소득층 청소년이며 지역에 따라 서비스 접근성이 제한되거나 서비스 품질의 격차가 존재하여 이는 제도의 효율성 및 바우처 이용률에 영향을 미친다. 따라서 모든 수혜자들이 양질의 문화서비스를 제약 없이 누릴 수 있도록 충분한 정보를 제공하고 지역별 서비스 접근성 제고와 서비스 편차를 감소하는 방안 마련이 필요하였다.

2012년에 문화·여행·스포츠관람바우처는 별도로 운영되어 통합이 필요하다는 논의가 있었다. 바우처 사업이 다양함에도 불구하고 바우처를 이용하는 입장에서 편리하지 않고, 이용범위가 제한되어 있으며, 방법도 부족하여 이용율이 낮았기 때문이었다(윤소영, 2012). 당시 각 사람에게 지원은 스포츠강좌바우처는 65,000원, 용품구매는 65,000원, 여행은 15만원 이내, 반면 스포츠관람은 가구당으로 최대 20만원을 지원하였다. 2020년에는 이것을 년간 개인당 9만원으로 하고 경우에 따라 통합하여 주민등록상 동일세대는 합산하여 사용할 수 있도록 하였다.

통합된 문화누리카드는 기초생활수급자와 차상위계층을 대상으로 문화예술, 국내여행, 체육활동을 지원하는 카드이며 1인당 연간 9만원이 지원된다. 주민등록상 동일세대 내 발급받은 카드가 여러장인 경우에 한 장의 카드에 합산하여 지원금을 사용할 수 있다.

여행바우처는 교통수단, 관광여행사, 관광지, 숙박시설에 서 사용할 수 있다. 교통수단은 철도, 고속버스, 시외버스, 국내항공, 여객선, 렌트카를 이용할 수 있으며, 관광지는 관광명소, 휴양림, 캠핑장, 동물원, 식물원, 온천, 지역축제, 체험관광, 테마파크 등이다. 숙박시설은 호텔, 기조트, 콘도, 모델, 게스트하우스, 민박에서 사용할 수 있다. 체육바우처는 스포츠관람을 할 수도 있고 체육용품을 구매하거나 체육시설을 이용할 수 있다. 체육시설에는 수영, 헬스, 볼링, 요가, 복싱, 탁구, 사격, 스크린체육시설을 이용할 수 있다. 다만 문화누리카드는 반드시 등록된 가맹점에서만 오프라인 온라인으로 이용할 수 있다.

(3) 스포츠강좌바우처

스포츠강좌바우처는 국민기초생활보장법에 따른 수급권자나 차상위계층의 만 5세~만 18세 유소년과 청소년을 대상자로 한다. 사업재원은 국민체육진흥기금이 70%를 부담하고 지자체에서 30%를 부담한다. 서비스내용은 스포츠강좌이용권 지정시설을 이용하면 일정부분 지원을 받을 수 있다.

태권도, 수영, 검도, 헬스, 축구, 유도, 탁구, 에로로빅, 볼링, 테니스 등 9,212기관이 시설로 등록되어있다(스포츠강좌이용권 홈페이지). 이전에 7만원에서 1인 1강좌였으나 현재는 매월 최대 8만원으로 1가구에 1카드를 지원하는 것으로 되어있다. 서비스제공기관이 되려면 국민체육진흥공단 홈페이지에 스포츠강좌이용권 사업자로 회원가입 후 시·군·구에서 최종 선정하여 웹 가맹점 등록이 완료된 시설 또는 스포츠강좌 운영자이다. 활동 참여를 위해 월 최대 8만원을 지원하며, 한 달에 1인 1강좌 수강 원칙이며, 지원금액과 지원 기간은 해당 시·군·구에서 결정한다.

바우처는 소비자의 선택권 보장을 통해 공급자 간 경쟁을 유발하고, 이는 서비스 품질을 향상시키며 서비스의 가격을 낮추어 효율성을 증진시킨다(김인, 2010; 엄태호 외, 2010). 따라서 바우처제도는 시장의 경쟁성과 수급권자가 서비스를 선택할 수 있는 권리가 서비스 결과에 크게 영향을 미쳐 프로그램의 성패를 좌우한다. 하지만 스포츠바우처의 경우 홍보부족 등의 이유로 바우처 사업자와 서비스 신청자가 부족하며, 교통여건이나 지역간 서비스 편차 등으로 사업 추진이 어려운 지역이 있어 수혜자의 선택권이 크게 제약을 받고 있다. 서비스 이용자의 정보 가용성과 서비스 접근성을 높일 수 있는

표 7-17 스포츠강좌바우처 주요 업무프로세스

구 분	내 용						
	대상자선정	카드발급	바우처생성	결제승인	지 급	정 산	모니터링
주 체	시군구	신한카드	시군구	신한카드		시군구	지자체
시스템	행복e음	신한카드 시스템	스포츠바우처시스템	신한카드 시스템		기금지원 시스템	없음

근본적인 대안을 마련하는 것이 어렵다. 상대적으로 정보가 취약한 저소득층, 소외지역 청소년들이 현명한 소비를 할 수 있도록 충분한 정보를 제공하고, 지역에 따라 서비스 접근성 및 편차를 줄이기 위한 현실성 있는 방안마련이 요구된다.

부정사용관리 방안을 위해 별도의 자격확인 절차 없이 바우처카드를 통해 온·오프라인상에서 구매가 가능하여 카드의 양도 또는 매매, 가맹점과 담합하여 부정결제를 하는 등 부정사용과 오용 방지를 위하여 제도 및 시스템적으로 예방 장치를 마련이 필요하다. 현재 스포츠강좌바우처는 각각 한국문화예술위원회와 국민체육진흥공단에서 관리하고 있으며, 사업의 목표, 재원, 운영방식에서 다소 차이가 존재한다. 강좌바우처는 체육기금(70%)과 지자체(30%)를 매칭하여 기초생활수급가구의 청소년을 대상으로 대상자를 선정, 서비스를 제공하고 있다.

장애인스포츠강좌이용권은 2019년 7월부터 시범사업을 실시한 후 2020년 본 사업을 추진한 신규사업이다. 저소득층 장애인에게 스포츠강좌이용권을 지급하여 매월 최대 8만원의 수강료를 지원하고 있다. 국민체육진흥기금이 70%를 보조하고 지자체는 30%를 지원한다. 장애이스포츠강좌이용권의 제공기관은 장애인체육회에서 시설을 선정하고 장애인스포츠강좌이용권관리시스템에 강좌를 등록한다. 전국 255시설이 서비스를 제공하고 있으며, 태권도장, 심리상담센터, 헬스장, 검도장, 수영장, 체육센터에서 제공하고 있다. 서비스이용자는 시스템상에서 이용을 신청하고 이용한 후에는 강좌를 결제한다. 관리시스템은 행정안전부에서 인정정보를 확인하고 보건복지부에서 수급자격을 확인한다

(4) 제대군인 직업교육훈련바우처

국가보훈처에서는 제대군인[8]을 대상으로 사회복귀 시 직업훈련교육을 시행하고 있다. 제대군인은 5년 이상 중장기복무를 한 군인으로서 제대군인지원센터(Vnet)에 가입해 있거나 관할 보훈지청에 지원대상으로 등록된 사람이다. 제대군인 직업교육훈련바우처는 보훈처에서 제대군인의 사회복귀 교육을 위해 지원하는 직업교육훈련 중 하

8) "제대군인"이란 「병역법」 또는 「군인사법」에 따라 군 복무를 마치고 전역한 사람으로 '장기복무 제대군인'과 '중기복무 제대군인'으로 나뉨(제대군인지원에 관한 법률 제2조).
- "장기복무 제대군인"이란 10년 이상 현역으로 복무하고, 장교·준사관 또는 부사관으로 전역한 사람
- "중기복무 제대군인"이란 5년 이상 10년 미만 현역으로 복무하고, 장교·준사관 또는 부사관으로 전역한 사람

표 7-18 제대군인 직업교육훈련바우처 주요 업무프로세스

구 분	내 용						
	대상자선정	카드발급	바우처생성	결제승인	지 급	정 산	모니터링
주 체	제대군인 지원센터	없음	제대군인 지원센터	없음	제대군인 지원센터	제대군인 지원센터	제대군인 지원센터
시스템	브이넷	없음	없음	없음	디지털예산 회계시스템	브이넷	없음

나이다. 교육훈련지원 부문에서 교육과정은 한 사람이 2개 과정을 지원할 수 있는데, 대학위탁교육은 3개 과정 60명 내외이며, 전문위탁교육은 52개 과정에 788명 내외로 구성되어 있다. 위탁교육비는 100만원 한도이며 본인이 10%부담한다. 직업능력개발교육비는 1인당 150만원 범위 내에서 지원하고 본인이 20% 부담한다. 이와 함께 사이버교육은 제대군인센터 사이버연수원에서 자격증교육, 공채시험 교육, 외국어과정, 직무과정 등 800여 과목을 수강할 수 있다(국가보훈처 홈페이지). 취창업지원에 있어서 전역 후 3년이 지나지 않은 미취업상태에 있는 장기복무 제대군인을 대상으로 한다. 공기업, 기업체 등에 보훈특별고용이거나 일반직공무원 및 기능공무원 특별채용에 지원하고 있다. 지원횟수는 1회에 한정한다(제대군인지원센터 홈페이지).

제대군인 직업교육훈련바우처는 묵시적 형태의 바우처로 카드나 포인트 등 명시적으로 지원하지 않고 이용자에게 직접 현금을 지원하고 있다. 즉, 먼저 이용자가 교육비를 선납하고 교육을 이수하면 후에 이용자에게 훈련비를 지원하는 형태이다. 제대군인 직업교육훈련바우처는 이용자가 교육과정 이수 후 교육비용을 청구하면 관리기관인 제대군인지원센터에서 디지털예산회계시스템을 이용하여 이용자에게 직접 비용을 지불·정산하고 있어 금융기관 연계가 없으며, 관리시스템과 비용 지불시스템과의 연계도 없다(김윤수, 2012).

제대군인지원센터에서는 의심기관 실사나 출석자료 검토 등 부정사용을 적발하기 위해 사후 모니터링을 실시하고 있으나, 전국 6개(서울, 부산, 대전, 대구, 광주, 경기북부센터) 센터의 약 80명 정도의 직원이 다른 업무도 수행하면서 2012년 기준 1,337명에게 지원되고 있는 사업을 수기로 모니터링하는 것은 사실상 어렵다(이형주, 2013). 현재 국가보훈처의 제대군인지원센터, 국방부의 국방취업지원센터, 고용노동부의 워크넷과 일자

리센터 등 3개 부처와 지원기관에서 각각 유사한 사업을 운영하고 있어 부처 및 지원기관 간 서비스와 행정업무의 중복적인 요소가 많고, 체계가 불분명하여 사업의 효율성이 떨어지며, 다른 부처와의 공조 역시 원활하게 이루어지지 못했다(송인주, 2013). 제대군인직업교육훈련바우처의 내실화를 위해서는 해당 교육과정을 성실히 이수하였는지, 교육기관과의 담합은 없었는지, 적절한 교육비편성이 올바른지에 대한 관리와 평가가 이루어져야 한다. 교육훈련을 통해 취업과 창업으로 연계가 되는 것을 확인하고 점검하여야만 바우처 제도를 내실화하는 것으로 보인다. 향후 부정사용 모니터링과 사후관리는 매우 중요한 요소이다.

(5) 직업능력개발계좌제

직업능력개발계좌제란 실업자, 자영업자 등에게 직업능력개발을 지원하기 위하여 직업능력개발훈련 비용을 지원하는 계좌를 발급하고 이들의 직업능력개발에 관한 이력을 종합적으로 관리하는 제도였다(고혜원 외, 2010). 직업능력개발계좌제는 구직자들에게 일정한 금액을 지원하고 취업촉진을 위해 실시하는 실업자 훈련의 한 종류로 구직자의 자율적인 직업능력개발을 지원하기 위해 직업능력개발훈련비용과 직업능력개발에 관한 이력을 종합적으로 관리하는 제도이다(HRD용어사전, 2010). 고용노동부에서는 구직자들에게 훈련비용의 일정금액을 지원하는데 내일배움카드를 신청해서 국비지원 학원에서 교육을 받을 수 있다. 서비스를 신청할 수 있는 사람은 전직실업자나 신규실업자로 구직하는 사람과 재직자이자만 월 60시간 미만인 근로자 중에서 고용보험 자격 미취득자이며 자영업자 중에서는 연소득이 1억5천만원 미만이면 신청할 수 있다. 실업자는 실업자내일배움카드로 재직자는 재직자내일배움카드로 발급된다.

훈련비는 1인당 연간 200만원을 지원받고 훈련장려금은 최대 11만6천원이 제공된다. 훈련기관에 가서 수강료를 결제하고 수업을 들으면 되는데 전부 국비지원이 아니라 2019년 이전에는 자부담이 10%이었으나, 2019년부터는 35%를 본인이 부담해야 한다.

직업훈련학원에서 수강생은 실물카드로 출석체크를 하고 있으며, 출석체크를 엄격히 시행하고 있다. 조퇴와 지각이 3번이면 하루 결석으로 처리하고 한달에 80%를 수강해야 지원을 받을 수 있다. 과거 교육생이 가지고 있었던 바우처 카드를 학원에서 일괄관리하거나 대리수강하는 경우 교육을 제공하지도 않고 출석체크를 시행하여 부적정하게 관리하던 사례도 있었다. 부정행위나 부정수급을 관리·감독할 수 있는 인력 충원,

표 7-19 직업능력개발계좌제 주요 업무프로세스

<table>
<tr><th rowspan="2">구 분</th><th colspan="7">내 용</th></tr>
<tr><th>대상자선정</th><th>카드발급</th><th>바우처생성</th><th>결제승인</th><th>지 급</th><th>정 산</th><th>모니터링</th></tr>
<tr><td>주 체</td><td>고용센터</td><td>금융기관</td><td>고용센터</td><td colspan="2">금융기관</td><td>고용센터</td><td>고용센터</td></tr>
<tr><td>시스템</td><td>상담으로 대상자를 선정</td><td>카드사 금융시스템</td><td>HRD Net (대상자선정 및 계좌승인시 바우처생성)</td><td colspan="2">카드사 금융시스템</td><td>HRD Net</td><td>HRD Net 고용보험시스템 (훈련생 수강평 모니터링, 수시 현장점검)</td></tr>
</table>

훈련생과 훈련기관에 대한 전산 정보 공유, 부정행위 적발 요령 등을 제시한 점검 매뉴얼 제작, 출결관리를 위해 지문인식기, CCTV, 지정좌석제 도입 등이 대안이 될 수 있을 것이다(주간교육신문, 2012. 9. 28).

내일배움카드는 직업훈련에만 그치는 것이 아니라 실제로 취업까지 연계하여야만 원래 목적에 부합할 수 있다. 향후 사후관리를 통해 취업정보와 알선을 교육생에게 제공하여 취업에 연계하는 것에 대하여 인센티브를 제공할 필요가 있다. 현재 고용부에서는 내일배움카드제 외에도 근로자 직무능력향상(재직자), 국가기간전략훈련(실업자), 컨소시엄훈련, 사업주 지원훈련 등 교육훈련제도가 존재한다. 실업자와 재직자를 훈련하는 제도를 차이점과 유사성을 비교하고 점검하여 효율적인 관리체계를 구상해야 할 것이다.

(6) 유류구매카드

화물복지카드는 화물운전자에게 유가보조금을 지원해 주기 위해 만들어준 카드이며, 카드로 결제하면 매월 한도 내에서 할인된 금액만큼 유류보조금이 지원된다. 2001년 에너지 세제개편에 의해 경유와 LPG 세율을 상향하였지만 운수업계에는 보조금을 지원하는 방식이었다. 유류구매카드를 도입하기 전에는 운송업자가 주유 영수증을 분기별로 모아 해당 지자체에 방문하여 신청하였다. 당시 운송업자의 유가보조금을 신청하는 절차가 복잡하고 지급을 지연하거나, 부정신청이 발생하고, 지자체 공무원들의 행정업무가 부담이 되기도 하였다. 이를 위해 2004년에는 화물자동차를 2007년에는 버스와

표 7-20 유류구매카드 주요 업무프로세스

구 분	내 용						
	대상자선정	카드발급	바우처생성	결제승인	지 급	정 산	모니터링
주 체	시군구	카드사[9]	시군구	카드사		시군구 (심사 후 지급)	시군구
시스템	유류보조금 관리시스템	유류보조금 관리시스템	통합한도 관리시스템	통합한도 관리시스템		유류보조금 관리시스템	주유량확인시스템 유류보조금 관리시스템

택시는 카드제를 도입하고 2009년 5월부터는 카드사용을 의무화하여 행정절차를 간소화하며 부정행위를 방지하고자 하였다. 국토교통부에서는 2019년 9월 5일부터 POS시스템(판매시점정보관리시스템)이 설치된 주요소에서만 유류구매카드를 사용하도록 하고 있다. 유류보조금이 지원되는 차량에는 경유나 LPG를 사용하는 사업용 화물차량으로 일반형, 덤프형, 벤형, 특수용도형 등이 유류보조금 대상차량이다. 차량의 화물차주에게 지급되고 직영차량은 사업자에게 지급되고 위수탁차량은 위수탁차주에게 지급된다. 2019년 6월부터는 신규허가된 택배용차량에서 사용할 수 있다.

부적사용이 많았던 유가보조금제도는 2012년 정부에서 부정이용을 방지하기 위한 종합대책을 마련하였다. 이에 대한 내용은 유가보조금 지급제한 기준을 강화하고, 부정수급에 대한 의심거래를 일제조사하며, 부정수급 모니터링시스템을 구축하고, 부정수급 행위금지와 행정처분을 강화한다는 내용이었다(국토해양부 보도자료, 2012. 8. 14).

국토부에서는 유류보조금관리시스템을 구축하여 운영하고 있는데 이 시스템은 유류보조금을 지급하고 관리하는데 사용된다. 화물차주가 거짓이나 부당한 방법으로 유류보조금을 지급받지 못하도록 하며 만약 의심되는 거래는 유형별로 자동 추출되어 부정수급조사와 행정처리절차에 근거로 활용하고 있다. 부정사용하는 거래유형에 개인승용차에 주유하는 경우가 있는데, 화물자동차에는 디지털운행기록 장치가 설치되어 있어 유류복지카드를 사용했을 때 교차점검할 수 있다. 주유시 탱크용량을 1.5배 초과해서 구입하거나 1시간 이내에 3번 주유, 1일에 5번 주유는 의심사례에 해당된다.

9) 신한, 우리, 국민, 삼성, 현대에서 카드발급.

표 7-21 유류보조금 지원금액

차량규모	한도량(리터)	지원단가(원)	유가보조금(원)
1톤 이하	638	345.54	220,454
3톤 이하	1,014	345.54	350,377
5톤 이하	1,547	345.54	534,550
8톤 이하	2,220	345.54	767,098
10톤 이하	2,700	345.54	932,958
12톤 이하	3,059	345.54	1,057,006
12톤 초과	4,308	345.54	1,488,586

자가주유카드에는 RFID(Radio－Frequency IDentification) 태그가 내장되어 자가주유시설에 설치된 RFID 리더기를 통해 해당 차량 여부를 확인하고, 주유 내역이 주유량 확인 시스템을 통해 실시간 확인이 가능하였다(김윤수, 2012). 자가주유시설을 갖춘 화물차주가 부적정하게 이용할 수 있기에 RFID 리더기를 활용하고 있다.

(7) 국가유공자등 LPG차량 세금인상분 지원

국가보훈처는 국가유공 상이자에게 경제적 부담을 완화시켜주고 이동권을 보장하기 위해 보철용 차량에 LPG요금을 할인해 주고 있다. 이때 결제수단은 신한카드에서 발급한 국가유공자 통합복지카드를 사용하며 월 300리터 범위안에서 리더당 220원을 할인받을 수 있다. 법적근거는 액화석유가스의 안전관리 및 사업법 시행규칙 제40조5호와 에너지 및 자원사업 특별회계법시행령에 의거하였다.

LPG차량은 국가유공상이자, 5.18민주화운동부상자, 고엽제후유의증, 독립유공자를 대상으로 본인 또는 주민등록상 세대를 같이하는 가족의 명의로 등록되어 있고, LPG를 연료로 사용하는 자동차관리법상의 비사업용 차량 중 1대를 대상으로 하며, 보철용 LPG차량은 고속도로통행료 감면, 자동차표지 발급 적용을 받는 차량과 동일한 차량이다(국가보훈처, 2012). 지원한도는 월간 차량 1대당 월 300리터이며, 1리터당 220원으로 총 66,000원이 할인된다. 만약 생계유지 등의 필요에 의하여 300ℓ를 초과하여 사용할 경우지방청장의 승인을 위해 「LPG 월한도량 추가승인신청서」를 제출하여 승인되면 350ℓ까지 허용하였다. 단 국가유공자 통합복지카드를 사용할 때는 반드시 국가유공자

표 7-22 국가유공자등 LPG차량 세금인상분 지원 주요 업무프로세스

구 분	내 용						
	대상자선정	카드발급	바우처생성	결제승인	지 급	정 산	모니터링
주 체	보훈지청	조폐공사 제작	보훈처	신한카드		보훈처	보훈처
시스템	e통합보훈 시스템	e통합보훈 시스템	없음 (대상자 청구 시 바우처 생성)	금융시스템		없음 (월별 카드사로 정산 지급)	월별 모니터링

본인이 탑승해야 한다.

국토부에서 실시하는 유류구매카드와 보철용 LPG차량 통합복지카드 사업의 지원 대상은 다르지만 서비스내용과 지원절차가 유사하다. 부정수급이 발생하였던 사례들을 살펴보면, 유공자 사망 후 가족이나 타인이 사용한 경우, 공동명의 차량으로 공명의자와 세대분리후 사용한 경우, 유공자 본인 또는 세대원 명의차량이 매각, 폐차되어 없는데도 사용한 경우, 본인이 해외체류중임에도 국내에서 사용한 경우, 개인택시 등 보철용 차량이 아닌데도 충전한 경우가 있어 유공자 본인이 탑승해야만 할인 혜택을 받을 수 있다.

(8) 교통카드바우처

한국철도공사와 국토교통부에서 노인과 장애인 그리고 국가유공자 등에게 운임의 일부를 할인해주는 서비스가 있다. 철도운임을 할인해주는 서비스는 교통카드바우처 서비스라고 하며 한국철도공가사 운임을 할인해 주면 건설교통부에서 보조금을 지급하는데 어디까지 보상을 해주어야 하는 가에 대한 보상범위와 정산에 대한 계약을 체결한다.

김인(2010)의 연구에 따르면 바우처는 시장의 기제에 따라 서비스의 질과 효율성을 높이기 위해 경쟁체제의 시장체계와 이용자의 선택이 반드시 필요하다고 하였으며 이 과정에서 프로그램의 성패를 좌우한다고 하였다. 철도운임을 할인하는 것은 공급자지원방식으로 철도공사에서 독점적으로 서비스를 제공하고 나면 이용자인 노인, 장애인, 국가유공자의 철도이용운임을 국토부에서 보조하는 것으로 되어있다. 철도운임을 할인해 주는 교통카드바우처는 별도의 이용권이 발급되는 것이 아니라 복지카드 신분증, 장애인증, 국가유공자증의 신분확인을 통해 할인해 주고 있다.

표 7-23 교통카드바우처 지용내용 및 근거

구 분	KTX	새마을 무궁화	통 근	근거법령	소관부처
노 인	주중 30% (주말제외)	30%	50%	• 노인복지법 제26조	복지부
장애인	• (1~3급*) 50% • (4~6급) 주중 30%	50%	50%	• 장애인복지법 제30조	복지부
유공자	6회 무임 후 50%			• 국가유공자 등 예우 및 지원에 관한 법률 제66조 • 독립유공자예우에 관한 법률 제22조 • 5.18민주유공자예우에 관한 법률 제58조	국가 보훈처

* 장애 1~3급은 동행 1인 포함 할인.

표 7-24 교통카드바우처 주요 업무프로세스

구 분	내 용						
	대상자 선정	카드발급	바우처생성	결제 승인	지 급	정 산	모니터링
주 체	복지부/ 보훈처	• 장애인 일반복지카드: 조폐공사 신용/체크카드: 카드사 • 국가유공자등록증 (보훈지청) 신용카드: 카드사 체크카드: (우체국, 신한은행)	철도공사 (철도산업 발전기본법에 따라 공익서비스 제공)	철도 공사	국토부	건교부	없음
시스템	행복e음/ e통합 보훈 시스템	• 일반카드: 조폐공사 • 복지신용카드: 카드회사	없음	승차권 발매 시스템	국가부담비용 지급신청서 작성하여 국토부 제출(건교부→철도공사)	국가부담비용 정산서 작성 제출[별첨참고](철도공사→건교부)	없음

2. 해외바우처 운영사례

1) 이용자의 선택을 중시하는 바우처 제도

우리나라의 바우처 사례 이외의 다른 나라의 바우처 등 전달체계를 통하여 참고할 만한 내용과 절차가 존재하는지 살펴볼 필요가 있다. 특히 미국의 교육바우처는 각 주마다 독특한 방식으로 대상자와 지원내용을 달리하고 있으며, 유럽 이외에 아시아와 남미대륙에서도 바우처제도를 도입하여 운용하고 있다. 바우처 제도는 서비를 제공하는 공급기관 중심으로 운용되기보다는 서비스를 이용하는 수요측면을 강조하고 있어 선택권을 부여하고 있다. 사회서비스 바우처 전달체계의 운용과정에서 나타나는 소비자 선택권, 이용결정권, 개인주의의 철학적 배경을 기반으로 하고 있다. 이용자중심의 서비스는 운영의 효율성과 정책체감도는 향상되리라고 예측되지만 이용자와 제공자간의 담합으로 인한 부정수급의 문제, 전달체계의 관리감독비용의 증가는 여전히 문제점으로 남아 있다.

미국은 1965년 메디케이드(Medicaid)를 도입하여 장기돌봄서비스를 제공하였는데, 만성적 질병이나 장애를 가진 사람들에게 보건서비스를 제공하였다. 메디케이드가 이용자 중심의 돌봄서비스(HCBS: home and community-based care service)[10]로 전환된 것은 1999년 미국 옴스테드지역 대법원 판결로 인하여 등장하게 되었다. 이용자 중심 돌봄서비스(HCBS)는 메디케이드의 비용증가와 이용자의 요청에 의하여 지속적으로 증가하여 1999년과 2007년 사이에 이용자가 연평균 5%씩 증가하게 되었으며, 미국내 모든 주들이 경쟁적으로 메디케이드(Medicaid Waivers)를 다양화하였다. 이용자중심의 바우처 제도는 이용자의 인권문제도 중요하게 다루었으며, 선택을 위한 이용자 지원서비스가 등장하게 되었다. 이용자 지원서비스에는 네덜란드의 개인예산제, 영국의 직접지불데, 독일의 재택돌봄서비스 등이 있다.

---

10) 이용자 중심적 접근인 가정 및 공동체 기반 개인돌봄서비스(home and community-based care service : HCBS)는 본인의 의사와 상관없이 수용시설 제공 서비스를 이용하는 수혜자들에게 직접적인 서비스 결정권을 부여하기 위해 도입되었다.

2) 분야별 사회서비스 바우처[11)]

기본적인 생활을 할 수 있도록 지원해주는 바우처에는 푸드스탬프가 가장 대표적이다. 이외에도 영양식품을 구입할 수 있거나 의류와 같은 생활에 필요한 용품등을 지원해 주고 있다. 다만 제한을 두어 담배와 주류, 마약을 사지 못하도록 원천적으로 구매할 수 없도록 제재를 가하고 있다.

표 7-25 생활지원바우처

국가/지역	바우처 종류	서비스 내용
미국 전역	Food Stamp Program	(주류나 담배 제외) 식료품 쿠폰 제공
미국 전역	Women, Infants, and Children Program (WIC)	저소득층 임신/산후 여성 및 유아에게 대한 우유, 치즈 등 구매 지원
미국 전역	WIC Farmer's Market Nutrition Program	WIC 자격이 있는 여성/아동 대상 과일야채 구입 쿠폰/수표 지원
영국	Healthy start voucher	저소득층 임산부와 아동이 우유, 과일, 분유 등 주요 영양식품 구입
미국	Goods for Guns	총기류를 식품이나 소매상품 바우처와 교환(피츠버그, 콜럼버스, 뉴올리언즈, 뉴욕, 필라델피아)

11) 자료: 정광호(2007, 2008, 2010), 박길준 외(2009), 권창익 외(2007)
http://www.healthystart.nhs.uk, http://www.culturalcorridor.org
http://chandlerlibrary.org/go2/cuture-pass.cfm
Western Sydney Institute 홈페이지(http://www.swsi.tafensw.edu.au),
http://www.tdf.org/TDF_ServicePage.aspx?id=71
http://www.guardian.co.uk/stage/theatreblog/2011/aug/17/pay-what-you-can-theatre
http://www.birmingham.gov.uk/leisurecard
http://www.expatica.com/nl/education/school/Culture-Card-for-Dutch-pupils_13152.html
http://www.studentenwerk-karlsruhe.de/en/finanzen/verguenstigungen/kulturscheckheft
http://sovehb.be/content/cultuurwaardebonnen
Botanical Gardens; Collaborative Cultural Voucher Program; New York (1976) Cultural Voucher Program
http://www.edenred.hu/en/products/ticket_culture_voucher
http://www.ancv.com/Les-produits/Le-Cheque-Vacances

미국 오렌지카운티	CHOC Thrifts Store Vouchers	보호관찰자가 의류나 가구 판매 중고품 가게에서 상품구입을 하는 바우처
미국 오클라호마	Vouchers for Infants and Toddlers	모친이 TANF 등록 시 태어난 아동에게 음식, 의류, 기타 필수품 보조
미국 사우스캐롤라이나	Family Independence Act	모친이 TANF 등록 시 태어난 아이들에게 아동 관련 물품 보조, 이사비용과 보육, 구직을 위한 이사 첫 달 임대료 보조
미국	Berkeley Cares (캘리포니아 뉴헤이븐, 뉴욕시, 보스턴, 시애틀)	부랑아 집단을 위한 음식, 세탁, 버스 승차권 바우처 (주류와 담배는 금지)

우리나라에도 중증장애인이거나 고령자가 교통수단을 이용할 수 있도록 서비스를 제공하고 있다. 미국에서도 사회적 소외계층이 대중교통을 이용하거나 택시를 탈 수 있도록 바우처를 제공하고 있다.

표 7-26 국외 교통이동바우처

국가/지역	바우처 종류	서비스 내용
미국 보스턴	Commuter Check	월 $60 상당의 대중교통바우처
미국 플로리다팜비치	Vouchers for disabled individuals	예정된 목적지까지 매달 4번의 편도 승차(집에서 15마일 내)
미국 LA 카운티	Need Program	학대받는 여성의 쉼터 등으로 택시승차
미국 로스앤젤레스	취객 택시 승차바우처	취객 택시 승차바우처(7 마일 한도)

의료서비스를 이용하기 위해 저소득층이나 고령자에게 비용을 할인하여 주거나 일부 약품을 구입할 때 현금을 보조해 주는 바우처이다. 일부는 마약을 끊기 위해 비의료적 활동에도 지원하고 반려동물의 케어를 위한 비용도 지원하고 있다.

표 7-27 국외 보건의료바우처

국가/지역	바우처 종류	서비스 내용
미국 전역	Migrant Health Program	이주자나 계절노동자의 의료기관 이용 바우처
미국 오레곤	Family Health Insurance Assistance Program	저소득층이나 고용주가 부담하는 민간 건강보험 구입 시에 제공되는 보조금
미국 매사추세츠	Employer-sponsored family coverage	저소득 피고용자 건강보험 지원
미국 매사추세츠	Senior Pharmacy Program	고령자가 처방전에 따른 약을 구입 시 연간 $750까지 보조(일부 약품 제한)
미국 세인트루이스, 미주리	Vouchers for Medical services	시 의료원이나 병원이 제공할 수 없는 필요한 의료 서비스를 구입하는 데 보조
미국 플로리다	Prescription Voucher Program	무보험자 어린이 대상 약품/의료품 구입지원 바우처
미국 샌프란시스코 볼티모어 등	Vouchers for treatment of cocaine dependence	코카인을 끊은 환자가 취미 활동이나 건강 생활에 필요한 물품 구입지원
미국 LA	Vouchers for pet neutering	애완동물 난소 제거 또는 거세 수술 지원
미국 전역	Hope for Kids	면역 접종지원, 음식·장난감 구입지원 바우처 (뉴욕 할렘가에서 시작)

미국, 영국 등 외국에서 장애용구를 지원하는 바우처에는 청각장애, 시각장액, 언어장애 등에 활용될 통신수단이나 시각보장구를 지원하고 있다. 우리나라도 의치, 보철, 보청기, 장애보장구 렌탈 등의 사업을 수행하고 있다.

표 7-28 국외 장애용구지원바우처

국가/지역	바우처 종류	서비스 내용
미국 텍사스	Specialized Telecommunictions Devices Assistance Program	장님, 귀머거리, 청각장애, 언어장애 텍사스인들이 특화된 통신수단 장비 구입
영국 잉글랜드지역	wheelchair voucher	휠체어 사용이 필요한 장애인이 원하는 선택사양의 휠체어 구입이 가능하도록 함
영국	시각보장구바우처	시력검사, 시각보장구(안경 및 렌즈) 구입 및 수리와 교체에 관한 비용 보조

미국에서는 주별로 TANF가정이거나 빈곤가정을 대상으로 아동지원서비스를 제공하고 전국의 모든 아동을 대상으로 하기도 하지만 지역여건에 따라 소득수준을 구별하여 지원하기도 한다.

표 7-29 국외 보육바우처

국가/지역	바우처 종류	서비스 내용
미국	Child Care & Development Fund Block Grant	자격 있는 공급자에게 등록하거나 보육증서를 받는 선택권 부여
미국 위스콘신	Child Care Program	TANF 가정 및 빈곤가정 대상
미국 매사추세츠	Child Care	TANF 가정 및 빈곤가정 대상
미국 사우스캐롤라이나	Day Care	TANF 가정 및 빈곤가정 대상 (계약에서 바우처로 전환)
핀란드	보육바우처	1995~97년 460개 시 읍 중 33개 지역 실시
영국	보육바우처	저소득층 학생 대상
독일 베를린	보육바우처	어린이집 및 영아 보육시설 선택권 부여
스페인 발렌시아	Nursery voucher	발렌시아 6세 이하 아동, 시의회가 1개월용 10개 cheque book 발급(1992년 실시)

미국 이외의 캐나나 스웨덴, 네덜란드의 복지선진국은 물론 칠레, 콜롬비아 등의 남미와 일본과 방글라데시 등 전 세계에서 교육바우처를 제공하고 있다. 교육분야의 바우처활용이 다른 어떤 부문의 바우처 보다 많은 것을 알 수 있다. 나라와 지역의 여건에 따라 지원수준과 지원대상을 구별하여 지원하고 있다.

표 7-30 국외 교육바우처

국가/지역	서비스 내용
미국 Federal Pell Grants	저소득층 학부생의 고등교육 접근성 향상(전역, 소득수준, 가족 규모, 고등교육 재학 가족 수 등 고려)(고등교육 입학허가 이후 지원)
미국 텍사스 휴스턴	초·중등학교 학생들이 근처 학교 외의 학교를 다닐 수 있게 허용(저학력 학교 저학력자 대상)
캐나다 퀘백	공립학교 비용의 60% 지원, 사립학교 교사는 공립학교 자격요건 충족해야(정부보조 없는 초중등 사립학교 대상)
콜롬비아	대부분 중등학교의 경우 사립이기 때문에 공 사립학교 입학 비용 지원(1992년 1789개 학교에서 시행/저소득층 6학년 대상)
칠레	1991년 학생 일인당 4,359페소(저소득 초중등학생)
과테말라	연평균 일인당 $65지원(빈곤지역 농촌의 7~14세 학생)
푸에르토리코	소득 $18,000이하 가정대상, 학생 일인당 $1,500 지원(1995년까지, 학령아동 대상)
스웨덴	의무교육 아동대상(1993년 시행)
네덜란드	공사립 구분 없이 동등한 지원을 받음(의무교육 대상 아동)
폴란드	일인당 지출의 50% 수준 지원(사립학교 대상)
일본	사립고등학교 비용의 40%를 정부가 지원(의무교육적용을 받지 않는 15세 이상 학생)
방글라데시	공사립학교 최소출석 및 과정이수; 6학년에서 10학년까지 $12에서 $36.35까지 지원(6~10학년 여성, 지정 지역)

고용훈련바우처는 실직자나 재직자가 기술훈련을 받을 수 있도록 지원하고 있으나, 고용 관련된 상담과 교육교재구입 및 교통여비를 지원하는 형태로도 바우처 서비스를 다양화할 수 있다.

표 7-31 국외 고용훈련바우처

국가/지역	바우처 종류	서비스 내용
미국 (전국)	Title Ⅲ－A Employment and Training for Dislocated Workers	실직자를 위한 직업 상담이나 기술 훈련 등의 지역 훈련과 고용보조
미국 (전국)	Title Ⅲ Dislocated Workers Career Management Grants	13개 시범지역. 실직자를 위한 과도기적 고용훈련
미국 (전국)	Trade Adjustment Assistance(TAA)	개방에 따른 고용피해 근로자의 시험/전직 관련 교육비나 여행경비 보조
미국 미시간	Work! Tool Chest	고용촉진을 위한 고등교육, 공공건강, 교통, 가족 보육서비스 등에 이용
미국 매사추세츠	Skills Plus program	직업, 직업교육, 작업장, 개인기술향상훈련 등에 대한 보조
미국 피닉스	Career Account Management Program (CAMP)	고수요 직업에 대한 교육, 훈련, 고용, 지원 서비스 제공
미국 캘리포니아 샌버너디노 카운티	RESTART	재취업에 곤란을 겪는 항공방위 산업분야 장기 실직자의 훈련
미국 플로리다팜비치 카운티	RESTART	고용을 위한 교육과 훈련
미국 몬태나갤러틴앤 파크 카운티	District Ⅳ Welfare to Work program	개별화된 직업 유지 관리, 기술 훈련, 고용자 네트워크
미국 텍사스	Training Assistance	고졸자 고용기회 확대를 위해 수업료, 책값, 보육, 교통 등에 대한 보조
미국 펜실바니아 리하이밸리	Vouchers for the mentally disabled	직업훈련, 교통, 상담 등에 대한 보조
미국 오클라호마	Flexible Funding Source	차 수리 등 각종 상품 서비스에 대한, 일시적 지원(고용 지원보조)
미국 웨스트버지니아	Clothing Voucher	옷과 바느질 도구에 대한 $100 상당의 바우처(헤어 액세서리나 보석 등 제외)
미국 미시간	Project Zero	복지수혜자를 지정장소에서 일하도록 함(이사나 의류, 교통, 차 구입과 수리 등)

문화바우처는 공연예술, 오케스트라공연, 체육활동, 레저활동을 향유할 수 있도록 일정부분을 지원하거나 공연단체가 일정 수익을 올릴 수 있도록 단체지원을 통하여 운영되고 있다. 문화예술분야에서 활동하는 공급자를 지원하는 경우도 있으며, 문화소외계층에게 서비스를 받을 수 있도록 일정 부분을 할인해주는 효과를 보여주고 있다.

표 7-32 국외 문화바우처

국가/지역	바우처 종류	서비스 내용
미국	Theatre Access project	장애인들이 뉴욕시의 공연예술을 쉽게 관람할 수 있도록 하기 위한 프로그램
미국	Theatre Ticket Purchase program	뉴욕지역의 공립학교에 모든 재학생 음악, 무용, 연극 공연 등에 학생할인 실시
미국	Cultural Pass Program	공연예술에 특별할인, 당일 잔여티켓 염가판매 통한 문화향유기회 제공
미국	Pay－What－You－Can Tickets	케네디센터 내의 국립 심포니오케스트라(National Symphony Orchestra) 또는 다른 단체들의 공연 선정해 제공
미국	Iowa－Cultural Alliance	저소득층에게 문화예술 및 여가시설에의 무료 및 할인입장이 가능한 카드 배분
영국	Passport to Leisure Card (PTL card)	체육 및 레저활동 증진을 통한 정책대상자들의 건강증진(장애인, 저소득층), 건강 및 여가의 형평성 증진
네덜란드	cultural card	약 20유로에 해당하는 바우처를 각 학생에게 제공함으로써 문화예술 작품에 대한 접근성을 보장
독일 Karlsruhe시	Culture Coupons	재학생에게 Karlsruhe 대학 내 시행되는 모든 공연 및 박물관 이용 할인 권한 부여
벨기에	Cultuurwaardebonne	특정 문화예술 공연에 대한 할인 티켓 발급
미국	New york Collaborative cultural voucher program	문화예술 단체(7개 기관)에 바우처 방식 도입통한 이용객 증가 및 문화 프로그램 수준 향상 꾀함
헝가리	Ticket Culture voucher	기업 근로자 대상으로 자유롭게 모든 인근 식당, 카페, 문화예술 기관을 해당 금액 내에서 자유롭게 이용하도록 함
프랑스	Cheque Vacance	국민들의 국내관광 수요를 촉진시키고 저소득계층에게도 관광기회 확대를 제공

주거환경을 개선하기 위해 변기구입을 지원하고나 잔디깎기 기계를 구입을 활성화하기 위해 환경분야의 바우처를 활용하고 있다.

표 7-33 국외 환경바우처

국가/지역	바우처 종류	서비스 내용
미국 샌디에고	Ultra Low－Flush Toilet Voucher program	용수절약용 변기 구입 지원 바우처
미국 에리조나투산	Mow Down Pollution	새로운 전기 잔디깎기 기계 구매를 위한 바우처
싱가포르	Vouchers for individuals who reduce household under consumption	가정에서 물 소비를 줄인 경우 스포츠 용품을 살 수 있는 바우처 제공

주택바우처는 주로 저소득층과 장애인을 위하여 주거할 수 있는 공간을 임대하는 경우에 활용하고 있다. 우리나라에서도 임대주택에 거주할 때 주택바우처로 활용할 수 있으며, 이용자의 소득수준과 장애여건에 따라 차등화하여 지원할 수 있다.

표 7-34 국외 주택바우처

국가/지역	바우처 종류	서비스 내용
미국	Section 8 Housing vouchers and certificates	최저소득층 가정을 위한 주택 임대료, 남은 돈은 자유 사용
미국 미네소타	Rental Assistance for Family Stabilization	근로참여 가정을 위한 임시 주택바우처
미국 미네소타	Bridges	정신질환자를 위한 임시 주택바우처
미국 매사추세츠	Rental Voucher	연방 빈곤선 200% 이하 소득 가구 대상
미국 매사추세츠	Alternative Housing Voucher	젊은 장애인을 위한 주택바우처(이사 가능)
미국 보스턴	AIDS rental subsidy	HIV 양성반응자를 위한 주택임대 및 관련 서비스 지원
미국 캘리포니아 롱비치	Voucher toollending program	$500 상당의 연장 대여(집 외양수리 등)

3) 수요자 중심의 사회서비스 전달사례

(1) 네덜란드의 개인예산제 도입

네덜란드는 장기돌봄서비스를 제공하고 있었는데 이 사업을 참여하고자 하는 제공기관들에게 개방되지 않아 항상 대기줄이 존재하였다. 공급기관 측면에서도 서비스 제공자가 부족하여 인력난에 어려움을 가지고 있었다. 정부에서는 개인예산제를 도입하여 개인이 서비스이용에 선호하는 것을 선택하여 공급기관 간의 경쟁을 유도하게 되었다. 이 개인예산제는 수요자중심적으로 진행되어 있었고 다양한 선호에 부흥할 수 있었다. 이 제도로 인하여 서비스 공급기관이 증가하게 되었으며 이용자들은 자신들이 서비스를 통제할 수 있는 역량을 향상하도록 노력하게 되었다.

(2) 영국의 직접지불제 도입

영국에서는 공적자금에 의해 사회적돌봄서비스가 제공되었는데 개인시설이나 지방정부에서 서비스를 실시하였다. 이용자가 직접 지불하는 직접지불제를 시행하였는데, 직접지불제는 지방정부가 서비스이용자에게 서비스를 이용할 수 있는 재원을 지원해주면 이용자는 이 사용재원에 대한 모든 책임을 진다. 이용자는 자신의 선호에 따라 각종 서비스를 구입하여 이용하게 된다. 자기 결정권에 의해 서비스이용에 대한 통제권을 가지고 독립적인 경제생활을 영위하게 된다. 최근 이용자 중심의 서비스가 확대됨에 따라 직접지불제를 도입하게 되었다. 직접지불제는 가족구성원 중에 한 사람이라도 유급으로 서비스공급자로 고용하지 못하게 함으로써 한계점이 발생한다. 우리나라 장애인활동보조에서 가족이 서비스를 제공할 수 없도록 한 취지와 동일하다. 직접지불제는 지방정부의 공무원과 서비스를 받는 노인들이 이 프로그램에 대한 이해가 부족하여 도입이 늦어졌고 재택돌봄서비스 중 일부만 적용되어 있었다. 정책결정자들은 직접지불제가 재원의 부정사용에 대한 의구심과 일선공무원과 이용자들의 반감으로 인해 크게 발전하지는 못하였다. 1997년에 이용자 중심적 접근을 명시한 법률이 제정되었음에도 불구하고 돌봄서비스 이용자 중 약2%만 이용하였다.

(3) 독일의 자택돌봄서비스 제도

독일도 장기돌봄서비스 제도의 경우 다른 국가들과 달리 독립적 생활에 대한 수혜자의 요구보다 복지기반 사회지원 프로그램 강화를 목적으로 도입, 발달한 특징을 보인다. 자택돌봄서비스 제도는 수혜자 가족을 안정시키고 수용시설에서 제공하는 서비스 이용을 방지하는 등 서비스 수혜자의 선택권 강화 측면뿐만 아니라 보다 적은 비용으로 운영될 수 있다는 점에서 사회적으로 바람직하게 인식되었다. 가족구성원을 유급 서비스 공급자로 인정함에 따라 내부돌봄서비스를 강하게 선호하는 서비스 수혜자들을 중심으로 프로그램 이용자가 빠르게 증가하게 되었다. 이러한 장점들에 의해 자택돌봄서비스 제도는 다양한 긍정적 효과를 많이 발생시켰으나, 자택돌봄서비스의 품질보다는 서비스 수혜자의 참여정도와 수용시설 제공서비스의 품질에 더 관심을 보였으며, 서비스 공급을 위한 지원금액이 지역이나 인플레이션을 고려하지 않고 책정됨에 따라 시간이 지날수록 수혜자에게 제공되는 혜택이 감소하는 한계점을 보였다. 정부측면에서는 독일이 고령화 사회로 변화함에 따라 수혜대상이 상당히 증가하여 지출에 비해 지원재원이 부족할 것으로 우려된다.

독일의 사회서비스제도는 사회보장 성격을 띠어 프로그램 참가자 범위가 넓고 수혜자에게 완전한 재량을 부여하는 현금지원방식이 보편화(73%)되었다. 무엇보다 이 자금은 수혜자 가족에게 제공되는 생활보조금과 유사하게 인식되어 주정부는 수혜자의 부정수급을 막기 위한 규제활동을 하지 않았으며, 수혜자의 대다수가 가족구성원을 서비스 공급자로 고용하였다.

(4) 사례 적용에 대한 시사점

다른 나라의 우수사례를 우리나라에 적용할 때에는 우리나라의 특수한 상황과 여건을 고려하여야 한다. 외국에서 우수사례가 발전할 수 있었던 시대적 상황과 발전과정과 제도적 성과를 우리나라에 접목할 때 비교분석이 필요하다. 특히 새로운 정책이 지역별로 다르게 발전하는 주요 이유 중 하나는 각 나라의 고유한 문화배경의 차이가 나타난다.

우리나라에서 사회서비스 공급기관은 중앙정부와 지방정부의 보조금을 받아 보조금의 용도를 구분하여 어떤 대상과 어느 지역에 어떤 서비스를 계획하여 제공하여왔다. 이용자 중심의 서비스를 제공하였기보다 공급자 중심의 서비스로 제공되어왔다. 서비스 이용자의 역할이 강조되지 않고 공급자 위주의 서비스를 선택권없이 이용하여 수혜자가 참여하고 결정하는 부분은 상당히 제한적이었다. 선택권을 부여하기 위해 사회서비스 전자바우처가 도입되었음에도 불구하고 현재 장애인활동보조서비스에서는 이용자와 제공자간 부정수급을 막기 위해 가족구성원을 공급자로 고용하지 않고 있다.

이용자 중심의 사회서비스와 공급기관 중심의 복지서비스 간의 선택권과 결정권에 대한 권한을 어떻게 배분할 것인가는 철학적으로 중요한 문제이다. 사회서비스 운영의 적합한 사회서비스 철학을 담아 적절한 우수사례를 선정하고 적합한 전달체계를 발전시키는 노력이 필요하다.

제 8 장

사회서비스 이용권법과 운용시스템

제8장 사회서비스 이용권법과 운용시스템

사회보장체계에는 사회보험, 공공부조, 사회서비스 관련 사항들을 담고 있다. 사회보험체계에는 국민연금법, 국민건강보험법, 고용보험법, 산업재해보상보험법과 함께 노인장기요양보험법이 존재한다. 공공부조체계에는 국민기초생활보장법, 의료급여법, 긴급복지지원법, 기초노령연금법, 장애인연금법 등이 있다. 사회서비스체계에는 영유아보육법, 노인복지법, 한부모가족지원법, 노숙인 등의 복지 및 자립지원에 관한 법, 장애인활동지원법, 사회서비스이용 및 이용권관리에 관한 법이 존재하여 이용대상별 서비스별로 사회서비스를 규정하고 있다. 사회서비스라는 용어는 2012년 8월에 시행된 사회적기업육성법에서 먼저 규정되었고, 2013년 1월에 개정시행된 사회보장기본법에서 사회복지서비스에서 사회서비스로 개정되었다. 이후에 2014년 8월에 사회서비스이용 및 이용권관리에 관한 법률에서 사회서비스를 규정하고 있다.

사회보장기본법에서는 사회서비스를 국가·지방자치단체 및 민간부문의 도움이 필요한 모든 국민에게 복지, 보건의료, 교육, 고용, 주거, 문화, 환경 등의 분야에서 인간다운 생활을 보장하고 상담, 재활, 돌봄, 정보의 제공, 관련 시설의 이용, 역량 개발, 사회참여 지원 등을 통하여 국민의 삶의 질이 향상되도록 지원하는 제도라고 규정하였다.

제1절 사회서비스 법체계

1. 사회서비스 관련 법률과 타법과의 관계

1) 사회서비스이용권관리법과 사회복지사업법의 비교

초기산업사회 및 자유주의 국가에서의 잔여적 복지 개념은 임시적이며 보충적(보완적)인 성격으로 인해 복지를 일종의 시혜나 자선과 같은 개념으로 이해하여 가족과 시장경제를 통해 각 개인의 욕구가 적절히 충족될 수 있다는 전제하에 특별한 경우에만 사회복지서비스를 제공하여 왔다. 잔여적 제도하에서는 사회복지서비스의 제공에 있어 정부의 역할은 최소화될 수밖에 없다. 주로 소득조사에 의존하여 가난한 사람들을 복지서비스를 받을 자격자와 무자격자로 다시 구분한다. 이러한 공급자중심의 전달체계와 수급을 위해서는 절차와 규정을 까다롭고 엄정하게 설정할 수밖에 없고 이는 오히려 사회적 소외와 배제를 가속화시켜왔다.

현대산업사회에서 요구되는 복지는 보편적 복지로서 사회구성원 대부분을 그 대상으로 수혜자와 비수혜자의 구분이 무의미하고, 전달체계에 있어 공급기관이 수요자 중심의 공급 시스템을 갖추고 그 운영 또한 일반 시장경제의 가격, 품질, 정산 그리고 공정거래 등 시장관리 방식의 틀 안에서 이루어질 것이 요구된다.

기존의 「사회복지사업법」은 보호사업·복지사업·선도사업·복지시설의 운영 등 주로 사회적 약자 및 소외계층을 위해 잔여적 부문에 투자하는 사업에 한하여 규정되어 있고 서비스 전달체계 또한 공급자 중심으로 명문화되어 있기 때문에 현대산업사회에서 요구되는 복지가 수혜자와 비수혜자의 구분이 없는 보편적 복지이고 수요자 중심의 서비스 전달체계가 요구된다는 측면에서 근본적인 한계를 지닌다.

「사회서비스이용권관리법」은 현 시점에서 요구되는 보편적 복지의 특성을 충분히 반영하여 수요자 중심의 서비스 전달체계를 명문화하였다. 일반 시장경제의 가격, 품질, 정산 그리고 공정거래 등 시장관리 방식을 의제하여 운영되며, 서비스 이용권의 활용과 거래를 신용카드 방식으로 운영하여 거래의 투명성을 높이고 모든 서비스 제공기관들은 일반 시장에 적용되는 공정거래의 틀 안에서 관리된다. 사회서비스 분야의 국고보조사업은 기능의 중복 문제, 국고 보조금의 배분과 보조율의 문제를 발생시킬 수 있

표 8-1 사회서비스이용권관리법과 사회복지사업법의 법조문 비교

구 분	사회서비스이용권관리법	사회복지사업법
목 적	국민의 선택권을 보장하고 국가재정의 투명성과 효율성 향상(1조)	사회복지사업에 관한 기본적 사항규정(1조)
용어의 정의	사회서비스, 사회서비스이용권, 사용자, 사업자, 관리기관(2조)	사회복지사업, 사회복지법인, 사회복지시설, 사회복지서비스, 보건의료서비스
다른 법률과의 관계	적용범위 등(3조)	동일(3조)
국가 및 지방자치단체의 책임	책무(4조)	동일(4조)
지방자치단체 또는 사회서비스제공기관 재정지원	관련규정 없음	관련규정 없음
위원회	관련규정 없음	사회복지위원회–특별시. 광역시. 도에 소속되어 지역사회복지계획을 심의 또는 건의(7조)
위원의 자격요건	관련규정 없음	7조
사회서비스 육성기본계획의 수립	사회서비스 제공계획(5조)	지역사회복지계획의 수립(15조의3)
실태조사	관련규정 없음	관련규정 없음
서비스 제공절차	서비스 신청 → 욕구조사 → 제공결정 → 제공	동일(33조의2~33조의6)
후견인 지정	관련규정 없음	관련규정 없음
제공방법	이용권(10조)	현물 또는 이용권(33조의7)
이용자의 서비스 이용료 부담	사회서비스 이용의 대가로 서비스 가격의 일부 또는 전부를 이용자에게 부담(6조)	관련규정 없음
제공기관	등록(14조)	국가 또는 지방자치단체가 복지시설 직접 설치·운영하거나 이외 시장·군수·구청장에 신고(34조)
이용권 사용기관 인증	관련규정 없음	관련규정 없음
제공기관 준수사항	사업자의 준수사항(18조)	관련규정 없음
제공인력의 교육	교육과 훈련(33조)	관련규정 없음
제공기관육성	관련규정 없음	관련규정 없음
서비스 품질관리	사회서비스 품질관리(29조)	관련규정 없음
기금의 설치	관련규정 없음	관련규정 없음
진흥원의 설치	관련규정 없음	사회복지법인의 설치(16조)
보조금	관련규정 없음	관련규정 없음
벌칙	34조~37조: 벌금·징역형 구체적으로 규정	53조~56조: 벌금·징역형 구체적으로 규정

고, 이 경우 광역자치단체의 보조금조정과 기초자치단체가 겪고 있는 사회복지 예산의 부족 문제를 해결하기 어렵다.

이러한 기능중복과 예산조정 문제의 해결을 위해서는 사회서비스제도의 시장관리 방식 도입이 적절하며, 지속적이고 대인적인 사회서비스제도는 일반예산이 아닌 기금사업 방식으로 운영될 것이 요구된다. 이와 아울러 사회서비스제도는 각 사업별 품질모니터링을 통해 광역단체와 기초자치단체간 기능과 역할을 명확하게 구분하여 설정할 수 있고 각 부처의 분산 중복기능도 조정할 수 있다.

2) 사회서비스이용권관리법과 사회적기업육성법의 비교

현재 사회는 급속한 고령화, 가족구조의 변화, 여성의 경제활동 참여 증가, 양극화의 심화되는 현상으로 간병·가사지원, 보육, 돌봄 등 사회서비스에 대한 국민들의 수요가 급속히 증가하고 있으나 충분한 공급이 이루어지지 못하고 있다. 특히 빈곤층 등 취약계층의 경우 취업과 사회서비스의 혜택으로부터 소외되어 사회통합에 장애요인이 되고 있다.

「사회적기업육성법」은 사회적기업을 육성하여 새로운 일자리를 창출하고 생산활동을 통해 수익을 올리면서 저소득층에 대한 사회서비스 제공 등 사회적 목적을 추구하는 사회적기업에 제도적 지원체계를 구축하기 위한 제도이다. 「사회적기업육성법」이 사회서비스를 창출하는 기업에 대한 지원 육성에 중점을 둔다면「사회서비스이용권관리법」은 보편적 복지 개념에서 국가 및 지방자치단체가 제공하는 사회서비스의 대상과 범주, 제공기관, 품질관리, 모니터링, 전달체계 등에 관해 구체적으로 규정하고 있다. 또한「사회서비스이용권관리법」은 수요자중심의 서비스전달체계를 갖추고 시장경제의 일반원칙과 공정거래제도를 도입하여 서비스제공기관(공급자), 이용자(소비자), 관리자(시장감시자) 간의 효율적인 운영 메커니즘을 설정하고 있다.

표 8-2 사회서비스이용권관리법과 사회적기업육성법 법조문 비교

내 용 \ 법	사회서비스이용권관리법	사회적기업육성법
목 적	국민의 선택권을 보장하고 국가재정의 투명성과 효율성 향상(1조)	사회적기업의 육성을 통한 일자리 창출 및 국민의 삶의 질 향상
용어의 정의	사회서비스, 사회서비스이용권, 사용자, 사업자, 관리기관(2조)	사회적기업, 취약계층, 사회서비스, 연계기업, 연계지방자치단체
다른법률과의 관계	적용범위 등(3조)	조항 없음
국가 및 지방자치단체의 책임	책무(4조)	운영주체별 역할 및 책무(3조)
위원회	관련 규정 없음	사회적기업육성위원회(4조)
기본계획의 수립	사회서비스 제공계획(5조)	사회적기업육성기본계획의 수립(5조)
실태조사	관련규정 없음	노동부장관이 사회적기업의 활동에 관한 실태조사(6조)
등록 또는 인증 (요건/절차/취소)	① 사업자 등록(14조) ② 사업자 등록의 취소 등(22조)	① 사회적기업의 인증(7조) ② 인증요건 및 인증절차(8조) ③ 정관 등 필수 기재사항(인증요건-9조) ④ 인증의 취소(18조)
지 원	관련규정 없음	① 경영지원(10조) ② 시설비 등의 지원(11조) ③ 사회서비스 제공 사회적기업에 대한 재정지원(14조) ④ 연계기업에 대한 조세감면(16조) ⑤ 조세감면 및 사회보험료의 지원(13조)
권한의 위임	관리체계구축(27조), 정보제공(28조), 품질관리(29조), 교육과 훈련(30조), 권한의 위임과 위탁(33조)	노동부장관의 권한을 대통령령에 따라 지방자치단체의 장 또는 직업안정기관의 장에게 위임(20조)
기 금	관련규정 없음	관련규정 없음
보조금	관련규정 없음	관련규정 없음
유사명칭의 사용금지	관련규정 없음	사회적기업 또는 이와 유사명칭의 사용금지(19조)
부당이득의 징수	부당이득의 징수(20조)	관련규정 없음

3) 사회서비스이용권관리법과 국민기초생활보장법의 비교

「기초생활보장법」은 일정한 요건을 갖춘 수급권자 혹은 생활이 어려운 차상위계층에 주거, 교육, 의료, 장제 및 자활활동 등에 대해 부분적인 급여를 지급하였다. 중앙자활센터를 설치하여 자활사업의 전문성·효율성을 높이며, 자활급여 대상자의 특성 및 욕구를 고려한 다양한 자활지원 프로그램이 운영될 수 있도록 하는 제도이다. 「기초생

표 8-3 사회서비스이용권관리법과 국민기초생활보장법 법조문 비교

법률 / 내용	사회서비스이용권관리법(안)	국민기초생활보장법
목 적	국민의 선택권을 보장하고 국가재정의 투명성과 효율성 향상(1조)	생활이 어려운 자에게 필요한 급여를 행하여 최저생활 보장(동법 1조)
용어의 정의	사회서비스, 사회서비스이용권, 사용자, 사업자, 관리기관(2조)	수급권자, 수급자, 수급품, 보장기관, 부양의무자, 최저생계비, 개별가구, 소득인정액, 개별가구의 소득평가액, 재산의 소득환산액, 차상위 계층 (2조)
관련법규	사회복지사업법, 사회적기업육성법	사회복지사업법
국가 및 지방자치단체의 책임	책무(4조)	규정 없음
서비스(급여)의 제공절차	서비스이용권의 발급신청(8조)－신청에 따른 조사(9조)－이용권의 발급(10조)－이용권의 기재사항(11조)－이용권의 사용(12조)	급여의 신청(21조)－신청에 의한 조사(22조)－조사결과의 보고(25조)－급여의 결정(26조)－급여의 실시(27조)
제공방식	이용권(10조)	생계, 주거, 의료, 교육, 해산, 장제, 자활 등에 기본적으로 필요한 금품을 직접지급하는 방식(동법7조~15조)
서비스(급여)의 품질관리	사회서비스 품질관리(29조)	최저생계비의 결정(6조), 정기적으로 수급자의 수급여부 확인(9조3항)
제공(보장)기관	사회서비스 제공사업자(4장)	수급권자 또는 수급자의 거주지를 관할하는 특별시장, 광역시장, 도지사와 시장, 군수, 구청장(19조)
관계기관	사회서비스이용권 관리기관(2조)	생활보장위원회(20조), 자활기관협의체(17조)
기 금	관련규정 없음	자활기금의 적립(18조의3)
이용자(수급자)의 권리 의무	이용자의 서비스 이용료부담(6조)	급여변경의 금지, 압류금지, 양도금지, 신고의 의무(34조~37조)
부정이용자(수급자)에 대한 제재	부정 발급자에 대한 벌칙(37조)	부정 수급자에 대한 벌칙(49조~51조)

활보장법」이 일정한 소득기준 이하의 국민만을 대상으로 하는 반면 「사회서비스이용권관리법」은 보편적 복지의 개념에서 전 국민을 그 대상으로 하고 있다. 서비스 전달체계에 있어 정부부분과 시장부분이 혼재되어 있으며 보조금 운용방식 또한 상이하다.

2. 사회서비스이용권법 이해관계자

사회서비스 이용권 제도와 관련된 이해관계자들은 이용자, 공급자, 지자체, 보건복지부, 사회서비스전담기관, 금융기관 등으로 구성된다. 이 제도의 참여자들은 사회서비스를 직접 거래 하는 역할을 가진 이용자와 공급기관, 전자바우처에 대한 보조금과 정책지원 역할을 맡은 중앙정부와 지방정부, 그리고 전체적인 집행관리와 금융거래를 관리하는 역할을 하는 사회서비스전담기관과 금융기관으로 크게 구분된다.

사회서비스 이용자는 해당 읍·면·동(시·군·구)으로부터 안내받은 본인부담금을 인터넷뱅킹, 창구, 신용·체크카드, 자동화기기 등을 통하여 지정된 가상계좌에 납부하여야 한다. 이때 본인부담금의 납부시기에 따라 바우처 발생시기를 정할 수 있으며, 바우처 설계시 선발급 후납부로 할 것이지 선납부 후발급으로 할 것인지를 고려하여야 한다. 이용자는 통합정보시스템 포탈을 통하여 자신의 발급현황을 조회할 수 있다. 이용자는 약속된 시간에 방문한 도우미로부터 바우처 서비스를 제공받고, 만족도를 휴대용(탁상용)단말기에 입력한다.

공급기관은 서비스 이용계획서에 따라 도우미를 파견하고 서비스 이용자는 도우미 방문 후 서비스 개시시간, 종료시간, 만족도 등을 단말기에 입력한다. 이때 휴대용 혹은 탁상용 단말기를 통하여 바우처 카드, 도우미카드간 인증 후 바우처사용을 결제한다. 이 사항은 무선 데이터망을 통해 은행(전담금융기관) 바우처운영시스템에 접속하여 거래승인이 이루어진다.

전담금융기관은 사회서비스전담기관으로부터 수신받은 대상자 정보를 통해 자체심사에 의하여 신용카드, 체크카드 및 바우처전용 카드 발급여부를 결정한다. 이때 바우처카드 발급 원장이 생성되며. 이용자의 본인부담금 납부여부를 확인 후 바우처카드를 발급한다. 금융기관은 카드발급 데이터에 의해 바우처카드를 제작하는데 IC칩 내에 발행자코드, 이용자 ID 및 정보, 바우처 종류, 수량, 유효기간, 금융카드(신용, 체크) 정보를 저장한다. 이후 바우처 카드 재발급, 폐용 등 전반적인 유통현황을 관리한다. 전담금융기관은 바우처카드의 발급내역을 사회서비스전담기관으로 전송하고 발급된 카드는 이용자의 요청에 따라 인편, 우편을 통해 신청자 본인에게 배송한다. 이때 특별한 경우를 제외하고는 본인에게 서비스 이용 7일 전까지 도달하도록 하고 있다. 금융기관에서는 바우처거래 승인요청을 수신하여 BL(Blocking List), 이용자 및 공급기관의 DB를 검색하여 바우처 ID, 종류 등을 확인하고 단말기로 전송한 거래 바우처에 대하여 사용완료 등록 후 사회서비스전담기관으로 거래 내역을 전송한다.

사회서비스 제공시기와 관련하여 사회서비스의 이용개시일이 각 서비스별 특성상 달라질 수 있는지 여부와 바우처카드의 발급시를 서비스의 개시일로 볼 것인 지에 대한 논의가 필요하다. 보건복지부령에서 사회서비스의 개시일을 "사회서비스 이용대상자로 선정된 날부터 개시한다"고 규정한다. 현재 운영되고 있는 바우처제도는 전산상 운용의 용이성으로 인하여 바우처카드 발급의 신청 기한을 매월 10일까지 정하고 있으며, 바우처카드 사용 기한(서비스 유효기간)을 익월 1일부터 말일까지로 정하고 있다. 제도 초기의 운영상 수시청구 및 수시발급 형식에 제한이 따르지만 전산의 고도화 및 금융기관 등 타 기관의 통합데이터 연계 활성화로 제약을 줄일 필요성이 있다. 현재 운영되고 있는 바우처 자격의 유지기한은 결정일로부터 3개월 기준이며 카드 3회 이상 사용자에 대해 담당자 직권조사가 이루어진다. 소득변동, 주소변동사항 등 신청 시 자료가 변동되었던 내역을 점검하고 기존 신청자가 재조사를 원할 시에는 추가 신청하여 자격변동에 관한 사항을 변경할 수 있다.

1) 이용자

(1) 사회서비스의 신청

사회서비스에 대한 지원과 보호를 받는 대상은 전 국민이나 아동, 여성, 장애인, 노인, 저소득층 등이 특히 중요한 정책대상이 된다. 구체적인 대상 범주는 하위 법령에 규정하고 있으며 대부분 국가에서 사회서비스의 주요 대상은 노인, 장애인, 아동(가족)으로 되어 있다. 노인은 연령, 본인 소유의 재산 및 소득, 주 부양의무자의 소득, 장애여부와 건강상태, 부양의무자의 존재여부 등을, 장애인은 장애등급, 본인재산 및 소득 등을, 영유아와 청소년은 가족소득, 연령, 장애여부 등을, 여성은 재산 및 소득, 장애여부, 일반여성 혹은 임산부 등을 기준으로 한다.

사회서비스를 신청할 자격이 있는 자로는 이용자 본인 외 그 친족, 관련 공무원이 포함되고 신청자격자에 대한 자세한 사항은 보건복지부령으로 규정하였다. 이는 공급기관 운영자가 신청을 대신하여 부정수급을 받는 문제가 발생할 수 있기 때문이다. 사회서비스를 제공받고자 하는 자는 관할지역 읍면동에 서비스 이용을 본인과 아울러 대리인(가족)이 신청할 수 있다. 읍·면·동(시·군·구)의 담당 공무원도 본인을 대신해 신청할 자격이 있는데, 이는 읍·면·동의 담당 공무원이 신청자의 가정을 방문하여 상담하고, 소득여건, 욕구, 가구여건 등을 확인하여 대상자의 선정업무를 수행하기 때문이다. 다만 사회서비스 제공기관의 신청업무의 대행여부는 신청의 대리위임장 소지 여부에 따라 결정하여 신청에 관한 업무를 신중하게 할 필요성이 있다.

신청을 받은 해당 시군구는 심사 후 이용신청자에게 그 결정내용을 통보하고, 본인부담금 납부를 안내한다. 이와 함께 시군구 해당 지역의 서비스종류, 바우처량, 유효기간 등 신청대상 자료를 사회서비스전담기관으로 전송. 사회서비스전담기관은 읍·면·동(시·군·구)으로부터 신청대상 자료를 수신 받아 은행(전담금융기관)으로 정보를 전송한다.

카드발급 부적격자, 의사무능력자 또는 금치산자의 경우 민법 및 관련 법률이 정하는 바에 따라 후견인과 그 대리인이 대리하여 신청할 수 있다. 가족의 경우는 주민등록등본을 제출하여 계좌를 개설하여 카드를 발급하고, 체크카드의 경우는 신용카드와 달리 계좌를 가지고 있는 모든 사람에게 카드발급이 가능하다.

계좌를 가지고 있지 않은 사람은 바우처 카드만 발급하며, 추후 은행 계좌개설 후 신청시 별도의 절차 및 카드 교체없이 체크카드 기능을 부여한다. 바우처카드 신청자 중 카드발급 부적격자는 금융기능이 제외된 바우처전용카드를 발급하는데 신용불량자 등 카드의 발급이 법적으로 금지되어 있는 사람이 금융기능을 포함하고자 할 경우 그 가족의 명의로 된 계좌를 이용할 수 있으며, 가족회원카드로 발급이 가능하다.

(2) 사회서비스 자격 조사

시·군·구 및 읍·면·동 담당자는 대상자 선정 이후에도 복지행정시스템 및 방문실태조사 등을 통해 대상자의 적격 여부에 대한 확인조사를 실시할 수 있다. 각 사업팀의 대상자선정기준을 준용하되 판단기준은 입력토록 설계(가구여건, Needs요건 등록)하고 대상자 선정기준은 생계를 같이하는 2촌 이내 직계존비속(주민등본기준 2007년 산모도우미사업)으로 하기도 한다. 또한 기초생활수급자 선정을 위한 부양의무자기준이 완화되면서 1촌의 직계존속과 배우자로 한정됨에 따라 사회서비스 선정기준도 사업팀별 검토가 필요하다.

자산조사의 경우사업팀 전체 건강보험공단 자료만 반영하기도 하며 이때 건강보험공단 온라인과의 연계협의 필요하고, 선정을 위한 우선순위 결정의 경우 자산조사(1순위)를 거쳐 읍·면·동 담당자는 관련기관에 욕구조사 의뢰시 인적사항정보와 특이사항(예: 언어장애) 등을 상담한 욕구조사 의뢰서를 함께 통보한다. 욕구조사결과 점수가 동일할 경우에는 가구특성정보(맞벌이, 구직활동준비자 등)가 있는 가구를 우선 선정하기 위한 가구특성 관련 판정조사표를 추가할 필요가 있다. 자산조사항목에 자동차 기준이나 납세실적 등이 추가될 경우, 자산조사 결과 제공기관(국세청 등)시스템의 변경 필요하다. 이를 위하여 민원사무처리에 관련 근거를 삽입하고 행정정보공유시스템 사용 협의를 통해 소득파악을 위한 국세청과의 자료연계가 필요하다. 기타 장애인등록현황 및 수급자여부는 기존시스템과 연계가 가능토록 조치한다. 욕구조사에서 사업팀별 평가판정조사표는 바우처시스템을 통해 관련 기관에서 판정토록하고 판정조사표와 결과내역 전체를 시군구로 전송하며 욕구조사 기간을 명시한다.

사회서비스 이용자가 주민등록법상의 전출입을 한 경우 전출지 보장기관의 장은 대상자 관리 자료를 시·군·구 복지행정시스템 등을 통해 전입지 읍·면·동장에게 전송하고 관련서류(제출서류 등)도 우편으로 이송한다. 전입지 보장기관의 장은 서비스 대상자가 해당 월에 연속적으로 서비스를 받을 수 있도록 조치해야 하나 익월 서비스의 경우 대상자 선정이 보장기관의 결정사항임을 고려하여 해당 보장기관(전입지)에서 재판정할 수 있다. 전출입에 따른 예산부담의 주체는 당월 발생한 서비스 비용은 바우처를 발급한 보장기관(전출지)에서 부담하는 것을 원칙으로 하며, 비용 정산 절차도 동일하다. 자격상실은 서비스 대상자의 사망, 본인의 자발적 서비스 포기, 부정사용 적발 등을 그 요건으로 하고 이 경우 행복이음시스템을 통해 사회서비스전담기관으로 관련 내용 전송한다. 사망 또는 본인 포기의 경우 미사용 본인부담금은 정산 절차를 거쳐 익월에 지급한다.

대상자 결정(시군구 사업팀)을 위한 자산조사, 가구여건, 욕구조사결과를 입력할 대상자 결정 방식(logic)이 필요하다. 대상자에게 생활지원서비스 이용 안내문, 제공기관 현황 등을 포함한 결정내용을 통지하고 결정통보서에 본인부담금 납부기한, 미입금시 바우처 자격정지예고를 포함한다. 신청대상자 전체자료(적합, 부적합)를 사회서비스전담기관으로 전송하고 전송자료에는 신청정보(상담정보), 욕구조사, 카드신청정보, 결정내용을 포함한다. 사회서비스전담기관은 바우처카드 발급을 위해 적합대상자 자료를 전담금융기관으로 전송하고 전담금융기관은 당사자에게 카드를 발급 및 배송한다. 이때 카드발급 정보(교부완료, 미교부사유)를 시군구에 전송한다. 미수령 카드의 처리방안(시군구, 카드회사 등), 분실/훼손 등으로 인한 재발급시 본인부담금의 처리방안, 인적사항 변경시 별도서식 필요여부 등의 검토 필요하다.

(3) 이용권자의 선정절차

신청권자는 서비스를 필요로 하는 본인, 가족 또는 그 밖의 관계인으로 하며, 복지담당공무원이 직권으로 신청 가능할 수 있다. 신청서를 제출하는 곳은 서비스 대상자가 거주하는 읍·면·동사무소이고, 신청서를 제출할 때 필요한 서류는 일정 양식의 신청서를 작성하여 제출하고 신청기간은 매월 10일까지 신청한 자에 대하여 15일까지 서비스 대상 적합 여부를 결정하여 다음 익월 1일부터 서비스를 제공하고 있다.

표 8-4 선정절차 흐름도

구 분	주 체	내 용
신청 및 접수 (읍면동)	본인·가구원, 담당공무원	• 신청서 • 제출서류(소득확인서류 등)
⇩		
상담 (읍면동)	읍면동 담당자	• 가구원 수, 가구 내 노인 돌봄 가능자 유무 등 확인
⇩		
자산조사 (읍면동)	읍면동 담당자	• 소득조사(건강보험료로 판정)
⇩		
건강상태조사 (보건소)	보건소 방문건강관리요원	• 가정방문을 통해 판정조사표 작성 (시군구에서 보건소로 조사 의뢰)
⇩		
대상자 선정 (시군구)	시군구 사업팀 (노인담당자)	• 선정 결과 통보: 관리센터
⇩		
통 지 (시군구)	시군구 사업팀 (노인담당자)	• 선정결과 통지: 신청자

(4) 서비스대상자 관리

이용자에게 사회서비스 공급기관에 대한 선택권을 보장하기 위하여 팸플릿 등 관련홍보물, 바우처포털, 사회서비스 관련 제공기관 홈페이지 등의 사항들을 안내하여야 한다. 사회서비스 대상자 관리를 위하여 서비스 대상자 관리매뉴얼에 이력관리를 위한 서비스지원대장 출력물을 준비하고 웹시스템에서는 바우처 대상자결정 및 바우처관리를 위한 각각의 결재화면에서 출력이 가능하다.

(5) 서비스의 결정 및 통지

서비스의 결정에 관하여 시장·군수·구청장은 읍·면·동사무소 담당자가 입력한 소득·재산 및 건강상태 판정조사 결과 등을 확인하여 대상자 선정 여부 결정한다. 이후 대상자 선정 결과를 시·군·구 복지행정시스템(이하 '복지행정시스템')을 통해 전담기관으로 전송한다. 이 결정의 유효기간은 1년을 원칙으로 하고, 유효기간 종료 후에는 재판정할 수 있다.

결정사항에 대하여 시·군·구 담당자가 대상자 선정결과를 신청자에게 통보할 때에 이용권자 자격취득통보서, 이용권자 자격상실통보서, 이용권자 자격변경통보서 등을 서비스 신청일로부터 20일 이내 통지하여 이용자에게 신속하게 안내하여야 한다. 이 통지사항에는 바우처 지원액, 본인부담금, 추가구매방식, 서비스 제공기관 현황, 서비스 이용절차 등을 안내하여야 한다.

(6) 이의신청

이의신청인은 본인 또는 가구원으로 하며, 이의신청 기한은 대상자 선정 결과 또는 지원 중지 등을 통보 받은 날로부터 60일 이내로 한다. 이의신청 방법은 이의신청서를 작성하여 읍·면·동사무소 및 시·군·구청에 제출한다. 이의신청을 접수한 읍·면·동사무소 담당공무원은 이를 시·군·구로 즉시 송부하고, 시·군·구 담당공무원은 10일 이내에 이의신청에 대한 의견서와 관계서류를 첨부하여 시·도로 송부한다. 단, 다음의 경우에는 시·도로 송부하지 아니하는데, 첫째, 이의 신청 접수 후 10일 이내에 신청인이 신청 취하를 한 경우, 둘째, 시·군·구청장이 신청에 이유가 있다고 인정하여 신청취지에 따르는 처분이나 확인을 하고 신청인에게 통지하여 이의신청 취하 동의서를 받은 경우(이 경우 신청인에 대한 그 통지는 새로운 처분으로 간주)가 있다.

이의신청을 접수한 시·도지사는 소속 관계공무원으로 하여금 현장조사 등을 실시하게 할 수 있으며, 이의신청을 송부받은 때로부터 30일 이내에 각하 또는 기각, 처분 변경 등을 조치하여야 한다. 처분 등을 한 때에는 지체 없이 이의신청인과 당해 시장·군수·구청장에게 서면으로 통지한다.

2) 제공기관

(1) 제공기관의 정의

"사회서비스 제공기관"이라 함은 사회서비스를 제공하는 기관으로 국가 혹은 지방자치단체에 의해 인증된 기관을 의미한다. 이를 위해서 사회서비스 사업초기 원활한 서비스 제공과 안정적 서비스 공급기반 구축을 위해 지역별 서비스 제공기관 및 인력 확보를 계획하여야 한다. 사회서비스 대상자 수요를 고려하여 제공기관을 지정하고, 기관별 서비스 인력 채용계획을 수립하여 인력 확보 대책 마련하여야 한다. 관련 분야 교육을 실시한 경험이 있고 인프라가 갖춰진 기존 교육기관을 활용하여 서비스 제공기관 책임하에 확보된 인력에 대한 교육훈련 실시하여야 한다.

유사한 법률의 사례를 들면 "사회복지법인"이라 함은 사회복지사업을 행할 목적으로 설립된 법인을 말한다. "사회복지시설"이라 함은 사회복지사업을 행할 목적으로 설치된 시설을 말한다(사회복지사업법 제2조). 국가 또는 지방자치단체외의 자가 사회복지시설을 설치·운영하고자 하는 때에는 보건복지부령이 정하는 바에 의하여 시장·군수·구청장에게 신고하여야 한다(사회복지사업법 제34조 제2호).

(2) 사회서비스 제공기관 지정 및 취소

① 사회서비스 제공기관 지정 요건

사회서비스 제공기관의 지정에 있어서 사회서비스 제공인력의 전문성을 고려하여 적정인력을 서비스 제공기관에 채용을 의무화하도록 하고 있다. 각 사회서비스 사업의 지정권자를 시장·군수·구청장으로 하며, 동일 공급기관이 전국 또는 광역단위에서 서비스를 제공하는 경우 보건복지부 또는 시·도에서 일괄적으로 서비스 제공기관을 지정하여 계약 체결 가능하다. 대상기관은 시·군·구별로 복수의 기관을 등록하도록 하여 최소한의 경쟁체제를 확보하는 것을 원칙으로 하되, 사업의 안정적 정착을 위해 관내 사회서비스 수요를 고려하여 공급의 과부족이 발생하지 않도록 등록하도록 한다.

② 사회서비스 제공기관 등록절차

기초자치단체인 각 시·군·구는 사회서비스 제공기관으로 지정받고자 하는 기관으로부터 신청을 받아 지정하다. 이 때 제출받는 서류는 서비스 제공기관 지정 신청서 및 서비스 제공인력 확보 현황 및 계획, 교육 실시계획, 서비스 제공인력 임금 등 근로조건 등이 명시된 사업계획서 그리고 회칙·규약 등 사본이 있는 법인 등기부등본 및 정관 사본이 이에 해당된다.

신청 및 선정 절차과정에 있어서 노인돌보미 사업을 예로 들면, 시·군·구 내에 가정봉사원파견시설과 자활후견기관이 각 1개소씩만 있어 공모의 필요성이 없는 경우는 공고 절차를 생략하고 대상기관과의 협의에 의해 지정 가능하다. 자활후견기관이 1개소만 있는 경우도 협의에 의해 지정 가능. 다수의 가정봉사원파견시설이 있는 경우 홈페이지 등에 공고하는 절차 없이 대상기관에 공문으로 신청을 안내하고 유선으로 확인한다.

표 8-5 사회서비스제공기관 선정기준(예시)

구 분	평가항목	배 점	평가내용
서비스 제공능력 (20)	1. 서비스 제공 경험	10	• 서비스 제공 경력(횟수) • 관내 서비스 제공이 가능한 지역 범위
	2. 서비스 제공 전문성	10	• 가사·간병·수발 서비스와 관련된 업무 전문성 확보 여부
서비스 제공인력 관련 (40)	1. 서비스 인력 확보 현황 및 계획	20	• 기존 서비스 제공인력 확보 인원 • 신규 서비스 제공인력 확보 방안(채용일정 포함)
	2. 서비스 인력 교육	10	• 서비스 제공인력 교육 실시계획
	3. 서비스 인력 근로조건	10	• 서비스 인력 임금 등 근로조건(임금, 4대보험 가입 여부, 퇴직금 등)
서비스 관리 관련 (30)	1. 서비스 질 관리	10	• 서비스 모니터링 및 환류 계획
	2. 서비스 지원 체계	10	• 차량 및 기타 관련 장비 운용 현황 • 서비스 관리·지원 인력 확보 정도 및 지원시스템 구축 정도
	3. 예산 계획의 적정성	10	• 추가구매시 서비스 가격의 적정성 • 사업단 예산 운영계획의 적정성
기타 (10점)	* 지역실정에 맞는 기준 마련	10	• 지자체별로 필요한 평가기준 추가
합 계		100	

시·군·구별로 심사위원회를 구성하여 선정기준에 의해 심사하고 결정한다. 심사위원회 구성·운영은 해당 사업담당국장을 위원장으로 하고 5인 내외의 내부위원을 위촉하여 심사하는 방안을 권고하고 있다. 시·군·구에서는 신청기관의 서비스 제공 경력 및 능력, 서비스 제공 인력 확보 및 양성 능력, 임금 등 근로조건, 서비스 질 관리 체계 등을 고려하여 정한 선정기준에 따라 사업 목적 달성에 가장 적합한 기관을 선정한다. 선정된 기관에 대해 선정권자는 '바우처 사업 서비스 제공기관 지정서'를 발급하여 주며, 각 시·도는 시군구별 서비스 제공기관 지정현황을 복지부로 제출한다. 이 절차를 거친 기관에 대하여 지정 유효기간은 해당 회계연도를 기준으로 하며, 연간 사업평가를 통해 재지정 여부를 결정한다.

③ 사회서비스 제공기관 등록 취소의 요건

사회서비스 제공기관의 등록 취소사유는 제공기관에 대한 사업실적 및 운영실태를 평가한 결과 서비스 수준이 현저히 낮은 경우, 제공기관 지정시 부여받은 이행조건을 충족하지 못하는 경우, 제공기관에 대한 지도·감독결과 생활지원서비스 사업 수행이 어렵다고 판단되는 기관, 보건복지부장관, 시도지사, 시장·군수·구청장의 정당한 지시 및 요청에 불응할 경우, 보건복지부가 정한 서비스 표준 및 질에 대한 절차나 기준에 미달하는 경우, 보호 대상자와 현금 거래가 적발되는 경우가 해당된다. 지정 취소시 조치사항으로 시장·군수·구청장은 제공기관의 지정을 취소한 때에는 지체없이 그 사유를 명시하여 제공기관의 장, 관할 시·도지사, 보건복지부장관에게 보고한다. 시장·군수·구청장은 관내 읍·면·동사무소, 사회서비스전담기관 등에 대해 즉각 통보한다.

(3) 서비스 제공기관 운영 및 폐업

① 서비스 제공기관 운영

바우처는 시군구가 지정한 서비스 제공기관에서만 사용 가능하며, 지급된 바우처는 시·군·구 관내 외 구분 없이 사용할 수 있다. 서비스 제공기관이 수령한 바우처에 대해서는 별도 설립된 사회서비스전담기관을 통하여 지불·정산한다. 서비스 제공기관은 바우처 매출은 물론 추가적인 매출을 통하여 도우미 임금(4대 사회보험가입, 퇴직금 등 포함), 카드 단말기 유지비용, 기자재 비용, 관리 비용 및 기타 운영에 소요되는 모든 경비를 충당한다. 서비스 제공기관에 대해 바우처 사업을 위한 관리운영비 등의 별도 지원은 없기 때문이다.

기존에 인건비 등 관리운영비를 지원받던 기관을 서비스 제공기관으로 지정할 경우 기존 사업단과 바우처 사업단을 구분하여 운영한다. 서비스 제공기관 내 자활사업 참여자 등 인건비 지원사업과 바우처 사업간 근로자를 명확히 구분하여 운영하고, 인건비를 지원받는 사람이 바우처 사업에 동시에 참여하는 것은 불허한다. 제공기관 관리자는 주 1회 이상 서비스 대상자별 서비스 제공 상황을 점검하여 서비스 제공인력별 방문일시, 방문시간, 제공한 서비스 내용 등을 확인한다.

서비스 제공기관은 서비스 제공인력 모집 및 교육, 노인돌보미 사업 및 일자리 관련 홍보, 서비스 제공인력 파견 및 파견 현황 보고, 서비스 제공인력 도우미 인건비 지급, 서비스 제공내역을 월별로 서비스 이용자에게 제공, 서비스에 대한 모니터링, 서비스 제공인력 노무관리(최저임금 보장, 4대 사회보험 가입 등), 서비스 제공인력에 대한 배상·상해보험 가입 등에 관한 업무를 담당한다.

② 폐업시[1] 서비스 이용자 보호규정

시설이 휴지될 경우 사회복지사업법 시행규칙 제26조에 의거 시설의 운영을 휴지

1) 관련법령: 사회복지사업법 및 동법의 시행규칙(보건복지부령)
제26조(시설의 휴지·재개·폐지신고 등) ② 법 제38조 제3항의 규정에 의하여 시장·군수·구청장은 제1항의 규정에 의한 휴지 또는 폐지신고를 받은 경우에는 시설거주자의 권익을 보호하기 위하여 다음 각호의 1에 해당하는 조치를 하여야 한다.
1. 제1항 제2호의 조치계획의 이행여부 확인
2. 시설거주자가 사용료 등을 부담한 경우 그 반환여부의 확인
3. 보조금·후원금품 등의 사용실태의 확인
4. 기타 시설거주자의 권익보호를 위하여 필요하다고 인정되는 사항
제38조(시설의 휴지·재개·폐지신고등<개정 1999. 4. 30>) ① 제34조 제2항의 규정에 의한 신고를 한 자는 지체없이 시설의 운영을 개시하여야 한다.
② 시설의 운영자는 그 운영을 휴지하거나 재개 또는 시설을 폐지하고자 하는 때에는 보건복지부령이 정하는 바에 의하여 시장·군수·구청장에게 신고를 하여야 한다.<개정 1999. 4. 30>
③ 시장·군수·구청장은 제2항의 규정에 의한 시설운영의 휴지 및 폐지의 경우 보건복지부령이 정하는 바에 의하여 시설거주자를 다른 시설로 보내는 등 시설거주자의 권익을 보호하기 위한 조치를 취하여야 한다.<개정 1999. 4. 30>
제40조(시설의 개선, 사업의 정지, 폐쇄등) ① 보건복지부장관, 시·도지사 또는 시장·군수·구청장은 시설이 다음 각호의 1에 해당할 때에는 그 시설의 개선, 사업의 정지, 시설의 장의 교체를 명하거나, 시설의 폐쇄를 명할 수 있다. <개정 1999. 4. 30>
1. 시설이 설치기준에 미달하게 된 때
2. 사회복지법인 또는 비영리법인이 설치·운영하는 시설의 경우 그 사회복지법인 또는 비영리법인의 설립허가가 취소된 때
3. 설치목적의 달성 기타의 사유로 계속하여 운영될 필요가 없다고 인정할 때
3의2. 회계부정이나 부법행위 기타 부당행위 등이 발견된 때
4. 기타 이 법 또는 이 법에 의한 명령에 위반한 때
② 제38조 제3항의 규정은 제1항의 규정에 의한 사업의 정지 및 시설의 폐쇄명령을 받은 경우에 이를 준용한다. <신설 1999. 4. 30>

하고자 하는 때에는 휴지 3개월 전까지 시장·군수·구청장에게 신고하여야 한다. 이때 시설의 휴지사유서 1부, 시설 거주자에 대한 조치계획서 1부, 시설의 재산에 관한 사용 또는 처분계획서 1부 등을 구비한다. 시·군·구는 추가적으로 시설 거주자에 대한 조치 계획서의 타당성과 이행여부 확인하고 시설 거주자의 사용료 반환여부 확인, 보조금·후원금품 등 사용실태 확인 및 전원조치 등 시설거주자의 권익을 보호하기 위한 추가 조치 시행하여야 한다.

시설의 자진폐지의 경우는 사회복지사업법 시행규칙 제26조와 같이 시설의 운영을 폐쇄하고자 하는 때에는 폐쇄 3개월 전까지 시장·군수·구청장에게 신고하여야 한다. 이 때 시설의 폐지사유서 1부, 시설의 재산에 관한 사용 또는 처분계획서 1부, 사회복지시설 신고증 1부를 구비하여야 한다. 이때 시·군·구 추가 조치사항은 시설의 휴지 때와 동일하다.

시설의 운영을 재개하고자 하는 때에는 재개 3개월 전까지 시장·군수·구청장에게 신고하여야 한다(사회복지사업법 시행규칙 제26조). 이때 시설재개사유서(법인의 경우 재개를 결의한 이사회의 회의록 사본) 1부를 구비하여야 한다.

시설의 휴지, 자진폐쇄(폐지), 폐쇄시 시설거주자의 권익보호를 기피 또는 거부하는 자에게는 1년 이하 징역 또는 300만원 이하 벌금에 처하고, 신고하고 시설을 운영하지 않은 자, 신고하지 않고 시설을 휴지, 재게, 자진 폐쇄하는 경우 300만원 이하 과태료에 처한다(사회복지사업법 제54조).

3) 제공인력

(1) 인력의 전문성 확보와 자격관리

인력의 전문성 확보를 위해 인력의 교육훈련 수준을 수요자 중심으로 조정·재편하는 것이 필요하다. 양성 인력의 특성에 따라 취약계층을 대상으로 한 돌봄서비스는 정부의 적극적 지원과 개입이 필요하고, 교·강사 교육훈련은 정부가 인력수급 규모 조절, DB 구축, 인력 양성 및 질 관리 체계 확보에 개입해야 할 것이다. 제공인력의 교육훈련 측면에서 사회서비스에 대한 교육훈련 위탁기관 평가 및 인증방안과 능력의 레벨화를 통한 표준교육 훈련과정 개발과 관련 교육훈련 분야와의 탄력적 연계시스템을 구축하여 운영할 필요성이 제기된다.

서비스 제공인력 관련 인력양성에서는 위탁교육 훈련기관의 평가·인증을 통한 위탁교육 훈련기관의 신뢰성을 확보해야 한다. 교육훈련기관 인증은 교육훈련 수요자에게 교육 훈련기관의 전반적인 정보를 제공하여 수요자의 개별적, 지역적 현실에 적합한 선택의 기회를 확대해 줄 수 있다는 점에서 중요하다. 제공인력 교육 현황을 살펴보면 노인, 산모 및 중증장애인 제공인력의 교육훈련은 실습의 중요도에도 불구하고 제대로 이루어지지 않고 있으며, 교육시간, 교과과정 등을 표준화하는 것이 필요하다.

교·강사 부분 인력의 전문성 확보를 위해서는 교육훈련 과정의 기획·개발·평가에 대한 재검토를 거쳐 교육훈련 과정 평가·인증을 통해 전문성을 제고해야 한다. 먼저 교육훈련 수준과 교육훈련 과정을 현장 수요를 반영하여 현장 적응능력 중심으로 표준화하고 지속적으로 질 관리를 하여야 한다. 또한 특성화, 전문화된 교육훈련 과정의 개발과 운영, 교육훈련 과정의 진단 및 질 관리를 위한 평가·인증 체계 구축, 현장실습 강화 그리고 현장실습과 현장 적응력을 중심으로 한 사회서비스 인력의 인증 시스템이 필요하다.

보육교사 및 방과후 활동 교사는 보육교사교육원과 대학(전문대학)을 통해 배출되는 이원화된 보육교사 양성체계가 오히려 보육의 질적, 양적 성장에 장애가 되고 있다. 방과 후 학교교사는 별도의 교육훈련 체계를 가지고 있지 않고, 시도 교육청별로 운영지침을 가지고 있으며 모집채용은 해당 학교장과의 계약으로 이루어지고 있다. 자격관리방안은 서비스를 수행하는 부분과 서비스를 관리하는 부분을 구분해야 하며, 특히 서비스 수행 영역에 대한 중점적 투자가 필요한데, 한국산업인력공단에서는 2007년부터 사회복지분야 직업능력표준을 개발 중인데 직업능력표준이란 근로자가 자신의 직업에서 업무를 효과적으로 수행하기 위하여 요구되는 능력을 국가 차원에서 도출하여 표준화하는 것을 의미한다.

자격제도를 정비하여 자격과 업무 영역 규정을 보다 구체화해야 하고 전문인력 외에 준전문인력의 도입 여부도 신중히 검토할 필요가 있다. 준전문인력에 대해서도 자격취득을 위한 교육 및 훈련과정이 개설되어야 한다.

(2) 제공인력확보

각 시군구는 관내 서비스 수요 및 공급에 대한 추계를 토대로 서비스 공급기관별로 양질의 서비스 제공인력을 조기에 확보하도록 조치하여야 한다. 그리고 서비스 제공기관으로 지정된 기관은 신청 시 제출한 서비스 인력 채용계획에 따라 서비스 제공인력을 모집하여야 한다.

기존 사회서비스 경력자 중 근로능력이 뛰어나고 서비스 질이 높은 자를 우선 활용한다. 예를 들면 가사·간병도우미, 자활근로 간병사업 참여자, 가정봉사원 등이며, 서비스 제공기관은 서비스 제공인력과 개별적으로 계약 체결하여야 한다. 각 서비스 제공기관은 사업실시 전 인력확보 및 기자재 준비 등 서비스 제공을 위한 사전준비를 하여야 한다. 서비스기관 등록시 제출한 서비스 제공인력 채용계획과 달리 서비스 인력이 미확보된 경우에는 공급기관 평가에 반영하여 필요시 지정취소 등 조치가 필요하다.

(3) 제공인력 자격

사회서비스 제공인력을 어느 수준으로 구분할 것인가 하는 점이 정책의 관건이 된다. 노인돌보미 사업에서의 서비스 제공인력 자격은 신체 건강하고 정신상태 양호한 자(건강진단서를 통해 판별)이며, 소정의 교육과정 이수 후 서비스 제공 가능하다고 판정한다. 서비스 이용권 사용기관 인증에 사회서비스 제공인력 채용 기준을 보완할 필요성 있다. 예를 들어 “서비스 제공인력은 관련분야 자격증 소지자를 원칙으로 한다.”는 규정을 보완한다.

사회서비스 관련 자격증은 사회복지사(사회복지사업법 제11조, 제12조 규정), 간호사, 사회교육 전문요원 등 현재 31종 국가자격 외에 다양한 민간분야 자격증 중 일부를 공인화하여(현재 6종 공인 민간자격) 활용하거나 분야별 민간단체와 협의하여 민간자격증을 인증의 최소 근거로 활용하는 것이 바람직하다. 관련 규정은 “사회서비스 제공과 연관된 사회서비스 관련 자격은 보건복지부령으로 정한다.” 정도로 법안에 근거를 두는 것이 가능하다. 사회복지사의 채용을 사회복지사업법 제13조에서 명문화하고 있다. 즉 사회복지법인 및 사회복지시설을 설치·운영하는 자는 대통령령이 정하는 바에 의하여 사회복지사를 그 종사자로 채용하여야 한다고 규정한다.

(4) 교육훈련

서비스 제공기관은 모집된 인력이 지정된 교육훈련 기관을 통해 서비스 제공 전에 교육과정을 이수하도록 한다. 사업실시 이전 서비스 제공인력 모집 및 교육을 완료해야 한다. 사업시행 초기에는 관련 교육 실시경험이 있고 인프라가 갖춰진 교육훈련기관을 활용하였다. 노인돌봄사업의 경우 가정봉사원파견시설, 자활후견기관 외에 서비스 제공기관으로 지정된 경우도 서비스 제공인력에 대해 위 기관을 활용한 위탁교육을 실시하였다. 교육훈련과정은 신규자 기본교육과 경력자 보수 교육을 나누어 실시한다. 신규자의 경우는 현장실습, 서비스 이용계약 및 계획서 수립, 바우처 단말기 사용법 등이며, 경력자의 보수교육은 서비스 수요에 대응하기 위해 부득이하게 즉각적인 서비스 공급이 필요한 경우는 경력자의 경우 먼저 서비스를 제공하고 후에 교육을 받을 수 있다.

4) 관리기관

(1) 정책유형별 정부역할

Peterson(1981)은 중앙정부, 주정부, 지방정부 간 재정적 책임성에 근거하여 정책의 유형을 자원배분정책, 지역개발정책, 재배분정책으로 구분하고 있다. 첫째, 자원배분정책(allocational policies)은 경찰, 소방, 쓰레기처리 등 지역사회의 유지관리기능(housekeeping services)이 해당되는데, 이는 전형적인 지방정부의 역할영역이며, 재정적 책임도 지방정부에 있다는 것이다. 둘째, 지역개발정책(developmental policies)은 도로건설, 산업단지 조성, 쇼핑센터 건설 등 지역경제를 증진시키는 것과 관련된 정책으로 연방정부, 주정부, 그리고 지방정부가 비슷한 정도의 재정적 책임을 갖는 영역으로 주장된다. 셋째, 재배분정책(redistributional policies)은 복지, 보건, 실업 등 저소득 주민들에게 편익을 주고 지역경제에 부정적 영향을 미치는 정책으로 전형적으로 연방정부의 재정적 책임을 요구하고 있다.

Peterson의 논리를 우리나라에 적용할 때 사회투자, 사회서비스, 사회복지 등 그 명칭에 관계없이 복지관련 정책은 중앙정부에서 주로 담당해야 할 영역이다. 사회복지 및 사회서비스정책은 다른 정책과 달리 인간으로서 가장 기본적이고 보편적인 서비스를 제공받을 수 있는 권리 등을 포함하므로 지역의 재정능력과 특성에 따라 서비스수준면에서 격차가 존재해서는 곤란하다. 따라서 기본적으로 중앙정부에서 담당하는 것이 적절하다. 보조적으로 지방정부의 정책의지와 성과제고 등을 위하여 또는 지역의 특성을 고려하여 광역자치단체의 역할과 재정부담을 요구하는 방식을 취해야 할 것이다. 다만 중앙정부에서 최종적인 권한을 보유하고, 복지정책의 성과나 행정적 편의 등을 고려하여 지방정부에게 권한을 위임하는 방식이 가능할 것이다.

(2) 중앙-지방간 역할배분

중앙정부의 권한을 지방정부로 위임하여 처리하는 경우에도 어떤 기능을 위임할 것인가 하는 점이 중요하다. 사회서비스 분야에 있어서 중앙정부의 기능과 지방정부의 기능을 구분하는 것이 법률제정에서의 논란을 피할 수 있을 뿐만 아니라 서비스의 성과를 제고하는데 있어서도 중요하다.

중앙정부의 권한으로 적절한 기능은 정책의 기획과 조정, 서비스 기준 또는 표준의 제정, 품질인증 등이 될 것이다. 지방정부의 기능 중 기초자치단체의 기능은 실행계획의 수립, 사회서비스의 제공관리, 사회서비스 수요의 파악 등 현장 중심의 기능이 될 것이다.

지방정부의 기능 중 광역자치단체의 기능으로 적합한 것은 광역정책의 수립과 조정, 중앙정부와 기초자치단체간 정책연계 등이 필요한 영역이 될 것이다. 특히 광역자치단체의 보조금이 필요하거나 투입된 경우 광역자치단체에게 상응하는 권한을 부여하여야 할 것이다.

중앙정부는 사회서비스정책의 전반에 관한 책임을 지며, 관리의 효율성과 고객편의를 위해 지방정부에 권한의 일부를 위임할 수 있다. 특히 중앙정부는 사회서비스 종합계획의 수립, 서비스표준의 제정, 품질인증에 관하여 담당하도록 한다. 광역자치단체는 보조금이 투입되는 범위 내에서 기초자치단체와 공동으로 사무를 처리하도록 하다. 아울러 광역계획의 수립과 정책연계 등과 관련된 기능을 수행하도록 한다. 기초자치단체는 기본적으로 중앙정부로부터 위임을 받아 처리하되, 실행계획의 수립, 사회서비스 수요조사, 사회서비스의 전달 등을 담당하도록 한다. Peterson의 이론과 중앙-지방간 기능배분기준 등을 고려할 때 국가와 지방자치단체의 공동 책임을 규정하고 있다.

(3) 사회서비스관련 관리주체 간 기능체계

사회서비스제도와 관련된 기관 및 주체들은 중앙정부, 지방정부, 이용자, 공급기관, 사회서비스전담기관, 전담금융기관 등으로 구성된다. 중앙정부와 지방정부는 사회서비스 이용자들을 대상으로 서비스 보조금을 지원하는 역할을 담당하며, 사회서비스전담기관과 전담금융기관은 서비스의 운용체계가 원할하게 작동되도록 지원하는 기능을 수행한다. 이용자와 서비스제공기관은 사회서비스의 수요와 공급을 담당한다.

중앙정부와 지방정부는 사회서비스 바우처제도에 대하여 각각 성과 책임을 진다.

중앙정부는 전국적 수준에서 사회서비스에 대한 수요와 공급을 기획하고 지방자치단체는 해당 지역에서의 사회서비스의 수급에 대한 집행을 관리한다. 서비스의 공급과 수요는 지정된 서비스공급기관과 해당서비스의 소비자가 경쟁과 선택이라는 시장 논리에 따라 움직이지만 원활한 수급조절과 제도 운용에 관하여 각 정부가 성과 책임을 가진다. 지방자치단체는 해당 지역의 특수적 상황에 따라 제도운영의 탄력성을 가지며 지역민의 수요에 따라 신청대상자의 자격관리의 재량권도 행사할 수 있다. 이러한 관리와 집행을 위하여 지자체는 시·군·구 복지행정시스템을 경유하여 바우처 이용자의 신청을 등록하고 바우처 카드의 발급을 관리한다. 전자바우처를 사용하고자 하는 서비스 이용대상자는 거주지 지자체에서 사회서비스를 신청하면 해당 지자체는 신청자의 소득 및 건강상태 등 조사결과를 토대로 적합여부를 판정한다. 해당 지자체는 판정내역을 사회보장정보원을 거쳐 금융기관으로 전송하게 되며 금융기관에서 대상자별 바우처 카드를 발급하여 이용자에게 우송한다. 이때 사회서비스 바우처사업의 예산규모와 서비스 이용 신청자의 규모에 따라 신청자에 대한 서비스제공 여부가 결정된다. 즉 이용대상자의 소득 및 건강상태 등의 조사는 예산의 범위 내에서 서비스를 제공하고자 하기 때문에 이루어지는 것이며, 대다수의 국민이 이용할 수 있는 보편적 서비스로 나아가기 위

표 8-6 관계자별 예산집행 관련사항

이해관계자	관련 내용
중앙정부	전체 사업예산 수립 및 배정, 국고보조금 교부 전담금융기관 선정·운영, 관리센터에 업무위탁·관리감독
지방자치단체	지방비 예산 편성, 사업집행계획 수립 및 추진현황 관리 자금(국고보조금+지방비) 예탁
이 용 자	바우처 카드 발급 신청, 본인부담금 납부
공급기관	카드 가맹점 계약, 서비스 비용 청구 및 수령
사회서비스전담기관	바우처 정보, 예탁금, 자금집행실적 관리
전담금융기관	이해관계자의 금융업무 편익을 위한 계좌 관리 이해관계자간 입·출금 등 금융업무 대행 바우처 카드 발행 및 거래내역 관리 제공기관 비용청구 접수·지급, 관리센터와 정산

해서는 예산증액과 더불어 자격요건의 완화가 필요하다. 서비스 제공기관별 서비스 내역을 실시간 확인하여 3~6일 후 서비스 비용을 제공기관에 지급하면 지불 정산과정이 마무리된다. 한편 이용자가 서비스의 이용을 취소한 경우 본인부담금 환불처리가 이루어진다.

소비자는 다수의 공급기관이 제공하는 각각의 사회서비스들 중에서 한 가지를 선택하여 이용하며, 각 공급기관들은 사회서비스를 차별화하여 제공하여 여타 기관들과의 경쟁이 유발된다. 공급기관은 서비스의 질 향상을 위하여 노력하고 소비자는 다양한 제공서비스 중에서 선택할 수 있다. 이용자의 선택권을 보장하여 시장에서 공급자간 경쟁이 활성화되도록 지원한다. 서비스 공급기관은 통합정보관리시스템에서 공급기관이 사용하는 업무관리시스템을 이용하여 공급기관정보를 관리하며, 서비스 이용자 및 서비스 제공인력, 단말기 상황 등을 주로 관리한다. 이러한 관리는 제공기관 관리자 페이지를 통하여 접속되며, 서비스제공인력의 돌보미에 대한 교육현황, 인적사항 등이 관리된다.

5) 사회서비스 전담기관

바우처 발행과 환금, 본인부담금의 수납과 정산, 공급기관에 대한 서비스 비용 지불 등을 사회보장정보원에서 통합 관리함으로써 시·군·구의 행정부담을 최소화하고 자금집행 현황과 바우처 정보를 다수의 이해관계자에게 동시에 제공함으로써 자금관리의 투명성과 효율성을 높이고 특히, 정기적으로 사업집행실적 등을 제공하여 복지행정의 생산성 제고에 기여한다.

(1) 업무의 위탁

사회복지사업법 시행규칙(제19조의4 제5항)규정에 의하여 시·군·구청장의 업무 중 바우처에 의한 서비스 제공비용의 지급 및 정산에 관한 업무는 사회서비스전담기관에 위탁한다. 사회서비스전담기관은 보건복지부의 지침에 따라 매 분기(또는 매월) 시·군·구로부터 바우처 비용의 지급에 소요되는 사업비를 예탁 받아 그 금액의 범위 내에서 해당 시·군·구의 비용을 지급한다.

(2) 비용의 예탁 절차

시장·군수·구청장은 바우처에 의한 서비스 제공비용을 전담기관에 미리 예탁하여야 한다(사회복지사업법 시행규칙 제19조의4 제5항). 보건복지부장관은 매분기(또는 매월) 시도지사에게 국고보조금 및 자금을 교부하며, 시·도지사는 시·군·구별 예탁금액을 정하여 국비와 시·도비를 포함, 시·군·구에 보조금 및 자금을 교부한다. 시·군·구청장은 지정된 날짜(매분기 시작월 20일 또는 매월 20일)까지 교부된 국비, 시도비, 시군구비를 포함한 바우처 비용을 전담기관의 지정계좌에 납부한다.

(3) 예탁금 결정액의 통보 및 납부

보건복지부장관은 매 분기별 각 시·도에 국고보조금을 교부할 때 관할 시·군·구의 예탁금을 결정하여 시·도지사, 시장·군수·구청장, 사회보장정보원에 각각 통보한다. 예탁금 납부통보서를 받은 시장·군수·구청장은 지정일까지 해당 예탁금을 지정계좌에 입금하고 그 내역(국고보조금, 지방비 구분)을 사회서비스전담기관에 통보한다.

시장·군수·구청장은 예탁금 결정액을 지정한 날짜까지 납부하지 못한 경우 그 사유를 시·도지사를 거쳐 보건복지부장관 및 사회서비스전담기관에 통보한다. 그리고 시장·군수·구청장은 예산금액의 변동이 수반되는 사업계획의 변경을 하였을 경우 시·도를 경유하여 보건복지부장관에게 즉시 통보하고 보건복지부장관은 그 내역을 다음 분기 예탁금결정액에 반영한다.

그림 8-1 업무처리 흐름도

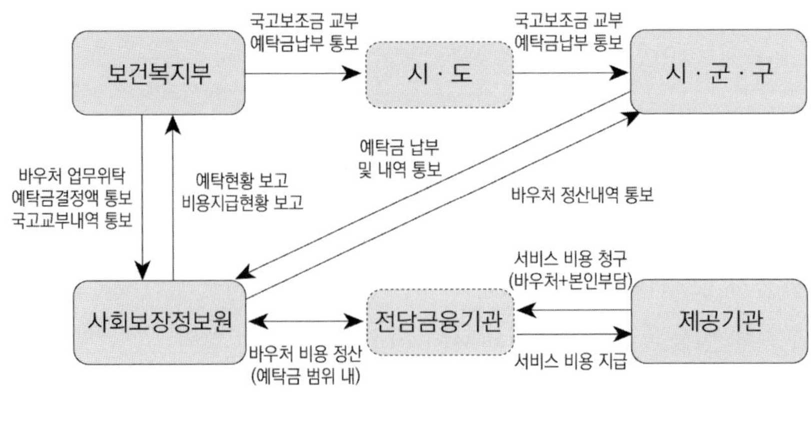

(4) 비용의 지불 및 정산

비용 청구에 있어서 제공기관은 서비스 제공 비용을 바우처 전담금융기관에 청구하며, 제공기관의 청구액은 정부, 시·도, 시·군·구 등 보장기관의 보조금과 개인이 납부한 본인부담금이다. 비용 청구를 한 제공기관에 대하여 바우처 전담금융기관은 카드수수료를 공제하고 제공기관 계좌에 입금한다. 이때 금융기관 카드 수수료에 대한 면제방안을 고려하여 제공기관에 서비스가격 상승효과를 고려할 필요성이 있다. 비용의 정산에 있어서 전담금융기관은 집행내역을 사회서비스전담기관에 통보하는데 보장기관별로, 서비스 이용자별로 비용에 대하여 월별 정산한다.

제2절 전자바우처 시스템의 이해

1. 바우처의 특징 및 장단점

1) 바우처의 특징과 방식

바우처는 정부지정의 특정 재화나 서비스를 구입할 수 있는 이용권이라 할 수 있다. 일정한 자격을 갖춘 바우처 이용자는 시중가보다 낮은 가격으로 서비스나 재화를 구매할 수 있으며, 정부는 각 서비스의 시장 가격에서 부족한 금액을 지원한다. 이는 이용자에게 서비스 또는 재화의 선택권을 보장하기 때문에 다양한 제공기관의 사회서비스가 존재하여야 한다.

잔여적 복지서비스는 공급기관에서 사회서비스를 일괄적으로 제공하는 공급기관 지원방식을 채택하였으나 2007년 이후 전자바우처 사업에서는 수요자 지원방식을 도입하였다. 이 공급기관 지원방식과 수용자 지원방식의 시스템의 차이는 다음과 같다. 즉 공급기관 지원방식은 서비스 대상을 기초생활수급자 등 저소득층을 중심으로 하고 단일화된 공급기관으로 정형화된 서비스를 제공하는 반면 수요자 지원방식에서 대상은 수급자는 물론 중산층까지 확대되며 다수의 제공기관으로 다양한 서비스를 제공하도록 되어있다. 서비스 비용적인 측면에서 공급기관 지원방식은 전액 국가가 지원하는 반면에 수요자 지원방식은 일부 본인 부담형태로 나타나고 있다.

전자바우처 시스템운영은 기존 공급기관 지원방식보다 수요자지원방식에 적합한 운영시스템이다. 기존 공급기관 지원방식이 저소득층을 수급 대상으로 하여, 서비스의 획일적인 공급에 초점을 맞춘 일방적인 서비스 지원방식이었다면, 수요자 지원방식은 서비스 대상범위를 서민 및 중산층까지 확대하는 한편 비용의 일정부분에 대한 부담을 수급자에게 지움으로써 소비자인 수급자가 서비스를 선택할 수 있도록 하여 공급자간 경쟁을 유도할 수 있는 방식이다. 이런 소비자주권주의(Consumerism)를 통해 이용자는

그림 8-2 공급자와 수요자지원방식의 비교

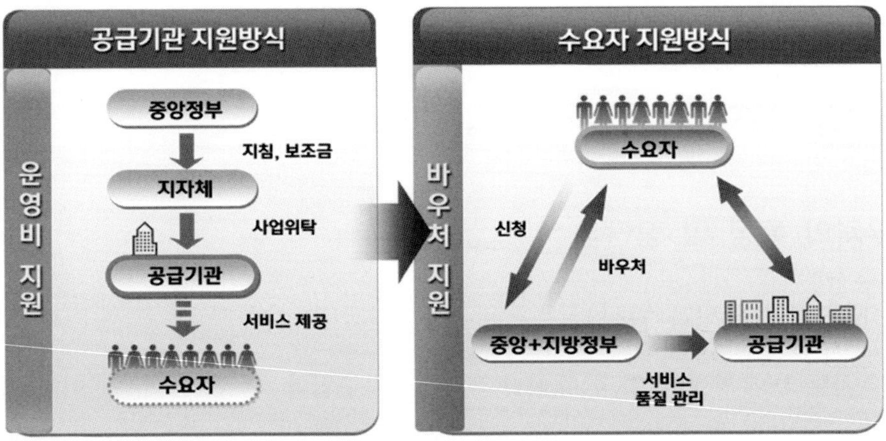

그림 8-3 바우처의 공공서비스 전달방식

		주 체	
		공공부문	민간부문
수 단	권 력	일반행정 〈국가 기본 기능〉	민간위탁 〈안정적 서비스 공급〉
			사회서비스 전자바우처 사업
	시 장	책임경영 〈공적 책임이 강한 경우〉	민영화 〈시장 탄력적 공급〉

기존의 획일적인 서비스가 아닌 공급자들의 다양한 서비스 제공을 요구할 수 있다. 바우처사업이 유용하고 활발하게 수행되는 부문은 주체는 민간부분이 담당하고 수단적인 요소에서 시장의 방식과 행정행위 방식의 사분면 영역이다. 바우처 사업의 영역에는 다수의 공급기관이 존재하여 경쟁이 가능한 부문과 인프라가 부족하여 민간위탁의 형태로 직접적인 지원을 하는 방식이 효과적인 부문이 있다.

2) 사회서비스 가격과 품질

어떤 사회서비스에 대한 합리적인 가격을 설계하기 위해서는 여러 가지 요소가 고려되어야 한다. 예를 들면 정부에서 무료로 제공하는 유사한 사회복지서비스와 일반시장상품의 중간 수준에서 사회서비스 전자바우처 상품 가격이 설계되어야 한다. 또한 민간복지기관이 보호시장에서 경쟁하는 바우처 사업의 경우에는 가격 설계에서 제공인력의 임금 수준도 주요한 변수로 고려해야 한다. 특히 전자바우처 서비스 가격의 경우, 시장에서 자연스럽게 형성되는 균형가격이 아닌 정부가 인위적으로 설계하는 가격이기 때문에 초과수요와 초과공급의 문제가 쟁점으로 항상 제기될 수 있다. 정부의 가격 보조를 통해 인위적인 시장 공급자가 확대되는 과정에서 지역의 노동시장과의 균형 조정 문제도 발생할 수 있다.

상품가격이 높아지면 사회기반확충 효과나 소비자의 만족, 그리고 사회서비스 시장 일자리 창출 효과는 크지만 지역 노동시장의 균형이 깨져 자원배분의 왜곡이 발생할 수 있다. 반대로 상품가격이 낮아지면 노동시장 균형에 대한 부정적 효과는 적지만 사회투자로서의 기능이 취약해질 수 있다. 결국 자원배분의 효율성 관점에서 새로운 시장과 가격균형과정이 합리적인지 여부에 대한 지속적인 모니터링이 필요하다.

2. 바우처의 운영체계

1) 전자바우처 운용절차

(1) 대상자 신청 및 자격관리

전자바우처를 사용하고자 하는 서비스 이용대상자는 거주지 지자체에서 사회서비스를 신청하면 해당지자체는 신청자의 소득 및 건강상태 등 조사결과를 토대로 적합여

그림 8-4 시장지향형 사회서비스 전자바우처 시스템 운용체계

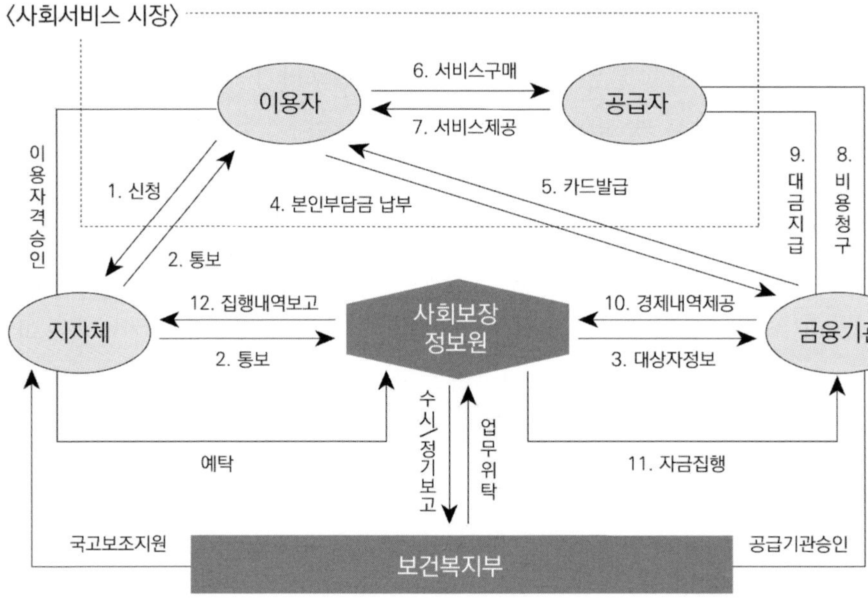

부 판정하도록 되어 있다. 해당 지자체는 이 판정내역을 사회보장정보원을 거쳐 금융기관으로 전송하게 되면 금융기관에서 대상자별 바우처 카드를 발급하여 이용자에게 우송한다. 이때 사회서비스 바우처제도의 예산수준과 이용대상자의 규모에 따라 신청자의 적합여부 수준이 결정된다. 즉 이용대상자의 소득 및 건강상태 등의 조사는 예산의 범위 내에서 서비스를 제공하기 때문에, 대다수의 국민이 이용할 수 있는 보편적 서비스로 나아가기 위해서는 자격요건의 심의가 줄어들 필요가 있다.

(2) 서비스 이용 및 실적관리

자격심사에서 적합판단을 받은 사회서비스 이용자는 금융기관에 본인부담금을 납부하게 되면 정부지원액이 지원된다. 금융기관에서는 바우처 카드가 발급되어 우송하고 이용자는 여러 사회서비스 공급기관들 중에서 자신의 공급기관을 선택하여 서비스를 이용하고 바우처카드로 결제한다. 이용자가 바우처카드로 공급기관에 결제하게 되면 실시간으로 서비스 이용에 관한 정보가 사회보장정보원에 입력된다. 전자바우처 카드는 실시간 정보입력과 매달 서비스 이용에 관한 정보가 분석되어 부정수급에 관한

사항을 진단하게 된다.

(3) 지불 정산 관리

서비스 제공기관별 서비스 내역을 실시간 확인하여 3~6일 후 서비스 비용을 제공기관에 지급하면 지불 정산과정이 마친다. 한편 이용자의 제공기관 서비스 취소에 따른 본인부담금 환불관리를 처리한다.

2) 전자바우처 전달체계

(1) 사회서비스전담기관과 금융기관

사회서비스 전담기관인 사회보장정보원은 사회서비스 바우처의 지불 및 정산업무를 수행하며, 바우처의 운용과정과 정책성과를 모니터링하며, 바우처 통합정보관리시스템을 운영한다. 사회서비스 바우처의 지불·정산업무는 이용자별 각각의 해당 사회서비스 바우처카드 발급할 때에 바우처 관련 정부지원금과 이용자 부담금을 관리하는 것으로, 제공기관에게 서비스의 제공시 비용을 지급하는 것과 이용자의 중도해지시 이용자 부담금을 반환하여 정산한다. 바우처의 운용과정과 정책성과에 대한 모니터링에 대한 내용은 부정수급자에 대한 감시 및 성과관리를 위하여 이용자의 선호 및 만족도를 측정한다. 이를 통해 사회서비스의 표준모델 개발 및 사회서비스 품질관리에 대한 정책정보를 축적한다. 바우처 통합정보관리시스템운용은 바우처 이용자와 공급자 간의 모든 거래를 통합정보시스템 기반의 전자적 거래로 이루어지게 하며, 공급기관, 공급인력, 수요자, 서비스내용 등 모든 정보를 통합하여 관리한다. 이때 개인의 정보보호 등을 위하여 정보인권을 위하여 확실한 방화벽시스템이 요구된다. 금융기관은 각 지자체별 국고보조금 및 본인부담금을 관리하며, 바우처 카드를 발급하여 이용자에게 배송하는 역할을 담당한다.

(2) 보건복지부와 지방자치단체

중앙정부와 지방정부는 사회서비스 바우처제도에 대하여 각각 성과책임을 진다. 중앙정부는 전국적 수준에서 사회서비스에 대한 수요와 공급을 기획하고 지방자치단체는 해당 지역에서의 사회서비스의 수요와 공급에 대한 집행관리를 하게 된다. 서비스의 공급과 수요는 인증된 해당 공급기관과 소비자가 경쟁과 선택이라는 시장 논리에 따라 움직이지만 원활한 수급을 조절하고 제도운용에 관하여 각 정부가 성과책임을 가진다.

특히 지방자치단체는 해당지역의 특수적 상황에 따라 제도운영의 탄력성을 가지며 지역민의 수요에 따라 신청대상자의 자격관리의 재량권도 행사할 수 있다. 이러한 관리와 집행을 위하여 지자체는 시군구 복지행정시스템을 경유하여 바우처 이용자의 신청을 등록하고 바우처 카드의 발급을 관리한다.

(3) 소비자와 서비스 공급기관

소비자는 다수의 공급기관이 제공하는 각각의 사회서비스들 중에서 한 가지를 선택하여 이용하며, 각 공급기관들은 사회서비스를 차별화하여 제공하여 타 기관들과 경쟁이 나타날 수밖에 없다. 이러한 가운데 서비스의 질 향상을 위하여 노력하고 소비자는 다양한 제공서비스 중에서 선택하게 된다. 이는 이용자의 선택권을 보장하여 시장에서 공급자간 경쟁이 활성화되도록 지원한다.

한편 공급기관은 통합정보관리시스템에서 공급기관이 사용하는 업무관리시스템을 이용하여 공급기관정보를 관리하며, 제공기관에서 서비스를 제공하는 이용자 및 제공인력, 단말기 상황을 관리한다. 이러한 관리는 제공기관 관리자 페이지를 통하여 접속되며, 서비스제공인력의 돌보미에 대한 교육현황, 인적사항 등이 관리된다.

그림 8-5 사회서비스전담기관의 정책정보 활용 구조

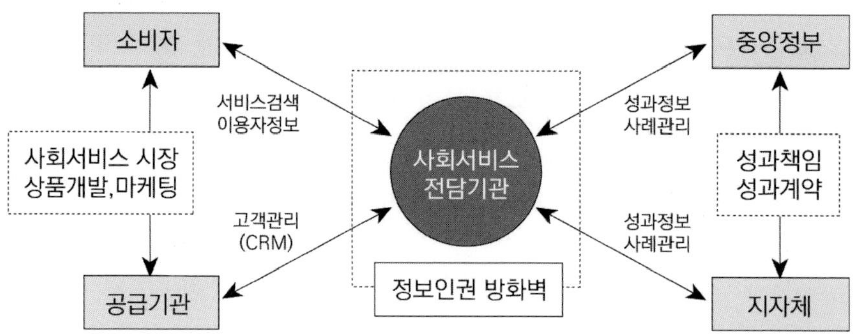

3. 바우처관리시스템의 기술 요소

1) 바우처 통합정보관리시스템(IIMS)[2] 구축

통합정보관리시스템은 서비스 이용에 따른 제반 시설 및 관리업무에 대하여 자동화, 정보화를 통하여 통합적으로 운영관리하는 전산시스템이다. 이러한 통합정보관리시스템은 농가, 도로관리, 연구자료 관리 및 지자체의 데이터등 각 분야의 자료를 통합하여 효율적으로 관리하고자 도입하였다. 예를 들면 농림사업통합정보시스템(AGRIX)는 농가주정보, 인증정보, 경작현황, 농지현황, 농림정책자금정보 등을 구성하고 있다(오내원, 2006: 11~12). 도로관리측면의 통합정보관리시스템에서도 도로에 관련된 각종 도로시설물, 도로점유물, 지하시설물 등 도로관련 자료로 통합적 관리가 가능하였다(임인섭 외, 2003: 331). 또한 원자력 분야 학술정보 통합정보관리시스템은 경영정보시스템(MIS)와 연계하여 주제별 맞춤정보, 상호작용, 후속서비스 등이 가능하였다(천영춘, 2003: 63). 그리고 행정자치부는 2003년 시·군·구 및 16개 시·도, 자치정보화조합의 기술지원센터(TAC) 등에 통합정보관리시스템을 구축하여 지자체별로 독자 운영 중인 정보관리시스템을 통합하여 장애·성능·자산·데이터베이스·KIOSK·보고서 등의 관리 등을 효율적으로 구현하기 위한 것이다.

이와 같이 사회보장정보원의 통합정보관리시스템은 사회서비스바우처 관리운영에 필요한 모든 정보를 관리하고, 분산된 유관기관들을 유기적으로 연계-통합-통제를 통하여 자동화하고, 운영에 필요한 제반 업무(이용자 인증, 서비스 이용, 바우처관리 및 정산 업무 등)를 정보화하여, 커뮤니티시설 운영 관리비를 최소화하고 서비스 이용의 편이성을 도모하기 위하여 개발된 IT 시스템이다.

(1) 대상자관리

대상자 관리는 사회서비스의 이용자가 신규로 서비스에 대한 신청을 접수하고, 신청에 따른 대상자의 요건에 따라 선정한다. 사업관리자는 전체적으로 대상자별 지원액을 관리할 뿐만 아니라 서비스의 신청접수, 대상자의 선정을 종합적으로 관리한다.

---

2) Integrated Information Management System.

그림 8-6 통합정보관리시스템 구성도

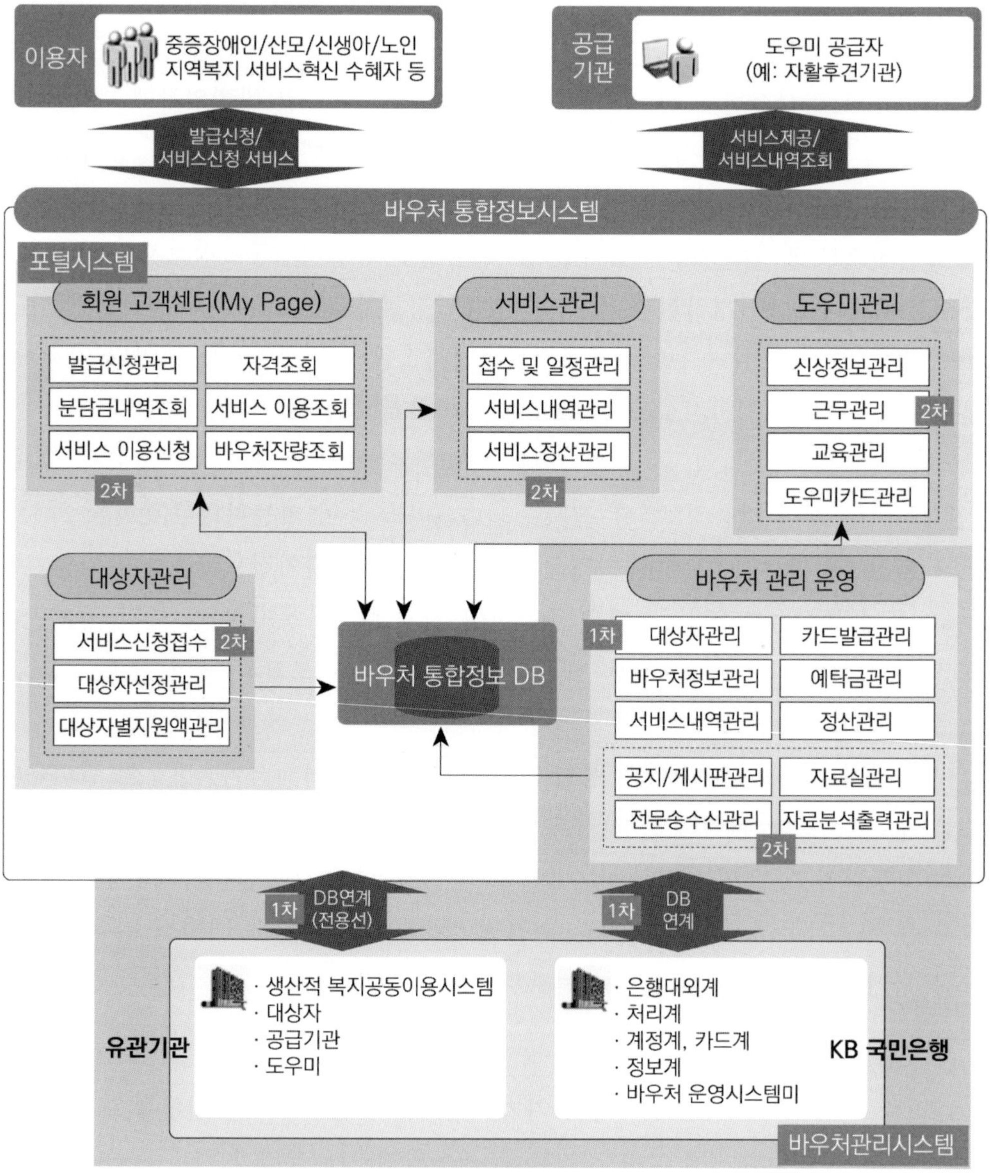

(2) 회원고객관리

회원고객관리시스템은 사회보장정보원내의 소장된 정보를 회원에게 본인발급에 대한 신청과 주제별로 본인에 대한 서비스이용, 가격, 분담금내역, 바우처잔량 정보를 조회할 수 있다. 특히 정보제공에 있어서 이용자와 상호작용, 후속서비스를 가능하도록 하여, 관리자는 지역별, 일자별, 대상별 통계를 추출할 수 있도록 하였다.

(3) 서비스관리

제공기관 내의 도우미들이 이용자에게 제공하였던 사회서비스에 대하여 관리하는 것으로 서비스의 접수 및 각각의 서비스 제공에 대한 일정관리가 있다. 이와 아울러 서비스에 대한 내역과 서비스이용에 대한 정산을 관리하도록 하고 있다. 서비스관리에서는 이용자와 공급자간의 부정수급에 관한 문제와 서비스의 질적 관리를 위하여 모니터링 기능도 함께 고려되고 있다.

(4) 제공인력관리

제공인력관리시스템은 사회서비스 제공기관 내의 공급인력인 도우미들을 대상으로 개인별로 맞춤화한 정보시스템이다. 공급인력 개개인이 소지하고 있는 자격증유무, 나이, 성별, 지역을 보여주는 신상정보를 관리하고, 도우미들의 서비스 제공시간 및 제공대상자의 수와 같은 근무관리와 제공인력들의 추가적인 보충훈련 및 사회서비스 교육에 대한 관리를 포함한다. 제공인력들이 소지하여 서비스 제공시에 사용하는 제공인력카드에 대하여도 관리하도록 되어있다.

(5) 바우처 이용자가 접속하는 포털(www.socialservice.or.kr)

사회서비스 바우처이용자는 바우처통합정보시스템의 포털시스템을 통하여 서비스 제공현황, 내역을 조회할 수 있으며, 중증장애인, 산모, 노인 등의 이용자는 서비스의 발급신청을 요청할 수 있다. 이 포털 안에는 4대 서비스 제도 및 이용절차 소개, 공급기관 정보 및 Q&A, 서비스별 지역별 커뮤니티를 운영하고 있다.

2) 상호인증시스템과 포인트 결제방식활용

재가서비스 이용시에 도우미의 휴대용 바우처전용단말기를 통해 사용자카드와 도우미카드를 동시에 결제를 통하여 서비스가 승인되므로 바우처 카드사용의 오남용을 사전에 방지할 수 있다. 또한 서비스 이용자는 방문서비스에서 도우미카드로 신분을 확인하여 이용자 안전을 확보할 수 있다.

종이바우처는 특정 상품에 대한 특정 수량만 이용할 수 있는 한계가 있으나, 전자바우처의 경우, 포인트로 전환된 표준화된 결제수단을 적용하여 다양한 형태의 사회서비스를 소비자가 원하는 수준에서 이용할 수 있다. 전자바우처에서는 자기부담 수준을 소비자가 스스로 결정하여 바우처 카드의 포인트로 전환하여 다양한 수준의 서비스를 이용한다.

4. 전자바우처의 효과

과거 사회복지 전달체계로서의 바우처가 사용된 실례가 선진국 등에서 있었지만, 바우처의 관리부족과 오남용으로 인한 부정적인 시각이 대다수이었던 것은 사실이다. 이러한 과거의 바우처방식을 개선하여 투명하고 효율적으로 운용할 수 있는 새로운 방식으로서 전자바우처제도를 도입하게 되었다. 전자바우처는 종이바우처에 비해서 실시간 관리가 가능하고 오용가능성이 비교적 적다는 점에서 그 편리성과 유용성을 인정받을 수 있었다. 모든 관리가 전자화되어 있기때문에 보조금으로 지급되는 자금의 흐름이 투명하다는 장점을 갖고 있어, 정부 보조금 운용의 투명성을 제고할 수 있다. 아울러 전자바우처의 도입으로 나타날 수 있는 변화는 서비스전달의 투명화, 결제의 신속화, 통합정보시스템 네트워크화를 들 수 있다. 특히 통합정보시스템의 네트워크화는 일반 이용자에게 나타나는 정보의 비대칭에 관한 문제를 완화하는데 일정부분 역할을 할 수 있는 것으로 여겨진다.

1) 서비스 전달의 투명화

전산시스템의 도입으로 어떤 서비스가 누구에게 적실하게 전달되었는지에 대한 서비스 전달과정의 투명성이 확보될 수 있다. 특히 바우처 제도에서는 사후관리체계가 적실하게 운영되어야 한다. 예를 들어 서비스 이용자에게 현금으로 지급할 경우, 정부가 의도한 필수 서비스를 구매하기보다는 다른 목적으로 사용하려는 유혹을 받기 쉽다. 그래서 국가는 바우처로 지원되는 사업이 본래 설계한 대로 관련 서비스의 구매에 이용하는 지의 여부를 정밀하게 추적해야 하는 모니터링 업무 부담을 가지게 된다. 전자바우처 제도는 민간금융기관의 신용카드나 체크카드 결제방식을 활용하여 이와 같은 서비스 전달과정을 실시간으로 관리할 수 있다.

바우처제도 관리자들의 입장에서는 무엇보다도 전자바우처를 통해 제도운영의 효율성 및 투명성을 제고할 수 있는 측면이 장점이라 할 수 있다. 특히 모든 과정에서 지불 및 정산업무를 전산화함으로써 지방자치단체의 행정부담 및 행정비용을 줄여 효율성을 증가시켰다. 기존업무는 공문시행과 자료 회수에 걸리던 시간이 2~3주였지만 전산화로 하루 이내에 처리되게 되었으며, 중앙정부는 지원된 보조금의 흐름을 수시로 모니터링 할 수 있어 불법사용감시에 대한 비용을 절감할 수 있었다. 또한 전자바우처는 대상자별로 서비스 이용 실태를 추적할 수 있는 시스템(Client Tracking System)을 갖춤으로써 서비스의 오용과 남용 그리고 공공재정의 중복지원 가능성을 차단하여 투명성을 제고했다고 평가할 수 있다.

2) 결제의 신속화

전자바우처 서비스의 전산운용은 시장의 개별 주체들별로 프로세스가 이루어진다. 서비스 이용을 희망하는 일반 서민들은 해당 관할 읍·면·동사무소에서 적격성 여부를 판정받고 은행에 자부담분을 납부하면 된다. 이후에는 전자 바우처 카드가 집으로 배달되며, 소비자는 관할 구역 내 서비스 제공기관에 도우미 파견을 요청하면 된다. 한편, 공급기관에서는 정부가 규정한 일정한 자격을 갖춘 도우미를 확보하고 서비스 이용자가 계약을 신청하면 이동식 단말기를 가지고 소비자의 가정을 방문하여 서비스를 제공하고 바우처 카드로 이용대금을 결제하면 된다. 이후 대금의 지불은 신용카드 가맹점과 마찬가지로 서비스 제공기관별 서비스 내역이 전산으로 확인되어 5일 이내 국민은행으로부터 서비스 비용을 자동으로 청구·지급된다. 과거 종이바우처로 운영된 서비스의 경우 결제 업무가 장기간 소요되던 것에 반해 전자바우처 운용으로 결제업무가 5일 이내로 단축된 것에 대하여 일선 제공기관들은 이에 대해 긍정적 반응을 보였다.

현재 운영되고 있는 사회서비스 바우처사업은 기존의 정부보조금사업과 다른 전달방식을 취하고 있으며 일선 시·군·구 기능 및 운영방식과 차이가 나타난다. 즉 다른 보조금 사업들에서 지방자치단체의 일선 행정업무에서 보조금 집행내역을 관리하고 중앙행정기관에 보고해야 했지만, 전자바우처사업은 업무지원기구인 사회보장정보원에서 보조금 관리업무를 총괄 담당한다. 각 참여자별 행정절차를 살펴보면, 보건복지부는 전자바우처 사업을 설계하고 지자체별로 관련 보조금을 교부한다. 지자체는 분담금을 사회보장정보원과 금융기관이 운영하는 은행계좌에 예탁하고 서비스 신청자의 적격 여부를 판정한다. 이후 행정절차는 사회보장정보원이 담당하여 지불정산 및 모니터링 그리고 지역별·사업별 집행 현황자료를 제공한다. 해당 지자체에서는 전산자료를 토대로 해당 지역 주민들의 서비스 이용현황을 정기적으로 파악할 수 있다.

3) 통합정보시스템의 네트워크

현재 서비스 내역과 사용량, 결제금액, 제공기관 및 도우미의 기본정보 등의 정보들은 전자바우처 통합정보시스템 안에 내재되어 있다. 통합정보시스템의 정보들은 소비자, 제공기관, 지방행정기관·중앙행정기관, 그리고 사회보장정보원·은행 등 기관에서 담당하고 있는 업무사항들이다. 바우처통합시스템은 2007년 2월 바우처포탈, 제공기관운영 및 통합정보시스템의 구축 등 기본적인 시스템이 구축된 이래로, 바우처 이용자와 시군구 운영자들의 편의를 위한 기능을 부가시켰으며, 크게 바우처포탈시스템, 제공기관운영자시스템, 통합정보운영자시스템, 시·군·구 업무지원시스템의 4부분으로 구성된다.

바우처포털시스템은 바우처 이용자들을 위한 시스템으로 주요사업안내, 대국민 홍보, 서비스이용자의 계약사항과 서비스 내용을 확인할 수 있도록 만들어 놓았다. 제공기관운영자시스템은 제공기관의 편의를 도모한 도우미 관리 및 서비스를 계약하고 제공하며 관리할 수 있도록 전산화한 것이다. 통합정보운영자시스템은 사회보장정보원에서 바우처사업에 대한 전반적인 흐름과 사업의 진행 상황을 모니터링 할 수 있게 되어 있으며, 현재 바우처방식으로 진행되는 사업에 대한 관리와 데이터를 통계처리할 수 있도록 구성되어 있다. 시·군·구 업무지원시스템은 시·군·구 담당자가 관내 제공기관 및 서비스이용자에 대한 현황을 파악하고 관리할 수 있는 편의를 제공하고 있다.

사회보장정보원에서는 통합정보시스템에 대한 정보뿐만 아니라, 바우처 이용자 및 서비스 공급기관에 대한 정보를 구축하고 관리한다. 바우처시스템의 흐름을 모니터링 할 뿐만 아니라, 이후의 관리에도 대비하고 있어, 바우처시스템의 처음 도입으로 인해 예상되는 기술적인 문제에 대한 해결책을 마련해 가고 있다. 그 밖에도 사회서비스 및 전자바우처에 대한 대국민 홍보 및 안내 등 지원업무를 실시간 담당함으로써 이용자들의 정보 비대칭에 대한 문제를 줄이는데 이바지하고 있다.

5. 신규 돌봄서비스 바우처 전산시스템 구축사례

돌봄서비스 바우처 적용 타당성 검토는 바우처 Mechanism 적용 가능 여부, 현재 사업 환경 분석, 그리고 정책 수행 효과성 분석의 3가지 기준을 바탕으로, 각각의 주요 요소로 이루어진다.

1) 바우처 Mechanism 적용 가능 여부

돌봄서비스 바우처제도가 운용되기 위해서는 재정공급자, 관리기관 그리고 다수의 제공기관과 이용자가 존재하여야 한다. 재정 공급자는 정책 목표를 가지고 예산을 집행하는 사업기관이 존재하여야 하고 주로 중앙행정부처, 바우처시스템 관리기관, 지자체 등이다. 전자바우처 운영과 관련한 대상자 자격관리, 예탁금 관리 및 지불·정산, 서비스 질 관리 등을 관리하는 기관이 존재해야 하는데 사회보장정보원이 현재 이러한 업무를 수행하고 있다.

수혜자가 선택의 기회를 다양하게 확보할 수 있는 다수의 제공기관이 존재해야 한다. 공급자들의 자유로운 진입과 퇴출이 이루어질 수 있도록 진입장벽을 낮추어야 한다. 기존 업체들의 담합 등을 방지하기 위한 정부의 적정한 규제가 필요하다. 과도한 규제는 경쟁을 억제하는 효과를 수반할 수 있다. 이에 반하여 안정적이고 효율적인 사

그림 8-7 바우처 적용 타당성 검토 항목

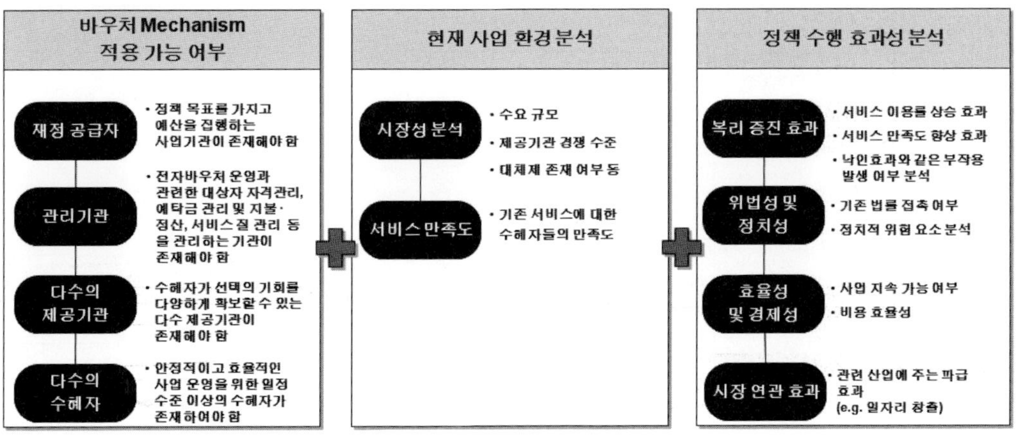

업 운영을 위한 일정 수준 이상의 수혜자가 존재하여야 한다. 일정 수준 이상의 수혜자를 확보하기 위해서는 시장의 범위를 넓게 설정한다.

표 8-7 전자바우처 시스템 운영 주체

관련 기관		기 능
중앙부처		사업 기본계획 수립, 지침 작성, 국고보조, 홍보 등 사업 총괄·조정
		제도 모형 개발
		시설기준 및 활동보조인 양성 방안 수립
		평가 및 지도·감독
		바우처 운영계획 수립 및 관리
		전자바우처 시스템 구축 및 관리
바우처관리기관		바우처 비용의 지급 및 정산 등
		바우처의 유통 구조 모니터링
		지역 특화적 서비스 혁신사업 발굴, 보급
		책임 성과 연구·조사
		바우처에 대한 교육 및 홍보
지자체	시·도	시·군·구별 예산 배정
		사업량 조정
		시·군·구 및 읍·면·동 사업 관리 감독
		시·도 교육기관 지정·관리
	시·군·구	바우처 사업 관리 및 예산 예탁 총괄
		서비스 제공기관 지정
		서비스 대상자 선정
		서비스 제공 지도 감독
		사업 홍보
	읍·면·동	서비스 신청 접수
		신청자 조사표 확인
서비스 제공 기관 (교육기관)		서비스 제공인력 모집, 교육
		서비스 제공 및 모니터링
		사업 홍보

2) 현재 사업 환경 분석

신규사업에 대한 환경을 분석하기 위해서는 시장성 분석과 서비스에 대한 만족도 조사를 진행하여야 한다. 시장성 분석과정은 일정한 질문 절차를 통해 제품이나 서비스의 소비자 또는 최종 사용자의 행동과 태도에 관한 정보를 수집하는 프로세스이다. 제품과 서비스의 제공자가 그 제품과 서비스를 구매하고 이용하는 사람들의 욕구와 필요를 지속적으로 파악하기 위해 사용하는 방법을 사용한다. 시장성 분석시 측정 항목으로는 수요 규모, 제공기관 경쟁 수준, 대체재 존재 여부 등이다.

표 8-8 시장조사의 핵심 목표

시장조사의 기능	시장조사를 통해 할 수 있는 핵심 목표
UMEP :	
• 이해(Understanding)	• 고객과 그들이 지닌 욕구 이해
• 측정(Measuring)	• 경쟁 관계의 이해 및 측정
• 해석(Explaining)	• 변화의 힘 예측
• 예측(Predicting)	• 새로운 마케팅과 브랜딩 작업(전술 혹은 전략)의 결과를 예측, 측정, 해석

서비스 만족도 조사 측면에서 기존 서비스에 대한 수혜자들의 만족도를 조사한다. 이때 사회서비스 바우처 사업의 개선에 필요한 단서를 제공하고 관련 연구기관에 기여할 연구자료를 제공한다. 필요 시 조사결과를 발표해, 바우처 사업에 대한 인식전환을 유도한다.

3) 정책 수행 효과성 분석

신규서비스 바우처사업을 수행하는 효과성 분석에는 서비스의 복리 증진효과, 위법성과 경제성 그리고 관련 사업에 연관되는 시장효과 등이 있다. 우선 복리증진 측면의 효과에는 서비스 이용이 상승하는 것과 만족도가 향상되는 것을 볼 수 있다. 이런 편의성은 서비스 확충에 안정적인 기반을 제공해주어 다양한 사회서비스의 개발과 확충을 용이하게 하였다.

표 8-9 시장과 소비자 중심의 사회서비스 전자바우처 사업의 비용

	중앙정부 · 지자체	제공기관	이용자
직접 비용	• 기획, 심사, 승인, 시장관리 • 사회서비스시장관리기구 • 사회서비스 상품 홍보 • 대상자 판정과 전산입력	• 결제장치 구입비 • 결제장치 이용료	
간접 비용	• 시장경쟁관리와 독점 • 지역간 시장 격차	• 수요 여건에 따른 시장 수입 불안정성	
간접 효과	• 정책정보 체계적 관리 • 시장일자리 창출	• 제공기관의 사회적 기업화 • 제공인력의 신축운용 • 비영리기관의 경영활동	• 소비자 선택 강화 • 소비자 권리 증진

서비스 만족도가 향상되는 효과를 살펴보면 바우처시스템은 수요자의 선택폭을 확대하여 수요자로 하여금 소극적인 구매자에서 능동적인 구매자로 변화하게 만들었다. 그 결과 수요자는 자신이 원하는 서비스를 선택하게 됨으로써 서비스 이용도를 제고할 뿐만 아니라 만족도까지 높아지는 결과를 낳았다. 돌봄서비스 바우처 사업의 위법성 및 정치성의 측면에서는 기존 법률에 저촉되는 지의 여부를 판단하고 정치적으로 위험 요소가 있는지 분석할 수 있다. 효율성 및 경제성 측면에서는 사업이 지속적으로 가능한지에 대한 여부와 비용 효율성을 측정할 수 있다.

돌봄서비스 바우처사업에 있어서도 시장 연관 효과는 관련 산업에 주는 파급 효과(일자리 창출)를 살펴볼 수 있다. 보건복지가족부 바우처사업을 통해 여러 형태의 사회서비스 일자리사업이 대폭 확대되었다(노동부 포럼, 2008). 사회서비스 일자리창출 사업이 저임금의 단기계약직 일자리만 양산하였다는 견해가 있지만, 여가 시간을 활용한 시간제 근무, 놀이치료·음악치료·언어치료 등 정서장애 전문가의 확대 등 일자리 다양화 측면에서는 긍정적이라고 할 수 있다. 또한 취약계층에 적합한 일자리가 창출되었는데, 그동안 노동시장에서 약자로 인식되어 왔던 40세 이상의 여성취업이 두드러지게 늘어났다.

표 8-10 바우처 도입 시의 종합적 고려 요인

대항목	소항목	개별 유의사항
시장성 분석	경쟁 수준	• 바우처의 수요 규모 • 민간시장에 다수 공급자의 존재 유무, 가격·품질 경쟁 정도, 공급자의 소비자 차별성(creaming selection 여부) • 바우처 시장의 계층성 존재정도 • 바우처 사용범위(지역적/전국적)
	선택권 행사	• 바우처 상품서비스에 대한 정보(performance report cards, consumer report cards) 공개 및 유통정도(정보 비대칭성 존재와 해소방안) • 바우처 수급권자 정보접근성 정도 • 선택권 행사시 이동성 문제, 접근의 편리성 문제 등
정책성 분석	복리증진	• 바우처 관련 대상집단의 소외정도
	형평성	• 바우처 실시에 따란 형평성 제고/저해 정도 • 다른 정책수단과 비교할 때 더 나은 형평성을 가져오는가?
	효율성	• 행정비용(수급자 선정비용, 자격판정문제, 규제비용 등) • 다른 정책수단과 비교할 때 효율적인가?
	정치성 위법성 낙인효과	• 바우처 실시에 따른 예상치 못한 정치적 위험 • 기존 헌법, 법률과 배치되는 문제는 없는가? • 낙인효과에 따른 부작용 여부?
	관리운영 문제	• 바우처 재원확보 문제 • 바우처 주관 내지 대행기관 선정 문제 및 선정기관의 전문성과 공공성 • 바우처 유통이나 품질규제 문제(얼마나 어떻게 규제할 것인가?)
	대체성	• 연관산업, 상품, 서비스에 미치는 영향 • 바우처 수급집단의 소비행태에 대한 예측
	산업연관 효과	• 관련 산업에 주는 파급효과?

자료: 정광호(2007: 94).

표 8-11 바우처 타당성 검토 CHECK LIST

타당성 검토 기준	검토 항목	검토 사항	결 과	근 거
바우처 Mechanism	1. 재정 공급자 존재	• 정책 목표를 가지고 예산을 집행하는 사업기관이 존재하는가?		
	2. 다수의 제공기관	• 수혜자의 선택권을 보장할 수 있는 다수의 제공기관이 존재하는가?		
	3. 다수의 수혜자	• 안정적이고 효율적 운영이 가능한 다수의 수혜자가 존재하는가?		
현재 사업 환경 분석	4. 시장성 분석	• 바우처 서비스에 대한 수요는 충분한가?		
		• 제공기관의 서비스 경쟁력 및 시장내 경쟁구도는 사업 적용에 적합한가?		
		• 바우처 사업을 대체할 수 있는 서비스가 존재하는가?		
	5. 서비스 만족도	• 기존 서비스에 대한 수혜자의 만족도가 낮은가?		
	6. 서비스 제공범위	• 서비스 지역이 일부 지역인가 전국 대상인가? • 시간적 범위는 몇 년 단위인가 몇 월 단위인가? • 예산 범위는 어떻게 되는가?		
정책 수행 효과성 분석	7. 복리 증진 효과	• 서비스 이용률 상승 효과를 기대할 수 있는가?		
		• 서비스 만족도 상승 효과를 기대할 수 있는가?		
		• 낙인 효과와 같은 부작용은 없는가?		
	8. 위법성 및 정치성	• 기존 법률에 저촉되지는 않는가?		
		• 정치적 위험 요소를 극복할 수 있는가?		
	9. 효율성 및 경제성	• 지속 가능하게 운영할 수 있는 사업인가?		
		• 비용 효율성이 향상되는가?		
	10. 시장 연관 효과	• 관련 산업에 주는 파급효과가 큰가?		

참고문헌

강선경·김학주(2007), 사회서비스 품질관리체계 및 표준(안) 연구, 보건복지부.

강인 외(2007), 사회복지개론, 서울 북카페.

강혜규 외(2007), 사회서비스 확충방안 연구: 주요 사회서비스 수요추계 및 정책과제, 보건복지부·보건사회연구원.

강혜규 외(2009), 사회서비스산업이 실태조사 및 발전방안 연구 : 사회복지서비스 사업체를 중심으로, 보건복지부·보건사회연구원.

고혜원·김상호·신현구(2008), 민간고용서비스 기관의 규모·특성 등 운영 실태조사 및 향후 제고 개선방안 연구, 한국직업능력개발원.

고혜원·오영훈·이수경(2011), 민간고용서비스 인력실태 및 역량강화방안, 한국직업능력개발원.

권진숙·박지영(2008), 사례관리의 이론과 실제, 학지사.

김기헌·하형석·신인철(2016), 2016년 청년 사회·경제 실태조사: 기초분석보고서, 한국청소년정책연구원.

김병권·박형준·신윤정·오윤덕·이수나(2017), 지방 정부 청년정책 변화 분석을 통한 서울시 청년정책 2.0 과제 도출, 글로벌정치경제연구소.

김상균·최일섭·최성재·조흥식·김혜란·이봉주·구인회·강상경·안상훈(2011), 사회복지개론, 나남.

김연명(2007), 사회투자론의 한국적 적용가능성과 쟁점, 사회복지정책, 30.

김용득(2008), 사회서비스 정책의 동향과 대안-시장기제와 반시장 기제의 통합-사회복지연구 36.

김윤수(2017), 보건복지분야 민간자격증 도입을 위한 기초조사, 한국보건복지인력개발원.

김윤수·함영진·김혜영(2015), 고용-복지서비스 연계전문가 양성을 위한 프로그램 콘텐츠 개발, 한국보건복지인력개발원.

김윤수(2012), 사회서비스 질 관리 체계화를 위한 검토보고서, 한국보건복지정보개발원.

김윤수(2012), 영국과 프랑스의 사회서비스 전달체계 비교, 2012. 12. 6.

김윤수(2007), 사회서비스분야의 전자바우처 제도도입 사례연구, 「한국행정학회 하계학술대회 발표논문집」

김윤수(2007), 「사회서비스 산업 활성화를 위한 제도적 방안연구」, 사회서비스관리센터.

김윤정 외(2001), 여성복지론, 대학출판사.

김인숙·정재훈(2000), "김대중 정부 여성복지정책 평가와 정책 제언", 사회복지 리뷰, 제6집, 가톨릭대학교사회복지연구소.

김창수 외(2008), 사회서비스 활성화를 위한 비영리기관의 TQM 모델 개발 연구, 사회서비스관리센터.

김은정·정소연(2009), SERVQUAL 모형에 근거한 사회서비스 품질의 구성차원과 서비스 만족도: 노인돌보미 바우처서비스를 중심으로, 사회복지정책, 36(2),

김은정(2008), 품질관리연구,

김인(2010), 사회복지 서비스 전달에 있어서 바우처 제도의 시장 경쟁성과 수급자 선택권이 서비스 질에 미치는 영향, 한국행정논집, 22(2).

김종진·김선기·이균호·정보영·정준영(2018), 자치단체 청년지원 프로그램 사례 연구, 사단법인 한국노동사회연구소.

김종해(2007), Voucher는 혁신인가? 사회서비스 바우처제도와 장애인 복지사업의 비젼과 과제, 가톨릭대 사회복지연구소 학술심포지엄 자료집.

김지경·이윤주·이민정(2018), 20대 청년 심리정서 문제 및 대응방안 연구, 한국청소년정책연구원.

김태성·성경륭(1991), 복지국가론, 나남.

김태진(2003), 여성복지론, 대구대학교출판부.

김통원 외(2006), 사회복지시설평가 2005: 정신요양시설, 사회복귀시설, 부랑인복지시설, 장애인복지관, 노인복지회관, 한국사회복지협의회.

김통원·윤재영(2005), 사회복지 서비스 품질관리, 신정.

김학만·김경우·이용환·진석범(2005), 사회복지정책론, 서울 대왕사.

김형수(1996), 장애노인의 현황 및 특성, 한국 노년학, 제16권 제2호.

김혜원 외(2006), 사회서비스 분야 일자리창출 방안에 관한 연구, 한국노동연구원.

김황호(2003), 보육사업 인증제도입을 위한 평가지표에 관한 연구, 동국대불교대학원 석사학위논문

남기민(1989), 사회복지조직에서의 리이더쉽에 관한 연구: 중간관리층의 리이더쉽 행동·상황 및 리이더쉽 효과성 간의 관계를 중심으로, 서울대 박사학위논문.

남정림(2004), 인터넷 청소년 성매매의 특성과 행위자 전략에 관한 성문화적 분석, 청소년학연

구, 제11권 제2호.

남찬섭(2005), 사회사업실천 제도화의 유형화를 위한 탐색적 사례연구: 복지체제 유형과의 관련하에서, 사회복지정책, 22.

남찬섭(2007), 사회복지 역사기행 연재를 마치며 참여연대 사회복지위원회 복지동향 제99호.

노무법인여명(2007), 사회복지기관의 노무관리.

박경돈·이재원(2009), 사회서비스 성과관리 현안 및 개선방안, 재정의 성과제고를 위한 과제, 한국행정연구원 주관 학술단체 연합세미나 발표논문.

박만인(2006), 여성노인의 빈곤문제 해결을 위한 제도적 개선방안에 관한 연구

박미은, 사회복지와 위험관리.

박병현·김교성·남찬섭·Nelson Chow(2007), 동아시아 사회복지 연구, 공동체.

박상필(2005), NGO, 아르케.

박윤정(2003), 한국여성복지정책의 문제점과 개선방안, 대구대 박사논문.

박은혜·이기숙(2002), 유아교육기관 인정제에 관한 개념화 연구, 교육과학연구 (32)2, 이화여대 교육과학연구소.

박정호(2007), 한국의 바우처사업에 대한 소고, 사회복지리뷰.12.

박주영·노기엽·김현순(2009), 프랜차이즈창업론, 학현사.

박홍엽(2013), 바우처사업 평가, 국회예산정책처

사회복지사전, 20th Edition of the Encyclopedia of Social Work, 미국 National Association of Social Workers와 영국 Oxford University Press 공동발행

송인주(2013), 제대군인전직지원제도 활성화 방안: 제대군인의 심리, 사회, 생애 전반적 통합을 위하여, 전역 예정자 및 제대군인의 성공적 사회복귀를 위한 "제대군인 지원 사업 활성화 방안" 토론회 발표자료.

신윤정·정준영 외(2015), 서울시 청년정책 재구성 연구.

신창환·강상경(2010), "한국의 지역사회서비스 투자사업의 공급구조와 바우처 작동기제에 관한 연구 : ADHD 아동 조기개입서비스를 중심으로', 한국사회복지학, 제62권 제2호.

안명옥 외(2005), 효과적인 치매관리를 위한 정책과제, 안명옥 의원실.

안영진(2007), 경영품질론, 박영사.

안용민·위대한·박형근·김정현·한창수·백종우·권세원·허영혜(2019), 2018 자살 실태조사, 서울대학교 의과대학, 보건복지부.

엄미선·양숙미·백은령·한주빈(2016), 사회복지시설 운영(이론과 실제), 학지사.

엄태호 외(2010), "정책수단의 변화가 행정적 효율성에 미치는 영향 분석: 가사간병서비스의 전

자바우처 전환을 중심으로”, 행정논총, 제48권 제2호.

양난주(2011), “한국 사회서비스 공급특성 분석 : 보조금과 바우처방식의 검토”, 사회복지정책, 제38권 제3호.

양정하·임광수·이명현·황인옥·신현석·임혁(2005), 사회복지정책론, 양서원.

양효석(2012), 문화바우처, 문화복지 시대를 열다, 웹진 문화관광.

엄미선·양숙미·백은령·한주빈(2016), 사회복지시설 운영(이론과 실제), 학지사.

오내원(2006), 농가등록제 도입에 관한 연구, 농림부.

유홍준(2005), 현대사회와 직업, 서울 그린.

윤소영(2012), 하나의 카드로: 문화·여행·스포츠관람바우처 이용방안, 웹진 문화관광.

이상희 편저(2010), 역동적 복지국가의 논리와 전략, 도서출판 밈.

이영민(2012), 민간고용서비스 종사자의 직업능력개발 지원 방안, 한국실천공학교육학회논문지 4(1).

이영호(2006), 장애노인의 생활실태 및 서비스 만족도에 관한연구, 한남대 석사.

이유재·라선아(2006), 한국기업의 서비스품질 평가제도 변천과정, 서울대학교 출판부.

이재원(2007), 사회투자와 국가재정운영과제, 한국지방재정논집, 12(2).

이재원(2008), 사회서비스 전달체계와 전자바우처 제도: (재)한국사회서비스관리원의 설립과정과 발전과제, 한국지방정부학회 학술대회.

이진면 외(2008), 사회서비스의 경제적 효과분석과 산업화, 산업연구원.

이형국(2018), 사)한국상담학회 전문상담사 인력 현황 및 관련 요인 연구, 상담학연구, 19(3).

임성근 외(2018), 청년정책 수립을 위한 종합연구, 한국행정연구원.

장옥희·이윤재·박주영·김주현(2018), 청년의 일자리 인식조사 및 맞춤형 정책방안 연구, 한국중소기업학회.

장인협·이혜민·오정애(2007), 사회복지학, 서울대학교 출판부.

장인협·최성재(2002), 노인복지학, 서울대학교출판부.

전영호·정영순(2010), 영국사회서비스 분야의 유사시장 형성과발전과정에-한 연구-한국 노인장기요양보험에 주는 시사점-한국사회정책 17(3).

정경희 외(2006), 한국의 사회서비스 쟁점 및 발전전략, 한국보건사회연구원.

정광호(2007), “바우처분석 : 한국과 미국을 중심으로”, 행정논총, 제45권 제1호.

정광호(2010), 「바우처 분석 : 이론과 현실」, 법문사.

정광호 외(2011), 해외의 바우처 전달체계 연구, 한국보건복지정보개발원.

정병순·김태욱·이봉조(2015), 청년활동지원사업 운영모델 구축방안, 서울연구원.

조홍식 외(2000), 여성복지학, 학지사.

진상현(2009), 한국원자력 정책의 경로의존성에 관한 연구, 한국정책학회보 제18권 4호.

질병관리본부(2018), 2017 국민건강통계: 국민건강영양조사 제7기 2차년도.

최길용, 김호현(2016), 비정규직 청년의 근무환경과 건강영향의 요인에 관한 연구. 한국콘텐츠학회 16(12).

찰스자르트스(2006), Introduction to Social Work and Social Welfare: Empowering People, 백종만 공역, 사회복지개론, 시그마프레스: 서울.

천영춘(2003), 원자력분야 학술정보 통합정보관리시스템 구현에 관한 연구, 정보관리연구 제34권 제4호, 한국과학기술정보연구원.

채창균(2008), 일자리 선진화 전략, 한국직업능력개발원.

최성은·최석준, 「바우처 사업 효과분석 및 평가방안 연구」, 한국보건사회연구원, 2007.

최성재·남기민(2007), 사회복지행정론, 나남출판.

최일섭·최성재 외(2007), 사회문제와 사회복지, 나남출판.

한국뇌성마비복지회(1995), 뇌성마비와 관련 병세를 가진 사람들의 노령화.

홍성만·염재호·최흥석(2007), 한국 중앙재정기구의 형성과 변화과정, 정부학연구, 13(2).

황덕순(2008), 시장원리 확대와 개인사회서비스의 변화. 노동정책연구, 8.

허남순·한인영·김기환·김용석 역(2007), 사회복지실천 이론과 기술, Hep -worth, Rooney & Larsen Direct Social Work Practice Theory, 나눔의집.

Barozzi, R., & Engel, J. (1985), A survey of attitudes about family life education, Social Casework, 66.

Bartlett, W., & Le Grand, J. (1993), The Theory of Quasi−Markets, In Le Grand & J. Bartlett. (eds) QUASI−MARKET AND SOCIAL POLICY, London: The Macmillan Press.

Cohen, C., & Adler, A. (1986) Assessing the role of social network interventions with an inner−city population, American Journal of Psychiatry, 56.

Conklin, C. (1980), Rural care−givers, Social Work, 25.

Drakeford, M. (2006), Ownership, regulation and the public interest: The Case of residental care for older people, Critical Social Policy, 26.

Eheart, B. K. 1987, Training day care providers, Eric Document Reproduction Service, No. ED.

Freudenberger, H. J. 1974, “Staff Burnout.” Journal of Social Issues. 30.

Gilbert, N. Terrell, P. 2012, Dimensions of Socical Welfare Policy(8th ed), Pearson.

Gronroos, C. (1984), Service quality model and it's marketing implications, European Journal of Marketing, 4.

Hall, Peter A. & Rosemary C. R. Taylor. (1998), The Potential of Historical Institutionalism: A Response to Hay and Wincott. Political Studies 46(5).

Kadushin, A.(1998), Child Welfare Services, Macmillan, N.Y.

Kaduchin, A. & Martin, J. A. (1988), Child welfare services, New York: Macmillan

Lamb, S. (1986), Treating sexually abused children: Issues of blame and responsibility, American Journal of Orthopsychatry, 56.

Matosevic, T., Knapp, M., Kendall, J., Forder,J., Ware, P., & Hardy, B. (2001), Domiciliay care providers in the independent sector, Leeds: Nuffield Institute for health and PSSRU.

Miller, K., Fein, E., Howe, G., Gaudio, C., & Bishop, G. (1984), Time－ imited, goal－focused parent aide service, Social－Casework, 65.

Miller, J. L., & Whittaker, J. K. (1988), Social services and social support: Blended programs for families at risk of child maltreatment, Child Welfare, 67.

Moore, J. (1983), The experience of sponsoring a parents anonymous group, Social Casework, 64.

North, D. (1990), Institutions, Institutional Change and Economic Performance, Cambridge: Cambridge University Press.

Patti, R. J. (1983), Social Welfare Administration: Management of Social Program in a Development Context, New York: Prentice Hall.

Parasuraman, A., Zeithaml, V., & Berry, L. (1988), SERVQUAL: A multiple－item scale for measuring consumer perceptions of service quality, Journal of Retailing, 64.

Peterson, Paul E.(1981), City Limits, Chicago: The Univ, of Chicago Press.

Peterson, C., Patrick, S., & Rissmeyer, D. (1990), SOciall work's contribution to psychosocial rehabilitation, Social Work, 35(5).

Peters, B. Guy & Pierre, Jon (1998), Institutions and Time: Problems of Conceptualization and Explanation, Journal of Public Administration Research & Theory, 8(4).

Pierson, Paul. (2004), Politics in Time: History, Institutions, and Social Analysis, Princeton:Princeton University Press.

Simon, C. E., & McNeil, J. S., Franklin, C., & Coopeman, A. (1991), The family and schizophrenia: Toward a psychoeducational approach, Families in Society, 72(6).

Socurfield, P. (2005), Social care and the mordern citizen: client, consumer, service user, manager and entreneur, British Journal of Social Work.

Socurfield, P. (2006), What matters is what works? How discourses of mordernization have both silenced and limited debate on domicilinary care for older people, Critical Social Policy. 2695).

Lorenz, W. (2001), Social Work Responses to 'New Labour' in Continental European Countries, British

Carey, M. (2008), Everything must go? The privatization of state social work, British Journal of Social Work, 38.

Walness, D. (2006), Securing good care for older people: Taking a long−term view, London: King's fund.

Wistow, G., & Hardy, B. (1999), The development of domiciliary care: mission accomplished?" Policy & Politics, 27(2).

Zeithaml, V., Parasuraman, A., & Berry, L. (1994), Reassessment and ressessment if the SERVQUAL scale, Journal of Marketing, 58.

Zuckerman, Erva. (1983), Child Welfare, New York: The Free Press.

<관련법률>

고용정책기본법

고령자고용촉진법 및 동법시행령

공공기관의개인정보에관한법률

공공기관운영에관한법률

공중위생법

국가재정법

국립암센터법

국민기초생활보장법

노인복지법

노인장기요양보험법

민법

보조금의예산및관리에관한법률

사회서비스이용및이용권관리에관한법률

사회적기업육성법

사회보장기본법

사회복지사업법

소년법

식품위생법

아동복지법

영화진흥법

음반비디오및게임물에관한법률

장애인복지법 및 시행규칙

전통시장및상점가육성을위한특별법

조세특례제한법

중소기업인력지원특별법

중소기업창업지원법

지방공기업법

초·중등교육법

청년고용촉진특별법

청소년기본법

청소년보호법

청소년복지원법

청소년성보호에관한법률

청소년활동지원법

UN아동권리협약

하도급거래공정화에관한법률

한국국제보건의료재단법

한국보건복지인력개발원법

한국보건산업진흥원법

<기타자료>

공정거래위원회(1998), 공정거래백서.

기획예산처(2001), 정부산하기관현황.

기획예산처(2001), 경영혁신대상기관.

기획예산처(2005), 경영혁신대상기관.
기획예산처(2002), 기금제도의 변화된 모습과 향후 운영방향.
기획예산처 사회서비스향상기획단(2007), 희망일자리를 통해 세상속으로 나아갑니다.
기획예산처(2006), 주도-부처합동「사회서비스 확충전략」.
대통령자문 정책기획위원회(2006), 선진복지한국의 비전과 전략, 동도원.
대한민국정부(2006), 2006년 기금운용계획.
대한민국정부(2008), 이명박정부 100대 국정과제.
문화체육관광부(2009), 저소득층 청소년을 위한 스포츠바우처제도 도입 계획.
문화체육관광부(2011), 2011 스포츠바우처 사업계획.
문화체육관광부(2012), 2012 문화바우처 사업지침.
문화체육관광부(2012), 2012 문화바우처: 문화카드 발급·신청 매뉴얼.
문화체육관광부(2012), 2012 여행바우처 사업지침.
문화체육관광부(2012), 2011년기준 관광동향에 관한 연차보고서.
문화체육관광부(2012), 2012 스포츠바우처 사업계획(안).
문화체육관광부, 한국문화예술위원회(2011), 2011 문화바우처 사업설명회.
보건복지부(2006), 2005년 보건복지백서.
보건복지부(2004), 보건복지부통계연보.
보건복지부(2005), 2005년 6월 현재 전국 장애인등록현황.
보건복지부(2012), 2012 장애인복지사업안내.
보건복지부(2017), 아동분야사업안내.
보건복지부(2017), 노인보건복지사업 안내.
보건복지부(2016), 2016년 지역사회서비스투자사업안내.
보건복지부(2016), 2016년도 산모·신생아 건강관리 지원사업 안내.
보건복지부(2015), 2016년도 가사·간병 방문 지원사업 안내.
보건복지부(2010), 2009년 보건복지백서.
보건복지부(2014), 2014년도 노인돌보미 바우처 사업 안내.
보건복지부(2014), 2014년도 장애인 활동보조 지원사업 안내.
보건복지부(2008), 사회서비스 활성화를 위한 품질 및 성과관리체계 구축방안
보건복지부(2018) 2018년 사회서비스대책.
보건복지가족부, 한국보건사회연구원(2009), 사회복지서비스산업실태조사.
보건복지부(2010), 사회서비스관련 주요통계.

제15대 대통령직인수위원회(1998), 제15대 대통령직인수위원회 백서.

참여복지기획단(2004), 참여복지 5개년 계획: 2004~2008년.

총무처직무분석기획단(1996), 「정부직무분석」: 환경분야.

통계청(2002), 통계로 보는 여성의 삶.

통계청(2000), 인구·가구 연령별 고령자.

한국고용정보원(2013), 통합 HRD-Net 및 모바일 서비스 등 고도화 사업 제안요청서

한국교육학술정보원(2010), 유아학비지원시스템 사용자 매뉴얼.

한국교육학술정보원(2013), 2013년도 유아학비지원시스템(e-유치원)유지관리 제안요청서(안).

한국교통연구원(2006), 철도공익서비스비용의 적정보상기준 정립방안 연구.

한국교통연구원(2012), 화물자동차 유가보조금 제도 개선방안 연구.

한국문화예술위원회(2011), 2011 문화바우처 사업 결과보고서.

한국문화예술위원회(2012), 국가문화예술지원시스템 운영 위탁 용역 제안 요청서

한국보건복지정보개발원(2012), 한국보건복지정보개발원백서.

한국보훈복지의료공단·보훈교육연구원(2009), 국가유공자 LPG 보조금 및 수송시설 지원제도 개선방안 연구.

한국임상사회사업학회(2006), 사회복지개론, 서울 신정.

한국전산원(2004), 개인정보 보호법제 정비를 위한 기본법 제정방안 연구

한국직업능력개발원(2018), 민간자격정보서비스(http://www.pqi.or.kr)

<일자리위원회 통계>

자치법규정보시스템(http://elis.go.kr)

17개 광역자치단체에서 청년기본조례

미국 표준산업분류(1997년 이전) / 북미산업분류체계(1998년이후)

(EU) 유럽표준산업분류

(일본) 표준산업분류

국제표준산업분류(ISIC)

ISCED(국제표준교육분류)

한국표준산업분류(KSIC, 9차)

CDC(2016), Adolescent and school health, DASH/STRATIGIC Plan for Fiscal Years 2015-2020. https://www.cdc.gov/healthyouth/disparities

DH.(2012), the Social Care System in England

OECD(2008－7), Social Expenditure Dataset

OECD(2012), 공공서비스의 소득불평등 개선효과.

OECD(2007), Social Expenditure Dataset(SOCX 2007).

OECD(2007), Linking Regions and Central Governments: Contracts for Regional Development, Paris: OECD Publications.

Peterson, Paul E.(1981), City Limits, Chicago: The Univ, of Chicago Press.

USDA/FN(1994), The Evaluation of Maryland EBT Demonstration, 1994.

USDA(1996), National Food Stamp Program Survey Data

USDA(2000), Food Stamp Quality Control Sample

영국의 돌봄서비스는 아동법(Children Act)

국민보건서비스 및 커뮤티니케어법(National Health Service and Community Care Act : NHSCCA)

<홈페이지>

국민체육진흥공단 홈페이지, http://svoucher.or.kr/index.do

문화바우처 홈페이지, http://www.cvoucher.kr/

보훈처 홈페이지, http://www.mpva.go.kr/support/support112.asp

복권기금 문화나눔 홈페이지, http://www.lotteryarts.or.kr/

복지로 홈페이지, http://www.bokjiro.go.kr/gowf/wel/welsvc/svcsearch/WelSvcSearchView.do?servId=GPV00000010

여행바우처 홈페이지, http://tvoucher.kr

유아교육지원 포털, http://childschool.moe.go.kr/

제대군인지원센터 홈페이지, http://www.vnet.go.kr/edu/edu_06_01_01.asp

직업능력개발훈련정보망 홈페이지, http://www.hrd.go.kr/jsp/HRDP/main/index.jsp

코레일 홈페이지, http://www.korail.com/

TRIONSOFT, http://www.trionsoft.com/solution/fuel.asp

영국 돌봄품질기준위원회(Care Quality Commission)

http://www.healthystart.nhs.uk, http://www.culturalcorridor.org

http://chandlerlibrary.org/go2/cuture－pass.cfm

Western Sydney Institute 홈페이지(http://www.swsi.tafensw.edu.au)

http://www.tdf.org/TDF_ServicePage.aspx?id=71

http://www.guardian.co.uk/stage/theatreblog/2011/aug/17/pay－what－you－can－theatre

http://www.birmingham.gov.uk/leisurecard

http://www.expatica.com/nl/education/school/Culture-Card-for-Dutch-pupils_13152.html

http://www.studentenwerk-karlsruhe.de/en/finanzen/verguenstigungen/kulturscheckheft

http://sovehb.be/content/cultuurwaardebonnen, Botanical Gardens; Collaborative Cultural Voucher Program; New York (1976) Cultural Voucher Program

http://www.edenred.hu/en/products/ticket_culture_voucher

http://www.ancv.com/Les-produits/Le-Cheque-Vacances

찾아보기

[ㅂ]

[ㅅ]

[ㅇ]

[ㅈ]

저자 약력

김 윤 수

성균관대학교 일반대학원 행정학과 (행정학 박사)
전) 보건복지부 사회서비스원포럼 위원
보건복지부 사회서비스발전포럼 위원
중앙대학교, 건국대학교, 한성대학교 강사
한국사회보장정보원 부연구위원
사회서비스관리원 연구기획팀장
행정안전부 '국가공무원(5급) 선발 면접시험' 문제 출제위원
현) 한국사회서비스학회 부회장
한국표준협회 사회서비스전문위원
한국보건복지인력개발원 교수

저 서

성경이야기 (부크크, 2020)
정부주도 사회서비스 관리주체 설립운영방안 마련 (보건복지부, 2017)
한국사회서비스이용권제도와 법제 (한국법제연구원, 2016)
장애인활동지원제도 사후관리 평가 연구 (한국장애인개발원, 2015)
조직브랜딩을 위한 전략 (사회보장정보원, 2014)
돌봄서비스 제공기준 표준화 방안 연구 (보건복지부, 2013)
사회서비스 제공기관 공급실태분석: 장애인활동지원, 지역사회서비스, 발달재활, 언어발달지원사업을 중심으로 (한국보건복지정보개발원, 2013)
사회서비스 제공기관 공급실태분석: 3대 돌봄사업을 중심으로 (한국보건복지정보개발원, 2012)
사회서비스 제공기관 회계·세무 매뉴얼 (한국사회서비스관리원, 2010)
사회서비스 제공기관 인사·노무 매뉴얼 (한국사회서비스관리원, 2010)
사회서비스선도사업 산업화 전략수립 연구 (한국사회서비스관리원, 2009)
사회서비스 활성화를 위한 품질 및 성과관리체계 구축방안 (보건복지가족부·사회서비스관리센터, 2008)
사회서비스 활성화를 위한 제도적 방안 연구 (사회서비스관리센터, 2007)
국립국악원 조직혁신 방안 마련을 위한 연구 (국립국악원, 2005)
관세행정 대 국민 서비스 향상을 위한 수요자 만족도 및 청렴지수 측정 조사·연구 (관세청, 2004)
조직혁신을 위한 진단·변화관리 연구 (행정자치부, 2004)
정부조직개편의 논리와 대안 (한국행정연구원, 2002)

논 문

지방자치단체 스포츠이벤트 개최의 경제적 효과분석에 대한 연구 (한국정책과학학회보)
사회서비스 제공인력의 교육훈련 및 개인적 특성에 따른 직무만족도 영향요인 분석 : 돌봄사업을 중심으로 (한국균형발전연구소)
영국과 프랑스의 사회서비스 제도변화 비교 분석: 돌봄서비스의 지방재정과 품질관리를 중심으로 (한국지방재정논집)
우리나라의 부패인식수준과 국가경쟁력간의 관계 (한국부패학회지)
사회서비스 제공기관의 사업운영 효율성 변화의 결정요인 분석: 산모·신생아도우미지원사업을 중심으로 (한국사회복지행정학)
사회적 돌봄서비스 만족도에 대한 영향요인 분석 (보건사회연구)
지방자치단체의 사회복지비 지출규모 변화에 미치는 영향요인 분석 (한국지방재정논집)
특별 광역시 재원조정교부금의 제도 및 형평성에 관한 실증분석 (한국지방자치학회보)

사회서비스개론

초판 발행 2021년 8월 31일

지은이 김윤수
펴낸이 박노일

총괄기획 김중용 · 최준규
편 집 심성보 · 김인숙

펴낸곳 pnc publishing and culture 피앤씨미디어
경기도 고양시 일산동구 강송로 153 310－1501
등록 제396－2012－000203호
전 화 070)7550-3758 팩 스 02)718-8554
홈페이지 www.pncmedia.co.kr 이메일 pnc@pncmedia.co.kr
ISBN 979-11-5730-800-2 93350

※ 무단복사 및 전재를 금합니다. 파본 및 낙장본은 교환하여 드립니다.

정 가 24,000원